ELIZABETH

Andrea Thain & Michael O. Huebner

Elizabeth Taylor

Hollywoods laatste diva

Uitgeverij BZZTôH
's-Gravenhage, 1993

De oorspronkelijke uitgave verscheen onder de titel *Elizabeth Taylor*

Vertaling: Seit Muts
Foto voorzijde omslag: ABC Press
Foto achterzijde omslag: Frontline Pictures / London Features
Ontwerp omslag: Julie Bergen
Foto's binnenwerk: archief van de auteurs
Zetwerk: No lo sé prod.
Drukwerk: Tulp, Zwolle
Bindwerk: Pfaff, Woerden

ISBN 90 6291 808 5

CIP-GEGEVENS KONINKLIJKE BIBLIOTHEEK, DEN HAAG

Thain, Andrea

Elizabeth Taylor : Hollywoods laatste diva / Andrea Thain, Michael O. Huebner ; vert. [uit het Duits] door Seit Muts. – 's-Gravenhage : BZZTôH. – Ill.
Vert. van: Elizabeth Taylor : Hollywoods letzte Diva : eine Biographie. – Reinbek bei Hamburg : Rowohlt, 1992.
ISBN 90-6291-808-5
NUGI 642
Trefw.: Taylor, Elizabeth / filmactrices ; Verenigde Staten van Amerika ; geschiedenis ; 20e eeuw.

‘Meer dan veertig jaar geleden bracht MGM me aan mijn verstand wat het inhield een ster te zijn. En tot op heden weet ik niet wat ik anders had kunnen zijn.’

Elizabeth Taylor

Inhoud

Voorwoord

De straten van Bel Air lagen er in het vale aprillicht van de vroege ochtendzon rustig bij. Er werd zoals gewoonlijk gepatrouilleerd, opdat geen onbevoegde de mooie en rijke mensen in hun slaap verstoorde. De sproeiinstallaties besproeiden de kostbare Engelse gazons, een statussymbool dat men zich in deze omgeving moest kunnen permitteren als men wilde meetellen. Alles was normaal.

Dat dacht ook de huishoudster, die die morgen om zeven uur het huis op de Nimes Road betrad. Ze wist dat haar werkgeefster niet bepaald de netheid in eigen persoon was, zodat ze zich allang niet meer stoorde aan de rondslingerende voorwerpen en aangebroken flessen met diverse alcoholische inhoud. Zoals gewoonlijk ruimde ze de grootste rommel op voordat ze in de keuken het ontbijt klaarmaakte. Toen ze echter met het dienblad de trap opliep naar de slaapkamer van haar werkgeefster, bekroop haar een ongerust gevoel omdat ze een zurige lucht rook. En toen ze de deur openmaakte, kwam haar de stank van braaksel tegemoet. Haar werkgeefster lag met haar hoofd naar beneden op de rand van het bed en hield in haar verkrampte hand een buisje Valiumtabletten. Op de vloer lagen allerlei doosjes en pillen in het braaksel, dat al begon op te drogen.

Ze wist precies wat haar te doen stond. Meteen begon ze de hulpeloze vrouw te reanimeren. Na een aantal klappen in het al blauw geworden gezicht kwam ze weer tot bewustzijn, maar reageerde amper. De huishoudster stelde zich meteen in verbinding met het hoofd van de afdeling verslaving van het St. John's Hospital, William Skinner. Hij stuurde direct een ambulance met de opdracht onder alle omstandigheden verslaggevers, die zich dagelijks ophielden op Nimes Road, uit de weg te gaan.

De ambulance reed naar de achteringang van de villa, waar de huishoudster al stond te wachten met haar werkgeefster, die ze bij bewustzijn had weten te houden. Koste wat kost wilde men haar besparen dat ze weer met vette koppen in de krant kwam te staan, vooral omdat geen mens ter wereld zo dikwijls in de meest onkiese situaties gefotografeerd was als deze vrouw.

Met gezwinde spoed bracht men haar naar het ziekenhuis en liet haar onder een valse naam inschrijven. Maar zoals het toeval wilde, was er een fotoreporter ter plaatse. Ongezien maakte hij foto's van de ziekenhuisopname en in vertrouwen werd hem door een dienstdoende verpleegster meegedeeld dat Elizabeth Taylor, zoals ook ongeveer dertig jaar geleden het geval was geweest, weer eens moest vechten om te overleven.

De volgende morgen was de gezondheidstoestand van Taylor, die kortweg en liefdevol Liz werd genoemd, het onderwerp van de dag.

Liz Taylor. Haar naam roept het beeld op van een aantrekkelijke vrouw, die terecht de Heerseres van de Nijl belichaamde, behangen met enorme edelstenen en 'een zwarte lijn rond haar oogleden, zo dik aangebracht, alsof ze de volgende dag niet meer de beschikking over een koolpotlood zou hebben' (Paula Almqvist). Iedereen weet dat ze haar imago, kostuums, gewicht en levensgezellen net zo vaak verwisselde als andere mensen hun hemd.

Te allen tijde had ze beantwoord aan het beeld dat haar op sensatie beluste fans van haar hadden: als zuiplap, treurende weduwe, echtgenote van een senator, grootmoeder in witte hotpants, feeks, provinciaaltje, echtbreekster en lijdende zieke. Op haar eigen kenmerkende manier speelde ze de meest uiteenlopende rollen die, zo schijnt het, deels door de filmstudio, deels door het werkelijke leven speciaal voor haar waren gecreëerd.

Natuurlijk kan men zich afvragen waarop de decennialange fascinatie van Taylor is gebaseerd, omdat ze al sinds jaren niet meer een rol in een uitstekende film heeft gespeeld, noch aan een televisieproduktie heeft meegewerkt, die de moeite van het kijken waard was.

In tegenstelling tot Katharine Hepburn beschikt ze niet over acteertalent. Eveneens ontbreekt het haar aan de zucht naar roem en succes, die vrouwen zoals Bette Davis en Joan Crawford verteerde. Ook werd ze door de cameramensen niet zo geliefd als Hedy Lamarr, Lauren Bacall en Marilyn Monroe. Ze beschikte niet over de benen van Dietrich, de stem van Judy Garland, het komische talent van Carole Lombards en de ondeugende humor van Ginger Rogers, de glamour van Lana Turner en Rita Hayworth, de seksuele uitstraling van Jane Russell; het meest miste ze nog de geheimzinnige uitstralingskracht van Greta Garbo.

Elizabeth Taylor had in dit opzicht geen gemeenschappelijke kenmerken met de vrouwelijke Hollywood-sterren. Ze is enkel en alleen een diva. Dat was ze, is ze en zal ze eeuwig blijven. De laatste van een ras dat de Hollywoodse mediamachinerie voor de instorting in de jaren zestig voortbracht.

Meer dan tientallen jaren behoorde Liz tot de meest begeerde vrouwen van Hollywood, ja zelfs van de wereld. Ze was de eerste die de honorariumgrens van een miljoen dollar per film overschreed. Nooit was ze een *grande dame*, veeleer een beetje vulgair. Haar schoonheid staat in een schril contrast met haar vocabulaire waarvan, volgens Richard Burton, echtgenoot nummer 5 en 6, zelfs 'mijnwerkers uit Wales een kleur kregen'.

De bioscoop maakte van haar een legende. Ze was de grote minnares maar werd, op het witte doek en soms ook in het werkelijke leven, niet bemind. Ze speelde rollen van vrouwen die vurig verlangden naar genegenheid en niet naar macht en onafhankelijkheid. Vrouwen die zwak waren. Op de een maakt ze een onzekere indruk, anderen boezemt ze respect en vrees in. Haar gelach kan ijsbergen ontdooien en met de beroemde Taylor-blik (de violetkleurige ogen wagenwijd open) kan ze die weer doen bevriezen. Anders dan bij andere diva's moet zij het niet zozeer hebben van bekwaamheid als wel van blote schouders, lage decolletés, verleidelijke avondjaponnen en een alomtegenwoordige verschijning in de roddelkolommen van de internationale pers. Als geen andere Hollywood-ster verstaat ze de kunst om de onverzadigbare media steeds van nieuw voer te voorzien. Eind april 1990. Na het bericht over haar opname in het St. John's Hospital maakten enige boulevardbladen bekend dat het ging om een zelfmoordpoging. Deze bewering werd bevestigd door de Hollywood-insider Mick McCormick, die verklaarde: 'Ze was uiterst gedeprimeerd en bereid afscheid van het leven te nemen – net zoals Marilyn Monroe destijds.' Er was sprake van Weltschmerz, maar tot op heden kent niemand de juiste feiten. Bezorgd over hun eigen reputatie, verzweeg men bij Colombia dat Taylor kort tevoren op haar nummer was gezet.

Het Japanse concern Sony, sinds enkele maanden eigenaar van Colombia, vond een langlopend contract met Taylor te riskant wegens haar gezondheidstoestand en levenswandel. Korte tijd later raakte ze de rol van Sunny von Bülow kwijt aan de actrice Glenn Close. Voorts was er sprake van een ernstige verdenking: twee jonge, sterk gespierde lijfwachten van Malcolm Forbes, huwelijkskandidaat nummer 8, verklaarden dat hun werkgever zich af en toe ook seksueel door hen liet 'bedienen'. En het gerucht deed de ronde dat Forbes vrijwillig afscheid van het leven had genomen, omdat hij aids had.

Terwijl het publiek naar de achtergronden giste, leverde Liz, die haar leven lang gewend was tegen overgewicht, geruchten, filmproducenten, andere vrouwen en drankzucht te vechten, strijd met de dood.

Volgens de artsen had ze per abuis te veel medicijnen ingenomen tegen een voorhoofdsholteontsteking. Op de toegediende antibiotica reageerde Liz met een shock en ademmoeilijkheden. Hoewel ze meteen van zuurstof werd voorzien, verslechterde haar toestand zienderogen. Een operatie scheen het laatste redmiddel voor Taylor te zijn.

Terwijl de wereld vreesde voor haar leven, voerde dr. Roscoe Webb de zes uur durende ingreep uit en verklaarde later tegenover de pers dat de patiënte weliswaar buiten levensgevaar verkeerde, maar dat haar toestand nog steeds 'kritiek' was. Toen Webb de ziekte weet aan een virusinfectie, was het uur voor de boulevardpers aangebroken. Met vette koppen werd het gerucht in de wereld verspreid dat Taylor was geïnfecteerd met het aidsvirus.

Tegelijkertijd begon officier van justitie Daniel Feldstern zich voor de zaak Taylor te interesseren. Na onderzoek verweet hij drie van Taylors artsen hun patiënte door nalatigheid in doodsgevaar gebracht te hebben. De aidsdeskundigen Michael Gottlieb, Michael Roth en William Skinner werden ervan beschuldigd hun patiënte enorme hoeveelheden verslavende pijnstillers, waaronder Valium, Demerol en Percodan, te hebben voorgeschreven. Feldstern ontdekte dat Taylor in één week ongeveer 300 pillen slikte, waarmee men 'gemakkelijk een heel stadje had kunnen voorzien.' Op het nippertje werd de aanklacht echter ingetrokken. De laconieke verklaring luidde: 'De artsen hebben fout gehandeld, maar ze wilden hun patiënte van de pijn afhelpen. Ten slotte overtuigden ze haar dat ze zich aan een ontwenningskuur moest onderwerpen.'

Ondanks alle inspanningen verbeterde de gezondheidstoestand van Taylor echter niet. Ze lag nog steeds in een zuurstoftent en moest kunstmatig worden beademd. Uiteindelijk besloot Webb over te gaan tot een biopsie van de longen. 'De omstandigheden in aanmerking nemend is haar toestand stabiel,' verklaarde een woordvoerder van het ziekenhuis na deze ingreep tegenover de pers. Maar Webb was intussen op weg naar de vierennegentigjarige moeder van Elizabeth, Sara Taylor, om haar voorzichtig de waarheid te vertellen. In tegenstelling tot de openbare aankondigingen was de toestand van Taylor zo slecht, dat er elk moment met een 'slechte tijding' rekening moest worden gehouden. Sara was totaal van slag en in tranen herhaalde ze steeds opnieuw: 'Het begon toch juist zo goed te gaan...'

Het Idool

1

Sedert meer dan 50 jaar is Elizabeth Taylor een 'publieke persoonlijkheid' (Richard Schickel) die, zo heeft ze zelf eens gezegd, door de 'filmstudio's en de pers aan flarden was geschreven.' Het aantal journalisten, dat zich ten doel had gesteld iets nieuws over haar te ontdekken en het in de openbaarheid te brengen, is legio.

Des te verbazender is het dat tot dusverre niemand de moeite had gedaan bij het begin te beginnen: namelijk bij de familie. In plaats daarvan herhaalde men blindelings wat men in de Hollywood-studio's beweerde, namelijk dat Elizabeth Taylor van Britse afkomst was. Dit imago bestond al sinds het begin van haar filmcarrière: zo werden Liz en haar partner Peter Lawford tijdens de wervingscampagne voor *Julia Misbehaves* aangekondigd als twee jeugdige mensen, die 'net zo Brits zijn als hun medespelers Greer Garson en Walter Pidgeon.' Terwijl Liz geen woord over haar jeugd loslaat, ondersteunt haar moeder zelfs nu nog onjuiste denkbeelden, die vooral in de Verenigde Staten gekoesterd worden, met bloemrijke beschrijvingen over de gelukkige jeugd van haar dochter in Engeland. Dat doet ze bovendien met een goed geïmiteerd Engels accent.

Toch zijn de Taylors zo Amerikaans als Levi's Jeans, cheeseburgers van McDonald's en Ronald Reagan.

In het begin van de negentiende eeuw verhuisden de Taylors naar de Verenigde Staten. Zoals vele anderen, geloofde ook Samuel Taylor in het Beloofde Land te komen. Al tijdens de overtocht werd het duidelijk dat zijn dromen niet in vervulling zouden gaan. Toen het schip de haven van New York binnenvoer, waren behalve zijn ouders ook zijn vrouw en twee van zijn zoons aan koorts gestorven. Hij had alleen nog zijn vijfjarige zoon Thomas. Samuel zocht geen troost en vergetelheid in zijn geloof, maar in de alcohol. Toen al zijn spaarcentjes op waren, probeerde hij weliswaar het hoofd van zijn zoon en hemzelf boven water te houden door allerlei klusjes te doen, maar hij was een mislukkeling.

Doordat zijn vader uiteindelijk aan de alcohol bezweek, moest de inmiddels elfjarige Thomas zijn leven in eigen hand nemen. Hij vond een plaats in het kader van het leerlingenstelsel en wist door hard werken het vertrouwen te winnen van zijn leermeester, een schrijnwerker, die hem al snel in dienst nam. Op eenentwintigjarige leeftijd werd Thomas mede-eigenaar van de firma, die was gevestigd in Cherokee, Oklahoma. Nu Thomas zijn doel had bereikt, vatte hij ook de moed op om de hand te vragen van een van de mooiste vrouwen uit de omgeving: Sarah Margaret O'Bannion, wier familie uit Ierland stamde. Sarah was bekend om haar violetkleurige ogen en blauwzwarte haren die haar achterkleinkind generaties later van haar zou erven.

Een jaar naar Sarahs huwelijk aanschouwde Francis Taylor in 1857 het levenslicht. Na zijn schoolopleiding keerde Francis zijn strenge, gelovige vader de rug toe en besloot het land door te reizen. Na twee jaar keerde hij terug met een vriend, die hij tijdens zijn zwerftocht had leren kennen: Howard Young.

Toen hij tien jaar oud was, had Young besloten nooit meer honger te willen lijden. Zonder enige spijt liet hij zijn aan de drank verslaafde ouders in Belle Center, Ohio, achter en begaf zich naar New York om geld te verdienen. Toevallig leerde hij daar een fotograaf kennen, die juist op dat moment een assistent zocht. Onverwijld zorgde Young ervoor dat hij er minstens vier jaar ouder uitzag en kreeg de baan.

Young had altijd een fijne neus voor de wensen van zijn klanten. Toen de belangstelling voor foto's afnam, omdat de meeste mensen eigenlijk liever een schilderij van zichzelf wilden, experimenteerde hij net zolang totdat hij een chemisch procédé ontdekte, dat de met de hand ingekleurde foto's deed veranderen in 'prachtige schilderijen'. Dank zij zijn uitvinding floreerde de zaak, en op achttienjarige leeftijd was Young de werkgever van zijn vroegere baas. Hij bezat twee foto-ateliers en een vermogen van 400.000 dollar.

Young had zich direct aangetrokken gevoeld tot de jonge Taylor, die van de geneugten des levens met volle teugen kon genieten. Toen Francis hem voorstelde met hem mee naar Cherokee te gaan om daar een vrouw te zoeken, stemde hij daar zonder aarzelen mee in. Francis was al sinds jaren op twee vrouwen verliefd: Elizabeth Rosemond en Mabel Rosemond, dochters van de kruidenier aldaar. Elizabeth was weliswaar zeer aantrekkelijk, maar haar zuster Mabel was een uitgesproken schoonheid. Mabel miste echter de vriendelijkheid en zachtmoedigheid van haar zuster. Aanvankelijk vond ze Francis aantrekkelijker, omdat Young noch de charme noch het goede uiterlijk van zijn vriend bezat. Maar toen Mabel erachter kwam hoe rijk hij was, overtuigde ze hem ervan dat zij de beste keus voor hem was. Howard was vanaf het eerste moment al verliefd geworden op Mabel en stoorde er zich dan ook niet aan dat hij Elizabeth al om haar hand had gevraagd. Uiteindelijk trouwde Francis met Elizabeth en Howard met Mabel, maar aan de vriendschap tussen beide mannen kwam een eind door de ruzies die hun beide echtgenoten met elkaar maakten.

Hoewel ze eerst van plan waren geweest gezamenlijk naar St. Louis te verhuizen, besloten de Taylors nu naar Indiana, Pennsylvania te gaan, waar Francis een baantje als bediende vond.

De beide huwelijken schenen niet onder een goed gesternte te staan. Elizabeth verloor haar eerste kind, waarna de Taylors jarenlang kinderloos bleven, omdat ze bang waren nog een keer een kind te zullen verliezen.

Young verloor in de beurskrach van Wall Street in 1896 zijn volledige vermogen. Mabel, die wanhopig wilde vasthouden aan de levensstijl die ze tot dan toe had gevoerd, vond slechts troost in de alcohol, die haar vijf jaar later het leven kostte.

De dood van hun kind was zo'n zware belasting voor de Taylors, dat ze besloten alle schepen achter zich te verbranden en het waagden een nieuw leven te beginnen. Francis nam werk aan in Springfield, Illinois, en legde de helft van zijn loon opzij om later een eigen zaak te kunnen beginnen, want hij wilde onder geen enkele voorwaarde meer terugkeren naar Cherokee. Op 18 december 1897 werd Francis Taylor junior geboren.

In die tijd, toen 'de auto een alledaagse verschijning was geworden,' schreef een oude schoolvriendin van Francis in een brief aan Hedda Hopper dat de Taylors naar Arkansas City, Kansas, verhuisden. Francis kocht het rode-bakstenen huis in de North A Street 310, dat nog steeds als het voorouderlijk familiehuis wordt beschouwd, en begon een kruidenierszaak.

Nog heden ten dage denken de bewoners van Arkansas City met respect en hoogachting aan de Taylors terug. Men roemde Elizabeths schoonheid – ze stierf tijdens de economische depressie – en loofde Francis senior om zijn goedheid en hulpvaardigheid. Beiden waren zowel lid van de Presbyterian Church als van de Eastern Star Masonic Lodge. De Taylors zagen hun kleindochter Elizabeth geregeld totdat ze haar contract met MGM ondertekende.

De dames in die stad herinnerden zich Francis Taylor junior vooral nog omdat hij er zo aantrekkelijk uitzag: volle zwarte wenkbrauwen, blauwviolette ogen en ravenzwart haar waren de kenmerken die bijna iedereen noemde. Hij was lang en slank, 'scheen echter niet te merken dat alle meisjes hem een kanjer vonden.' In 1912 ging hij in Arkansas City naar de middelbare school, waar hij al gauw verliefd werd op een meisje dat een jaar ouder was dan hij: Sarah Viola Warmbrodt.

Samuel Warmbrodt en zijn vrouw Anna waren pas tien jaar geleden uit Frankfurt naar de Verenigde Staten geëmigreerd. Samuel was eigenlijk een gediplomeerde machinist, maar omdat hij slecht in Engels was, kon hij in New York geen werk vinden. Uiteindelijk gingen hij en zijn vrouw naar Arkansas City, waar hij een baan als voorman in een wasserij kreeg. Om het geringe inkomen wat op te vijzelen, gaf Anna piano- en vioollessen. In tegenstelling tot haar flink uit de kluiten gewassen man was zij sierlijk en fragiel. 'Als Warmbrodt zich op zijn werk had geërgerd, kwam het geregeld voor dat hij zijn woede afreageerde op zijn vrouw en haar sloeg. Voor het overige waren ze oké, hoewel ze de stijl van de Taylors misten,' vertelde een vriendin van de beide families. Op 21 augustus 1896 werd Sarah Viola Warmbrodt geboren.

Vanaf haar prilste jeugd wilde Sarah, zoals ze bekende, niets liever dan het 'kleinburgerlijke stof van Arkansas City van me afschudden.' Toen haar onderwijzeres haar in de eerste klas vroeg wat ze wilde worden, antwoordde ze: 'Een beroemde toneelspeelster of president van de Verenigde Staten.' Haar klasgenoten beschreven haar als slim, geslepen, intelligent en onberekenbaar; ze was weliswaar niet bijzonder knap, maar tot elke dwaasheid bereid. 'Ze schuwde geen enkel middel om op te vallen,' herinnerde een klasgenootje zich.

Ze was zich ervan bewust dat er voor haar slechts twee mogelijkheden waren om te ontsnappen aan haar milieu: of ze trouwde met een rijke vent, of ze werkte keihard om hogerop te komen. In 1911 ging ze naar de middelbare school van Arkansas City, waar ze Francis leerde kennen. Van vriendinnen hoorde ze dat Francis in haar was geïnteresseerd, en handig wist ze de kansen die ze bij hem had te benutten. Ze ontmoetten elkaar in de namiddag, gingen dan samen roeien op het meer en theedrinken. Ofschoon de Taylors er geen aanmatigende standsgevoelens op nahielden, leerden ze de Warmbrodts niet kennen, omdat Sarah dat wist te verhinderen.

Het geluk van het jonge paar was echter van korte duur. In de herfst van 1913 dook Howard Young plotseling in Arkansas City op.

Na de dood van Mabel was Howard teruggekeerd naar de plaats waar hij zijn eerste succes had behaald. De vele rijken in de metropool New York, onder hen de Rothschilds, de Fishers en de Ford-familie, hadden er behoefte aan hun aanzien te vergroten door hun historische wortels uit het goede oude Europa te tonen. Zo hield Howard zich bezig met het zoeken naar oude portretten, geschilderd met olieverf, die gelijkenissen vertoonden met de opdrachtgever. Hij kocht oude portretten op, liet ze opnieuw inlijsten en beweerde tegen zijn klanten dat het hun voorvaderen waren. Verliep zijn zoektocht zonder resultaat, dan engageerde hij jonge kunstenaars, die foto's naschilderden in olieverf. De schilderijen liet hij op vernuftige wijze tientallen jaren ouder maken voordat hij ze voor buitensporig hoge bedragen verkocht.

Al snel verzochten zijn klanten hem ook andere kunstvoorwerpen in Europa voor hen op te sporen. Howard Young was zo succesvol, dat kunstkenners hem in één adem noemden met Joseph Duveen.

Toen in de loop der jaren het reizen steeds bezwaarlijker voor hem werd, zocht hij een opvolger en dacht daarbij aan de zoon van zijn vriend. Francis en Elizabeth waren in het begin niet erg enthousiast over Howards plannen en probeerden vertwijfeld Francis junior te wijzen op de schaduwzijden van het zakenleven. Deze was echter zo geboeid door zijn oom en het vooruitzicht in New York te wonen, dat hij op Howards voorstel inging.

Reeds na korte tijd moest Francis vaststellen dat het werk voor zijn oom allesbehalve gemakkelijk was. Young was een 'harde, oude man' geworden, die 'niet bereid was zijn rijkdom met iemand te delen die dat niet verdiende.' Eerst was Francis Junior in zijn werk wat schuchter en kleurloos, maar omdat hij over veel charme, goede smaak en uitstekende omgangsvormen beschikte, lukte het hem al snel de klantenkring uit te breiden. Had Young door zijn ruwe karakter zijn handelspartner dikwijls voor het hoofd gestoten, nu was het Francis die als gelijkwaardige kracht werkte en zijn oom wist te behoeden voor grote schadeposten.

Maar terwijl de naam Howard Young in de Londense kunstwereld nog steeds bekendheid geniet, kunnen nog maar weinig mensen zich Francis Taylor herinneren. Sir Hugh Leggatt weet te vermelden dat Francis 'een gentleman in de ware zin des woords was. Hij zag er fantastisch uit, was altijd goedgekleed en jegens mij immer hoffelijk, hulpvaardig, welwillend, correct en aardig.'

Minder aardig vond Peter Mitchell de manier van zaken doen van Francis Taylor, die kennelijk zeer snel en zeer veel van zijn oom had geleerd. 'Het moet 1931 of 1932 geweest zijn. Door toeval vernam mijn vader dat er in een uitdragerij op King's Road tussen allerlei oude rommel een schilderij van Frans Hals moest zitten. Mijn vader ging er meteen op af en inderdaad, te midden van oude meubels stond een Hals. Het was onvoorstelbaar; een gebeurtenis, waarvan je je leven lang droomt. Maar de employé die op de zaak paste, wilde het schilderij niet verkopen. Hij dacht dat het kort geleden samen met diverse meubels was opgeslagen door een Londenaar, die besloten had naar Schotland te verhuizen. Mijn vader wilde op de terugkomst van de eigenaar van de uitdragerij wachten. Het was vrijdag. Daar hij zelf niet kon blijven wachten, nam hij een detective in de arm, die de zaak de hele vrijdag en zaterdag in de gaten moest houden.

Die zondag daarop stond mijn vader zelf voor de winkel, in de hoop dat de eigenaar terug was gekomen. Er was echter geen spoor van hem te bekennen. 's Avonds in de club beging mijn vader een ernstige fout. Onder geheimhouding vertelde hij Francis Taylor over zijn ontdekking. Toen mijn vader die maandag weer naar de uitdragerij ging, vernam hij van de eigenaar dat het schilderij zoëven voor 100 pond was verkocht. Destijds was het zeker zo'n 10.000 pond waard. Enige tijd later kwam mijn vader bij toeval achter de naam van de koper: Francis Taylor.'

Dit schilderij van Frans Hals, *Portret van een man*, maakt deel uit van Elizabeth Taylors kunstverzameling.

Aan het begin van zijn opleiding reisde Francis samen met zijn oom door Europa. Nadat hij enige goede inkopen had gedaan, stuurde Young hem er uiteindelijk alleen op uit. Hij had zoveel vertrouwen in zijn neef, dat hij hem de leiding gaf over de galerie in Old Bond Street 30 te Londen. Omdat Francis zich bij zijn oom niet zo op zijn gemak voelde, ging hij zo veel mogelijk op reis. Probleemloos werd hij opgenomen in de hoogste kringen. Hij verstond de kunst met invloedrijke welgestelden om te gaan, ze als klanten aan zich te binden en fantastische zaken te doen.

In zijn woonplaats werd hij al snel een van de meest begeerde vrijgezellen. Die mening was ook Sara Sothern, alias Sarah Viola Warmbrodt toegedaan.

Enige weken nadat Francis Arkansas City had verlaten, zei Sarah tegen haar ouders dat ze niet langer naar school wilde en van plan was zich in te laten schrijven bij de Georgia Brown Dramatic School in Kansas City. Samuel en Anna Warmbrodt waren wanhopig. Om hun dochter tot rede te brengen, sloot Samuel haar een hele week in haar kamer op. Maar dat sterkte Sarah alleen maar in haar besluit. En toen haar moeder woedend verklaarde nooit een 'toneelspeelster in haar familie te dulden,' pakte Sarah haar koffers en brak met haar familie. 'Ik deed afstand van mijn oude naam, noemde mezelf Sara Sothern en begon aan mijn carrière als toneelspeelster,' herinnert ze zich nu nog. Inwendig had ze gezworen haar familie pas weer te ontmoeten wanneer ze haar doel had bereikt.

Sara ging naar de Georgia Browns School om zich voor te

stellen, maar aangezien men haar tijdens het eerste gesprek te 'brutaal' vond, werd ze afgewezen. Ze had echter de aandacht getrokken van een jonge toneelmeester, die haar een engagement in New York beloofde als ze met hem naar bed ging. Sara ging gewillig op het aanbod in, maar de volgende morgen ontdekte ze dat haar minnaar zich uit de voeten had gemaakt en werd ze opgescheept met de hotelrekening. Woedend nam ze zich voor in het vervolg alleen nog voor bewezen diensten te betalen, in welke vorm dan ook. Om te kunnen overleven werkte ze eerst als serveerster in Kansas City. En toen ze genoeg geld had gespaard, reisde ze naar Sioux City, waar men net bezig was het ensemble voor het zomertheater samen te stellen. 'Eigenlijk waren we al compleet, maar toen dat jonge ding begon te huilen, zeiden we oké, we willen het wel met je proberen,' herinnerde zich Harry Hopkins die verantwoordelijk was voor de rolverdeling. Sara kreeg slechts figurantenrollen, maar toen Hopkins vernam dat het ensemble in Haverhill een jong naïef meisje zocht, beval hij de kleine Sothern aan. Zonder er iets voor te hoeven doen, werd Sara gecontracteerd. 'Haar was niets te dol om de show te stelen,' vertelde een collega van Sara uit die dagen. 'Of ze droeg een armband met belletjes, barstte opeens in lachen uit of zette meubels van hun plaats. Alles deed ze om bij het publiek op te vallen. Als showsteelster was ze uitstekend, als toneelspeelster kon je haar echter wel vergeten.'

Aan haar kleine talenten had ze het te danken dat ze, na in verscheidene ensembles in Haverhill en Winnipeg te hebben gespeeld, uiteindelijk in Los Angeles belandde, waarheen ze een goeduitziende toneelspeler was gevolgd. Toen deze niets meer voor haar kon doen, liet Sara hem vallen als een baksteen en stak haar voelhorentjes uit naar iets beters. Door toeval had ze een lichttechnicus bij de Edward Everett Horton Repertory Group leren kennen, die in het Majestic Theater in Los Angeles resideërde. Dank zij zijn interventie maakte ze kennis met Horton en zijn moeder. Edward Everett Horton, die sedert het begin van de jaren dertig op een meesterlijke manier rollen speelde van nerveuze, beverige typetjes voordat hij aan de zijde van Fred Astaire beroemd zou worden, bevond zich toentertijd nog aan het begin van zijn toneelloopbaan. Hoewel hij en zijn moeder niet bepaald overtuigd waren van Sara's acteertalent, moest hij toegeven dat ze een zekere ondeugende brutaalheid uitstraalde. Eerst werd Sara ingezet als figurante en kreeg ze kleine rollen, maar toen Horton aan de rolbezetting van Channing Pollocks *The Fool* werkte, was hem duidelijk dat Sara voor de rol van het gehandicapte meisje, dat aan het eind weer gezond wordt, geschikter was als geen ander.

De rol was niet zo groot, maar van dramaturgische betekenis. Sara speelde Mary Margaret, een 'arm, gehandicapt meisje' dat een trouw lid van de gemeenschap van een wonderdokter is. Terwijl het sceptische gepeupel de hal van de geloofsgemeenschap binnenstormt om de valse profeten te lynchen, valt ze op haar knieën en begint te bidden. Wanneer 'de vriend der mensen' door de indringers wordt vastgegrepen, springt ze op en snelt naar hem toe om hem te helpen. Zodra haar genezing wordt ontdekt, schrikt het gepeupel van zijn daden, want 'God is in deze ruimte'.

Oude beelden van deze produktie geven enig inzicht in de betovering die Sara op de toeschouwers moet hebben uitgeoefend. Ofschoon ze inmiddels 28 jaar oud was, speelde ze de rol van een fragiel vijftienjarig meisje. De intense glans in haar grote expressieve ogen maakt het enthousiasme van het toenmalige publiek zeer begrijpelijk.

Het stuk was in Los Angeles een overweldigend succes en werd in oktober 1922 ook op Broadway opgevoerd. De tegenspeler van Sara werd James Kirkwood, en de kritieken waren zeer goed. De volgende twee jaar speelde men voor uitverkochte zalen. Toen een vertegenwoordiger van het Apollo Theatre in het Londense West End de produktie naar Engeland wilde halen, ging Horton daar zonder aarzelen mee akkoord. Kirkwood en een groot deel van het ensemble werden door Britse acteurs en actrices vervangen, maar dat lot bleef Sara bespaard. Toen voor haar op 23 september 1924 aan de zijde van Henry Ainley voor het laatst het doek viel, bracht het publiek haar een ovatie. 'Uiteindelijk stond ik helemaal alleen op het toneel, en nadat het doek nog twaalf keer was opgegaan en weer gevallen, schreeuwde het altijd zo koele Engelse publiek: Bravo! Bravo! Bravo!'

Het succes van Broadway scheen zich nu ook in West

End te herhalen, ofschoon de Engelse recensenten niet het enthousiasme van hun Amerikaanse collega's deelden. Zo schreef de *Times* over *The Fool*: 'Het stuk is een typisch voorbeeld van de religieuze orgieën, die op het ogenblik in de Verenigde Staten zo geliefd zijn.' Sara werd al snel een graag geziene gast op Londense party's. Welwillend nam ze de ovaties en geschenken van haar bewonderaars in ontvangst, totdat ze op een avond een oude bekende tegen het lijf liep: Francis Taylor.

Ook Francis had het stuk gezien en was over de actrice die de rol van het gehandicapte meisje speelde zeer verrukt geweest. Niet wetend dat achter de naam Sara Sothern zich niemand anders dan Sarah Warmbrodt uit Arkansas City schuilhield, verzocht hij een vriend een ontmoeting met de actrice te regelen. Sara amuseerde zich over de onhandige toenaderingspogingen van haar jeugdliefde en speelde een poosje kat-en-muis met hem alvorens zich bekend te maken. Dat ze Francis in Londen weer ontmoette, bestempelde ze jaren later dikwijls als een speling van het lot.

Ze deed er alles aan bij Francis het liefdesvuur van vroeger weer aan te wakkeren. En met succes. Tot ongenoegen van zijn oom regelde Francis al zijn zakelijke verplichtingen zo, dat hij Sara aan zijn zijde hield. Enige tijd scheen alles goed te gaan, maar het geluk was slechts van korte duur: middels een telegram maakte Young zijn neef duidelijk dat hij een dergelijke omgang niet langer duldde, en beval hem naar Amerika terug te gaan. Zoals gewoonlijk boog Francis zich voor de wil van zijn oom en reisde terug naar New York.

Aan het eind van 1925 keert ook Sara naar New York terug. Hoewel op Broadway alweer een nieuwe rol in *The Little Spitfire* op haar wachtte, had ze tijdens de overtocht besloten carrière als filmactrice te maken. Ze nam de rol aan, maar tussen de repetities door regelde ze proefopnamen met verscheidene studio's. Haar aantrekkelijkheid en de flair die ze op het toneel ten beste gaf, konden evenwel niet door de camera worden weergegeven. Bovendien waren de studiobonzen van mening dat ze voor een carrière bij de film 'gewoonweg te oud was'.

Diep teleurgesteld stortte Sara zich met al haar energie op *The Little Spitfire*, maar het stuk werd al na de achtste voorstelling niet meer opgevoerd. Haar leven bereikte een dieptepunt toen ze samen met vrienden haar verdriet in een nachtclub in Manhattan wilde verdrinken. Eerst geloofde ze haar ogen niet, maar toen beschouwde ze het als een speling van het lot dat die avond ook Francis Taylor tot de gasten van die nachtclub behoorde.

Sara wist dat ze alleen met de hulp van Francis haar doel bereiken kon. Hij zou echter nooit iets doen wat zijn oom kwaad kon maken. Van nu af aan deed ze er alles aan om Francis en dus ook Young ervan te overtuigen dat ze niet alleen een *flapper girl* was, maar ook nog een goede partij. Van haar laatste geld kocht ze elegante kleding en dure parfums en besteedde veel zorg aan haar uiterlijk. Dat was niet eenvoudig omdat ze werd gedwongen in dubieuze tenten te werken om financieel haar hoofd boven water te houden. Als adres gaf ze een van de dure Nobelhotels op, dat ze door de achteringang binnenging en na een afspraak ook weer via die uitgang verliet. Francis was blij dat zijn oom schijnbaar geen kritiek meer had op Sara. Maar Howard Young verzette zich tegen een verbintenis tussen zijn neef en deze 'tingeltangeltante'.

Toen Francis haar vertelde dat Young hem voor een ultimatum had gesteld, zocht Sara hem persoonlijk op en verklaarde dat ze zwanger was van Francis. In niet mis te verstane bewoordingen gaf ze hem te verstaan dat ze niet zou terugschrikken voor een schandaal. Young verbleekte en probeerde de zaak met een royale cheque de wereld uit te werken, maar hij onderschatte Sara behoorlijk. Ogenschijnlijk ging ze op zijn voorstel in, maar toen ze de cheque had aangenomen, drong het tot hem door dat hij een fout had gemaakt: nu had ze immers een bewijs tegen hem in handen. Na urenlange gesprekken kwamen ze overeen dat Young akkoord ging met een huwelijk, op voorwaarde dat Sara haar toneelloopbaan opgaf en een trouwe echtgenote van Francis werd en hem op al zijn reizen zou vergezellen. Zonder enige aarzeling beloofde Sara dat. Ze had haar doel bereikt. Francis, die van dit alles geen enkel vermoeden had, voerde haar enige weken later, op 12 mei 1926, naar het altaar en stelde zijn ouders en Arkansas City vol trots de jonge Mrs. Francis Taylor voor.

Young, die het pas gehuwde paar beter onder controle wilde hebben, kondigde aan dat Francis binnenkort de zaak in St. Louis moest overnemen. Hoewel Sara eigenlijk van een toekomstig leven in Europa had gedroomd, stemde ze met zijn voorstel in. Ja, ze scheen dolenthousiast te zijn bij het vooruitzicht in St. Louis te wonen. Enkele dagen later kreeg Young echter het bericht dat Sara haar kind verloren had. Daar ze als gevolg daarvan aan zware depressies leed, had de dokter haar geadviseerd een tijdlang op reis te gaan om over het verdriet heen te komen. Inmiddels had Francis bij de Europese handelaren reeds naam gemaakt en de belangstelling voor kunstvoorwerpen uit de Oude Wereld was groter dan ooit. Young, die zich door Sara om de tuin had laten leiden – ze was niet zwanger geweest, dus had ze ook geen miskraam kunnen krijgen – stuurde het jonge paar op kosten van de zaak naar Europa.

De volgende drie jaar waren voor de Taylors een betaalde huwelijksreis. Ze reisden naar Londen, Parijs, Berlijn, Milaan, Venetië, Rome, Wenen, kortom overal heen waar het leven bruiste en je bovendien ook nog zaken kon doen die oom Howard tevreden stelden. Ze kochten kunstvoorwerpen van pas rijk geworden mensen en van verarmde adellijke families, maar ook van andere kunsthandelaren. Ze logeerden in de duurste hotels en gedroegen zich kosmopolitisch. Voor hen gingen de poorten open van de High Society en de Beautiful People. Een leven dat Hollywood niet beter had kunnen verzinnen.

Sara was gelukkig. Eindelijk had ze bereikt wat ze wilde en zou het onder geen enkele voorwaarde meer prijsgeven. Toen ze merkte dat Francis het nomadenbestaan en ook haar gezelschap beu werd, raakte ze – en deze keer echt – zwanger. Nu kwam de vraag aan de orde over een toekomstige woonplaats, want met een kind was het voortdurende verblijf in een hotel voorbij. Het stond echter voor beiden vast dat van een terugkeer naar de Verenigde Staten geen sprake kon zijn. Het idee om in de onmiddellijke omgeving van oom Howard te wonen vonden Francis en Sara maar niks. Zijn aanwezigheid maakte hen al te zeer bewust van het feit dat ze slechts de arme familieleden van een rijke man waren, van wiens grillen ze afhankelijk waren. Het was al erg genoeg dat Francis zich had aangewend in het bijzijn van zijn oom te stotteren. Als dat het geval was of als hij niet snel genoeg antwoord gaf op een vraag van Young, schreeuwde deze, ongeacht of er klanten of zakelijke relaties bij waren: 'Mijn hemel, waar betaal ik je eigenlijk voor?'

Met het oog op hun levensstijl vormde Engeland voor de Taylors de eerste keus. In de documenten van de immigratiedienst staat dat Mrs. Sara Taylor, pasnummer 313, Amerikaans staatsburger, op 5 februari 1929 Engeland binnenkwam. Verblijfsreden: het zoeken naar een woning. (Haar man, Francis Taylor, pasnummer 492, Amerikaans staatsburger, volgde haar op 2 april 1929.)

Sara had bepaalde voorstellingen van hoe haar toekomstige huis eruit moest zien. De ideeën daarover stamden uit de kinderboeken van A.A. Milne, Kenneth Grahame en Frances Hodgson Burnett. Na enkele huizen te hebben bekeken, werd het Sara duidelijk dat het moeilijker zou worden dan verwacht. De huizen die haar aanspraken stonden òf te koop, òf de huur was voor de Taylors onbetaalbaar. Toen een makelaar Sara een huis op de Wildwood Road 8 aanbood, ging ze er eerst niet op in, vooral omdat het huis zich in Golders Green bevond, dat in die dagen niet zo in trek was, omdat hier de nieuwe rijken en allochtonen woonden.

Nadat Sara nog veel meer huizen had bekeken, ging ze toch op het aanbod in en maakte een afspraak om het huis nogmaals te bezichtigen. 'Toen ik dat huis zag, was ik meteen betoverd,' herinnerde ze zich. 'De tulpen waren heel groot en in de tuin stonden ook nog lila en gele viooltjes, vergeet-me-nietjes, enorme hoeveelheden klimplanten, die tegen het huis groeiden, een kleine rozentuin en in de nabijheid van het huis een klein bos met een vijver dat we "het heiligdom" noemden, ofschoon het eigenlijk "Turners Wood" heette.' Bovendien bevonden zich op het bijbehorende stuk grond nog bloemperken en een tennisbaan. De eigenaar, Mr. Kadesh, had het solide gebouwde huis twee jaar geleden helemaal naar eigen inzichten laten verbouwen. En nu dwong zijn hachelijke financiële situatie hem ertoe het te verhuren.

Daar Sara daarvan afwist en vond dat haar kinderen hier op een ideale manier konden opgroeien, deed ze er alles aan om de huurprijs te verlagen, wat haar ook lukte. Nog op dezelfde dag ondertekende ze het huurcontract, zonder op de toestemming van Francis te wachten. Francis was allesbehalve enthousiast toen Sara hem erover vertelde, want hij vond de huur veel te hoog. Daar hij zijn vrouw echter goed kende en wist dat ze koste wat kost haar zin zou doorzetten, maakte hij er maar geen drama van.

Nauwelijks was Francis in Londen aangekomen, of Sara deed er alles aan om zich toegang te verschaffen tot de Engelse society. Wat nu volgde had elke oude MGM-smartlap in de schaduw kunnen stellen. Al gauw waren de Taylors bij alle belangrijke gebeurtenissen aanwezig. Of het nou om de gelijkberechtiging van de vrouw, het zionisme of een gaarkeuken ging, Sara en haar op sleeptouw genomen Francis waren erbij aanwezig. Voorts bezochten ze bijeenkomsten van de Christian Scientists, waar Sara op een avond door een lekeprediker als de toneelspeelster werd herkend die jaren geleden in *The Fool* zoveel indruk op hem had gemaakt. Sara bedankte hem voor het compliment en nodigde de prediker uit op de thee. Een belangrijk gebaar, want deze prediker was Colonel Victor Cazalet.

Cazalet kende iedereen en had met iedereen contact. Hij was een rijke landeigenaar, lid van het Britse parlement, een conservatief, een begeerlijke vrijgezel, een graaggezien lid in Londense Clubs, en een man die af en toe als vertrouweling en bemiddelaar voor een aantal invloedrijke mensen binnen en buiten de politiek werkzaam was. Daarenboven was hij een oude vriend van Winston Churchill. Kortom, Cazalet was een soort duizendpoot. Hij zag er goed uit en was klein van stuk (zijn vrienden noemden hem 'teenie'), en wat hij het meest bewonderde was charme. En daarover beschikten de Taylors, die al snel door hem en zijn familie zo goed als geadopteerd werden, in ruime mate.

Victors moeder, Maud, (later door Elizabeth tante Molly genoemd) en zijn zuster, Thelma Cazalet-Keir, geëngageerd feministe en eveneens parlementslid, 'mochten die alleraardigste Amerikanen zo graag,' omdat ze 'behendig al die leuke Engelse dingen deden.'

Cazalet introduceerde de Taylors in de wereld van de politiek, kunst, literatuur, wetenschap en de adel. Terwijl andere Amerikanen, als bijvoorbeeld Henry Adams, zich in deze kringen niet op hun gemak voelden, bewogen de Taylors zich daarin met onbeschrijflijke onbevangenheid en vanzelfsprekendheid. Thelma nam Sara niet alleen mee naar bijeenkomsten voor vrouwenrecht of zionisme, maar ook naar de kroningsplechtigheid van George V. En 'tante Molly' stuurde de Taylor-kinderen naar Buckingham Palace om de verjaardagsgeschenken voor Queen Mary af te geven.

Toegang kregen de Taylors ook tot Cazalets vrienden, waartoe ook prins Paul van Joegoslavië, een studiegenoot van Cazalet uit hun gezamenlijke Oxford-tijd, behoorde. (Elizabeth was zelfs enige tijd met zijn dochter, Elisabeth, bevriend, maar daar kwam een eind aan toen de prinses na de eerste Taylor Burton scheiding korte tijd met Richard Burton verloofd was.)

De vriendschap tussen de Cazalets en de Taylors berustte op hun gemeenschappelijke hartstocht voor kunst. Terwijl Howard Young de Engelse kunst wantrouwde, maakte Victor Francis wegwijs in de kunstwereld van Chelsea en St. John's Wood. Zo leerde Taylor Laura Knight en Augustus John kennen en nam hun werken in zijn galerie op. Toen Cazalet en Taylor John op een dag een bezoek brachten aan zijn huis in Fordingbridge, was deze net in een slecht humeur en verscheurde een aantal van zijn tekeningen. Francis haalde ze stiekem uit de prullenmand, plakte ze en behield er paar van. De andere kwamen in de verzameling van Cazalet terecht.

Vooral de kinderen van de Taylors hielden de beide families bij elkaar. 'Ik zie ze nog duidelijk voor me,' zei Thelma Cazalet-Keir. 'Francis en Sara waren zeer charmant. En die twee verrukkelijke kinderen van ze! Ze bewegen zich zo elegant, dat het net lijkt alsof ze dansen. Mijn moeder en mijn broer hadden grote bewondering voor ze. Dat hadden we trouwens allemaal. We sloten ze meteen in ons hart; ze werden een deel van ons.'

Eind 1929 aanschouwde het eerste kind van de Taylors het levenslicht: een zoon. Om Young gunstig te stemmen – Sara wilde dat hij de huur voor zijn rekening nam – noemden ze hun zoon naar zijn welgestelde, invloedrijke oom.

'Baby Howard zag er uit als een Botticelli-engel,' herinnerde Sara zich. 'Hij had massa's blonde lokken. Zijn ogen waren groot en diepblauw. Hij was sterk en zeer levendig. Hij was nooit lastig en kreeg al snel tandjes.'

Tweeëneenhalf jaar later, op 27 februari 1932 werd het tweede kind van de Taylors geboren: Elizabeth Rosemond.

2

'Ik ben in Hampstead geboren!'

'Nee, lieveling, je bent in Hendon geboren!'

'Het was Hampstead, Richard!'

'Het spijt me werkelijk, lieve, maar het was en blijft Hendon. Kijk toch eens op je geboortebewijs.'

Dergelijke twistgesprekken tussen de Burtons konden urenlang voortduren, want Richard, een kind uit de arbeidersklasse, hield ervan zijn vrouw ermee te plagen dat ze niet in een chique Londense wijk werd geboren, maar in de arbeiderswijk Hendon. Eigenlijk had geen van beiden gelijk, want Elizabeth werd in Golders Green geboren. Waarom Sara als geboorteplaats Hendon liet opgeven, weet nu niemand meer. 'Waarschijnlijk een schrijffout,' merkte ze laconiek op als ze erop werd aangesproken.

De geboorte van Elizabeth verliep zonder grote problemen onder de leiding van dr. Huggenheim. Nadat ze God voor het kind had bedankt, viel de moeder van uitputting in een diepe slaap. Toen ze wakker werd, stelde ze verschrikt vast dat er iets met dit kind aan de hand moest zijn. De baby hield de ogen voortdurend gesloten, wat bij pasgeborenen eigenlijk niet zo ongewoon is. Maar de schouders en armpjes van het kind waren met een dik bruin vel bedekt. Om haar gerust te stellen verklaarde Huggenheim haar dat het hier ging om een door de chromosomen veroorzaakte vorm van hypertrichosis, die na enige tijd verdwijnen zou. Voorts wees de dokter erop dat dit verschijnsel zich met tussenpozen kon herhalen. Een schrale troost voor Sara. Maar toen het kind de volgende dagen nog steeds de oogjes niet had opengedaan en ook geen geluid gaf, werd Sara ongerust. Af en toe opende Huggenheim de oogleden van de baby, maar zag dan alleen het wit van de oogappels. Terwijl Francis zijn vrouw probeerde te troosten, bad en smeekte Sara tot God. Het duurde meer dan tien dagen voordat haar gebeden werden verhoord. Toen Sara Elizabeth in haar armen hield sloeg het kind plotseling haar ogen op. Tot haar grote vreugde keek Sara in twee violetkleurige pupillen. Het geluk was volmaakt toen de baby kraaide en tegen haar moeder glimlachte, een verhaal dat Sara ook nu nog graag en vaak vertelt.

Toch scheen nog niets op de latere schoonheid van Elizabeth Taylor, genoemd naar haar grootmoeder, te wijzen. Zelf vergeleek ze zich dikwijls met een pasgeboren vogeltje: 'alleen maar een roze huid en geen veertjes.' Als kind maakte Elizabeth een plompe indruk. Een groot hoofd rustte op een gedrongen lichaam. Frederick Boydell-Barrington, die destijds met Francis in de galerie werkte, herinnerde zich dat Sara af en toe de kinderen bij haar man bracht als ze boodschappen ging doen. 'De mensen die in de galerie kwamen waren verrukt over de kinderen en bewonderden hun schoonheid. Maar de meesten loofden vooral de jongen. Dat scheen Elizabeth te merken en daarom trok ze vaak een nors gezicht.' 'Mijn vroegste herinnering is pijn,' verklaarde ze eens op een moment van onbedachtzaamheid. Maar om geen zwakte te tonen, voegde ze er na enige ogenblikken zwijgen aan toe: 'Vooral pijn van lichamelijke aard. In ons huis in Londen hadden we een haardvuur van elektrische draadspiralen. Ik kon toen alleen nog maar kruipen en herinner me dat ik naar het prachtige schijnsel keek en me afvroeg: Zal ik het doen? Zal ik het niet doen? Bijna verbrandde ik een halve vinger.'

In de loop van het gesprek noemde Elizabeth Taylor haar jeugd 'idyllisch'. De Taylors waren dol op uitstapjes, en in het begin van de jaren dertig raakten caravans zeer in de mode. Natuurlijk behoorden zij tot een van de eerste families die er een aanschaften en aan hun Buick vastmaakten. Samen met de kinderen, hun kokkin Daisy, Elizabeths kindermeisje Hilda en Monty, een manusje-van-alles, gingen de Taylors in de herfst van 1932 op weg. 'We aten wat we onderweg kopen konden. Verse kreeft, melk die nog warm was en eieren. Waar het ons beviel, sloegen we ons kamp op.' Elizabeth bedankte haar ouders op haar eigen manier voor de reis: in die tijd verloor ze 'haar vel en was nu pas toonbaar geworden.' Reden genoeg om het eerste kerstfeest in Amerika door te brengen. Sara's vader had intussen in de omgeving van Pasadena een kippenfokkerij gekocht. Sara wilde die per se zien, en dus reisde de familie eerst naar Arkansas City, naar de

Taylors, aansluitend naar Californië en vervolgens ook nog naar New York om oom Howard een kort bezoek te brengen.

Later sprak Elizabeth altijd met respect en hoogachting over oom Howard. 'Hij wist wat hij wilde en bereikte dat ook,' beschreef ze zijn opvallendste eigenschap. In het begin voelde Young zich zeer aangetrokken tot de dochter van zijn neef, maar in de loop der jaren werd het voor hem steeds moeilijker de levensstijl van Elizabeth te dulden. Toen hij in 1972 stierf, liet hij een vermogen na van meer dan 20 miljoen dollar – alleen al zijn schilderijenverzameling van impressionisten bracht op een veiling 1,8 miljoen dollar op. Maar de Taylors kregen geen cent. Daarvoor voerden vrienden twee redenen aan: ten eerste was Francis reeds overleden en had Young het Sara nooit vergeven dat ze hem met haar eerste zogenaamde zwangerschap beduveld had. Ten tweede wilde hij niet dat Elizabeth met haar 'bezopen proleten' mooi weer speelde van zijn geld. Daarom liet hij het grootste deel van zijn vermogen na aan een ziekenhuis in Woodruff, Wisconsin.

Na het verblijf in New York wist Francis zeker dat hij onder geen enkele omstandigheid meer in de nabijheid van zijn oom kon werken. Des te gelukkiger was hij weer in Londen te zijn. In de jaren dertig floreerde de zaak, wat Francis niet op de laatste plaats had te danken aan zijn vrienden Oswald en Diana Mosley, wier fascistische ideologie ook op hem een zekere aantrekkingskracht uitoefende. De Mosley's, maar ook Diana's zusters Unity en Nancy, bezorgden Francis talrijke Duitse klanten.

Ook Elizabeth begon zich naar tevredenheid van haar ouders te ontwikkelen. Ze werd slanker en dank zij haar violetkleurige ogen en volle zwarte wenkbrauwen trok ze nu ook de aandacht van de mensen, zonder medelijden te wekken. Ze was een kind dat blijk gaf in alles geïnteresseerd te zijn: ze hield van de zee, de zon, het gezang van de vogels en van elke maaltijd die men haar voorzette. Haar broer, Howard, zou de rebel van de familie worden. Hij had er moeite mee zich voor iets te verontschuldigen. 'Elizabeth probeerde dan altijd te bemiddelen. "Zeg dat je er spijt van hebt, Howard!" fluisterde ze tegen haar broer wanneer die weer eens straf dreigde te krijgen.'

Discipline speelde bij de Taylors thuis een grote rol. Francis en Sara zagen erop toe dat het gedrag van hun kinderen overeenkwam met de hoge eisen die ze daaraan stelden. Was dat niet het geval, dan werden ze bestraft door wekenlang niet meer tegen ze te praten. 'Ik negeerde Howard of Elizabeth gewoonweg. Dat was de ergste straf die je bedenken kon,' zei Sara. 'Over het geheel genomen was Elizabeth een ongecompliceerd, gedwee kind. Haar enige fout was haar halsstarrigheid die dikwijls veel weghad van de spreekwoordelijke koppigheid van een ezel. Het grootste probleem van mijn dochter is onderscheid te leren maken tussen "kan ik dat doen?" en "durf ik het te doen?" en de acceptatie daarvan.' Om het stilzwijgen van hun moeder te doorbreken, was het in huize Taylor gebruikelijk excuusbriefjes onder het kussen te leggen. 'Liz bleef dat doen tot ze voor de tweede keer trouwde. Ik geloof dat dat de reden is waarom mijn vrouw het tot dusverre vertikt korte brieven te schrijven of met de hand geschreven mededelingen te doen,' vertelde Richard Burton tijdens een interview in 1973. In tegenstelling tot haar broer, Howard, gaf Elizabeth altijd meteen haar fouten toe als haar moeder haar negeerde, en het maakte haar niet uit of haar moeder dat terecht deed of onterecht. 'Als je haar negeerde deed dat haar meer pijn dan dat je haar sloeg. Ze kon en kan het eenvoudigweg niet verdragen als je haar je liefde onthoudt,' zei Burton.

Toen ze drie jaar oud was, ontdekte Elizabeth een mogelijkheid om zich te onttrekken aan straffen en weer door iedereen te worden liefgehad: een plotselinge, onverklaarbare, ernstige ziekte.

Als de Taylors voor een feestje waren uitgenodigd, waarin Elizabeth weinig zin had, spartelde ze zo tegen dat haar kindermeisje, Hilda, haar niet kon aankleden. Aan het spel kwam pas een eind wanneer Sara de kamer binnenkwam en Elizabeth het verwijt maakte dat het haar schuld was dat ze te laat kwamen. Zoals gewoonlijk werd ze betraft met zwijgen, maar als alle verzoeningspogingen die de kleine Elizabeth ondernam niet baatten, werd ze plotseling ziek. Eerst was alleen haar keel ontstoken, maar binnen de kortste keren breidde de ontsteking zich uit naar de oren. In tegenstelling tot andere leden van de Christian Scientists, haalde Sara er meteen hun huisarts dr. Goodwin bij, die Elizabeths oren tweemaal per dag schoonmaakte en de absessen met een hete naald doorprikte. Alle moeite was echter vergeefs: de temperatuur schommelde tussen de 39 en 40 graden.

Uiteindelijk gaf Goodwin toe dat hij radeloos was. 'Hij vroeg ons of we religieus waren. Vanaf dat moment wist ik dat Elizabeth alleen zichzelf kon genezen.' Haar ouders waakten ook de volgende dagen bij haar bed, maar uiteindelijk waren ze zo uitgeput dat ze rust nodig hadden. 'Bel alsjeblieft oom Victor op en vraag hem bij me te blijven,' smeekte Elizabeth.

Francis telefoneerde met de Cazalets, die dadelijk hun landgoed in Kent verlieten en 90 mijl aflegden om aan Elizabeths zijde te waken.

Cazalet had een roos meegebracht. Hij nam Elizabeth in de armen en begon zachtjes tegen haar te praten. 'Zie je deze roos? Die is afkomstig van God, zoals alle levende dingen. Dit is Gods boodschap aan jou, Elizabeth, omdat Hij zich om alles wat leeft bekommert. Ik wil je nu vragen deze roos van Hem aan te nemen en weer gezond te worden. Beloof je me dat je dat zult doen?'

Ze pakte de roos met haar rechterhand en legde haar linkerhand in zijn grote handen. Haar ogen waren op zijn gezicht gericht en zogen elk woord dat hij zei als een spons op. 'Ja, oom Victor, ik zal het doen. Maar je moet hier bij me blijven.' Cazalet zei dat hij haar peetoom was en altijd over haar zou blijven waken. Ze slaakte een diepe zucht en viel voor het eerst in een diepe slaap.

'Er heerste in de kamer iets heel moois en vredigs. Ik legde mijn hoofd op het bed en kon voor het eerst sinds drie weken weer rustig slapen,' zei Sara, terugdenkend aan die avond.

Er gingen twee uur voorbij. In het begin dacht Cazalet dat hij zich vergiste, maar de arts die erbij werd geroepen bevestigde zijn hoop: de koorts nam merkbaar af. Ze was de crisis te boven gekomen. Hij legde Elizabeths handen onder de dekens, zette de roos in een vaas op het nachtkastje en verliet stilletjes de kamer. Op de vraag hoe hij dat wonder had verricht, antwoordde hij slechts: 'Ik heb haar een beetje met mijn privé-filosofie gepaaid.'

Gepaaid of niet, Elizabeth had haar lesje geleerd en stelde haar lichaam in dienst van een strategie: indien het nodig was zorgde ze dat ze ziek werd, opdat men haar vergaf.

In tegenstelling tot de kinderjaren van andere Hollywoodsterren, speelde in die tijd de bioscoop geen rol voor Elizabeth Taylor. Een bioscoop was een vorm van amusement die haar moeder beneden hun stand achtte. In plaats daarvan keek men naar kinderpantomime-kunst en theaterstukken, zoals *Peter Pan*.

De kinderjuffrouw van Elizabeth, Frieda Gill, bracht Elizabeth als eerste de kunst van het toneelspelen bij. Af en toe bereidde Frieda Gill, die in 1936 in het gezin van de Taylors was gekomen, kleine scènes voor, die 's middags tijdens het theeuurtje voor de ouders werden opgevoerd. 'Op een keer speelde ze een eikeboom. Howard was een paddestoel en ik speelde een mooie prinses. Ik was zo in het spel verdiept, dat ik probeerde de paddestoel te eten. Mijn broer schreeuwde het uit van de pijn omdat ik in zijn vinger beet. Meteen zorgde ze ervoor dat we wisselden van rol.'

Eigenlijk groeide Elizabeth als enig kind op. Ze had maar weinig speelkameraadjes en zo goed als geen vriendjes. 'Maar dat was geen probleem voor me. Ik beschikte over een levendige fantasie en bracht de meeste tijd door met dagdromen. Eerlijk gezegd doe ik dat nu nog. Wanneer ik me aankleed, opmaak of bij de kapper zit, stel ik me voor wat ik had moeten doen of zeggen. Of ik bedenk scènes, verdeel de rollen onder mensen die ik ken of onder gefantaseerde figuren, en laat die scènes naar mijn eigen denkbeelden spelen.'

Elizabeth Taylor ziet als reden voor haar eenzelvigheid het feit dat ze onoverwinnelijk schuchter is. 'Ik was - en ben nog steeds - door mijn schuchterheid erg geremd. Als kind verborg ik me voor vreemden altijd achter de rug van Frieda en stak mijn vinger in mijn mond. Zou iemand me te dansen of te spelen hebben gevraagd, dan was dat voor mij geen probleem geweest, want bij het toneelspelen kon ik me achter het masker van een ander verbergen.'

De belevenis om voor het voetlicht te staan en het bijval van de menigte te oogsten ervoer Elizabeth in 1935 in Londen, tijdens een manifestatie voor een goed doel. Intussen ontstaan er allerlei legenden over deze gebeurtenis, waarbij altijd weer koning George V, koningin Mary en, bij wijze van romantische varianten, de prinsessen Elizabeth en Margaret Rose een rol spelen. In bijna elke versie duikt de naam van Madame Vacani op, die bovendien verkeerd werd geschreven (moet zijn: Vaccani), daar men alleen maar afgaat op Sara's herinneringen, die in *Ladies Home Journal* werden gepubliceerd.

Zoals elk jaar organiseerde Madame Vacani (wier werkelijke naam eigenlijk Mrs. Rankin was) een manifestatie voor een goed doel in een hippodroom, waaraan alle leerlingen van haar dansschool mochten deelnemen. In het programma was een voorstelling opgenomen, waarin alle kleine leerlingen een rolletje hadden. De betalende toeschouwers - ouders, ooms, tantes en grootouders - zouden hun kleine lievelingen minstens enkele seconden op het toneel te zien krijgen. Onder de leerlingen bevonden zich Howard en Elizabeth Taylor, die op aandringen van hun moeder de basisdanspassen werden bijgebracht. De manifestatie werd ook bijgewoond door de hertogin van York, die weldra koningin zou worden, alsmede haar twee dochters.

Met de kleintjes had Madame Vacani een toneelstukje met bloemen, elfjes en vlinders ingestudeerd. De kinderen moesten kort over het toneel dwarrelen, een buiging maken en daarna weer verdwijnen. Iedereen hield zich aan de afspraak, behalve een vlinder met de naam Elizabeth Taylor. Toen het doek viel bleef ze op het toneel staan, en toen het doek weer opging, stond ze alleen op het toneel en keek ze de toeschouwers met haar magisch fonkelende ogen aan. Terwijl het publiek haar een vriendelijk applaus gaf begon Elizabeth over het toneel te fladderen en improviseerde een *pas seul*. Voordat men haar haastig van het toneel trok oogstte ze nog meer applaus.

Elizabeth Taylor: 'Het was een heerlijk gevoel op dat toneel te staan - het alleenzijn, de reusachtige omvang van dat toneel, de lichten, de muziek - en een klaterend applaus te krijgen.'

Ook voor Sara was deze gebeurtenis een openbaring. 'Ik gaf mijn carrière op toen ik met pappie trouwde en niemand ter wereld zou me ertoe hebben gebracht weer toneel te gaan spelen. Maar sinds die dag waarop de liefdadigheidsuitvoering werd gehouden wist ik dat Elizabeth mijn passie voor het toneel geërfd had.' Vaak schijnen Sara's herinneringen aan de gebeurtenissen te worden verheerlijkt. Terwijl ze beweert dat Madame Vacani haar ervan overtuigde dat het toneel Elizabeths toekomst vormde, denkt men daar bij Madama Vacani tegenwoordig anders over. De school bestaat nog steeds en Madame Vacani verheugt zich in een plezierige nagedachtenis. Ze ontkent niet dat de Taylor-kinderen hebben deelgenomen aan een liefdadigheidsuitvoering, maar van een 'aandringen bij de moeder kan geen sprake zijn. Waarschijnlijk was het tegendeel eerder het geval. Ik vind het onverantwoordelijk om een kind van die leeftijd aan het toneel te laten gaan,' zei Madame Vacani.

Nauwelijks was Elizabeth in Hollywood, of Sara zorgde ervoor dat haar versie van de geschiedenis de ronde deed. En wel met groot succes. Zo schreef Bosley Crowthers in zijn MGM-boek over Elizabeth: '... danste ze op driejarige leeftijd voor de prinsessen Elizabeth en Margaret Rose.' Dit verhaal werd van jaar tot jaar uitgebreid tot men uiteindelijk in *New York Telegramm* beweerde dat ze in tegenwoordigheid van koning George in een 'professionele voorstelling haar mannetje stond.'

Bill Adler wees erop dat het er met vrouwen die hun carrière opgeven eigenaardig aan toe gaat. 'De aantrekkingskracht die hun carrière op hen heeft schijnt te verdwijnen, maar in werkelijkheid verdwijnt die alleen maar even onder de oppervlakte om jaren later in een andere vorm weer naar boven te komen.' Dit was ook bij Sara het geval. In eerste instantie gebruikte ze al haar energie voor het beklimmen van de sociale ladder. Toen dat was bereikt, ontwikkelden zich bij haar heldere denkbeelden over het verloop van het leven en de carrière van haar kinderen. Aangezien Howard de moeilijkste van de twee was, concentreerde ze zich helemaal op Elizabeth. Terwijl haar later in de V.S. niemand meer kon stoppen, lukte het Francis en Thelma Cazalet-Keir in Londen om met vereende krachten de belangstelling van Sara op een ander onderwerp te richten.

De Taylors behoorden intussen zo zeer tot de familie van de Cazalets, dat Victor hen kosteloos een landhuis uit de zestiende eeuw ter beschikking stelde, dat zich op zijn landgoed in de nabijheid van Cranbrooke, Kent, bevond. Tijdens een weekendverblijf in Kent had Sara het huis ontdekt. Oorspronkelijk woonde de rentmeester erin, maar het stond al jarenlang leeg. Terwijl de dorpsbewoners het 'het vervloekte huis' noemden omdat het er zou spoken, noemde Sara het 'Little Swallows'. De Taylors brachten de zomer door met de herinrichting van de veertien kamers. Op veilingen kochten ze antieke meubelen en losten op de Amerikaanse pionierswijze alle problemen op die ze tegenkwamen. Voor Elizabeth was het een onbezorgde en gelukkige, maar nooit meer terugkerende tijd. Heden ten dage is Little Swallows voor hen een symbool voor een rustig, sprookjesachtig leven. 'Mijn broer en ik temden allerlei dieren: konijntjes, schapen, schildpadden, geiten en kippen. Dat was mijn voorstelling van ware gelukzaligheid. Als de volwassenen kip wilden eten moesten ze naar de stad rijden om er daar een te kopen, daar wij het gewoonweg niet duldden dat er ook maar één van de onze geslacht werd.'

Een bijzondere genegenheid voelde Elizabeth voor de pony Betty. De New Forest pony had jarenlang de kar van de melkboer getrokken en daar het doorging als een sloom, rustig paardje, leek het Cazalet het ideale cadeau voor zijn petekind. Victor schonk haar de pony in 1937, met Pasen. Als eerste moest Howard het geschenk natuurlijk uitproberen. Hij sprong erop en demonstreerde zijn zuster hoe ze de pony moest berijden. Ten slotte kwam Elizabeth aan de beurt. 'Ik droeg een kort organdiejurkje. Mijn vader tilde me op Betty's rug, waarop mijn broer ook zat. Ik was ontzettend bang en klampte me aan zijn rug vast. Maar dat scheen de pony helemaal niet aan te staan. Plotseling sprong zij wild in het rond en - pats - ik belandde in de brandnetels.' Maar dat was niet het eind van het verhaal. Nadat men haar met een natte doek had afgewreven om de zwellingen te verminderen, nam Elizabeth Betty bij de teugel en begon sussend op de pony in te praten. Op de haar typerende wijze verklaarde ze: 'Betty, ik ben je nieuwe bazin en ik hou erg veel van je onder de voorwaarde dat jij ook van mij houdt.' (Een voorwaarde die de Taylors hun hele leven lang hun partners, vrienden en fans zouden stellen.) Daarna ging ze op een stenen muurtje staan en beklom zonder hulp op de rug van de pony. Op haar buik ging ze op het dier liggen, maar van nu af aan hield Betty zich aan de afspraak en wierp de kleine Taylor nooit meer af.

In de winter van 1937 kreeg Elizabeth een voorproefje van het leven in Amerika. Daar de gezondheid van Sara's moeder zienderogen achteruit ging, verzocht Samuel Sara haar een bezoek te brengen. Francis koppelde een zakenreis aan het bezoek en bleef bij zijn oom in New York, terwijl Sara met de kinderen naar Arkansas City reisde. Aangezien Elizabeth al vanaf september 1937 Byron House had bezocht - een kleuterschool in Highgate - was Sara van mening dat het het beste was als haar kinderen in de tussentijd naar een Amerikaanse school gingen. Bovendien had ze dan meer tijd om zich om haar moeder te bekommeren. Terwijl Elizabeth met haar Engelse accent en schooluniform indruk maakte op haar nieuwe klasgenootjes, was de ontvangst die Howard met zijn rode blazer en grijze flanellen korte broek bereid werd heel wat koeler. Zwaar gedeprimeerd kwam hij de school uit en stond erop dat zijn ouders lange broeken en ruitjesoverhemden voor hem kochten.

Anna Warmbrodt had niet lang meer te leven, en dus keerde het gezin Taylor al in het voorjaar van 1938 naar Engeland terug.

Elizabeth ging weer naar Byron House. Haar medescholieren kunnen zich nog slechts een vaag beeld van haar vormen, maar haar onderwijzeres Miss Terry herinnert zich dat Elizabeth zeer open en vriendelijk was, vooral jegens volwassenen. Een klassefoto uit die tijd toont Elizabeth als een gesloten kind, dat grimmig in de camera kijkt. Ze is duidelijk kleiner dan haar klasgenootjes.

Het kan zijn dat de grimmige blik van Elizabeth te maken had met problemen in de familie. De zaken van Francis hadden onder de veranderde betrekkingen tussen Engeland en Duitsland zeer geleden en zijn handel met Italië stelde vrijwel niets meer voor. Ook zijn huwelijk met Sara mag als ongelukkig bestempeld worden. 'Hij was altijd zeer discreet,' herinnerde zich een employé die bij hem in de galerie werkte. 'Er waren geen andere vrouwen in zijn leven. De vlucht uit de werkelijkheid zocht hij in de alcohol.'

De situatie verslechterde zienderogen. Hadden de inkomsten en uitgaven in 1938 nog gelijke tred gehouden, in het voorjaar van 1939 kondigde zich al een duidelijk verlies aan voor het lopende boekjaar. Men sprak zelfs van een ophanden zijnd faillissement van de Londense filialen.

In 1939 brachten de Taylors de Paasdagen in Kent door. Het was regenachtig weer, maar dat weerhield Sara er niet van om samen met haar kinderen door het bos te wandelen. Toen ze van een van hun wandelingen terugkeerden, stond Victor Cazalet hen met een bezorgd gezicht op te wachten. Kalm maar beslist raadde hij de Taylors aan Engeland te verlaten en terug te keren naar Amerika.

Nadat Hitler op 15 maart 1939 met zijn 'Greep naar Praag' de akkoorden van München verbrak, werd de Engelse 'Appeasement-politiek' een zware slag toegebracht. Dat er onzekere tijden voor de deur stonden was geen geheim, en velen hielden rekening met een oorlog.

Victor wees er echter ook op dat het dreigende faillissement van de Londense filialen afwendbaar was als Francis naar Amerika zou terugkeren.

Terwijl de *Times* vol respect gewag maakte van Hitlers vijftigste verjaardag, namen Sara en de kinderen afscheid van Victor en 'tante Molly'. Francis bracht ze in de Buick naar Victoria Station. Zelf hoopte hij hen met de kerst te kunnen volgen. Hij geloofde dat het nog tot zo lang zou duren eer hij zich van zijn laatste verplichtingen had gekweten. Toen de *Manhattan* Southampton verliet koesterden de Taylors nog steeds de hoop op een dag naar Engeland te kunnen terugkeren. Die hoop vervloog echter toen Victor Cazalet in 1943 bij een vliegtuigongeluk om het leven kwam. Cazalet was aan boord van hetzelfde vliegtuig, waarin ook de Poolse politicus in ballingschap, generaal Sikorski de dood vond. De oorzaak van het ongeluk werd nooit opgehelderd. In zijn toneelstuk *Soldaten* gaat Rolf Hochhuth ervanuit dat Winston Churchill het vliegtuigongeluk bij Gibraltar veroorzaakt had om voor eens en altijd van de lastige Sikorski af te zijn.

3

Sara en haar kinderen waren de enigen aan boord van de *Manhattan* die uit Engeland 'vluchtten'. De meeste passagiers kwamen uit Duitsland en Frankrijk. Ofschoon de stemming aan boord deprimerend was, troostte Sara zich met het idee dat hun verblijf in Amerika slechts van tijdelijke aard was.

Tot de kortstondige genoegens aan boord behoorde de vertoning van Hollywood-produkties. Daarbij was ook een film met Shirley Temple, gebaseerd op het kinderboek van Frances Hodgson Burnett. Daar Sara er zeker van was dat er in een dergelijke film niets vulgairs of aanstootgevends getoond werd, ging ze met haar kinderen naar deze film kijken. Om nu echter te beweren dat Elizabeth last had van filmkoorts is overdreven.

De Taylors gingen naar Californië, waar Sara's vader als weduwnaar nog steeds een kippenfokkerij had. Ze reisden met de *Twentieth Century*, een trein waarvan ook talrijke filmsterren gebruik maakten. In 1939 was het gewoon dat men in Pasadena de trein verliet en met een auto van de studio naar Beverly Hills werd gebracht. Op die manier hoefde men zich niet met veel moeite een weg te banen tussen de mensenmassa die op het station van Los Angeles op de loer lag om een glimp van een hun ster op te vangen.

Op die eerste mei 1939 merkte Sara wat ze allemaal had kunnen breiken: een eigen chauffeur, een studiolimousine, geld, aanzien en wellicht zelfs invloed op haar studio, zoals Katharine Hepburn. In plaats daarvan stond ze hier met twee kinderen, acht koffers en zo goed als geen contant geld bij zich. Moe en teleurgesteld gingen ze naar Samuels farm, die op geen enkele manier overeenstemde met Sara's voorstellingen van een boerderij. Bovendien had ze veel problemen met de klimaatverandering. De volgende weken dacht Sara na over het verdere verloop van haar leven. Van een scheiding kon geen sprake meer zijn, want ze achtte haar kans klein met een gevestigde Hollywood-ster of een regisseur te kunnen trouwen. Toch wist ze dat haar toekomst in Hollywood lag. Daar ze het zelf niet voor elkaar had gekregen, moest een van haar kinderen haar droom vervullen. Dus bezorgde ze haar kleine engel Elizabeth de carrière die haar zelf ontzegd was gebleven.

Eind mei 1939 belde ze Howard Young op, met het verzoek voor Francis in Beverly Hills een galerie te openen. Ze maakte hem duidelijk dat alle rijke mensen uit de filmwereld behalve in paarden nu ook in kunst investeerden. Young wist dat Louis B. Mayer, Edward G. Robinson en Billy Wilder hartstochtelijke kunstverzamelaars waren en willigde haar verzoek uiteindelijk in. Tegelijkertijd maakte hij Sara duidelijk dat ze zich in de toekomst aan zijn financiële voorstellen moesten houden om een nieuw fiasco te vermijden.

Het volgende probleem dat Sara moest oplossen bestond uit het feit dat niemand in Californië zich zonder auto kon redden. In Engeland had ze een chauffeur tot haar beschikking, maar hier was ze gedwongen zelf auto te leren rijden. Van haar laatste geld kocht ze een tweedehands Chevrolet, en aangemoedigd door Samuel, Elizabeth en Howard haalde ze haar rijbewijs.

De kinderen gingen inmiddels naar de Willard Elementary School. Hun onderwijzers deden er alles aan hen beiden in de klassengemeenschap te integreren. 'De kinderen verloren al snel hun Engelse accent,' is het enige wat Sara over die tijd prijsgeeft. Dat was echter niet waar. Elizabeth was zo onzeker en schuchter dat ze probeerde zich achter het masker van een kleine Engelse prinses te verbergen. Ook had ze er erg veel moeite mee zich in te stellen op het Amerikaanse onderwijssysteem. Ze handhaafde haar accent om zich op die manier van haar medescholieren te onderscheiden. Hierdoor werd de stem van Taylor gevormd, die door Amerikaanse critici vaak werd bestempeld als hoog en piepend, zonder warmte en humor. Aan haar stem ontbreekt het charisma, waarover bijvoorbeeld de Duitse synchroonspreekster Rosemarie Fendel beschikt. 'Elizabeths acteerprestaties en een goede synchronisatie hebben menige film van haar in het buitenland meer succes bezorgd dan bij ons in Amerika,' herinnerde Pandro S. Berman zich.

Op school beleefde Elizabeth ook haar eerste 'flirt'. 'Daar

was een bijzonder mooie jongen - voor mij zag hij eruit als een godheid. Op een dag lichtte hij me een beentje, en viel ik voor hem op mijn knie. "Hé, schoonheid!" zei hij tegen me. Enthousiast rende ik naar het meisjestoilet, ging daar zitten en droomde voor me heen. Zijn naam was Derek Hansen. Later heeft hij er John Derek van gemaakt. Stelt u zich eens voor dat hij me later niet genegeerd zou hebben, dan was ik waarschijnlijk met geblondeerd haar in *Dynasty* terechtgekomen.' Derek scheen echter nogal indruk op Elizabeth te hebben gemaakt, want als andere jongens toenaderingspogingen ondernamen, konden ze een pak slaag van haar krijgen. 'Een arme jongen probeerde me te kussen. Mijn hemel, wat heb ik die afgeranseld.'

In welke mate Sara's ambitie een stempel drukte op de toekomst van haar dochter, werd duidelijk door een gebeurtenis, waarover Elizabeth niet graag spreekt: 'Ook in Hollywood was pijn mijn eerste ervaring. Op een dag liet de onderwijzer de leerlingen na elkaar opstaan en vertellen wat ze later wilden worden. De een wilde piloot, de ander brandweerman, een derde arts en iemand anders verpleegster worden. Toen ik aan de beurt was, stond ik op en zei: "Ik word actrice." Meteen kreeg ik er spijt van, want de hele klas brulde van het lachen. Het waren allen kinderen van filmsterren, producenten en regisseurs, en ik wist precies wat ze dachten: Grote genade, dat arme kleine alledaagse ding wil filmster worden! Dat kan niet anders dan een grapje van haar zijn. Mijn gezicht werd knalrood, maar ik drong mijn tranen terug. Toen het gelach verflauwde, keek ik hen met fonkelende ogen aan - wat ik volgens Richard heel goed kan - en verklaarde rustig, met opgeheven kin: "Ik wil geen filmster worden maar een serieuze toneelspeelster, zoals mijn moeder." Deze gebeurtenis ben ik nooit helemaal te boven gekomen. Het was voor mij een uitdaging het die kleine klootzakken te bewijzen.'

Aangezien in die tijd, waarin kindsterretjes in Hollywood hoogconjunctuur beleefden zolang ze niet in de puberteit kwamen, en alle kleine sterren ook nog konden zingen - denk maar aan Judy Garland, Deanna Durbin en Shirley Temple, die in hun films om de tien minuten begonnen te kwinkeleren - wilde Sara ook háár dochter zangles laten geven.

Daar het geld daarvoor echter ontbrak, nam Sara die taak zelf op zich, hoewel ze niet eens piano kon spelen. Ze speelde een noot en Elizabeth probeerde die na te zingen. 'Eerst wilde het met de beste wil van de wereld niet lukken, maar uiteindelijk kwam het zover dat ik een klein liedje kon zingen.'

In december 1939 sloot Francis zich bij zijn gezin aan, en hij ging zo goed mogelijk met Sara om. Het kerstfeest werd met z'n allen op de kippenfokkerij gevierd, waarbij Sara haar best deed het feest luister bij te zetten. 'Dat was een groot probleem, omdat je bij 40 graden in de schaduw weinig zin hebt in plumpudding, vruchtencake en kalkoen.'

In het begin van de jaren veertig opende Francis zijn galerie in hotel *Château-Elysée*, destijds een chic adres. De zaak liep zo goed, dat Taylor die kon overplaatsen naar het *Beverly Hills Hotel*. Al snel behoorden Billy Wilder, Edward G. Robinson, George Cukor en David O. Selznick tot zijn vaste klanten. De zakenrelaties openden voor hem en zijn vrouw de deuren van de filmsterren. En zo lukte het Sara ook de eerste contacten te leggen die voor de carrière van Elizabeth belangrijk waren.

Toen de Taylors in Amerika arriveerden was MGM net bezig met de opnamevoorbereidingen voor *Gone with the Wind*. Vivien Leigh was ook aan boord van Francis' schip; korte tijd later kreeg ze de rol van Scarlett. Toen dit in december 1939 bekend werd gemaakt, zag Sara haar kans schoon. Volgens de legende waren het de mensen op straat die er bij Sara op aandrongen Elizabeth aan Selznick voor te stellen, aangezien de rol van Bonnie, de dochter van Rhett en Scarlett, nog onbezet was en de kleine Taylor een grote gelijkenis met Vivien Leigh vertoonde. In werkelijkheid echter was het Sara die urenlang met Elizabeth langs Selznicks huis en kantoor heen en weer slenterde om – in overeenstemming met de Hollywood-mythe – op straat door hem te worden ontdekt. 'Het is nooit mijn wens geweest mijn dochter bij de film onder te brengen,' verklaart Sara nu nog met tranen in de ogen. Maar die uitspraak wekt in Hollywood nogal wat verwondering. Sam Marx, de man aan wie wordt toegeschreven Elizabeth te hebben ontdekt, zegt: 'Haar ouders hebben hemel en aarde bewogen om hun kind bij de film te krijgen.' En Jules Goldstone, Elizabeths eerste agent, voegt daaraan toe: 'Je moet niet praten over Elizabeths *ouders*, maar alleen over Sara. Francis was een zeer beminnelijke maar slappe man.' Uit de stukken van Selznick blijkt dat hij notitie nam van Elizabeth. Maar na een toevallige ontmoeting in de galerie van haar vader noteerde hij in zijn dagboek: 'Vandaag de kleine Taylor gezien. Ziet er heel aardig uit. Enige probleem: gezicht en ogen van een volwassene. Voor de rol van Bonnie ongeschikt.'

Even overwoog Sara ernstig zelf bij de film te gaan, maar verwierp dat idee echter. 'Sara's gezicht was niet fotogeniek genoeg,' herinnert haar vriendin Ruth Hatfield zich. 'Maar ze was een geboren actrice, net zoals Mary Pickford. Elizabeth is een goede actrice, die zich het vak met moeite had moeten aanleren, terwijl het Sara in het bloed zat.'

Ten slotte maakte Sara gebruik van een troefkaart, die Thelma Cazalet-Keir haar in de hand had gespeeld: een brief van Thelma aan Hedda Hopper, een van Hollywoods meest gevreesde roddelverslaggeefsters. Thelma en Hedda hadden elkaar in 1937 leren kennen en waren bevriend geraakt tijdens een bezoek dat Hopper aan Engeland bracht. Nadat Hedda haar eigen filmcarrière had opgegeven en zich wijdde aan de boulevardpers, bereikte ze bij de krantentycoon William Randolph Hearst een positie die vergelijkbaar was met die van haar concurrente Louella Parsons. In boosaardigheid en slimheid deed ze niet onder voor haar aartsrivale. In haar brief verzocht Thelma Hopper om de Taylors onder haar vleugels te nemen en hun namen op een positieve manier te vermelden in haar column. Hedda herinnerde zich de fijne tijd die ze in Londen had gehad, ging naar de opening van Francis' galerie in het *Beverly Hills Hotel* en kocht een Augustus John voor 150 dollar. Hedda vermeldde in haar column de opening van de galerie, herinnerde aan Sara's succes in *The Fool* en voegde eraan toe: 'Bovendien is hier sprake van een nieuwe ontdekking – het beeldschone kind van de Taylors, de achtjarige Elizabeth.' Het vermelde in de column had direct invloed op de omzet van de galerie, maar niet op de carrière van Elizabeth.

Hoewel de officiële Taylor-legende vermeldt dat Hedda Elizabeth het filmcontract bij Universal bezorgde, zit de zaak anders in elkaar. 'Ik begrijp niet waarom Sara dat misverstand nog steeds niet uit de weg heeft geruimd,' merkt Andrea Cowden, de weduwe van de vroegere directeur van Universal Picture, geïrriteerd op. Mrs. Cowden, destijds nog Miss Berens, stamde uit een rijke Bostonse familie. Tijdens een bezoek aan Londen had ze Augustus John leren kennen, die zo verrukt was van haar schoonheid en vuurrode haar, dat hij een portret van haar maakte. Toen ze hoorde dat Francis in zijn galerie ook schilderijen van John verkocht, besloot ze er eens langs te gaan. 'Ik kon me voorstellen dat in Los Angeles de handel in kunst erg moeilijk voor de familie was, want er waren niet al te veel kunstkenners.' In de documenten van de galerie staat dat Miss Berens op een middag voor 21.000 dollar aan schilderijen kocht. Ofschoon ze ook nu nog een nuchter denkende dame is, wordt ze dolenthousiast als ze terugdenkt aan Elizabeth. 'Ze was het mooiste en leukste kind dat ik ooit had gezien. Ze líep niet gewoon, ze danste. Ze was erg bekoorlijk en vervuld van liefde voor alles wat leefde, ongeacht of het nou een mens, een dier of een bloem was. Bovendien beschikte ze over een aardige zangstem: ik begrijp nu nog steeds niet dat ze daar geen gebruik van hebben gemaakt. Toentertijd merkte je al dat ze heel bijzonder was.'

Toen Miss Berens in de galerie afscheid nam, zei ze tegen Sara dat ze Elizabeth graag aan haar verloofde, Cheever Cowden, wilde voorstellen. Voor de volgende zondag werd er een afspraak gemaakt om thee te drinken in het nieuwe huis van de Taylors, in de Pacific Palisades.

Reeds na acht maanden had de galerie zoveel winst opgeleverd dat Francis zich een villa in de Pacific Palisades kon permitteren. Tot hun buren behoorden Darryl F. Zanuck en Norma Shearer. Elizabeth ging inmiddels naar een balletschool aan de La Cienega Boulevard, die ook bezocht werd door Susan Gilbert, dochter van John Gilbert, Judy en Barbara Goetz, kleindochters van L.B. Mayer, en Evin Considine, zoon van producent Johnny Considine.

Zoals afgesproken kwamen Andrea Berens en Cheever Cowden op de thee, bewonderden nog meer schilderijen van Augustus John en namen ten slotte Elizabeth in ogenschouw. Door haar moeder op het hart gedrukt zich zo goed mogelijk te gedragen, nam Elizabeth Cowden mee naar de tuin en vertelde hem over hun huisdieren. Cowden was weliswaar onder de indruk, maar het karakter van Sara stootte hem af. 'Cowden heeft er nooit een geheim van gemaakt dat hij na Ethel Gumm, de moeder van Judy Garland, Sara Taylor het meest verachtte.' Toen hij en zijn verloofde het huis van de Taylors verlieten sprak hij er met geen woord over of hij proefopnamen van Elizabeth wilde laten maken. Terwijl de kleine Elizabeth enthousiast rondsprong en voortdurend vroeg of ze nu een filmster zou worden, was Sara heel wat minder optimistisch. Alleen Francis en Howard waren zichtbaar opgelucht dat haar plannetjes niet schenen te werken.

Sara liet zich echter niet van de wijs brengen. De volgende dagen nodigde ze enige vrouwen van Hollywood-producenten en regisseurs uit op de thee. Vervolgens stelde ze haar dochter voor, die een paar liedjes kweelde. Onder de gasten bevond zich ook Carmen Considine, die zo onder de indruk van Elizabeth was, dat ze haar man opbelde en enthousiast over de kleine Taylor vertelde. 'Ze heeft net zo'n stem als Judy,' was haar laatste zin, die meteen de belangstelling van haar man wekte. Het kon per slot van rekening geen kwaad de beschikking te hebben over een zingend kindsterretje, vooral omdat er ondanks alle diëten en medicijnen niet aan de puberteit te ontkomen was. Hoe de zangstem van Elizabeth werkelijk was, onthult een aantekening in het dagboek van Hedda Hopper: 'Die verschrikkelijke moeder zei tegen het kind: "Kom, liefje, zing eens wat voor Miss Hopper." Met een jammerende stem, die door de angst ook nog trilde, piepte dat arme, schuwe wezentje haar liedje. Het was wel een van de pijnlijkste ervaringen waarvan ik getuige was. Toch kon je niet tegen haar moeder zeggen dat haar kind nooit een tweede Deanna Durbin zou worden; dat had ze gewoonweg niet willen geloven. Het enige voordeel dat dit kleine schepsel heeft, zijn haar violetkleurige ogen.' Hedda Hopper zou gelijk krijgen, want het was uiteindelijk haar uiterlijk waaraan Elizabeth een filmcontract te danken had.

De volgende dag al liet Considine de Taylors opbellen om een afspraak voor maandag te regelen. Sara had nog maar net de hoorn op de haak gelegd of ze kreeg een telefoontje van Universal. Daar moest Elizabeth zich woensdag komen voorstellen. Na even te hebben nagedacht zag Sara haar kans schoon: als twee studio's interesse hadden in haar kleine engel, dan kon ze ze met gemak tegen elkaar uitspelen.

Sara en Elizabeth werden bij de ingang van de studio opgewacht. 'Het was een enorm groot terrein – in die tijd werden er misschien wel 30 films tegelijk gemaakt, en het wemelde er van mensen in Griekse en Indiaanse kostuums. Voorts waren er die als ridder, cowboy of aap waren verkleed. Er waren daar ook echte filmsterren. Voor mij zagen destijds zelfs figuranten er als filmsterren uit,' zei Elizabeth. Considine bracht haar eerst naar het directiegebouw, dat de kleine Taylor later als de 'IJzeren long' bestempelde. 'De directeuren bevelen iemand zelfs hoe hij moet ademhalen.' Terwijl ze wachtten kwam er een man langs die Elizabeth een kauwgommetje aanbood, maar hij werd door Sara teruggewezen, terwijl ze de verbouwereerde man een geringschattende blik toewierp. Ze had er geen idee van dat ze Benny Thau voor zich had die Irving Thalberg was opgevolgd. Later zou Thau een van de weinigen bij MGM zijn in wie Elizabeth vertrouwen stelde. Middels allerlei gebaren wist hij haar te bewijzen 'dat ze geliefd was'.

Als je de mythe wil geloven, zong Elizabeth tijdens die afspraak alleen maar de toonladder. Uit de documenten van de studio valt echter te vernemen dat ze '*Ik hou van u, Mr. Mayer; u bent gewoonweg geweldig, Mr. Mannix*' had ingestudeerd en door haar moeder werd begeleid.

De eerste ontmoeting tussen Mayer, Sara en Elizabeth verliep allesbehalve gunstig. 'Ik schrok ontzettend van Mayer,' herinnerde ze zich. 'Hij zag eruit als een grote, dikke pinguïn. Hij droeg een grote bril en kon je aankijken alsof hij je wilde vermorzelen. Je was je bewust van zijn vitaliteit, maar ook van zijn mateloze arrogantie, zijn egoïsme en overweldigende persoonlijkheid.'

Toch was Louis B. Mayer verrukt over het meisje. 'Stem verschrikkelijk, voorkomen oké,' luidde zijn oordeel. Gedurende de bespreking moesten de Taylors voor de deur wachten, maar het zou maar korte tijd duren. Toen Mayer naar buiten kwam, riep hij tegen zijn personeel: 'Sluit met haar het gebruikelijke contract af. Ik moet opschieten anders mis ik mijn vliegtuig naar New York.' Men legde Sara ter tekening het gebruikelijke zevenjarige contract voor, maar in een vlaag van grootheidswaanzin verklaarde ze: 'Het spijt me zeer. We hebben ook nog een afspraak met Universal. We kunnen het contract pas ondertekenen als we weten wat zij mijn dochter kunnen aanbieden.'

Thuis aangekomen belde Sara meteen Andrea Berens op om haar te vertellen dat MGM haar dochter een genereus contract had aangeboden. Toen Cheever Cowden, die op dat moment in New York verbleef, dat hoorde, raadde hij zijn studio aan Elizabeth zonder testen te contracteren. Aangezien hij 17 procent van de aandelen van Universal bezat, was zijn wens zo goed als een bevel. De studioleiding weigerde echter. Ze stonden erop dat Elizabeth woensdag aan hen werd voorgesteld.

De afspraak bij Universal had geen grotere tegenstelling kunnen vormen dan die met MGM.

De studio, die op 15 maart 1915 door de Duitse emigrant Carl Laemmle was opgericht, lag op de 230 acre grote Taylor-ranch. Laemmle, die altijd een anjer in het knoopsgat droeg en bij het lachen 'al zijn tanden ontblootte', stond erom bekend dat hij altijd zijn handen in zijn zakken had. Bovendien was hij een gewetenloze dictator, die bij zijn firma bij voorkeur familie en vrienden in dienst nam. Zijn zoon, Carl Laemmle junior, door iedereen 'Junior' genoemd, was erom berucht dat hij op de ongunstigste momenten een kamer binnenliep zonder te kloppen. Met hem kwam Elizabeth echter nooit in contact, daar beiden al op 14 maart 1936 van de macht beroofd waren.

De voornaamste bron van inkomsten van de studio waren talrijke horror-klassieken, zoals *The Hunchback of Notre Dame* (1923), *The Phantom of the Opera* (1931), *Dracula* (1931), *The Mummy* (1932) en *Frankenstein* (1932), alsmede diverse musicals met Deanna Durbin in de hoofdrol.

Op die woensdagmorgen was er niemand die ze bij de hoofdingang kwam ophalen. Met een korte beschrijving in de hand moesten ze beiden alleen de weg naar het kantoor zien te vinden. Bij het gesprek was niemand van de directie aanwezig en na enkele minuten werden de Taylors vriendelijk verzocht op te hoepelen, met de belofte dat ze nog wel van zich zouden laten horen.

'Laat het alsjeblieft niet toe dat ik hier moet werken,' zei Elizabeth klaaglijk tegen haar moeder. Maar Sara was een andere mening toegedaan. 'Laat je toch niet door de grootte van Metro misleiden. Ik denk dat een kleine studio voor een onbekende beginneling beter is.'

Maar ook Sara hoopte dat haar dochter bij MGM een onderkomen zou vinden. Ze maakte echter een fatale vergissing. Ze belde Metro op en liet zich doorverbinden met Johnny Considine. Tegen hem vertelde ze hoe succesvol de bespreking was verlopen en dat men Elizabeth een bijzonder genereus contract had aangeboden. Johnny verbond haar door met Benny Thau, die meteen doorhad dat Sara hoog spel speelde. Te hoog naar zijn smaak. 'Dan kan ik u alleen maar gelukwensen, Mrs. Taylor,' zei hij voordat hij ophing. Sara was wanhopig. Ze had tegen Cazalet opgeschept dat Elizabeth op weg was een filmster te worden. Op 16 april 1941 noteerde Cazalet in zijn dagboek: 'Wat zal de vreugde van de Taylors groot zijn, zeg. Elizabeth heeft zoëven een zevenjarig contract met een grote Hollywood-studio afgesloten.' Maar de wens was de vader van de gedachte en kwam niet overeen met de werkelijkheid - nog niet.

Daar ze MGM verloren had, moest ze onder alle omstandigheden het contract met Universal binnen zien te halen. Ze belde Andrea Berens op, die er bij Cowden op aandrong Elizabeth nu eindelijk te contracteren. Maar uit gespreksnotities bleek dat noch de voorzitter Nate J. Blumberg noch de produktieleider Cliff Work daarover enthousiast waren. Ten slotte verklaarde Cheever zich bereid het risico op zich te nemen.

Op 21 april 1941 ondertekende Elizabeth Rosemond Taylor een standaardcontract met Universal Pictures. Ze kreeg voor minstens twintig weken per jaar 100 dollar. Was haar moeder aanwezig dan betaalde men haar een salaris van 10 dollar per dag. Voorts verklaarde Universal zich bereid een muziekleraar, alle tandartsrekeningen en kleding met uitzondering van kousen en ondergoed te betalen.

Elizabeth voelde echter instinctief aan dat ze bij Universal geen gemakkelijk leventje zou krijgen. Toen de eerste proefopnamen van haar werden gemaakt, mopperde Dan Kelly, leider van het castbureau: 'Dat kind heeft absoluut niks.'

Zelfs haar ogen lieten hem koud. 'Haar ogen zijn te oud, ze heeft niet het onschuldige gezicht van een kind.'

Terwijl Hedda Hopper in haar column uitgebreid aandacht schonk aan Eliabeths contract met Universal en verkondigde: 'Elizabeth wordt zeker een hit,' was de kleine Taylor allesbehalve enthousiast. De eerste dagen in de studio waren erger dan verwacht. Bovendien werd ze aan haar lot overgelaten, omdat Cowden er bij Sara op had aangedrongen 'Liz' met rust te laten. Morrend gaf Sara toe aan zijn wens, maar wees hem erop dat hij haar dochter Elizabeth moest noemen, daar haar de afkorting 'Liz' te vulgair toescheen. Een mening die Elizabeth Taylor ook nu nog deelt. 'Mijn broer Howard is er schuldig aan dat ik niet graag "Liz" word genoemd. Zoals alle oudere broers plaagde hij me graag en noemde me "Lizzy de hagedis", of "Lizzy de koe". Ook nu noemen veel mensen me "Liz", omdat het de indruk wekt van een zekere vertrouwdheid en oppervlakkige bekendheid. Ik haat die naam echter; hij klinkt als het afschuwelijke gesis van een slang.'

De legende van Elizabeth Taylor begon op de eerste draaidag. Toen ze de studio binnenkwam, keek een cameraman haar lang aan. 'Hé, baby, ga terug naar de grimeerkamer en zeg tegen ze dat ze dat zwart van het wenkbrauwenpotlood van je gezicht moeten wassen.' Elizabeth moest lachen. 'Maar zo ben ik nu eenmaal,' antwoordde ze. 'Ik ben nog nooit in de grimeerkamer geweest.'

Vanaf het eerste moment maakte regisseur Harold Young Elizabeth duidelijk dat hij geen meter celluloid aan haar of aan Alfalfa Switzer, haar co-star, zou verkwisten. 'Als jullie niet doen wat ik wil, knip ik jullie er gewoon uit en daarmee basta,' bulderde hij die eerste draaidag tegen de beide kinderen. Elizabeth werd er zo zenuwachtig van, dat ze begon te stotteren. 'Het was werkelijk onmenselijk hoe die kinderen behandeld werden,' vertelde Catherine Doucet, die de rol van Elizabeths moeder speelde. 'Maar op die toon ging het nu eenmaal bij Universal.'

De film had als titel *Man or Mouse* en berustte op een verhaal van Robert B. Hunt. Het was een typische B-screwball-comedy, waarin Elizabeth 'een verwend kind moest spelen dat met elastiekjes op de achterwerken van dikke dames en mannen schoot.' Voor het overige had ze weinig te doen en hoewel ze dagelijks zangles kreeg, kreeg ze niet de kans te bewijzen wat ze kon. De film, die later de titel *There's One Born Every Minute* kreeg, was binnen drie dagen klaar.

In de tijd dat Elizabeth bij Universal werkte, was ze niet erg gelukkig. Toen ze korzelig thuiskwam, riep Sara haar ter verantwoording. 'Wat is er, honey?' vroeg ze. 'Je wilde toch per se bij de film?'

'O, mammie!' zei Elizabeth. 'Ik zou graag zulke films maken als ze bij MGM produceren. Bovendien waren de mensen daar veel aardiger.'

Troostend zei Sara: 'Ik ben er zeker van dat ze binnenkort een mooie grote rol voor je vinden.'

Na de beëindiging van *Man or Mouse* wist men bij Universal niet wat ze met hun nieuwe ontdekking aanmoesten. Het contract van Elizabeth werd weliswaar op 18 september 1941 verlengd, maar slechts enige dagen later, op 30 september 1941 schreef de producent Edward Muhl in een memo aan het castbureau: 'Bovengenoemde actrice (Elizabeth Taylor) wordt met ingang van 29 september 1941 voor onbepaalde tijd en zonder betaling van rolbezetting uitgesloten.' Jarenlang leek het een raadsel waarom Universal Elizabeth geen rol gaf, maar Muhl maakte dat uiteindelijk tijdens een gesprek duidelijk: 'Weet u, Elizabeth had bij ons toentertijd best een kans gehad. Haar enige handicap vormde haar moeder Sara. Daar ze ontevreden was over de rol van haar dochter, legde ze mij en Cowden het vuur zo na aan de schenen dat we eenvoudigweg niet anders konden dan Elizabeth opzij zetten.' Als hij daarmee had gehoopt Sara tot rede te brengen, kwam hij bedrogen uit. Van nu af aan vocht ze als een tijgerin om goede rollen voor haar dochter in de wacht te slepen. Dat had uiteindelijk tot gevolg dat het haar werd verboden de studio in te gaan en Universal op 24 februari 1942, drie dagen voor Elizabeths tiende verjaardag, bekend maakte 'dat het contract met Elizabeth Taylor, dat op 23 maart 1942 afloopt, niet zal worden verlengd.'

Toen Elizabeth dit vernam, wierp ze zich huilend op haar bed en krijste: 'Ik wil een filmster worden!'

4

Als Sara werkelijk had gewild dat Elizabeth zich uit het filmbedrijf terugtrok, zoals ze later steeds beweerde, was het nu daarvoor de ideale gelegenheid geweest.

In plaats daarvan trokken de Taylors echter in het nieuwe huis aan de North Elm Drive 307, in Beverly Hills. Het was een laag gebouw in Spaanse stijl met roze geschilderde muren en rode dakpannen. Om het huis bevond zich een grote tuin met bloemperken en bomen, maar er ontbraken een zwembad en een tennisbaan, wat in Hollywood indertijd een absolute must was.

Hun buren waren de Westmores. Mr. Westmore was een veelgevraagd make-up-specialist. Met zijn dochter Anne sloot Elizabeth direct vriendschap. 'Toen ik op een morgen het huis uitkwam en de beide meisjes in een boom zag spelen dacht ik: godzijdank is die onzin dat Elizabeth een Hollywood-ster moet worden nu voorgoed afgelopen. Ik wilde dat ze een normale, gelukkige jeugd had,' vertelde Francis. Hij vergiste zich echter.

Toen na de aanval op Pearl Harbor, die op 7 december 1941 plaatsvond, voor de kust van Santa Barbara een Japanse onderzeeboot werd gesignaleerd, raakte men aan de westkust in paniek. Meteen werden luchtafweertroepen ingezet die ervoor moesten zorgen dat alle bewoners hun huizen verduisterden om geen doelwit te vormen.

'Tijdens een nacht,' stond er in een dossier bij MGM, 'verzaakte Francis zijn plicht te patrouilleren op de Elm Drive, en raakte in gesprek met twee andere mannen, die eveneens hun plicht verzaakten: Dave Huyler en Sam Marx, producent bij MGM. "Hoe gaat het met je film *Lassie Come Home*?" vroeg Huyler aan Marx. "We kunnen geen klein Engels meisje vinden," antwoordde Marx. Huyler dacht snel na en vroeg: "Heb je die kleine Taylor al gezien? Dat is een schatje – en ze is in Engeland opgegroeid." Francis Taylor, die zich tot dan toe afzijdig had gehouden, ging er uiteindelijk mee akkoord een keer met zijn dochter bij Marx langs te gaan.'

Minder verheerlijkend is daarentegen de versie van Sam Marx: 'We waren weliswaar bij de luchtafweer, maar aangezien Beverly Hills ver van het eigenlijke gebeuren verwijderd was, bestond onze dienst alleen maar uit samenkomsten die meestal in zinloze zuippartijen eindigden. Tijdens een van die gelegenheden nam Francis Taylor me terzijde en vertelde me over zijn mooie dochter en hoe geschikt ze toch wel zou zijn voor de film.'

De voorbereidingen voor *Lassie Come Home* waren reeds in maart 1942 begonnen. Ted Butcher telegrafeert op 19 maart 1942 naar de partnerfirma Loew Inc. in New York: 'Garandeert u zich van opties op alle collies die treurige, blije en ook andere gelaatsuitdrukkingen op het repertoire hebben staan.' De opnamen begonnen in de zomer van 1942 met verscheidene honden, die Lassie moesten spelen. 'Iedereen scheen zich in de film, die over het algemeen met "The Dog Movie" werd aangeduid, te hebben vastgebeten.' Voor de rol van Priscilla had MGM Maria Flynn al gecontracteerd, die voor *Intermezzo* goede recensies had gekregen. Voor Marx was het de eerste produktie. Ook regisseur Fred M. Wilcox was een nieuweling, die was getrouwd met de zuster van Nicholas Schenck, die directeur van Loew's Inc. was. Met andere woorden: Wilcox genoot een zeer grote vrijheid.

Bovendien was Wilcox' zuster met de filmproducent Edgar Selwyn getrouwd. Diens broer Archie was de impresario die verantwoordelijk was voor *The Fool* – en sindsdien met Sara bevriend.

Ofschoon *Lassie Come Home* aanvankelijk een B-produktie had moeten worden, mocht Wilcox in kleur filmen en van 20th Century-Fox het kindsterretje Roddy McDowall lenen.

MGM experimenteerde met het nieuwe kleurenfilmprocédé Monopak, dat een ontwikkelings- en bewerkingstijd vergde van vier dagen. Zo waren er al vier draaidagen verstreken voordat de eerste opnamen in ogenschouw konden worden genomen. 'We merkten nu pas dat Maria een kop groter was dan Roddy. En zoiets kon toen absoluut niet. Denk maar eens aan Hepburn die steeds een beetje door haar knieën moest zakken om niet boven Tracy uit te steken, althans lichamelijk niet. Er kwam nog bij dat bij Monopak zeer felle lichten gebruikt moesten worden, wat tot gevolg had dat Maria voortdurend waterige ogen had. Uiteindelijk moest ik haar zeggen dat ze ontslagen was. Haar antwoord was: "Dank u, Mr. Marx." Ik stond perplex. Nadien heb ik nooit meer iets van haar gezien of gehoord. Als iemand me vraagt wat de taak is van een producent, antwoord ik altijd: "Dat is een man, die kleine meisjes moet vertellen dat ze ontslagen zijn."'

Tijdens een lunch met Benny Thau sprak Marx over deze problemen en vertelde ook dat Francis hem steeds aan zijn kop zanikte over een filmcontract.

Thau, die bij het horen van die naam meteen aan de violetkleurige ogen van Elizabeth moest denken, stelde Marx voor haar een keer vrijblijvend uit te nodigen. 'Vanaf het begin stond echter vast dat àls de kleine een contract kreeg, haar moeder geen salaris van Metro zou ontvangen.' MGM stond erom bekend dat ze een percentage van de gage van het kind aan de moeder uitkeerde, omdat ze al die tijd op de set bleef en op haar kind paste, zoals de wet verlangde.

Toen Marx Francis in de galerie opbelde, beloofde Francis dat hij zijn dochter bij hem langs zou sturen. 'Het probleem was echter dat de Taylors een bezoek brachten aan hun grootvader in Pasadena,' vertelde Sam Marx. 'Bovendien was het zaterdagmiddag en de wet verbood dat kinderen tijdens de weekends na zes uur 's avonds werkten.' Doch niets kon de beide Taylor-dames tegenhouden. Toen Sara bliksemsnel uit Pasadena kwam aangeraasd, jubelde Elizabeth: 'Ik ben weer bij de film, ik word nu toch een echte filmster.'

Om kwart voor zes waren beiden in de studio. 'Toen ze binnenkwamen waren we bezig met het testen van zes kleine meisjes voor *Mrs. Miniver*. Zodra Elizabeth binnenkwam, stuurden we ze allemaal weg. Haar moeder bekeek de kinderen kritisch, en we lieten haar in de waan dat die kinderen eveneens auditie hadden gedaan voor die rol.' Sara kreeg de tekst, die ze met Elizabeth doornam. 'Ik keek haar onderzoekend aan. Ze scheen volkomen rustig te zijn, of ze was erg geschrokken.

"Je hoeft niet bang te zijn. We draaien meteen. Jij moet alleen maar een paar zinnetjes zeggen."

Met haar violetkleurige ogen keek ze hem aan. "Ik ben niet opgewonden, Mr. Marx," antwoordde ze stellig.

Daarna stelde ik Fred aan haar voor, die haar het een en ander uitlegde.

"De hoofdrolspeler is een hond."

"Wat voor een hond, Mr. Wilcox?" vroeg ze.

"Een mooie collie. Ik ben je grootvader en als ik met je praat, geef je het antwoord dat hier staat." Daar we nog maar tien minuten tijd hadden, gingen we snel aan de slag. Ze scheen in trance te zijn. Aan het eind hief ze haar hoofd op en keek glimlachend in de camera. Daarna keek ze me angstig aan. Aangezien ik nog niets kon zeggen, maakte ik me ervan af met de gebruikelijke frase dat we over een paar dagen wel iets van ons lieten horen.'

Sam Marx geeft toe dat zijn verwachtingen betreffende Elizabeth zeer gering waren. 'Ik had tevoren al vijf meisjes getest en er al een uitgezocht. Maar toen we de proefopnamen zagen waren we allemaal geboeid. Destijds bezat ze nog dat bepaalde iets.'

MGM sloot een contract met Elizabeth af voor 100 dollar per week. Voor de reu Collie Pal betaalde MGM 90 dollar. Maar al in de eerste draaiweek kreeg Pal salarisverhoging: 250 dollar per week.

Lassie Come Home vertelt de hartveroverende geschiedenis van een dierenvriendschap. Een arm gezin moest hun hond, de beste vriend van het zoontje, aan een hertog verkopen. Weliswaar zijn hij en zijn kleindochter Priscilla (Elizabeth Taylor) erg goed voor de hond, maar het dier wil toch terug naar zijn oorspronkelijke baasjes. Na lange omzwervingen zijn de hond en de jongen weer verenigd, en dank zij de oude hertog volgt er een happy end.

De halve Britse acteurskolonie was voor deze film gecontracteerd. Dame May Whitty, Ben Webster, Edmund Gwenn, Elsa Lanchester, Donald Crisp en Nigel Bruce, die de rol had van Elizabeths grootvader. Daarbij kwam nog de nieuwe ontdekking Roddy McDowall, die net bij 20th Century-Fox veel succes had geboekt met *How Green Was My Valley*.

Elizabeth en Roddy konden het meteen goed met elkaar vinden. Hij herinnert zich dat hij haar destijds 'volmaakt vond. Ze was een allerliefst popje, dat zich niet bewust was van haar eigen schoonheid.' Haar onzekerheid amuseerde hem. 'We hadden allebei een zeer sterke moeder, en ik geloof dat dat ons het meest verbond.' Nog steeds is Elizabeth met hem bevriend. 'Hij geeft me het gevoel dat ik een heel aardige, lieve en geliefd persoon ben. Hij lacht om je grapjes, en zo kom je een beetje geestiger over dan je in werkelijkheid bent. Hij kijkt ook alleen maar naar het goede in de mensen. Bij hem ben je onschuldig totdat je schuld bewezen is. Daarna vergeeft hij iemand heel snel.'

Fred M. Wilcox is een van de weinige regisseurs die graag aan de samenwerking met Elizabeth terugdenkt. 'Ze was een van de ongecompliceerdste en eenvoudigste actrices met wie ik ooit heb samengewerkt.'

Elizabeth deed er ook veel moeite voor om bij iedereen in de smaak te vallen. Niets scheen haar uit haar evenwicht te brengen – sommigen verklaarden dat uit het feit dat Sara tijdens elke vrije minuut schriftlezingen van de Christian Scientist met haar doornam. Die rust scheen ook op de anderen over te slaan.

Sara was alomtegenwoordig. Ze waakte over haar kleine engel en gaf haar door middel van tekens met de hand 'adviezen'.

Vinger op het hart: speel met meer gevoel!

Vinger op de linkerwang: glimlach meer!

Vinger op de rechterwang: glimlach wat minder!

Vinger op de buik: je overdrijft!

Vinger in de hals: verlaag je stem! Hij klinkt schril.

Gewillig volgde Elizabeth de raadgevingen van haar moeder op. 'Destijds gaf ze zich helemaal in handen van Sara om bij MGM het felbegeerde contract te krijgen,' vertelde Marx.

Haar discipline scheen grenzeloos te zijn. Toen ze in de laatste scène een trap kreeg van een paard, liet ze niets merken. Pas toen Wilcox 'cut' riep, raakte ze bewusteloos van de pijn. 'Haar voet was zo gezwollen dat we de laars moesten opensnijden, maar ze hield het uit. Waarschijnlijk uit angst voor haar moeder,' herinnerde Wilcox zich.

Lassie Come Home werd een commercieel succes, waarop een hele reeks Lassie-films en TV-series volgden. Maar ook de recensenten waardeerden de prestatie van de crew en spraken lovend over Elizabeth. Aangezien ook Mayer verrukt van haar was, nam hij Elizabeth Taylor in de 'sterrenhemel van Metro' op.

MGM, eigenlijk Metro-Goldwyn-Mayer, vaak kortweg Metro genoemd, werd door Louis B. Mayer, een Russische immigrant die een hekel had aan communistische, homoseksuele, intellectuele en werkschuwe acteurs, samen met andere filmproducenten in april 1924 opgericht. Binnen korte tijd bereikten de produkties een niveau, dat andere studio's maar moeilijk konden behalen. Niet in de laatste plaats was dat te danken aan de superman Irving Thalberg, die een neus had voor de smaak van het publiek. De reclameleus dat MGM 'meer stars' onder contract had dan 'de hemel sterren', berustte begin jaren veertig op waarheid. Tot de MGM-sterren behoorden Spencer Tracy, James Stewart, Lionel Barrymore, Hedy Lamarr, Mickey Rooney, Lana Turner, Katharine Hepburn, Myrna Loy, Judy Garland, Fred Astaire, Robert Taylor en Margaret Sullavan. Het studioterrein strekte zich uit over meer dan 167 acre grond en herbergde naast de talrijke studio's ook een eigen school, een privé-dierentuin, een ziekenhuis en een kantine, die ook kippesoep volgens het recept van mama Mayer op de menukaart had staan.

Heilzamer dan mama's kippesoep werkte evenwel het Department of Special Services, dat Mayer voor de imagovorming van zijn sterren in het leven had geroepen. Het publiek kreeg alleen dingen te horen waarvan de studio en haar sterren nut hadden en die hen tot eer strekten. 'We deden alles voor hen,' herinnerde Howard Strickling, toenmalig directeur van de afdeling, zich. 'We vertelden de sterren wat ze tijdens interviews konden zeggen en wat niet, en daar hielden ze zich aan omdat het tot hen was doorgedrongen dat wij het het beste wisten. Allemachtig, ik wou dat Ron en Nancy ons gedurende hun tijd in het Witte Huis hadden ingehuurd, dan was hun veel tegenslag bespaard gebleven. Wij waren destijds de enigen die dat voor hun mensen deden. De meisjes moesten zo zuiver zijn en blijven als pasgevallen sneeuw. Metro-meisjes rookten niet, dronken niet en vloekten niet. Bovendien gingen ze pas na hun huwelijk met een man naar bed. Misschien is Taylor daarom zo vaak getrouwd. Ze trouwde eerst met iemand alvorens met hem naar bed te gaan.

In tegenstelling tot alle geruchten die na Mayers dood de ronde deden, hield hij veel van kinderen, vooral van de

MGM-kinderen. 'Kinderen straalden onschuld en zuiverheid uit. Ze verpersoonlijkten al het goede en zuivere, waarvoor hij zijn levenlang had gevochten ondanks het feit dat hij een keiharde zakenman kon zijn,' zei zijn dochter, Irene Mayer Selznick. 'Hij zag zichzelf als Big Daddy, die enerzijds goedig, anderzijds streng voor zijn kinderen was, maar hij had voor alle zorgen van zijn sterren altijd een open oor. Vooropgesteld dat ze bij wijze van tegenprestatie bereid waren Metro en haar produkties alles te geven.'

Voordat Elizabeth echter het contract op 5 januari 1943 ondertekende, onderwierp Sara haar dochter aan een laatste test. Op de avond ervoor gaf ze haar het stuk *The Fool* en vroeg Elizabeth haar toenmalige rol voor te lezen. 'Het was een openbaring. Daar zat mijn dochter en speelde de rol veel beter dan ik als volwassen vrouw, ondanks alle moeite, gedaan had.' Critici merkten op dat Sara die test alleen maar had afgenomen om Francis' laatste twijfels uit de weg te ruimen. Het contract dat Elizabeth en haar ouders de volgende morgen met MGM afsloten, garandeerde haar een gage van 100 dollar per week. Zeven jaar later zou ze per week 750 dollar gaan verdienen. Er werden 40 weken werk gegarandeerd en het contract kon jaarlijks worden opgezegd. Op die manier beschikte de studio over een middel om de dolle streken van hun sterren binnen de perken te houden.

Voor een elfjarige was dit een goed, maar geen sensationeel contract. Sara zelf kreeg geen cent van MGM. Pas op 31 juli 1944 kende Pandro S. Berman haar een wekelijkse gage van 100 dollar toe voor haar rol als chaperonne van Elizabeth. Elizabeth kreeg per week een kwartje zakgeld, dat met nog eens een kwartje werd verhoogd toen ze het contract met MGM had ondertekend.

Nauwelijks was het contract ondertekend of Sara begon de studio te overstelpen met roladviezen. Tegen elke prijs wilde ze dat Elizabeth in *Mrs. Miniver* Greer Garson als tegenspeler kreeg. 'Dit was onmogelijk aangezien de rol al bezet was, maar ze wist van geen wijken. Uiteindelijk ging ze zelfs naar Mayer, die lang naar haar luisterde en beloofde wel iets geschikts voor Elizabeth te vinden.'

Sara probeerde nu ook bij de roddelcolumniste Louella Parsons in het gevlei te komen. Ze zochten haar op onder het voorwendsel dat Elizabeth graag de cocker-spaniël 'Jimmie' van 'tante Lou' wilde leren kennen. Louella was daar zo verrukt over dat ze van nu af aan zeer lovende woorden schreef over de 'kleine, charmante en talentvolle Elizabeth Taylor.' De columniste Sheila Graham werd regelmatig op de thee uitgenodigd en haar collega Adela Rogers St. John kreeg van Sara een roze rozestruik, daar ze had vernomen dat Adela een gepassioneerde rozenkweekster was. Ook met het persbureau werkte Sara graag samen. Ze toverde prachtige verhalen over Elizabeths jeugd in Engeland uit de hoed, die meteen verspreid werden.

In Hollywood werd van nu af aan alleen nog over de 'beide Taylors' gesproken. Stilletjes trok Francis zich uit het leven van zijn vrouw en dochter terug. 'Het was geen al te groot verlies,' merkte Elizabeth koel op. 'Ik voelde me al jarenlang vaderloos. Ik bewonderde mannen zoals mijn agenten Jules Goldstone en Benny Thau en beschouwde hen als mijn vaders. Als ik advies of hulp nodig had, ging ik naar hen toe.'

Howard bleef zijn vader trouw, die van nu af aan alleen nog voor representatieve doeleinden werd opgetrommeld. 'Ik bewonder mijn broer,' verklaarde Elizabeth. 'Hij is een intelligente, tedere, bijzondere man.' Tegenwoordig woont Howard met zijn gezin in Hawaï en is daar professor in de oceanografie.

Elizabeths volgende filmrol bestond uit een zeer kort gastoptreden in *Jane Eyre*. In de verfilming van de roman van Charlotte Brontë speelt ze de rol van Helen Burns, de vriendin van Jane werd gespeeld door Peggy Ann Garner. De directeur van het weeshuis, Mr. Rochester, dwingt de beide meisjes in de ijskoude buitenlucht te werken. Als gevolg daarvan loopt Helen een longontsteking op, die ze niet overleeft. Voor Jane was het een traumatische ervaring. Voor deze rol leende MGM de kleine Taylor aan 20th Century-Fox uit tegen een gage van 150 dollar per week, wat de studio een winst van 50 dollar opleverde. Toen de film op de televisie kwam, en ze die aan haar kinderen wilde laten zien, moest ze vaststellen dat haar scènes ten gunste van reclamespotjes uit de film geknipt waren.

Bij MGM kreeg ze nog een kleine rol in *The White Cliffs*

of Dover. In de sentimentele film, die een ware ode aan de 'arme, dappere Britten' was, speelde ze weer aan de zijde van Roddy McDowall. Het verhaal is gebaseerd op een gedicht van Alice Duer Miller en vertelt over het lot van een Amerikaanse, die met een Engelse edelman trouwt. Tijdens de Eerste Wereldoorlog verliest ze haar man, en in de Tweede haar zoon. Elizabeth speelde Betsy, een 'schoonheid uit het dorp'.

Elizabeth kreeg vaker de rol van het kleine Engelse meisje, omdat Engeland een van de belangrijkste filmmarkten van MGM was. MGM had in Londen een eigen verkoopkantoor opgericht en er een studio gebouwd. Maar toen de Engelse belastingdienst de winst bevroor, bleef er niet veel meer over van de anglofilie van MGM.

Elizabeth Taylor in de Sam Spiegel-produktie
***Suddenly Last Summer*, 1959**

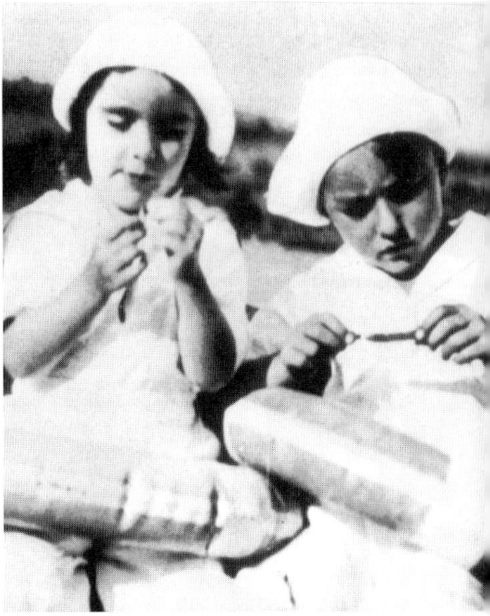

Linksboven: Sara en Elizabeth Taylor, 1932

Rechtsboven: Elizabeth en haar broer Howard, 1936

Elizabeth, 1935

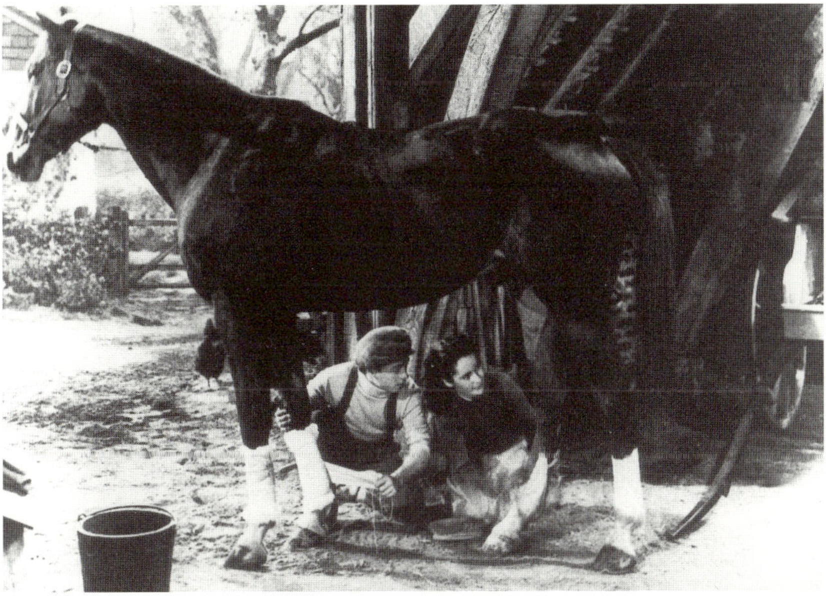

National Velvet, MGM, 1944

Courage of Lassie, MGM, 1946

Elizabeth, 1947

Elizabeth als adembenemende zestienjarige, 1948

5

Kort nadat in 1933 Enid Bagnolds roman *National Velvet* was verschenen, verwierf Paramount hiervan de filmrechten. Men wist weliswaar dat het verhaal, over een meisje dat als jongen verkleed een waaghalzige race wint met een paard dat ze bij een loterij gewonnen had, een groot succes zou worden, maar aangezien men zich niet kon voorstellen dat Marlene Dietrich onder leiding van Von Sternberg de rol van Velvet Brown zou spelen, verkocht Paramount de rechten in 1937 aan MGM. Metro noemde de film 'Rooney-Vehicle', daar reeds voor de aankoop vaststond dat niemand anders dan Mickey Rooney de rol van de ex-jockey zou spelen. De vrouwelijke hoofdrol moest door een onbekende actrice worden bezet. Men was van plan het boek in Engeland te verfilmen.

De oorlog doorkruiste die plannen echter. Dat geeft niets, troostte men zich bij Metro, want we hebben in Amerika tenslotte ook genoeg plaats. Deze standaarduitlating werd ook gebezigd toen de bouw van de decors ter sprake kwam. Hij was afkomstig van L.B. Mayer die die uitlating deed toen hij erachter kwam dat de buitenopnamen van de eerste versie van *Ben Hur* (1925), die in Italië waren gemaakt en miljoenen hadden verslonden, niet te gebruiken waren. 'Wat moeten we in Italië? We hebben hier plaats genoeg. Dus bouw het Colosseum hier maar op.'

In 1945 werd voor *The Clock* het centraalstation van New York op het studioterrein nagebouwd en in de vroege jaren dertig dat van Venetië en Parijs. Toen een bezoeker Thalberg erop wees dat de weerschijn van de maan in de zee weliswaar zeer romantisch was, maar de hoofdstad van Frankrijk niet aan zee lag, antwoordde deze slechts: 'Dat maakt toch niks uit, of denkt u soms dat het publiek het verschil opmerkt?'

Voor *National Velvet* werd de regisseur Clarence Brown gecontracteerd. Hij was een saaie, maar sentimentele man en hij kon goed met kindsterretjes opschieten. Of het studiodorp gelijkenis vertoonde met de oorspronkelijke Engelse versie kon hem niks schelen. Grotere zorgen baarden hem de bezetting van Velvet. Op 17 januari 1943 telegrafeerde hij naar het Engelse kantoor: 'Laat Harold Huth alstublieft het boek lezen... hij moet een meisje tussen de elf en veertien jaar zien te vinden, dat de rol van Velvet kan spelen... Huth moet van ieder in aanmerking komend kind proefopnamen maken... indien mogelijk die opnamen meteen naar ons toe sturen... als de opnamen goed zijn het gebruikelijke zevenjarige contract afsluiten.' Enkele dagen later deelde Sydney Wright Goetz mee dat de Engelse wet het zoeken en de contractuele binding aan een studio bemoeilijkte. Volgens de kinderwet mocht niemand beneden de achttien jaar het land verlaten om tegen betaling te gaan werken, behalve als iemand bij de bevoegde instanties het verzoek had gedaan om een speciale vergunning te krijgen. Goetz was daar zo boos over, dat hij Wright beval na te gaan of men die wet niet kon afschaffen. Op 1 februari 1943 telegrafeerde Wright: 'Het spijt me zeer u te moeten meedelen dat noch de plaatselijke autoriteiten noch de regering de wet wegens een film buiten werking kunnen stellen.' Maar Goetz gaf het niet op. 'We hebben begrip voor uw situatie, maar blijven erbij dat er een meisje gevonden wordt dat ouder is dan veertien, maar er jonger uitziet, ofwel een die jonger is maar aan het begin van de opnamen net veertien wordt.'

Het zoeken naar Velvet Brown duurde meer dan vijf jaar, en zorgde in de filmbranche voor een mythe die vergelijkbaar was met het zoeken naar Scarlett. MGM liet de beslissing over aan een man die kort geleden van RKO naar Metro was overgegaan: Pandro S. Berman. Over Berman heeft Myra Breckenridge eens gezegd: 'MGM zonder Berman is als de Amerikaanse vlag zonder strepen.'

Berman: 'Ik was dol op het verhaal. Een van de beste die ik in mijn leven had gelezen. De moederfiguur straalde kwaliteit uit. Denk alleen maar eens aan die scène, waarin ze Velvet het prijzengeld overhandigt. Eenvoudig, eerlijk, onbeschrijflijk. Maar wat er nu vaak wordt geschreven over puberachtige seksuele aandriften en masturbatie op de rug van het paard is voor mij niks anders dan *bullshit*. Aan zoiets dachten we toen helemaal niet. Grote genade, werkelijk niet.'

Berman herinnert zich dat van 1939 tot 1943 bijna iedere ster ervoor vocht om aan de film mee te werken. 'Joan Crawford toonde als eerste belangstelling toen bekend werd dat de film niet langer een pure Rooney-film, maar een Star-Vehicle zou worden. Maar Joan was te oud en al lang niet meer bij MGM. Myrna (Loy) wilde de rol van de moeder en Spence (Tracy) die van de vader spelen, en uiteindelijk kwam Kate (Hepburn), toentertijd ook al over de dertig, en verklaarde dat zij de enige was die de rol van Velvet Brown goed kon spelen. Bovendien zou de schrijfster haar in het achterhoofd hebben gehad toen ze het boek schreef. Dat was typisch iets voor Kate. Ik hield maar voor me waarvoor ìk haar het beste geschikt vond. Nauwelijks was bekend dat Hepburn zich voor de rol interesseerde of Margaret (Sullavan) belde me op en smeekte de rol niet aan Kate maar aan haar te geven. Het was om gek van te worden. Ten slotte was het zo ver met hen dat ze zelfs voor paard hadden willen spelen, àls ze maar aan de film konden meewerken.'

Er werd een groot aantal meisjes getest, maar allen misten die innerlijke bezetenheid. 'Tijdens een lunch kwamen we weer op dit onderwerp terug. We spraken erover dat Judy (Garland) de ideale persoon voor de rol zou zijn, daar zij een bezeten moeder had. Toen merkte Clarence Brown op: "Nog erger dan Judy's moeder is dat mens van Taylor. Wat die allemaal met Liz uitvoert gaat alle perken te buiten!" Ik had Liz een of twee keer gezien en kon me haar ogen nog herinneren. Die hadden precies dat waarnaar we zochten. Clarence moedigde me aan haar de rol te geven.'

Het eerste treffen verliep anders dan verwacht. 'Ze moest weliswaar een jockey spelen, maar zelfs daarvoor was Liz te klein. Dus deden we nog twee testen met anderen. Toen ze daarachter kwam, stormde ze mijn kantoor binnen.

"Mr. Berman, hebt u míj die rol van Velvet niet beloofd?" Haar ogen fonkelden. En die uitdrukking op haar gezicht vertelde me dat ze tot alles bereid was.

"Je bent te klein, Elizabeth!" zei ik.

"Ik zal groeien, Mr. Berman, ik zal groeien. Geeft u me alstublieft drie maanden de tijd."'

Berman verschoof de aanvang van de opnamen van 11 september 1943 naar 4 januari 1944. 'Ik wist dat als God me bij zou staan ik de rol van Velvet Brown kon spelen. Hij zou me laten groeien, wat Hij uiteindelijk ook heeft gedaan.' Hollywood-insiders schreven het feit dat Elizabeth werkelijk groter werd niet toe aan goddelijke beschikking; 'Per slot van rekening zijn we hier in Hollywood en niet in Lourdes,' zei Berman. Men geloofde eerder dat Sara een speciale voedingslijst voor haar dochter liet samenstellen. Elke morgen verorberde ze twee uitgebreide ontbijten, bestaande uit vier hamburgers, vier eieren, gebakken aardappelen en een reusachtige stapel pannekoeken. Als lunch stonden twee biefstukken en salade op het menu. Wat echter graag werd verzwegen waren de hormoonpillen die Sara haar dochter liet voorschrijven. Toen die in het begin niet hielpen, besloot ze haar dochter dagelijks te laten uitrekken. Ofschoon deze orthopedische kwelling Elizabeth erg veel pijn bezorgde, stond Sara maar één doel voor ogen: Elizabeth moest en zou de rol van Velvet Brown krijgen.

'Waarschijnlijk ben ik daaraan medeschuldig, omdat ik me op een dag liet ontvallen: "Het is niet zo erg als Liz het niet klaarspeelt. We hebben immers Garland nog."'

Om zich op haar rol voor te breiden, nam Liz bij de Riviera Country Club paardrijlessen. Haar leraar was de Australische polospeler Sonny Baker. Tijdens de lessen viel Elizabeth vaak van het paard en hoewel ze erg veel pijn had, weigerde Sara haar naar een dokter te sturen. 'Haar angst was te groot dat haar dochter de rol kon verliezen.' Elizabeth was ten slotte dermate bang gemaakt, dat ze er niet meer over sprak. Vroeg Sara haar of ze gevallen was, dan antwoordde ze : 'Ja, ik ben een beetje hard neergekomen.' Nu nog heeft Elizabeth last van rugklachten, omdat bij de valpartijen twee rugwervels werden beschadigd.

Toen ze door een val twee snijtanden kwijtraakte, liet Sara het toe dat de studioarts twee kunsttanden bij haar implanteerde. Voor de eerste keer ervoer Elizabeth hoe hoog de prijs voor schoonheid kon zijn.

Volgens de Taylor-legende hadden de gebeden van Sara ertoe geleid dat haar kind groeide en de rol kreeg. Af en toe ging ze woest tekeer tegen Berman omdat hij Elizabeth volgens haar onder druk zette. 'Allemaal onzin. Ik had haar de rol beloofd en alles zo geregeld dat ze genoeg tijd had. Ze kwam elke vrijdag en dan gaven we met een potlood op mijn deurkozijn aan hoe lang ze was. Toen ik haar vertelde dat ze de rol kreeg, viel ze voor me op de knieën. Allemachtig! Wat een theater.' Voor de rol van The Pie nam MGM het paard onder contract waarop Elizabeth al die tijd getraind had. 'Het paard heette King Charles en was naar mijn mening een slome merrie, maar goed.'

Daar de rol eiste dat Elizabeth een beugel droeg, trok men nog twee melktanden, die door implantaten vervangen werden. Toen ook nog haar haren geknipt moesten worden, protesteerde Francis. Hij kon niet langer aanzien hoezeer zijn dochter te lijden had. Na veel wikken en wegen werd in het studiodossier genoteerd: 'Sidney Guilaroff moet voor Taylor een pruik maken. Vader wees erop dat wij geen recht hebben zijn dochter te misvormen of haar uiterlijk sterk te veranderen. Wijzigen bij het afsluiten van nieuw contract.' Het was de laatste keer dat Francis zich met het leven van zijn dochter bemoeide. Elizabeth vond het zeer pijnlijk dat haar daddy 'last bezorgde'. Guilaroff was ze echter erg dankbaar omdat hij 'zo'n mooie pruik' had gemaakt.

Sara's aanwezigheid werd al spoedig een nachtmerrie voor de rest van de crew. Na elke scène krijste ze met haar schrille hoge stem: 'O, Elizabeth! Kom bij mammie!' en dan wierp de kleine Taylor zich haastig in haar armen. 'Ik kom, liefste moeder!' Daar Sara de opleiding van haar dochter overnam, kreeg Elizabeth nooit de geplande zangcursus bij Lucille Ryman. 'Dat zou haar zeker erg hebben geholpen,' meende Margaret Kelly, die Elizabeths stand-in was.

Tot Elizabeths traumatische belevenissen bij het maken van de opnamen voor *National Velvet* behoorde de ervaring dat iemand ontslagen kon worden. 'Eigenlijk zou aanvankelijk Mona Freeman de zuster van Elizabeth spelen, maar plotseling werd ze op een morgen door Angela Lansbury vervangen. We troffen Mona in tranen aan op de trap van de studio. Liz was diep geschokt. Tot op dat moment had ze niet geweten dat niemand onmisbaar en iedereen vervangbaar was, en dat maakte haar erg angstig,' vertelde Margaret Kelly.

Nog tijdens de opnamen overlegde men bij het persbureau hoe men de kleine ster het beste kon verkopen. Sensationele berichten waren op die leeftijd nog niet aan de orde.

Bovendien kon Elizabeth noch goed zingen noch dansen. Elizabeth Taylor was een meisje dat aardig, ongekunsteld en getalenteerd was. Maar het persbureau ontdekte dat ze, net zoals de heilige Franciscus van Assisi, in staat was met dieren te praten, en zette daarop al zijn kaarten: dat was eenvoudig en doeltreffend. Tijdens toenmalige interviews spreekt Elizabeth met hetzelfde idealisme als ze later met betrekking tot haar mannen aan de dag legde. 'De studio was bang me op King Charles te laten rijden. Maar hij houdt van me; hij zou me nooit pijn doen. Ze hoeven zich echt geen zorgen over mij en King Charles te maken. Hij wil dat ik alles aan hem overlaat – hij is de baas en ik vertrouw hem.' Tijdens de filmopnamen begon de studio Elizabeth voor te schrijven hoe Elizabeth Taylor moest zijn.

Zoals alle anderen las ze wat er over haar werd geschreven, en begon al spoedig haar imago met de werkelijke Elizabeth te verwisselen. Ook nu doet ze dat nog steeds. Een grapje dat in de jaren tachtig in Hollywood de ronde deed, typeert deze situatie. Elizabeth werd gevraagd: 'Hoe gaat het met je?' Ze antwoordde: 'Het spijt me, dat weet ik niet, want ik heb de roddelrubriek nog niet gelezen.'

Al voordat *National Velvet* in de bioscoop te zien was, stond in de filmbladen te lezen dat Bill Grady, hoofd van het persbureau, voorspeld had dat 'Elizabeth dank zij haar temperament en talenten spoedig een grote ster' zou worden. Toch hield de studio tot 1947 vast aan hun strategie haar alleen in gezelschap van dieren aan de buitenwereld te tonen. 'Als Velvet hield ze van paarden, als Sneeuwwitje van vogels en als Doktor Doolittle praatte ze met alle dieren,' verklaarde een toenmalige woordvoerder van de studio tegenover de pers.

Voor MGM stond het reeds tijdens de opnamen vast dat deze film een succes zou worden. Toen de première tijdens de kerst in 1944 in de Radio City Music Hall plaatsvond, jubelden de recensenten en schreef *Pic Magazine*: 'Deze film maakt van de twaalfjarige Elizabeth Taylor een ster.'

En daarmee begonnen de problemen: 'Want op al die plotselinge drukte en ophef om hun dochter waren de Taylors absoluut niet voorbereid,' herinnerde een vriend zich. 'Eerst verloor Francis zijn vrouw en nu ook nog zijn dochter.'

Sara reed Elizabeth elke morgen naar de studio en kwam haar ook weer ophalen. Op een avond spraken ze alleen maar over de roddels en het filmproject. Francis en Howard zaten er zwijgend bij. Voor hen was het een wereld die ze niet kenden en begrepen. De familiecrisis bereikte het hoogtepunt toen Sara besloot samen met Elizabeth naar de Riviera Country Club te verhuizen, opdat ze zich ongestoord op de rol van Velvet konden voorbereiden. Boze tongen beweren dat de eigenlijke reden daarvoor de rijleraar van Elizabeth zou zijn geweest, die zijn inkomsten vergrootte door te vleien met oudere Hollywood-matrones. Toen de studio daar lucht van kreeg, drong men erop aan dat Sara met haar dochter naar de Elm Drive terugkeerde. Dat gebeurde ook.

Na het succes van *National Velvet* werd het huis aan de Elm Drive veranderd in een gewijde plaats. 'Doorlopend waren er tussen de zes en twaalf fotografen aanwezig en in de kamers hingen alleen nog maar foto's van Liz: alleen, met dieren of met haar moeder. Van de mannelijke Taylors was in het hele huis geen spoor te bekennen,' herinnerde Sheila Graham zich. Ze waren op aandringen van Sara naar Wisconsin afgereisd, waar oom Howard hun zijn huis ter beschikking had gesteld. Het gezin was verscheurd: mannen aan de ene, vrouwen aan de andere kant.

National Velvet werd een groot kassucces voor MGM. Ook Elizabeth kreeg meer inkomsten - door reclamecontracten. Voor haar reclamespot voor Lux-zeep ontving ze 3.000 dollar. De cosmeticaproducenten Max Factor en Woodbury Soap wilden niet achterblijven en contracteerden de jeugdige schoonheid. Een papierfabriek betaalde enige duizenden dollars om het imago van de kleine actrice te mogen gebruiken voor wenskaarten, papieren poppen en kleurboeken. Samen met Anne Westmore trok ze de buurt door en verkocht alle stukken Lux-zeep, die ze gratis had gekregen. En verkleed als zigeunerin verpatste ze de namaakzilveren dienbladen die een firma haar had geschonken.

MGM ging er prat op na het succes van *National Velvet* het door Elizabeth geliefde paard op haar dertiende verjaardag aan haar te hebben geschonken.

Berman herinnerde zich dat die zaak anders verliep.

'Tijdens de opnamen kreeg ik de zenuwen van dat kind.'

Op treffende wijze bootste hij Elizabeths kinderstemmetje na:

'"Mag ik het paard hebben? Mag ik het paard hebben? Mag ik het paard hebben?"

En ik steeds maar zeggen: "Ik kan je dat paard niet schenken, het is van L.B. (Mayer)." Maar Taylor liet me niet met rust. Uiteindelijk ging ik naar L.B., en legde hem de zaak uit. Hij antwoordde: "Goed, ze mag het paard hebben, maar niet eerder dan dat de film klaar is. Regel de zaak eerst echter met Thau en de juridische afdeling, opdat we voor de nabewerking over het paard kunnen beschikken." Ik ga weer terug naar Elizabeth, die vraagt: "Mag ik het paard hebben? Mag ik het paard hebben?" Ik antwoordde: "Nee, ik moet er eerst met Benny Thau over praten."

Thau is echter op reis en als hij terugkomt staat Liz al voor zijn bureau en vraagt of ze het paard mag hebben. Thau wil zijn ster gelukkig maken en meent, zonder van mij en Mayer af te weten, dat haar ouders het voor haar konden kopen. Dus begint ze bij hen te zaniken. Enige uren later verneemt Thau dat Mayer Liz het paard eigenlijk wilde schenken. Dus rent Benny naar de juridische afdeling om daar te laten uitzoeken of Liz belasting voor het paard moest betalen. Aangezien blijkt dat de inkoopsprijs - 800 dollar - lager was dan de huidige wederverkoopprijs - tussen de 500 en 600 dollar - werd de zaak in orde gebracht. De juridische afdeling gaf haar fiat, waarna Thau Elizabeth opbelde om haar te vertellen dat ze het paard als verjaardagscadeau krijgt.'

Elizabeth had haar eerste lesje in het binnenhalen van geschenken goed geleerd.

Berman: 'Decorwisseling. Het is 1959. We zijn net bezig met de voorbereidingen voor *Butterfield 8* als Elizabeth het kantoor binnenkomt. Inmiddels is ze de ijskoude lady die we nu kennen. Ze komt binnen, ziet mij en zegt vinnig: "Ben jij niet die vent die mij dat paard heeft geschonken?" Voorzichtig bevestig ik haar vraag, ofschoon het niet klopte. Dan begint ze te schreeuwen: "Verrekte schoft! Ik moet nu nòg voor die oude verdomde knol betalen. Hij was kreupel en sinds jij me met dat beest hebt opgezadeld, is er geen beweging in zijn reet te krijgen geweest." Dat is de Liz, van wie ik zoveel hou.'

Elizabeth Taylor gaf op het doek haar laatste voorstelling als kindsterretje in 1946 in *Courage of Lassie*. Ofschoon de titel refereert aan de voorgaande film, ontbrak elk spoor van 'Lassie'. De collie die de hoofdrol speelde heet Bill, werd aangeschoten in het bos door Elizabeth gevonden en weer gezond gemaakt. Hij doorstaat een groot aantal 'avonturen', in de loop waarvan hij ook de vijandelijke Japanners en Duitsers te slim af is. Blijkbaar was de titel nep, en bedoeld als laatste reddingspoging - oorspronkelijk had de film als titel *Hold High the Torch*, en korte tijd later *Blue Sierra*. Hoewel de film geen komedie, laat staan een echte kinderfilm was, hoopte men hiermee toch de Lassie-fans naar de bioscoop te lokken. Het spel van Elizabeth werd door A.H. Weiler van de *New York Times* 'verfrissend natuurlijk' genoemd, en ook de andere recensenten vonden haar 'charmant' , 'lieftallig' en 'verrukkelijk'.

Elizabeth had nog steeds moeite om goed met haar roem om te gaan. Bij MGM werd er door sterren als Hedy Lamarr, Judy Garland, Spencer Tracy, Lana Turner en Clark Gable niet veel notitie van haar genomen. Men zei 'hi' of gaf haar een hand - wat Elizabeth steeds 'koude rillingen bezorgde' - maar meer ook niet. 'Ik had destijds een handtekeningenboek bij me, waarop ik ontzettend trots was.' Op een dag ging ze tijdens de lunch aan het tafeltje van Katharine Hepburn zitten. 'Ik had Liz al zien aankomen met haar verrekte boek,' herinnerde Berman zich. 'Altijd wanneer we in de kantine waren kwam ze er aan als een van de film bezeten kind en vroeg met haar hoge schrille stemmetje: "Wilt u een handtekening in mijn boek zetten?" En als men dat dan deed slaakte ze kreetjes van verrukking. Nou, ze kwam dus op Kate af en vroeg: "Zet u uw handtekening in mijn boek, ma'am?" Kate keek op van haar salade, at nog een poosje door, staarde de kleine aan en antwoordde: "Nee." Je zag Liz van kleur verschieten maar toch begon ze weer van voren af aan. "Kind, heb je niks beters te doen?" vroeg Kate ten slotte geïrriteerd. "Het verzamelen van handtekeningen is pure tijdverspilling." Elizabeth zette een pruilmondje en liep weg. Ik geloof dat dat de laatste keer was dat ze iemand om een handtekening vroeg. Inmiddels moet dat boek een vermogen waard zijn.'

In het zelfde jaar waarin *National Velvet* in de bioscopen te zien was, trad de dertienjarige Elizabeth ook als 'schrijfster' in de openbaarheid. Haar boek *Nibbles and Me* kostte één dollar, bestond uit 77 bladzijden en bevatte ook enige zelfgemaakte tekeningen alsmede talrijke foto's uit haar beide laatste films. *Nibbles and Me* is een boek vàn een kind vóór kinderen, anderzijds echter ook een stuk biografie, want de kijk die Elizabeth in de zestien hoofdstukken op zichzelf en haar zienswijze heeft, is veel belangrijker dan haar verhaal over gestreepte eekhoorntjes, die in Amerika wijdverspreid voorkomen. Elizabeth had, zoals Brenda Maddox schreef, 'al op dertienjarige leeftijd de innerlijke behoefte zich in de openbaarheid uit te spreken' en te rechtvaardigen, 'met andere woorden: van haar leven een mythe te maken.'

Tijdens de opnamen voor *National Velvet* had Elizabeth wel 25 eekhoorntjes verzameld, die ze allemaal weer vrijliet. Allemaal, met uitzondering van het eekhoorntje Nibbles, dat de dierentrainer Curly Twyford tijdens de drie maanden durende opnamen enige kunstjes had geleerd. Elizabeth beschreef haar fantasieavontuur met haar 'kleine geliefde' in een opstel voor school. Het is duidelijk dat Sara haar daarbij hielp, omdat de overeenkomst met de verhalen uit Victoriaanse kinderbroeken groot was. De onderwijzeres van Elizabeth gaf de tekst aan het persbureau van MGM en stelde voor het met een aantal andere verhalen te publiceren. Dat idee kwam in die tijd van de algemene Taylor-euforie goed uit, en de gerenommeerde uitgeverij Duell, Sloan en Pearce aarzelde niet lang om het boek uit te geven. MGM had Elizabeth aangeraden het manuscript met de hand geschreven in te leveren. In een voorwoord verontschuldigt ze zich bij de uitgever: 'Beste uitgever! Ik begon zo mooi te schrijven als ik het op school had geleerd, maar toen de woorden er holderdebolder uit kwamen rollen kon ik het niet meer bijhouden en werd mijn handschrift hanepotig.'

Het boek, nu alleen nog bekend bij de fanatieke Taylorfans, onthult hoeveel Elizabeths jeugd verschilde van die waarover haar moeder in interviews zo graag sprak. Tot haar huwelijk mocht ze geen nacht buitenshuis doorbrengen zonder de aanwezigheid van haar moeder. Elke avond lag ze om half acht in bed, na een half uur door haar moeder te zijn geknuffeld. Bladzijden lang prijst Elizabeth 'mummy's' wijsheid en vertelt hoe ontzettend bezorgd ze is als 'mummy' ziek is. Toen het eekhoorntje een keer was verdwenen smeekte 'mummy' om de bijstand van God, die meteen reageerde door het diertje weer te laten opduiken. Kortom, haar moeder was de beste van de hele wereld, zoals men dat destijds in alle krantenartikelen lezen kon. Ja, ze waren geestelijk zo met elkaar verwant, dat ze dat ook uitdrukten door het dragen van identieke kleding ('mummy size'- 'girlie size').

Volgens *Modern Screen* dwaalde het boek over de bureaus van MGM's PR-afdeling, omdat er lovende uitspraken in voorkwamen over Ida Koverman (Mayers assistente), Hedda Hopper en Louella Parsons. Ook Mayer werd erin genoemd, evenwel met de toevoeging: 'Nibbles wist dadelijk dat hij jegens hem de beste manieren moest tonen.' (Een toevoeging die in de vervolgserie voor *Photoplay* geschrapt werd.)

Naar aanleiding van de dood van Nibbles presenteert Elizabeth de wereld haar eigen levensfilosofie, die sterk door de Christian Scientists ingeprent is en waaraan ze zich ook nu nog vasthoudt: 'Mijn hart was gebroken. Mammie en ik gingen naar het bos om uiting te geven aan ons verdriet. Al lopend spraken we over het leven. En plotseling wist ik wat ik daarvoor ook al had geweten, namelijk dat er geen dood bestaat... Ik wist dat Nibbles voor altijd in mijn hart zou voortleven... er wel een ander in mijn leven zou komen... maar die kon niet zijn plaats innemen, echter wel net zoveel liefde bij mij voor hem opwekken.' Jaren later, na de plotselinge dood van haar ex-man Richard Burton, gebruikte Elizabeth tijdens een Engels televisie-interview dezelfde woorden.

Brenda Maddox wijst erop dat Elizabeth in haar verhaal over Nibbles al anticipeert op haar vermeende 'promiscuïteit'. Ofschoon ze van een man houdt, zullen er steeds weer nieuwe mannen in haar leven komen. 'Als ik weer een eekhoorntje tegenkwam, noemde ik het Nibbles - niet Nibbles de tweede, maar gewoon Nibbles - mijn geliefde eekhoorntje.' Het zal duidelijk zijn dat het in het boek niet gaat om één eekhoorntje, maar om een hele serie Nibbles. Precies zo ging het toe in het leven van Elizabeth Taylor-Hilton-Wilding-

Todd-Fisher-Burton-Warner-Fortensky; een hele serie echtgenoten, die net als de eekhoorntjes hun voorgangers vervingen, maar nog steeds als geliefden in Taylors herinnering voortleven. Maar in tegenstelling tot eekhoorntjes waren echtgenoten wat moeilijker te hanteren. Had ze de raad van oom Howard toch maar opgevolgd: 'Zolang je van paarden en eekhoorntjes houdt, ben je veilig.'

Miss Rich Bitch

1

Nauwelijks had Dumbo, het vliegende olifantje, op de cover van Walt Disney's *Mickey Mouse Weekly* van 2 juni 1945 met de Russische vlag gezwaaid, of panische angst maakte zich van de V.S. meester. Men was erg bang door de communisten onder de voet te worden gelopen en van de macht te worden beroofd. In 1947 bereikte deze stemming haar hoogtepunt en in oktober van het zelfde jaar werd door J. Parnell Thomas het comité tegen on-Amerikaanse activiteiten (House Un-American Activities Committee - HUAC) in het leven geroepen. Ten gevolge van de activiteiten van Joseph McCarthy en Richard Nixon, die de V.S. op haar grondvesten deden schudden, verwierf het comité al spoedig een droefgeestige bekendheid.

In het begin nam Hollywood dit comité niet al te serieus. Met de stakingen en demonstraties van de studiomedewerkers, die sedert enige tijd een aanval deden op de zelfingenomenheid van de filmbedrijven, geloofde men zelf te kunnen afrekenen. Maar om deze stakingen als een teken te beschouwen van een op komst zijnde communistische revolutie, werd als kolder bestempeld. Opeens sloeg de stemming echter om. Columnisten als Hedda Hopper, Jimmy Farantino, Westbrock Pegler en Victor Reisel riepen op een morgen in hun columns de bioscoopbezoekers op 'rooie rakkers' en hun films te boycotten. Men ging zelfs zo ver de hulp van J. Parnell Thomas in te roepen voor hun gevecht tegen het 'rode gevaar in Hollywood'. Deze zond meteen een afvaardiging van de HUAC naar Los Angeles. Er vast van overtuigd dat leden van de communistische partij in de gedaanten van acteurs, regisseurs, producenten of scriptschrijvers via verkapte boodschappen de Amerikaanse bevolking marxistische ideeën bijbrachten, begon men te jagen op iedere verdachte. 'In de studio's was men doodsbang,' herinnerde James Stewart zich. 'Er bestonden zwarte lijsten. Wie daarop voorkwam kreeg geen werk. Daaronder bevonden zich zeer veel creatieve en getalenteerde schrijvers en regisseurs; sommige acteurs werden zelfs geboycot, hoewel ze zich nergens schuldig aan hadden gemaakt. Opeens werd het riskant, ja zelfs gevaarlijk democraat te zijn.'

In november 1947 spitste de situatie zich toe. De studio's gingen tot de aanval over. In een vergadering werd door de studiodirectie besloten zich tegen 'alle subversieve en deloyale elementen in Hollywood' te keren. De nadruk lag hier op 'deloyaal' – voor elke studio een welkome mogelijkheid zich te ontdoen van onbekwame acteurs, maar ook van opstandige werknemers.

Sara Taylor zorgde er wel voor dat iets dergelijks haar dochter niet overkwam. 'Haar moeder zagen we ervoor aan dat ze iemand die haar dwarszat zou aangeven bij de HUAC,' gaf Berman toe. Dus lieten ze haar tandenknarsend haar gang gaan.

'Ze stond Elizabeth nooit toe zelf iets te zeggen,' wist George Stevens te vertellen. 'Altijd was het: "Elizabeth zegt", "Elizabeth denkt", "Elizabeth is van mening". Op een dag schreeuwde ik haar toe: "Grote genade, waarom laat u uw dochter niet ook eens een keer iets zeggen?" Daarop antwoordde Sara droog: "Omdat het zo voor alle betrokkenen het beste is."' Ivan Moffat, de co-producent van *A Place in the Sun* vermeldt dat hij op een dag naar de set ging om gedag te zeggen.

'Ik had geluk, althans dat scheen zo, want Mrs. Taylor was in geen velden of wegen te bekennen. Dus ging ik naar Liz en vroeg haar langs mijn neus weg hoe het met haar ging. Plotseling kwam haar moeder uit het niets te voorschijn en zei met haar schrille stem: "Hallo, Mr. Moffat, wat aardig dat u ons op komt zoeken. Met Elizabeth gaat het goed; alles bevalt haar prima."'

Toen Margaret Kelly eens een grapje maakte over Sara's gedrag, draaide Elizabeth zich naar haar om. 'Ze keek me met die typische, ijskoude Taylor-blik aan en siste: "Het moet werkelijk iets fantastisch zijn een moeder te hebben die andere mensen aardig vinden."' Langzaam maar zeker nam Elizabeths weerzin tegen de voortdurende betutteling en aanwezigheid van Sara toe.

Ongeveer tegelijkertijd begon ze de MGM-school te haten. 'Ik haatte die, omdat het geen echte school was.' De school, die was gevestigd in de voormalige bungalow van Irving Thalberg en spottend Metro-Goldwyn-Mayer University werd genoemd, was niet slecht. Ze beantwoordde aan de normen van het Los Angeles Board of Education en de Californian Law en lette strenger dan de openbare scholen op de naleving van de voorschriften. Naast Elizabeth behoorden ook Lana Turner, Mickey Rooney en Judy Garland tot de scholieren. Daar de lessen echter vóór vier uur gegeven moesten worden, werd vaak in de pauzes tussen de opnamen lesgegeven. Soms moest de veertigkoppige crew wachten tot een les was afgesloten voordat men verder kon gaan met de filmopnamen. De cijfers waren bevredigend, maar kwamen niet overeen met het werkelijke prestatieniveau. Mayer vond dat zijn sterren niet lager beoordeeld mochten worden dan met een zes, want anders 'lag het aan de leraar.'

Toch wilde Elizabeth naar een echte school. 'Howard vertelde me hoe fantastisch het daar was. In mijn dromen stelde ik me voor een beetje te smokkelen en af te kijken. Dat was bij ons niet mogelijk, want voor zover ik het me herinner waren we maar met zes kinderen en ieder kind zat op een ander niveau.'

MGM had er intussen moeite mee Elizabeth een rol te geven, omdat ofwel de aangeboden rollen door Sara werden afgewezen, of de wensrollen voor haar 'kleine engel' al bezet waren. Tot de afgewezen projecten behoorden *Green Mansion, Shadow on the Wall, Unfinished Dance, Tenth Avenue Angel, Cass Timberlane, Green Dolphin Street* en *Young Bess*. Ten slotte leende MGM Elizabeth voor 3.500 dollar per week uit aan Warner Brothers voor de film *Life With Father*.

Sinds 1942 had William Powell geprobeerd Mayer over te halen deze Broadway-hit te kopen, maar Mayer vond de prijs voor de filmrechten – een half miljoen dollar – te hoog. Uiteindelijk verwierf Warner de rechten en bood Powell de rol van de vader, Clarence Day, aan. De rol van zijn vrouw Vinnie werd door Irene Dunne gespeeld. Elizabeth kreeg de rol van het nichtje Mary Skinner, dat tijdens een bezoek het hart van de oudste Day-spruit verovert. Dat de schijnwereld van Hollywood werkelijkheid kon worden, bleek toen tijdens de opnamen. Na het einde van de Tweede Wereldoorlog had

Sara zich bij Metro een radicale 'glamour-behandeling' laten geven. 'Ze viel af, veranderde haar kapsel en liet haar haren wat lichter verven. Bovendien hechtte ze er veel waarde aan "chic" gekleed te gaan,' herinnerde zich een toenmalige studiomedewerker. Ze vroeg Berman haar aan Gable voor te stellen. 'Als een schoolmeisje dweepte ze met de King, die toen echter absoluut geen belangstelling toonde,' zei Berman. Tijdens de opnamen voor *Life With Father* werd Sara tot over haar oren verliefd op de regisseur van haar dochter: Michael Curtiz.

Curtiz, die eigenlijk Michael Kertész heette, werd in 1888 in Hongarije geboren. Na veel succes in zijn vaderland werkte hij voor de Ufa in Berlijn en voor Engelse studio's voordat hij aan het eind van de jaren twintig naar de V.S. verhuisde. Hij ensceneerde goede actie-scènes, maakte een succesvolle gangstercyclus, ontdekte Doris Day en kwam wegens zijn klassieker *Casablanca* en talloze liefdesavontuurtjes in het roemrijke Hollywood terecht.

Al enige weken na het begin van de opnamen op 20 april 1946 was het voor veel mensen in Hollywood duidelijk dat er tussen die twee iets aan de hand was. Van Curtiz had men eigenlijk verwacht dat hij het met Irene Dunne zou aanleggen, maar toen hij een blauwtje bij haar liep en merkte dat Sara veel belangstelling voor hem had, zwaaide hij om en maakte haar het hof. Sara zag haar kans schoon. Op een avond vertelde ze Francis dat ze wilde scheiden om vrij te zijn voor Curtiz. De volgende dag riep Francis Taylor hem ter verantwoording. Toen Curtiz hem bevestigde dat er meer dan vriendschap tussen hem en Sara bestond, reisde Francis met Howard naar Wisconsin om vandaaruit de scheiding te regelen.

In Hollywood was het weliswaar geen geheim dat het met het huwelijk van de Taylors niet zo best ging, maar een scheiding had toch niemand verwacht. Hedda Hopper noteert in haar dagboek: 'Goeie genade, je zou eigenlijk tegen haar moeten zeggen dat dergelijk gedrag voor een vrouw van ver over de vijftig niet passend is.' Ook Howard Young was ontdaan. Tot dan toe waren er in de familie nooit echtscheidingen voorgekomen. Toen zijn vrouw aan de alcohol verslaafd raakte, had hij haar weliswaar in een sanatorium laten opnemen, maar een echtscheiding heeft nooit ter discussie gestaan. MGM was woedend. Mayer gaf Berman en Thau de opdracht de zaak onmiddellijk in orde te maken en 'dat wijf tot rede te brengen.' Alle moeite scheen vergeefs te zijn. Op 21 juli 1946, de laatste opnamedag voor *Life With Father*, was Sara nog steeds op Curtiz verliefd en sprak over een ophanden zijnd huwelijk. De relatie zou nog vier maanden duren voordat ze Curtiz te vermoeiend werd. Kort voor zijn dood in 1962 verklaarde hij: 'Ja, wat wil je? Ik was achtenvijftig en zij was ook al over de vijftig, en dan zijn de beste jaren voorbij. Dus heb ik tegen haar gezegd: "Laten we het maar vergeten." Allemachtig, wat maakte ze een stampei! Eigenlijk was ze een domme, ouwe koe!'

Sara was diep geschokt en nam de kans waar samen met Elizabeth naar Engeland te gaan. Met zeventien koffers en een studiofotograaf op sleeptouw reisden de Taylors aan boord van de *Queen Mary* naar hun 'geliefde' vaderland. De hele onderneming was bedoeld als een publicitytour, maar een voedselvergiftiging dwong Sara en Elizabeth de overtocht benedendeks door te brengen. In Engeland bezochten ze het huis in Hampstead, dat als hoofdkantoor van de Women's Voluntary Service diende, en brachten een bezoek aan de Cazalets in Kent. Elizabeth had niet veel aan de reis en het verblijf in Engeland gehad. Met hoge koorts lag ze meestal op haar kamer in hotel *Dorchester*. Vrienden weten dat aan de onmin tussen haar moeder en vader. Langzaam begon het duidelijk te worden dat ze erg ziek werd als ze problemen in haar privé-leven had. 'Waarschijnlijk hebben mijn ouders zoveel van me gehouden dat ze vergaten dat ze zelf ook nog een leven hadden,' vertrouwde ze de pers toe. 'Dat staat lijnrecht op wat ze een andere keer over haar vader heeft gezegd,' vertelde Berman. 'Ze had bij ons altijd de indruk gewekt dat hij wat haar betrof naar de hel kon lopen.'

Pas toen Sara plechtig beloofde zich met Francis te verzoenen, werd Elizabeth weer gezond. Over de terugreis zei haar moeder: 'Onze terugreis naar huis verliep heel fijn. We droegen al die mooie kleren die we op de heenreis wegens ziekte niet hadden kunnen showen.'

In november 1946 verzoende Sara zich met Francis. Alles

scheen weer in orde te zijn, een indruk die ook Hedda Hopper ruchtbaar maakte. Sara had haar over de nieuwste ontwikkelingen geïnformeerd en Hedda gewillig aangeleverd wat met dikke letters in de krant moest komen te staan: 'De ouders van Elizabeth Taylor weer bij elkaar.' Ook MGM toonde zich verblijd, ja, men was zelfs 'uitgesproken verheugd' en stuurde Francis de rekening van het verblijf van zijn vrouw en dochter in Engeland: 1.500 dollar voor de bootreis en 11.401 dollar en 10 cent voor het *Dorchester* hotel.

Elizabeths rol in *Life With Father* was maar klein geweest, niet meer dan een kort gastoptreden. Toch was hij voor MGM van grote betekenis. Zonder zelf risico's te hoeven lopen, kon MGM testen of ze de overgang van kindsterretje naar romantische jongedame aankon. Toen de ruwe opzet van de film klaar was, zag MGM dat Taylor 'op een aangenaam vrouwelijke manier' haar rol speelde. (Een zelfde oordeel velden ook de recensenten van het filmblad *Variety*.)

Sara leed weliswaar onder de psychische veranderingen die de ontwakende puberteit van Elizabeth met zich meebrachten, maar alweer had ze geluk bij een ongeluk. Andere kindsterretjes werden op die leeftijd niet alleen weerbarstig, maar ook lang, mager en onooglijk. Moeder Natuur had Elizabeth echter een wespetaille en prachtige borsten cadeau gedaan. Ze was na haar terugkeer uit Engeland zo'n schoonheid geworden, dat MGM haar uiterlijk niet langer kon negeren.

In de jaren veertig stond in de V.S. duidelijk vast wat de schoonheidsidealen voor mannen en vrouwen waren. Mannen moesten beschikken over harde spieren, haar op de borst, een markante kin met een stoppelbaard, een goedgevulde broek en ze moesten 'immer bereid zijn'. Vrouwen daarentegen moesten gelijkenis vertonen met de tekeningen van de schilder Vargas en kunnen beschikken over een flinke boezem, brede heupen en een roodgemaakte kusmond. Verstand zat alleen maar in de weg en hadden ze ook niet nodig. 'Ze waren alleen maar neukmachines,' zoals Charles Bukowski het uitdrukte. Een Amerikaanse vrouw met het ideale lichaam was Jane Russell, die tientallen jaren lang niet mocht bewijzen dat ze ook nog een grandioze actrice en een vrouw met hersens was.

Elizabeths boezem had een omvang van 37, en ze liep er maar wat graag mee te koop. 'Op een dag ontdekte ze die schouderloze blouses,' herinnerde Ann Straus zich. 'Wanneer ze maar kon trok ze de mouwen zo ver mogelijk naar beneden, schminkte zich en trok haar ceintuur strakker om haar middel. Daarna wipte ze de kantine door en het studioterrein over om de aandacht op zich te vestigen. Maar, jeetje, ze was toen pas dertien. Waarschijnlijk hield het verband met die hormoonpillen die ze slikte.' In werkelijkheid was ze nog een kind, bracht haar tijd in huis door, lag op haar bed te dagdromen, speelde met haar dieren of oefende voor de spiegel verscheidene gelaatsuitdrukkingen en verslond filmtijdschriften en *Archie*-comics.

Jongens kwamen er in het leven van Elizabeth Taylor nog niet voor, 'ofschoon ze niets liever wenste,' zei Ann Straus.

Sara maakte zich bezorgd. 'Wie zou er nou willen geloven dat het mooiste meisje van de wereld geen jongen kan vinden om mee uit te gaan?' jammerde ze tegen Thau. Toen een filmtijdschrift een verjaarsfeestje voor Roddy McDowall organiseerde en Elizabeth weer niemand kon vinden om haar te begeleiden, stuurde de studio de vijfendertigjarige vrijgezel Bill Lyon, die op de publiciteitsafdeling werkte, naar haar toe. 'Het was een belachelijke situatie,' vertelde Lyon. 'Liz was net vijftien, maar ze zag eruit als een vrouw, voor wie iedere man zijn linkerarm had willen afstaan. Velen waren dan ook in haar geïnteresseerd, maar de studio maakte iedereen duidelijk hoe oud ze was en welke gevolgen een dergelijke zondeval had. Zelf maakte ze het iemand verdomd moeilijk om standvastig te blijven.' Die avond danste Elizabeth hoofdzakelijk met oudere mannen. Het scheen Lyon toe dat ze absoluut niet was geïnteresseerd in jongens van haar eigen leeftijd. 'Ze lieten zich niet met haar in, omdat ze de indruk hadden dat ze toch geen enkele kans bij haar maakten.'

Het werd al spoedig algemeen bekend dat Elizabeth tamelijk 'hongerig' was. Tot de acteurs die zich van haar reputatie weinig aantrokken, behoorde Humphrey Bogart. Bogart, op 23 januari 1899 in New York geboren, had zich in de loop der jaren opgewerkt tot de best betaalde ster van het jaar 1946. Na in 40 films te hebben gespeeld, betaalde Warner Brothers hem een jaarsalaris van 432.000 dollar. Maar de tand des tijds en zijn stormachtige huwelijken hadden hun sporen achtergelaten. Toen iemand Jack L. Warner vroeg of hij zijn ster niet moest verzekeren, antwoordde hij: 'Waarom? Wat valt er aan die kop nog te verpesten?'

Een veel groter gevaar voor de reputatie van zijn ster zag de studio in Bogarts onstilbare trek 'in groene blaadjes. Het imago van de slechtgehumeurde, cynische, bulderende, zuipende schoft konden we goed verkopen. Maar hoe moest je tegenover het publiek zijn voorliefde voor minderjarige vrouwen rechtvaardigen?' gaf een werknemer van de publiciteitsafdeling van Warner Brothers in overweging. De studio was al in 1945 voor dit probleem gesteld toen Bogart op 21 mei 1945 in het huis van zijn vriend Louis Bromfield trouwde met een minderjarige die de filmnaam Lauren Bacall had. Onverwijld regelde Warner dat men 'Betty' gewoon vier jaar ouder maakte. Haar geboortejaar (1928) werd veranderd in 1924, in de hoop dat niemand lucht van het bedrog zou krijgen. Maar de nieuwbakken echtgenoot Bogart stak alweer zijn voelhorens uit naar 'verse prooi'.

Elizabeth was precies het type vrouw waarvan hij hield. Om zijn ster gelukkig te maken belde Jack Warner Benny Thau op en vroeg MGM Elizabeth nog eens uit te lenen. Deze keer zou ze in twee misdaadfilms – *The Dark Passage* en *The Two Mrs. Carrolls* – spelen, waarvoor Warner Metro wekelijks 5.000 dollar bood. Thau aarzelde, maar beloofde de zaak met Elizabeth en haar moeder te bespreken. Afgesproken werd met z'n allen ergens te gaan dineren. Bacall en Mrs. Taylor bleven echter thuis en zeer laat op de avond trokken ook de studiovertegenwoordigers zich terug.

Elizabeth was niet bepaald verrukt van Bogart. Ze giechelde voortdurend om zijn toupet, waarmee hij probeerde zijn toenemende haaruitval te verbloemen, en als hij haar wilde kussen, zei ze: 'Ik kan... ik kan het gewoonweg niet. U voldoet helemaal niet aan mijn ideale manbeeld.'

'Toen ik haar probeerde te kussen, voelde ik opeens haar hand tussen mijn benen,' vertrouwde Bogie later zijn kameraad Spencer Tracy toe. 'Maar het ging anders dan je denkt, want plotseling gaf ze een krachtige lel tegen m'n kloten en sprong de auto uit.' De rollen gingen naar Barbara Stanwyck en Lauren Bacall.

Samen met Sara – of liever gezegd op Sara's aandringen – begon MGM een nieuw imago voor Elizabeth te creëren, dat op een nieuwe doelgroep, namelijk op die van jeugdige personen, was afgestemd. Waren jonge mensen voor de oorlog economisch beschouwd oninteressant, in de naoorlogse jaren wonnen ze aan betekenis en koopkracht. Opeens beschikten de kids over geld en konden ze dingen kopen waarvan ze vroeger niet eens durfden te dromen. MGM's nieuwe doelgroep was een heel leger minderjarigen die men 'Bobby Soxers' noemde en die hun tijd in bioscopen en ijssalons of urenlang aan de telefoon hangend doorbrachten. Ook de tijdschriftenmarkt ontdekte deze leeftijdsgroep – in de V.S. *Seventeen*, in Duitsland *Bravo* en in Nederland, wat later, bijvoorbeeld *Tina*. MGM gaf Elizabeth een nieuwe garderobe en ook een nieuwe Ford. Maar Elizabeth reed alleen maar met haar auto op de parkeerplaats van de studio en dan vroeg ze aan de andere medewerkers: 'Willen jullie mijn claxon eens horen?' Berman: 'In de directiekamer maakten we grapjes en zeiden: Wacht maar tot die "loopse Lassie" wordt losgelaten.'

Als je een telegram moet geloven dat Howard Strickling aan zijn chef Howard Dietz van Loew's Inc. in New York stuurde, speelde Elizabeth in *Cynthia* een moderne *teenage Camille*. De film vertelt de geschiedenis van de ziekelijke tiener Cynthia Bishop, die door overijverige ouders wordt beschermd. Uiteindelijk kwam ze in opstand en bewees dat ze heel goed in staat was een normaal leven te leiden. *Cynthia* was gebaseerd op het theaterstuk *The Rich, Full Life*, waarvan 27 voorstellingen werden gehouden alvorens definitief ter ziele te gaan. Insiders zagen de rolbezetting als een sommering aan Elizabeth om een voorbeeld aan Cynthia Bishop te nemen, omdat de jonge ster vaak ziek was – om aandacht te trekken – en bepaalde projecten ten val dreigde te brengen. MGM hield de gezondheidstoestand van Elizabeth nauwkeurig bij:

'Elizabeth Taylor klaagde over kriebel in haar neus als ze in de grimeerkamer zat. Dr. Blanc werd geroepen, onderzocht haar en stelde vast dat het niets ernstigs was. Waarschijnlijk alleen een beetje poeder.'

'Elizabeth Taylor verscheen vanmorgen niet op de set. Ze belde 's morgens de studio op met de medeling dat ze wegens een pukkel naar de dermatoloog dr. Chadwick in Los Angeles moest. Ze dacht dat het om een zeldzame vorm van huidkanker ging.'

'Om negen uur belde Elizabeth Taylor ons op met de mededeling dat ze een bloeddoorlopen oog had en wilde weten of ze dat door het studioziekenhuis moest laten onderzoeken. Dr. Blanc reed naar de studio en onderzocht het oog. Daarvoor had ze ruggespraak gehouden met regisseur Robert Z. Leonard, die besloot dat haar toestand de opnamen niet in de weg mocht staan. Om elf uur werd ze nogmaals door dr. Blanc onderzocht. Hij gaf haar een oogzalfje en wees erop dat er niets ernstigs aan de hand was.'

'Vanmorgen werd Elizabeth Taylor door dr. Blanc onderzocht omdat ze last had van een kriebel in haar keel. Na haar iets te hebben gegeven om mee te spoelen, verklaarde hij haar volledig inzetbaar.'

'Gisteren bezeerde Elizabeth Taylor haar voet aan een spijker. Men bracht haar met de ziekenwagen van de studio naar het studioziekenhuis, waar ze door dr. Blanc werd onderzocht. In tegenstelling tot dr. Blanc stelde een door Mrs. Taylor opgetrommelde arts vast dat Elizabeth een weeklang niet kon werken. Moet verzuim van het salaris worden ingehouden of met vakantiedagen worden verrekend?'

Mary Astor, die de rol van haar moeder speelde, schrijft in een van haar autobiografieën: 'Vroeger had Elizabeth een weifelende, ernstige blik in de ogen. Die was inmiddels verdwenen. Ze was niet langer schuchter, maar zich zeer bewust van haar schoonheid. Ze was erg schrander. Voor een kind kon ze zich zeer goed op het werk concentreren – en ik mocht haar graag. Maar eerlijk gezegd had ik liever een andere filmdochter gehad: Judy Garland. Judy was namelijk een hartelijk, gul en uitbundig mens. Elizabeth daarentegen was kil en een tikkeltje arrogant. Eigenlijk meer dan een tikkeltje. Haar blik had iets berekenends, alsof ze precies wist wat ze wilde. En ze wist feilloos op welke manier ze dat voor elkaar kon krijgen.'

Mettertijd kwam ook de boulevardpers achter de verandering van Taylor. 'Boezem 35 inch, heupen 34 inch en taille

22 inch,' stond er in het dagboek van Hedda Hopper op 8 oktober 1947. 'Elizabeth heeft alle kwaliteiten van een jonge Bergman,' liet Miss Hopper de wereld weten.

Kort voor *Cynthia* in de bioscopen kwam, hield Louella Parsons op 13 juli 1947 een radio-interview, dat van te voren afgesproken was. Gevraagd hoe haar eerste filmkus was geweest, antwoordde Elizabeth: 'O, een beetje glibberig.'

'Hoe voelt iemand zich die vijftien wordt, Elizabeth? Hoe lang duurt het nog?'

'Nog twee weken, Miss Parsons, jeetje, wat verschrikkelijk. Je loopt zoveel afspraakjes mis. Alle voorbereidingen nemen verschrikkelijk veel tijd in beslag... De kleren... Het vreet aan je!'

'Je bent werkelijk heel charmant, Elizabeth!'

'Dank u, Miss Parson!'

'Zeg me eens stiekem wat je het liefst wilt doen?'

'Het liefst wil ik iets volkomen dwaas doen met negentien- of twintigjarige mannen. Jongens van mijn leeftijd zijn gewoon te kinderachtig. Maar het liefst van alles wenste ik dat mijn heupen 20 inches smaller werden. Ik blijf daarom dan ook weliswaar aan de lijn doen, maar een banketbakkerij waar ze pepermuntbonbons verkopen vormt een te grote verleiding voor me!'

'Wat wil je graag worden, Elizabeth? Vertel het ons.'

'Ik zou graag een hele goede toneelspeelster worden, maar het liefst van alles wil ik een echtgenoot voor het leven.'

Louella Parsons giechelde en nam afscheid met de woorden: 'Ik geloof, Elizabeth, dat je je daarover geen zorgen hoeft te maken. Ik ben er zeker van dat je een leven lang gelukkig getrouwd zult zijn.'

'Dank u, Mrs. Parsons,' kirde Taylor. 'Dat zou absoluut het einde zijn.'

Cynthia werd door MGM haastig geproduceerd om nog vóór *Life With Father* in de bioscoop te komen. In oktober 1947 drong men Elizabeth op in een musical mee te spelen, te weten: *A Date With Judy*.

Alleen Leslies succesvolle radioserie was het ideale middel om het publiek met de veranderde Taylor te laten kennismaken. Ze speelde Carol Pringle, de beste vriendin van Judy (Jane Powell), een typisch verwend rijk nest. Na veel heibel pikt Taylor de verloofde van Judy in. Judy wordt weer verliefd op haar vroegere geliefde, Carols broer, en wordt dus ook weer gelukkig. *A Date With Judy* is een film die zeer de moeite waard is om bekeken te worden, vooal vanwege Carmen Miranda, die in een kleine bijrol vaak de show steelt. Elizabeth had het aan de beide draaiboekschrijfsters, Dorothy Cooper en Dorothy Kingsley, te danken dat ze tekstdelen uitsprak die onsterfelijk werden. Zo zegt ze bijvoorbeeld: 'Als je één man kent, ken je ze allemaal,' en 'mannen willen maar één ding.' (Toen bij de proefopnamen de studioleiding bijna een hartaanval kreeg omdat Elizabeth die zinnen zo veelbetekenend uitsprak, en met een uitdrukking op haar gezicht die nu nog als provocerend wordt beschouwd, besloot men eraan toe te voegen: 'Ze willen altijd alleen maar kussen!' Het publiek begreep toch wel wat er werd bedoeld.)

Een andere uitdrukking was: 'Als iemand een man is, valt hij niet meer te helpen.' De raad: 'Trouw vroeg!' (de oorspronkelijke versie was: 'Trouw vaak!' wat Elizabeth zich later ter harte zou nemen) werd slachtoffer van de censuur.

MGM begon Elizabeth nu ook als volwassene voor de film in te zetten, of, zoals Sara het uitdrukte, 'ze begonnen van haar een glamourstar te maken.' Deze verandering werd vooral door de critici met gejuich ontvangen.

Variety loofde haar 'adembenemende schoonheid, die door de toepassing van Technicolor extra werd benadrukt.' Otis L. Guernsey junior van de *New York Herald Tribune* schreef: 'Hedy Lamarr mag wel oppassen, want Elizabeth Taylor probeert de show te stelen en haar voorbij te streven.' Geurnsey was het ook die Taylor als 'veertien karaats diamant' beschreef en dichtte haar 'honderd procent verleidsterskwaliteit' toe.

Reeds tijdens de opnamen voor *A Date With Judy* (oktober 1947 tot 14 januari 1948) had men Elizabeth een rol in *Julia Misbehaves* aangeboden. Elizabeth ging ermee akkoord onder de voorwaarde dat ze in de geplande herverfilming van een van de Hepburn-klassiekers, namelijk *The Little Women*, een beduidende rol kreeg.

De filmrechten van Margery Sharps bestseller *The Nutmeg Tree* (1937) waren reeds korte tijd na het verschijnen door MGM gekocht. Eerst werden de rollen door Myrna Loy en William Powell bezet. Begin jaren veertig nam men in overweging Hepburn en Tracy voor deze film in te zetten, maar de hoofdrol ging toch naar Greer Garson. MGM hoopte dat Greer het publiek zou bewijzen dat ze na vijf stukken die allemaal flopten, nog steeds een goede actrice was.

Hoewel Metro zijn oude ster uit het diepe dal, waarin ze was terechtgekomen, omhoog wilde trekken zagen ze ervan af er een kleurenfilm van te maken. Men hoopte dat het voldoende was om Garson, Walter Pidgeon en Elizabeth Taylor in te zetten, evenals de jeugdige Peter Lawford, die de jonge meisjes naar de bioscoop moest lokken.

Julia Misbehaves is een geestige komedie over een intussen verarmde diva, die vroeger haar echtgenoot en dochter (Taylor) in de steek had gelaten om carrière te maken. Julia (Garson) keert naar huis terug als haar dochter Susan gaat trouwen. Al gauw komt ze er achter dat Susan eigenlijk van de arme kunstenaar Ritchie (Lawford) houdt en niet van haar verloofde (Cesar Romero). Na een hele reeks turbulente gebeurtenissen zijn Susan en Ritchie verenigd en tussen Julia en haar man William Packett (Pidgeon) bloeit de oude liefde weer op.

De kritieken over Greer Garson waren zo slecht, dat 'iedere andere filmster zich meteen nooit meer op het witte doek zou willen vertonen' (Alexander Walker). Elizabeth werd over het algemeen welwillend beoordeeld en er werd lovend over haar schoonheid gesproken.

Voor Taylor heeft deze film een heel bijzondere herinneringswaarde. 'Ik was tot over mijn oren verliefd op Peter Lawford,' bekende ze tientallen jaren later. 'Zonder dat mijn moeder dat hoefde te regelen nam hij me na de opnamen een paar keer mee uit. Hij durfde me niet te kussen, noch op m'n wang, noch op m'n voorhoofd. Hij zag er werkelijk fantastisch uit. In een van de scènes moest ik hem kussen en wanhopig vragen: "O, Ritchie, wat moeten we nou doen?" Ik was verschrikkelijk nerveus en mijn wangen moesten flink worden gepoederd, zo gloeiden ze. Bij de proefopnamen ging alles goed, maar toen kwam die kus... en Peter kuste me echt... geen filmkus, maar een echte tongkus... mijn allereerste ook nog! Ik was zo verward dat ik zei: "O, Peter, wat moeten we nou doen?" De hele crew lachte zich te pletter, Peter incluis. Wat een klootzak, ik had wel door de grond willen zakken.'

Gedurende de opnamen vierde Elizabeth haar zestiende verjaardag. De avond van haar verjaardag bracht ze door in *Coconut Grove*. Foto's van die gelegenheid toonden haar in een witte nertsjas, die ze van MGM had geleend. Aldus uitgedost 'zag ze eruit als en vrouw van midden in de twinig, dus tien jaar ouder,' kon Bill Grady zich nog herinneren. Van haar ouders kreeg ze een kaart en een vergulde sleutel, die paste in het slot van een helblauwe Cadillac. Elizabeth toonde zich dolgelukkig, vooral in de aanwezigheid van fotojournalisten, maar toen de foto's genomen waren gaf ze de auto aan haar ouders terug en hield haar Ford. Haar verklaring daarvoor was als volgt: 'De tijd die ik in mijn open Ford doorbreng is de enige tijd dat ik zeker weet frisse lucht te krijgen.'

Nadat Elizabeth op 14 juli 1947 naar aanleiding van de première van *Julia Misbehaves* voor het eerst op de cover van *Life* verscheen (tot 1992 zou dat nog veertien keer gebeuren), wijdden ook *Time, Saturday Evening Post* en *Photoplay* een cover aan haar. Enige weken daarna besteedde *Photoplay* nog twee volle pagina's aan Elizabeth, de Hollywood-ster die het meeste geld opleverde. Naast haar waren toenmalige tieneridolen zoals Jane Powell, Barbara Bel Geddes, Diana Lynn, Coleen Gray en Jean Peters te bewonderen. Te zelfder tijd zette Sheila Graham haar op de lijst van 'gevaarlijkste vrouwen van Hollywood', waarop Lana Turner, Joan Crawford, Jane Russell, Ava Gardner en Rita Hayworth al voorkwamen. 'Mijn uitgever trok verbaasd zijn wenkbrauwen op toen hij hoorde dat ik Liz ook op de lijst had geplaatst. Om eventuele protesten te voorkomen, moest ik in mijn artikel duidelijk maken dat het hier nog steeds om een minderjarige ging. Voor mij was het zo helder als glas dat ze noch lichamelijk noch geestelijk als een minderjarige beschouwd kon worden. Op haar zestiende had ze al die vastberadenheid over zich om alles te nemen wat ze wilde. Het maakte niet uit of ze daar haar lichaam voor moest gebruiken of niet. Het was eigenlijk vooral haar moeder, die haar als een kind behandelde. Ze commandeerde er onder het eten maar op los en zette haar op haar nummer. Als Mrs. Taylor erbij was, was ze de spreekbuis van haar dochter. Dan kreeg je geen woord van Liz los.'

De fans schenen van het nieuwe Taylor-imago niet veel te moeten hebben. Toen er een hele serie provocerende foto's in de fanpers verscheen, schreef een Taylor-fan met de naam Sally Winter uit Trentin, New Jersey: 'Waarom geven ze Elizabeth Taylor geen beter advies? Ze gedraagt en kleedt zich als een vrouw tussen de twintig en dertig, terwijl ze nog pas zestien is!' MGM was niet blij met deze brief. Ze wisten nu niet goed meer wat ze met Taylor aanmoesten. Het imago van kindsterretje was Elizabeth definitief kwijt. Dus liet MGM de maanden die daarop volgden wat 'tammere' foto's publiceren. Bovendien konden ze van geluk spreken dat Elizabeths volgende film *Little Women* was, waarin ze alleen maar hooggesloten, zedige jurken en een blonde pruik moest dragen.

Little Women was een bewerking van de film van Selznick uit 1933, met Katharine Hepburn als Jo; deze keer werd het een kleurenfilm, met June Allyson in de hoofdrol. Elizabeth speelde het egoïstische jongere zusje Amy, dat de afgedankte minnaar van Jo tot haar echtgenoot maakt.

Regisseur Mervyn LeRoy kreeg van de studioleiding het verzoek er zo'n goed mogelijke film van te maken, daar die uit zou komen om het vijfentwintigjarig bestaan van MGM in 1949 te vieren. Daarom moest LeRoy alles uit zijn sterren halen wat erin zat. 'Al deed ik nog zoveel moeite, aan Taylor had ik niks. Toegegeven, ze kon drieëndertig verschillende gelaatsuitdrukkingen tonen, maar meer ook niet. Volgens mij is ze nooit actrice geweest. Een etalagepop, oké, maar geen actrice. Ik probeerde met haar te werken, maar het was gewoonweg onmogelijk.'

2

Vlak na het begin van de opnamen voor *Little Women* trokken de Taylors naar een huis aan het strand van Malibu, dat ze voor de zomer gehuurd hadden. Opdat het rond Elizabeth niet te stil zou worden, werden er twee verzonnen verhalen in de roddelpers gepubliceerd, waarin stond dat Elizabeth haar broer en een andere keer Howard zijn zuster het leven had gered. Toen er nog een verhaal moest volgen, weigerde Howard zijn naam te laten gebruiken. Gelukkig dook er echter een andere sprookjesprins op.

Aangezien Elizabeth nog steeds geen vaste verkering had, besloot Doris Kearns van MGM daar iets aan te gaan doen. Toen ze bezoek kreeg van een luitenant en voormalige topvoetballer, nam ze hem en haar man Hubie mee naar de Taylors. 'Ik had Benny Thau daarover ingelicht en hij had zijn fiat gegeven. Per slot van rekening was Glenn voor de Amerikanen geen onbekende. Hij was een gevierde voetballer uit West Point en bekend als "Mr. Outside".' Ook beschikte hij over enige filmervaring. In het voorjaar had hij samen met zijn trainer "Doc" Blanchard (alias "Mr. Inside") meegewerkt aan een goedkope produktie, waarin de sportopleiding bij het leger verheerlijkt werd.

Davis voelde zich niet erg behaaglijk. Zoals hij zelf zei: 'want ik zou tenslotte een van de grootste sterren van Hollywood ontmoeten. Eerst aarzelde ik, maar om de Kearns niet teleur te stellen, gaf ik maar toe. Grote goden, toentertijd was immers iedereen helemaal gek van Elizabeth Taylor.'

Voor Elizabeth en Sara moest de komst van de jonge luitenant te vergelijken zijn geweest met die van een Griekse godheid. 'Toen ik zijn open, eerlijke gezicht zag wist ik dat hij de ware Jacob was,' verklaarde Sara. 'Ik voelde me ontzettend opgelucht. Eindelijk waren mijn zorgen nu voorbij.' Ook Elizabeth was weg van Davis. Na een korte begroeting nodigde Howard hem uit om samen met hem en zijn vrienden te gaan voetballen. Dus verkleedde Davis zich en wat Elizabeth toen aan lichaam en spieren te zien kreeg, scheen haar zeer goed te bevallen. Die avond, bij het afscheid van de Kearns, vroeg Glenn of hij Elizabeth de volgende dag weer een bezoek mocht brengen.

'Vraag dat maar aan mijn moeder,' was het antwoord, wat Glenn dan ook deed. Enthousiast stemde Sara met zijn verzoek in. Vanaf dat moment bracht Glenn elke vrije minuut met Elizabeth door. 'Ik was onsterfelijk verliefd op haar. Zij was het meisje met wie ik wilde trouwen om haar haar leven lang gelukkig maken.'

Ze gingen dansen en naar de bioscoop, ontmoetten vrienden en bekenden van Elizabeth of voetbalden – en smeedden huwelijksplannen.

Bij de meeste sportieve verplichtingen vergezelde Eliza beth Glenn. Zo ook bij een wedstrijd op 26 augustus 1948, die door een doelpunt van Glenn werd gewonnen. Elizabeth was verrast en verbaasd dat het haar lukte zelfs de hardste sportverslaggevers, die in de daarop volgende weken steeds vaker haar naam in hun kolommen vermeldden, te bekoren. Tijdens een benefietwedstrijd, waarbij Glenn op de bank zat, schreeuwden zijn fans: 'Wij willen Davis! Wij willen Davis!' Elizabeth raakte er helemaal door in extase. Ze sprong op en schreewde terug: 'Ik heb Davis! Ik heb Davis!'

'Onze relatie was volkomen onschuldig,' verzekerde de inmiddels zevenenzestigjarige Davis. 'We dronken en rookten niet. Het enige wat we die zomer wilden, was samen een beetje plezier maken. Ik heb Elizabeth Taylor nooit met een vinger aangeraakt!' Dat was wel heel iets anders dan Taylor haar vriendinnen van de SLOB-club toevertrouwde, namelijk dat Davis 'de grootste pik had' die ze ooit had gezien. 'Werkelijk hemels en ongelooflijk. Ik had nooit verwacht dat hij zulke geraffineerde trucjes in petto had.'

Ofschoon Elizabeth haar relatie met Davis later afdeed met 'kinderlijk gedweep', was ze in 1948 vastbesloten Mrs. Glenn Davis te worden. Een hindernis vormde zijn militaire diensttijd die hij in Korea moest doorbrengen, maar Elizabeth was er stellig van overtuigd dat ze het voor elkaar kon krijgen Glenn dit lot te besparen. Frank Farrell, een vertrouweling van Howard Young, wist zich te herinneren dat Elizabeth op eigen houtje naar New York ging om daar 'stomtoevallig' in een Italiaans restaurant Glenns trainer Red Blaik tegen het lijf te lopen. Ze had vernomen dat het afsluiten van een profvoetbalcontract de enige kans was om onder de dienstplicht uit te komen. Blaik bracht haar aan het verstand dat hij op dit gebied weinig doen kon, maar stelde haar gekscherend voor de zaak te bespreken met oom Howard, die een goede vriend van Eisenhower was.

'Het was als een grap bedoeld,' zei Farrell, 'maar Elizabeth wilde niets onbeproefd laten. Na veel heen en weer gepraat voldeed Young aan haar verzoek.'

Hoewel Davis beweert niets van deze interventie af te weten, staat vast dat Young inderdaad met Dwight D. Eisenhower heeft gesproken. 'Ike wilde er echter niets van horen. Davis was in de eerste plaats soldaat en daarna pas voetballer. Waar moest het heen als iedereen die een keer met een Hollywood-girl naar bed ging vrijstelling van diensplicht zou krijgen? Jegens Liz formuleerde Howard het natuurlijk een beetje milder, maar zijn inmenging was vergeefs geweest.'

Toen de dag naderde waarop Davis naar Korea moest, wilde Elizabeth voor die tijd nog snel even trouwen. Ze dacht daarbij aan een bliksemhuwelijk in Las Vegas, maar Davis vond dat niet zo'n goed idee. Haar ouders waren zelfs geschokt. 'We dachten: "Zestien is wel een beetje erg jong voor een huwelijk",' zei Francis. 'Maar we hebben haar niets verboden. We hebben Elizabeth alleen maar gevraagd te wachten tot hij weer thuis was.'

Voor de pers was Elizabeths afscheid van Glenn de 'gebeurtenis van het jaar 1948'. Terwijl er foto's van hen werden gemaakt klampte ze zich aan hem vast en verklaarde met tranen in haar ogen: 'Deze voetbal betekent dat ik met Glenn verloofd ben.' Trots toonde ze zijn gouden All American Football, die ze aan een ketting droeg. 'Zodra mijn film klaar is, vlieg ik naar Korea om bij hem te kunnen zijn. Ik zal op Glenn wachten en wanneer ik achttien of negentien ben zal ik met deze fijne jongen trouwen. Ik hou van hem.'

In plaats van naar Korea te gaan reisde Elizabeth op aandringen van de studio in oktober 1948 naar Engeland om daar aan de zijde van Robert Taylor in *Conspririator* te spelen. Thau vond het het beste dat zijn ster bezig werd gehouden. 'Al het andere kwam dan vanzelf goed.' Ze kreeg toentertijd wekelijks 900 brieven en was kort daarvoor door de eerstejaarsstudenten van de Harvard University uitverkoren tot 'Girl We Would Never Lampoon'. 'Om zich nu uit het openbare leven terug te trekken was ongeveer hetzelfde geweest als zelfmoord,' verklaarde Thau.

Natuurlijk bevond Sara zich in haar gezelschap. Francis, die graag was meegegaan, moest thuisblijven. 'Ik wist werkelijk niet hoe ik dat had moeten financieren, daar de zaak niet bepaald goed liep en zo'n reis verdraaid duur is.'

In de laatste minuut scheen het plan echter niet door te gaan. De Los Angeles Board of Education wilde weten hoe MGM zich het dagelijkse onderwijs van de nog minderjarige Elizabeth in Engeland voorstelde. Toen de verklaring onvoldoende bleek te zijn, besloot de overheid zelf een lerares, de witharige Miss Birdina Anderson mee te sturen naar Engeland.

Met 24 koffers, haar moeder en haar lerares trok ze in het *Claridge*. Vervolgens gingen ze naar het Westminster Food Office om distributiebonnen voor levensmiddelen af te halen.

De opnamen begonnen op 9 november 1948. *Conspirator* is een van de films die Elizabeth graag wilde vergeten. De inhoud van de slechte thriller is snel verteld: een jonge Amerikaanse wordt tijdens een bezoek aan Londen verliefd op een Britse gardeofficier, maar ontdekt na haar huwelijk dat haar man een communistische verrader is. Eerst is hij van plan haar uit de weg te ruimen, maar even later pleegt hij zelfmoord.

Robert Taylor werd door zijn tegenspeelster zichtbaar 'betoverd', zo zichtbaar zelfs dat de totaalopnamen van Robert Taylor in de scène, waarin Eliabeth een negligé draagt, overgedaan moesten worden. 'Als ze drie jaar ouder was geweest, had ik niets nagelaten haar te verleiden,' vertelde hij zijn vrienden. Toentertijd was hij echter nog gelukkig getrouwd met Barbara Stanwyck, die hij hartstochtelijke liefdesbrieven schreef. Elizabeth zag de romantische liefde tussen Taylor en Stanwyck als precies dat wat ze ook voor zichzelf en Davis wenste. In de studio 'deed ze wat haar werd gezegd. Geen enkel probleem deed zich voor. Als haar werd gezegd dat ze me moest kussen, kuste ze me. Het enige wat ik haar aan het verstand moest brengen was dat ze haar lippen moest poederen, opdat ik daarna niet al te veel onder de lippenstift zat.'

'Hij is net zo fantastisch als ze me in Hollywood verteld hadden,' vertelde Elizabeth tegen de aanwezige verslaggevers van de boulevardpers die op de tweede draaidag verschenen. 'Ik moet bekennen dat hij een beetje zenuwachtig was toen hij me die eerste keer kuste.'

De studio maakte hier een romantisch verhaal van en legde Taylor de volgende woorden in de mond: 'Hoe kan ik me nou op school concentreren als korte tijd daarvoor een man als Robert me in zijn armen hield en me beminde? Ik ben zo opgewonden.' Wat Taylor in werkelijkheid te zeggen had, was heel wat minder romantisch: 'Hoe kun je je op algebra en geschiedenis concentreren als Robert Taylor kort daarvoor met zijn tong tegen je hals ramde?'

Zoals altijd, was MGM tevreden. Davis scheen vergeten te zijn en de studio liet verhalen over Elizabeths 'eerste volwassen liefdesgeschiedenis' in de columns plaatsen. 'Ik ben blij dat ik eindelijk volwassen ben geworden, want ik speel niet de dochter van Robert Taylor, maar zijn vrouw,' verklaarde Elizabeth tegenover *Picture Post*.

De verhouding met Sara liep op dat moment de eerste barstjes op. Thau had haar in een gesprek duidelijk gemaakt dat Davis allesbehalve de geschikte man voor Elizabeth was. 'Aangezien Benny wist hoe bezeten Sara op geld was, vertelde hij haar dat Davis een arme sloeber was,' merkte Berman op. Daar Sara minder in de inhoud van een broek dan in de grootte van een vermogen geïnteresseerd was, begon ze er bij Elizabeth op aan te dringen de zaak te vergeten. Dit leidde tot enorme spanningen.

Een fotograaf van de studio, die de Taylors begeleidde, herinnerde zich een voorval tijdens een fotosessie bij het wisselen van de wacht. 'Ik wilde een familiefoto maken. Toen ze eindelijk bij elkaar stonden nam Elizabeth de pose aan van een pin-up-girl en niet die van de zestienjarige dochter uit een goed Amerikaans nest.'

Ze verveelde zich stierlijk in Londen. Sara stond haar slechts één keer toe 's avonds uit te gaan. Als escorte zocht ze de twintig jaar oudere persagent Morgan Hudgins uit, om wiens zuidelijke accent Elizabeth moest lachen en dat ze later in *Cat on a Hot Tin Roof* met succes imiteerde. Op die avond kwam ze Gene Kelly en Peter Ustinov tegen, die hen weliswaar beloofden op een avond met z'n allen uit te gaan, maar zich toch maar bedachten.

Natuurlijk ontmoetten ze ook vrienden uit 'die goeie ouwe tijd'. Elizabeth nodigde Sheran Cazalet op het middagmaal in de studio uit. 'Ik was destijds nog een te dik schoolmeisje en zij voor mij al die beeldschone filmster, die door iedereen werd bewonderd. Toch stelde ze voor dat ik een naam uit de filmwereld noemde, en dan zou zij een ontmoeting regelen. Ik was toentertijd wanhopig verliefd op Michael Wilding. Dus zei ik dat ik Michael Wilding graag wilde leren kennen. Hoewel ze hem niet kende, nodigde ze hem uit voor de lunch.'

In die tijd was Elizabeth zich zeer welbewust van de seksuele aantrekkingskracht die ze op mannen uitoefende. Wilding gaf gehoor aan de uitnodiging, maar was verrast dat 'die kleine Taylor zich een beetje eigenaardig gedroeg. Eer ik het bedienend personeel om zout kon vragen, stond ze op, liep heupwiegend de keuken in en kwam even later, eveneens heupwiegend, bij ons tafeltje terug.' In tegenstelling tot haar andere bewonderaars maakte hij geen aanstalten zich voor de uitnodiging te revancheren. 'Liz was daar zeer verbolgen over. Van nu af aan begon ze jacht op Wilding te maken. Ze wachtte hem op bij zijn kleedkamer, zat in de kantine altijd dicht bij hem in de buurt, en als hij de studio uitkwam liep ze hem "toevallig" tegen het lijf en wenste hem goedenacht.'

Michael Wilding was elegant, zag er goed uit en had anilineblauwe ogen die Elizabeth zeer fascineerden. Als je Charles Higham moet geloven, was Wilding in het begin niet in Taylor geïnteresseerd, daar hij net een verhouding was aangegaan met Marlene Dietrich. Stewart Granger herinnerde zich daarentegen dat zijn vriend meteen verliefd op 'dat kleintje' was geworden. Hij zei tegen hem: 'Ik weet dat het belachelijk is, maar dat kind wekt ridderlijke gevoelens bij me op. Ik had onmiddellijk met haar willen trouwen als er geen sprake was geweest van dat enorme leeftijdsverschil.'

'Waarom vertel je haar dat niet gewoon?' vroeg Granger. Wilding verzamelde al zijn moed en maakte haar zijn gevoelens kenbaar. Elizabeth was verrukt, Davis vergeten en weer werden er trouwplannen gesmeed. Toen Elizabeth haar moeder op de hoogte bracht van het blijde nieuws, was Sara een zenuwinzinking nabij. Via de uitwisseling van telegrammen tussen Sara en MGM, werd overeengekomen dat het voor Elizabeth maar het beste was Engeland voor een poosje te verlaten. Een geplande reis naar Parijs moest echter op het laatste moment worden afgezegd, omdat er in die stad een griepepidemie heerste en het voor de studio te duur werd als er een lange onderbreking van de opnamen zou ontstaan. Maar Elizabeth stond erop naar Parijs te gaan en beloofde dat ze '1. van nu af aan een braaf meisje zou zijn, 2. elk contact met bacillen zou vermijden, en 3. geen contact zou opnemen met loopneuzen.' Thau ging er uiteindelijk mee akkoord dat ze na de beëindiging van de opnamen in februari 1949 naar Frankrijk afreisde. Sara drong erop aan de verhouding van haar dochter met Wilding zo lang mogelijk verborgen te houden voor de pers.

'Elizabeth verheugde zich er zeer op over het Kanaal te vliegen,' zei haar moeder. 'Ze was nooit eerder in Parijs geweest.' Nadia Markulescu, de MGM-residente in Parijs, zei: 'Overal waar we waren bleven de mensen staan om naar Liz te staren. Ze dag er destijds fantastisch uit, woog ongeveer 100 pond en was zo mooi als een godin.'

Op de terugreis deed het drietal Londen nog even aan. 'Ik wilde nog steeds niet bekennen dat ik volkomen onder haar bekoring was geraakt,' gaf Wilding jaren later toe. 'Toen ik hoorde dat ze uit Parijs terug was en in Amerika op doorreis wilde gaan, stelde ik voor haar naar de luchthaven te brengen. Haar moeder, Morgan Hudgins en haar lerares volgden ons in een andere auto. Elizabeth zag er zo schitterend uit, dat ik er enorme problemen mee had mijn handen aan het stuur te houden. Vlak bij de luchthaven ruilden we van auto. Morgan had het zo geregeld dat ik de douane kon passeren om alleen van Elizabeth afscheid te kunnen nemen. Bovendien moesten we proberen te voorkomen dat de pers lucht van ons kreeg. Op het moment dat we alleen waren, ging Elizabeth op haar tenen staan en kuste me. Vervolgens rende ze over het vliegveld naar haar vliegtuig. Ik achter haar aan. Bij de vliegtuigtrap haalde ik haar in en toen ik haar vurig kuste, wist ik dat ik deze kus nooit meer zou vergeten.'

3

Terwijl Elizabeth in Engeland werkte, waagde Hedda Hopper zich in haar columns aan drie voorspellingen:
1. Elizabeth Taylor zal op een dag de First Lady van het Witte Doek worden.
2. Haar hoogtepunt zal ze pas bereiken als ze weggaat bij de studio die haar heeft ontdekt.
3. Ze bezit de zelfde uitstraling en aantrekkingskracht als Ingrid Bergman.

Hedda Hopper vertelde enthousiast in haar columns: 'Ze is zo zuiver als pasgevallen sneeuw.' Op een ander ogenblik schilderde Hopper het beeld van de 'All American Sweetie', dat volledig in tegenspraak was met de werkelijkheid.

Eenmaal weer thuis wachtte Elizabeth een hele reeks verplichtingen, die Wilding snel deden vergeten. Ter gelegenheid van haar zeventiende verjaardag wilde *Life* een titelverhaal aan haar wijden. MGM maakte hiertoe een afspraak met de filmsterrenfotograaf Philippe Halsman. 'Je hebt een prachtige boezem, dus steek hem maar naar voren,' zou hij tijdens het poseren hebben geroepen. De foto, waarop Elizabeth er als een vrouw van midden twintig uitzag, wekte ook de belangstelling van een andere bewonderaar: Howard Hughes.

Hughes, multimiljonair, genie, vliegtuigconstructeur, regisseur, producent, voormalig eigenaar van RKO en bezitter van de luchtvaartmaatschappij TWA, stond er in zijn jonge jaren om bekend dat hij het gezelschap van mooie vrouwen hooglijk waardeerde. Na korte verhoudingen te hebben gehad met Lana Turner, Ava Gardner, Ginger Rogers en een bijna-huwelijk met Katharine Hepburn, begon hij zich na zijn vliegtuigongeluk in 1946 uit het openbare leven terug te trekken. Eenzaam leefde hij in een bungalow, midden in de tropische jungle, die zich bevond op het perceel van het *Beverly Hills Hotel*. Hier had hij Elizabeth voor het eerst gezien toen ze een bezoek bracht aan de galerie van haar vader. Volgens zijn vertrouweling Noah Dietrich was Hughes altijd al dol geweest op een omvangrijke boezem. 'U moet maar aan een psycholoog vragen wat daar achter zit, maar in het begin van de jaren veertig werd deze "borstenaangelegenheid" een grote obsessie voor Howard. Nadat hij Halmans foto van Elizabeth had gezien, gaf hij zijn werknemer Johnny Meyer opdracht een ontmoeting met Francis Taylor te regelen. Eerst kocht Meyer enige schilderijen van Francis, en bij het volgende bezoek bracht hij Howards wens tot uiting de familie te leren kennen. Sara was dolenthousiast, dus namen ze dat weekend de uitnodiging aan. Samen brachten ze een gezellige avond door, en toen Hughes de Taylors uitnodigde voor een weekend in Reno, kon Sara bijna niet wachten toe te zeggen. Ofschoon het viertal tijdens de eerstvolgende weken in diverse nachtclubs en restaurants werd gesignaleerd, hield de pers zich aan de ongeschreven wet geen verhaaltjes over Hughes in de roddelcolumns te laten verschijnen. Howard werd steeds gekker op Elizabeth, maar ze wees hem resoluut af. 'Hij had totaal geen manieren, zat altijd tussen zijn tanden te peuteren en stonk uit z'n straatje.' Steeds wanneer ze gedurende die tijd werd uitgenodigd, was haar eerste vraag: 'Komt Howard ook?' Zo ja, dan bleef ze thuis.

Hughes vermoedde dat de verovering van Taylor moeilijker zou worden dan hij had verwacht, maar hij had al snel door dat haar moeder de zwakke plek was. Tijdens een uitstapje nam hij haar apart en beloofde haar een miljoen dollar contant in het handje zodra Elizabeth zijn vrouw werd. Onmiddellijk begon Sara Hughes bij haar dochter aanlokkelijk te maken. Korte tijd daarna ondernam de miljonair een laatste poging. 'Hij bood ook mij een miljoen dollar aan als ik hem twee weken de tijd gaf om alles voor ons huwelijk voor te bereiden. "Maar ik hou niet van u!" was mijn antwoord. Dat scheen hem niet te deren. Hij was van mening dat ieder mens zo zijn prijs had, en dat ik wellicht toch nog verliefd op hem zou worden. Ik heb geantwoord dat één miljoen dollar daarvoor lang niet toereikend was.' Dat Howard zijn belangstelling voor Taylor opgaf had volgens Noah Dietrich te maken met het feit dat Elizabeth had gedreigd in het openbaar te beweren dat hij zich jegens haar onzedelijk had gedragen. 'Nu zou iedereen daar hartelijk om lachen, maar indertijd gold ze nog als zo puur en onschuldig, dat een dergelijke bewering een storm ontketend zou hebben die Howard en zijn imperium had kunnen verwoesten. Dus liet hij zich niet meer met haar in.' Toch hing hij af en toe de 'beschermengel' voor Elizabeth uit. 'Dat was bij hem heel gewoon. Als een van zijn ex-vrouwen ooit geld, hulp, een vliegtuig of auto nodig had, stond hij meteen klaar om te helpen. Zo ging het ook bij Liz.'

De pertinente weigering van Taylor in te gaan op Howards avances had er wellicht ook mee te maken dat ze op haar verjaardag een jonge, donkerharige en aantrekkelijke man had leren kennen: William Pawley junior. Pawley had tijdens de oorlog dienst gedaan bij de Air Force, kreeg daarna de leiding over een aantal bedrijven van zijn vader, die vroeger ambassadeur in Peru en Brazilië was geweest, en begon nu een eigen imperium op te bouwen. Zijn ouders waren bevriend met Young, in wiens ogen Pawley de ideale echtgenoot voor Elizabeth was. Daarom had Young ze voor de volgende dag op de thee uitgenodigd. Pawley verspilde geen tijd, maar nam Elizabeth meteen die avond mee uit, en toen hij haar ten afscheid kuste waren Michael Wilding en Glenn Davis op slag vergeten. Ook haar ouders waren zeer met het idee ingenomen William als schoonzoon te krijgen. Alleen Jules Goldstone, Elizabeths agent, had er moeite mee. Wat moest het publiek daar wel van denken? 'Per slot van rekening was ze immers nog met Glenn Davis verloofd. Hun afscheidsfoto lag nog vers in het geheugen van het Amerikaanse publiek.'

Alsof de duvel ermee speelde, meldde Davis zich enige dagen later bij Elizabeth en vertelde haar dat hij vanaf maart verlof had en haar per se wilde zien. Bij zijn aankomst in Miami wist Elizabeth wat ze haar held verschuldigd was. Ze rende naar de trap van zijn vliegtuig en bedekte het gezicht van haar verloofde met kusjes, waardoor het behoorlijk werd besmeurd met lippenstift. Toen de verslaggevers wilden weten wanneer de bruiloft nou eindelijk zou plaatsvinden, verklaarde Davis dat hij een verlovingsring voor Elizabeth bij zich had. Elizabeth was daardoor danig in verlegenheid gebracht.

De Pawley's gaven een feestje om de jongeman welkom te heten. 'Dat was heel handig van ze gespeeld, want op die manier konden ze Elizabeth laten zien wat voor een goede partij hun zoon wel voor haar zou zijn,' vertelde een vriend van Pawley, die niet genoemd wilde worden. In ieder geval boekten ze succes bij Sara, die al gauw ontkende dat Elizabeth en Glenn ooit verloofd waren. Het viel Glenn op dat Elizabeth veranderd was. De tijd dat ze nog een aardig meisje was, was definitief voorbij. Samen met Elizabeth en haar familie bracht Davis nog tien dagen door in het huis van Howard Young. 'De familie van Liz had destijds geen rooie cent, dus was Pawley, met zijn miljoenen, een veel betere keus. Ik had alles bij elkaar 20.000 dollar en kon me natuurlijk niet met hem meten. Dat wilde ik trouwens ook niet. Op een morgen pakte ik mijn koffer en reisde af. Tegen Liz zei ik eenvoudigweg: "Vergeet alles maar!" De gouden voetbal en de parelketting, die hij uit Korea had meegebracht voor haar zeventiende verjaardag, liet hij haar behouden. Toen de persafdeling van MGM van het uiteengaan hoorde, stond die voor een reusachtig probleem. Er was namelijk al aangekondigd dat Davis op 24 maart 1949 aanwezig zou zijn bij de Oscar-uitreiking, waarbij Elizabeth de Award voor het Beste Kostuumontwerp zou krijgen. Uiteindelijk belde Elizabeth Davis op met het verzoek haar bij de uitreiking te vergezellen. Davis stemde toe 'maar daarna vermeed ik elk contact met haar.' W.R. Wilkerson van *Hollywood Reporter* had op 25 maart 1949 nog beweerd dat het 'Liz was aan te zien hoe verliefd ze was', maar drie dagen later maakte de persafdeling van MGM bekend dat de romance tussen de voetbalheld en de aantrekkelijkste tiener voorbij was. Het treffendst formuleerde *Time* het: 'Plotseling was alles voorbij en Glenn verdwenen... en niemand scheen daar een traan om te laten.'

Sara al helemáál niet. 'Van het begin af aan wist ik dat dit maar een romance van voorbijgaande aard was.' Om de negatieve pers de kop in te drukken, nam ze contact op met de roddelpers van Hollywood en verzocht de brede massa in aanraking te brengen met háár versie van haar dochters relatie. In een gesprek met Louella Parsons zei ze dat de hele zaak 'gewoon hoorde bij het volwassen worden.' De hele affaire was nauwelijks afgehandeld of de beide Taylors stapten op een vliegtuig naar Florida om drie weken met de Pawley's door te brengen. Reeds op de dag na hun aankomst waren Elizabeth en Pawley verloofd. 'Elizabeth smeekte haar verloving bekend te maken, en haar verlovingsring in het openbaar te mogen dragen, maar de studio droeg ons op daarmee nog vier weken te wachten.'

Op 5 juni 1949 werd de verloving bekendgemaakt, waarna Sara een persconferentie organiseerde. Elizabeth en William kregen van Sara niet de kans de vragen zelf te beantwoorden.

'Daar Elizabeth niet eerder dan februari 1950 de Metro-Goldwyn-Mayer-High School kon verlaten, wilden we met het huwelijk wachten tot het voorjaar.' Op de vraag of huwelijk en beroep met elkaar te combineren waren kon Sara geen duidelijk antwoord geven. William verwachtte weliswaar dat Elizabeth haar carrière opgaf, maar daar was het laatste woord nog niet over gezegd. De angst van Sara was te groot dat ze door een dergelijke beslissing welke financiële bijdrage dan ook kwijtraakte. Het geld dat Francis' galerie opbracht was niet toereikend voor hun huidige levensstijl, en de ouders van Pawley hadden al duidelijk gemaakt dat de kinderen, en ook de Taylors, niet hoefden te rekenen op hun financiële hulp. 'Als Mrs. Taylor er niet was geweest, had Elizabeth haar carrière meteen opgegeven,' zei Marjorie Dillon, een stand-in van Elizabeth. 'Dag in, dag uit zei ze dat ze het als een verraad zou beschouwen als Elizabeth ermee ophield. Per slot van rekening had ze alles voor haar engeltje opgeofferd, dus kon ze nu niet zo harteloos zijn.'

Het enige wat er tijdens het interview over Elizabeths lippen kwam was het verzoek aan de fotografen haar en William zo te fotograferen dat 'dat aardige stukje ijs' ook op de foto zichtbaar was. Ze doelde daarmee op haar verlovingsring; haar eerste diamant - 3,5 karaat.

Elizabeth bleef de rest van de weken tot de beginopnamen van haar nieuwe film in Miami. Al spoedig ontdekte ze dat haar verloofde dingen deed die haar absoluut niet aanstonden.

Pawley hield van de zee. De meeste tijd bracht hij dan ook op zijn zeilboot door of met vissen. Elizabeth daarentegen was een typisch 'uitgaansmens'. Geen party, dancing of casino was veilig voor haar. Na urenlang praten, waaraan veel overredingskunst te pas kwam, stemde Pawley toe met haar mee te gaan, maar stond erop dat ze op z'n laatst om tien uur thuis waren, aangezien zijn verloofde nog 'minderjarig' was. Zij ging royaal met haar geld om, maar als er van Pawley werd gezegd dat hij 'gierig' was, kon dat als een understatement worden beschouwd. Ook verwachtte hij van Elizabeth dat ze haar kledingstijl veranderde. 'Ze was dol op gewaagde kleding. Toen ze op een morgen beneden kwam, droeg ze een van haar zeer laag uitgesneden blouses. Maar amper had ze zijn van woede vertrokken gezicht gezien of ze zag haar vergissing in. Ze rende naar boven en maakte de bovenkant van de blouse met een veiligheidsspeld vast. Toen was Pawley pas tevreden,' gaf Pawley's vriend ten beste. Om het samenleven 'wat gemakkelijker te maken, gaf hij haar op een morgen een lijst met al haar fouten. In de marge had hij aangegeven welke fouten Elizabeth voor het huwelijk diende te hebben afgeleerd, onder andere haar voorliefde om 's middags te gaan slapen of de hele morgen in bed te blijven liggen.' Wat Elizabeth echter het meest irriteerde was dat hij haar lichamelijke schoonheid scheen te kunnen weerstaan. Hij kuste haar weliswaar en bracht haar ook 's avonds naar bed, maar verder ging hij niet. Pas na het huwelijk wilde hij het bed met haar delen. Het ergst van alles was dat hij pertinent weigerde zich voor Hollywood te interesseren, collega's van Elizabeth te leren kennen of ze in zijn huis toe te laten.

Sam Marx was de eerste die daarmee te maken kreeg. Marx was in Miami bezig met *A Lady Without a Passport* – een poging om Hedy Lamarr uit het dal te halen. Voor de ondersteuning die de Amerikaanse immigratiedienst de produktie betoonde, vroeg men Marx een ontmoeting met Elizabeth Taylor te organiseren. Marx belde haar op en vroeg haar of ze rond theetijd met hem naar het kantoor van de verantwoordelijke personen wilde gaan. Elizabeth ging ermee akkoord en men stuurde een auto met politiebewaking. Marx herinnerde zich: 'Pawley kwam aan de deur en toen ik tegen hem zei dat ik Liz kwam afhalen, schreeuwde hij: "Om de dooie dood niet! Ze gaat met mij vissen en daarmee basta!" Hij liep naar de trap en riep haar naar beneden. Toen ze beneden was stelde hij haar voor de keus: thee of vissen. Het antwoord van Liz was: "Mr. Marx heeft me mijn eerste kans bij de film gegeven en ik heb hem beloofd dat ik de uitnodiging voor de thee aannam. Dat zal ik nu doen ook." Ik kon haar wel zoenen. Maar de hele middag was ze zeer gespannen. Toen ik haar naar huis bracht, was Pawley weg. Hij was gaan vissen en kwam pas dagen later terug.'

Ook Hedda Hopper werd getuige van een uitbarsting van Pawley. Toen Pawley op een avond geen zin had met Elizabeth uit te gaan, vroeg ze een van zijn vrienden haar te vergezellen. Omdat ze om tien uur nog niet thuis was, sprong Pawley in zijn auto en reed met gierende banden weg om zijn verloofde te gaan halen. 'Liz was net aan het dansen toen hij binnenstormde. Hij zag er ongelooflijk woest uit en zodra hij haar ontdekte, rende hij de dansvloer op en rukte haar los van haar partner. Vervolgens sleurde hij haar met zich mee en beval haar onmiddellijk in de auto te stappen. We waren allemaal verbijsterd, en toen Howard Johns probeerde hem te kalmeren, ramde Pawley hem tegen de grond en ging er razend vandoor. Ik denk dat het Sara Taylor veel moeite heeft gekost om haar schoonzoon in spe weer tot rede te brengen,' schreef Hedda Hopper over dit voorval.

Helemaal in de war gebracht door Pawley's gedrag, reisde Elizabeth begin augustus naar Hollywood. Daar kwam ze tot de ontdekking dat er bij MGM een nieuwe wind waaide, want sinds juli 1948 heette de nieuwe plaatsvervangende produktiechef Dore Shary.

Mayer had al enige tijd problemen met het kantoor in New York en zocht wanhopig naar een tweede Irving Thalberg. Uiteindelijk maakte Lilli Messenger hem attent op Shary, die het maar niks vond om bij RKO een soort veredelde loopjongen van Howard Hughes te zijn. Hij plande de projecten die in 1949 gerealiseerd moesten worden. Samen met John Huston en Arthur Hornblow wilde hij met de verfilming van de roman *Quo Vadis* van Henryk Sienkiewicz beginnen. Nero moest grote gelijkenissen met Adolf Hitler vertonen en de christenvervolging zou een symbool voor het lot van de joden in het Derde Rijk worden. Mayer kreeg er bijna een hartverlamming van, maar Shary zette toch door. De hoofdrol moest door Clark Gable worden gespeeld. De vrouwelijke hoofdrol was voor Elizabeth weggelegd en de rol van Petrus voor Walter Huston. Toen Gable het draaiboek echter las, barstte hij in lachen uit en smeet het in de prullenbak. Het gevolg daarvan was dat Shary hem in de jaren die daarop volgden alleen nog derderangs rollen aanbood. Vervolgens werd Gregory Peck voor de rol getest en gecontracteerd. Door een infectie aan het linkeroog viel hij uit en werd de rol overgenomen door de nieuweling Stewart Granger, nadat hij samen met Elizabeth met succes een test had ondergaan.

Pandro S. Berman was voornemens ook de bestseller *Father of the Bride* van Edward Streeter te verfilmen. De hoofdrol moest naar Spencer Tracy gaan. 'Pan' had goed door dat het ophanden zijnde huwelijk met Pawley een goede reclame was, waarvoor 'we geen cent hoefden te betalen.' Bovendien moest Elizabeth voor een film onder de regie van George Stevens aan Paramount worden uitgeleend. 'En wanneer kan ik nou trouwen?' moet Elizabeth ontzet hebben uitgeroepen. 'Zodra je contract afloopt, sweetie,' luidde Bermans antwoord.

Thau vreesde dat Elizabeth straks alleen nog maar Mrs. William Pawley zou zijn, en had opdracht gegeven om voor die tijd nog zoveel mogelijk van Taylor te profiteren, vooral omdat het ernaar uitzag dat *Conspirator* niet bepaald een groot succes zou worden. Daarom werd deze film voorlopig maar in de ijskast gelegd. Een zelfde lot leek *The Big Hangover* beschoren, waarvan de opnamen op 8 augustus 1949 begonnen. De komedie van Norman Krasna beschrijft het leven van een ex-piloot (Van Johnson), die een alcoholprobleem heeft. Elizabeth speelde de dochter van zijn baas, en deed er alles aan haar geliefde van zijn verslaving af te helpen.

'Je kon duidelijk merken dat ze er niet met haar gedachten bij was,' merkte Norman Krasna op. Hij was de regisseur van deze film en producent van *The Big Hangover*. 'Omdat ze geen beslissing kon nemen, vroeg ze aan iedereen wat ze nu doen moest. Maar we konden haar geen van allen helpen.'

Elizabeth werd steeds depressiever en klaagde weer over hevige hoofdpijn. Shary gelastte echter 'zulke streken' in geen geval te dulden. Het draaischema moest nauwkeurig worden aangehouden, opdat ze voor *Quo Vadis* beschikbaar zou zijn. 'Op een dag ging ik naar haar kleedkamer. Daar zat ze over haar boeken gebogen en maakte een wanhopige indruk. Op mijn vraag wat er aan de hand was, antwoordde ze: "O, Van, ik ben toch zo depressief. Het liefst was ik dood." Het was een ernstige zaak. Ze was een zenuwinzinking nabij, omdat ze geen duidelijke beslissing kon en wilde nemen,' herinnerde Johnson zich.

Op de voorlaatste draaidag van *The Big Hangover* deelde het Los Angeles Education Board MGM mee dat Elizabeth Taylor niet in aanmerking kwam voor een vernieuwde speciale vergunning voor een voorgenomen verblijf in Rome. Alle interventiepogingen mislukten, waardoor de rol ten slotte aan Deborah Kerr werd gegeven. MGM maakte bekend dat Eliabeths eerstvolgende film de Minnelli-verfilming van de roman van Streeter zou zijn. Toen Pawley daarvan lucht kreeg, belde hij Elizabeth op en drong er bij haar op aan nu eens eindelijk bekend te maken dat ze haar filmcarrière opgaf. Daar voelde Elizabeth niets voor, maar ze probeerde haar verloofde aan het lijntje te houden. Pawley nam contact op met Thau en Berman, maar die 'brachten die jonge idioot aan het verstand dat Liz een contract had getekend, waaraan ze zich diende te houden.' Knarsetandend hing hij op.

De toch al gespannen situatie verergerde zich toen op 15 september 1949 officieel bekend werd gemaakt dat Elizabeth voor Stevens' *A Place in the Sun* werd uitgeleend aan Paramount. Zonder dralen reisde Pawley naar Los Angeles om spijkers met koppen te slaan. Elizabeth haalde hem op van de luchthaven en samen namen ze deel aan de bruiloft van Jane Powell. Na de bruiloft trok Pawley Elizabeth een rommelkamertje in en stelde haar een ultimatum. 'Hij vertelde haar dat hij diezelfde middag het vliegtuig naar Virginia zou nemen. Of ze ging met hem mee en gaf haar Hollywood-carrière op, òf het huwelijk ging niet door,' vertelde Pawley's vriend. Elizabeth huilde, maar wist tijdens het aansluitende huwelijksfeest in *Mocambo* haar gevoelens te onderdrukken. Instinctief voelde ze aan dat ze niet opgewassen was tegen een dergelijke eis. Toch ging ze naar de luchthaven maar kwam, zoals altijd, weer eens te laat. Op het moment dat ze er arriveerde stond Pawley's vliegtuig op het punt het luchtruim te kiezen. Kort voor zijn vertrek had hij Hedda Hopper laten weten dat zijn verloving met Elizabeth Taylor verbroken was. 'We hebben die nacht nog geprobeerd een oplossing te zoeken, maar daar het op niets uitliep, hebben we besloten de zaak te laten rusten.' In de pers verscheen een foto van de huilende Elizabeth Taylor, die in *Mocambo* door Vic

Damone werd getroost. Toen Elizabeth de volgende avond in een andere nachtclub gesignaleerd werd met de baseballster Ralph Kiner, raakte de pers op tilt. Twee gesjeesde verlovingen binnen een half jaar was gewoonweg te veel.

'Als ik had geweten dat zulke dingen konden gebeuren, had ik nooit toegestaan dat mijn dochter bij de film ging,' zei Sara tegen Louella Parsons, waarbij de laatste zelfgenoegzaam opmerkte dat 'Elizabeth snel een nieuwe echtgenoot moest zien te vinden, daar MGM anders problemen kreeg om de tot nu toe gevoerde marketingstrategie van *Father of the Bride* te handhaven.'

Voor het eerst in haar leven ervoer Elizabeth de negatieve macht van de pers aan den lijve. 'Als ik werkelijk zo ben als ze me afschilderen, moet ik mezelf haten,' zei ze, maar deze uitspraak zorgde alleen maar voor hoongelach. In de ogen van het Amerikaanse publiek was Taylor nog slechter en nog zondiger dan er in de kranten over haar geschreven stond. Elizabeth was blij dat ze zich op een nieuwe rol kon concentreren: die van een verwend, rijk meisje dat haar minnaar ongeluk brengt. William Pawley junior echter, zou in de loop van het jaar nog invloedrijker, nog welgestelder en nog conservatiever worden. Hij werd de leider van een morele beweging, die door het land trok en het vaantje van het anticommunisme hooghield, 'Communisme is niet het produkt van armoede, maar van goddeloosheid, onzedelijkheid en alcohol.' Pas vijfentwintig jaar later zou hem het huwelijksgeluk ten deel vallen. In 1974 verscheen hij voor het altaar.

Glenn Davis woont nu in Californië. In 1951 trouwde hij met het Hollywood-sterretje Terry Moore, die hem een jaar later in de steek liet. Sinds 1956 is hij gelukkig getrouwd met een vrouw uit een oude familie uit Louisiana. Op zijn bescheiden manier legde hij de eerste steen voor Elizabeth Taylors juwelencollectie, want hij wilde bij hun uiteengaan noch de parelketting noch zijn gouden voetbal terughebben. In 1964 dook de ketting weer op in het testament van Francis: 'Aan onze geliefde kleindochter, Liza Todd, laten we de parelketting met 69 gekweekte parels na, die Elizabeth van Glenn Davis cadeau kreeg.'

Eigenlijk had Elizabeth niet veel zin om naar Paramount te

gaan. Ze voelde zich niet goed en leed weer eens hevige pijnen. Maar toen ze zich bij MGM ziek meldde, deelde men haar mee dat ze 'wat hun betrof dan maar beter kon oprotten naar Paramount, waar trouwens op haar werd gewacht,' aldus de diva. De studio stond sinds jaar en dag onder de strenge leiding van Adolph Zukor. Hij was een van de eersten geweest die het star-system invoerde. Tot de sterren die destijds bij Paramount werkten, behoorden Dean Martin, Jerry Lewis, Barbara Stanwyck, Bing Crosby, Jean Arthur, Marlene Dietrich, Burt Lancaster en ook scriptschrijver en regisseur Billy Wilder.

Elizabeth was voor de zoveelste keer te laat en moest nu, geflankeerd door haar moeder en lerares, alleen de weg naar Stevens en de studioleiding zien te vinden. 'Toen ze heupwiegend door de kantine liep, verslikten de meeste mannen zich bijna. Ze staarden haar allemaal na. Natuurlijk haddden ze haar gezicht in de kranten gezien, maar in natura was ze nog mooier. Toen ze langs de tafel van de scriptschrijvers liep floot Billy Wilder en zei: "Wat doet díe hier? Die denkt zeker dat dit Sunset Strip is!" De toespeling die inhield dat ze voor hoer werd aangezien bracht tranen in haar ogen, maar ze was dapper en liet niet merken dat ze gekwetst was. Jaren later nam ze wraak op Wilder. Steeds wanneer hij haar als ster voor een van zijn films wilde hebben, bedankte ze voor de eer. Ze kon en wilde hem zijn smakeloze opmerking van vroeger niet vergeven,' vertelde Maurice Zolotow.

De film *A Place in the Sun* berust op de roman van Theodore Dreiser, *An American Tragedy*, die in 1916 verscheen en een groot succes werd. De geschiedenis van de arme jongeman, die de door hem zwanger gemaakte fabrieksarbeidster vermoordde om met een rijk ver familid te kunnen trouwen, was al in 1931 verfilmd. Maar noch Dreiser noch Stevens, destijds nog niet in de filmbranche werkzaam, waren tevreden over die film. Na lange gesprekken lukte het Stevens uiteindelijk Dreiser over te halen nogmaals toestemming te geven voor een verfilming. De ideeën van Stevens bevielen Dreiser wel. Voor de rol van de jongeman wilde Stevens Montgomery Clift aantrekken. Clift kende en waardeerde de roman en stemde toe. In een brief aan Stevens vroeg hij: 'Maar wie is in vredesnaam Elizabeth Taylor?'

Stevens had Elizabeth uitgekozen zonder ooit een van haar films te hebben gezien. 'Ik heb het gedaan omdat ze precies het type meisje was, waarvan de toenmalige Amerikanen natte dromen kregen. Ze was de *All American Girl* van de koektrommel en uit de Cadillac-reclame, die door mannen begeerd werd en waarvan mannen droomden. Ik werd door haar verrast. Ze maakte een onbezorgde, vrolijke indruk. Haar moeder praatte aan één stuk door, liet haar nooit aan het woord komen, maar als je met haar alleen was... Grote hemel, ze was zo onschuldig, zo naïef, ze kon werkelijk geen vlieg kwaad doen. Ze was een van de eerste Lolita's. Een kind met het lichaam van een vrouw.'

Stevens verwachtte dat men alles aan hem overliet. Hij alleen wilde de acteurs voor deze film kneden. Aangezien Elizabeth tot dan toe geen enkele ervaring met dergelijke geëngageerde regisseurs had, was ze voor hem een 'onbeschreven blad', waarop alleen hij zijn signatuur kon zetten.

De derde rol ging naar Shelley Winters, die er tot op de dag van vandaag nog steeds onder lijdt dat ze onopgemaakt en in oude versleten kleren voor fabrieksarbeidster moest spelen.

Voordat midden oktober 1949 met de buitenopnamen aan het Lake Tahoe werd begonnen, organiseerden de persbureaus van MGM en Paramount een ontmoeting van hun sterren. 'Van begin af aan stond voor ons vast dat we van die twee een paartje konden maken,' zei Strickling. 'Ze zagen eruit als in een droom.' De beste gelegenheid om Elizabeth en Montgomery Clift in het openbaar te presenteren, deed zich voor bij de première van de film *The Heiress*. Aanvankelijk weigerde Monty, maar gaf uiteindelijk toe.

Tijdens de introductie zag Elizabeth de 'schaduwzijde' van de begenadigde acteur. Tijdens de voorstelling kromde hij zich, trilde, transpireerde als een rund en jammerde. Nerveus schoof hij heen en weer op zijn stoel. Elizabeth moest hem troosten en hem de verzekering geven dat zijn spel voortreffelijk was.

De inspanningen van de laatste weken waren Stevens duidelijk aan te zien. Toen hij voor zijn crew uit naar Lake Tahoe ging, moest hij vaststellen dat het daar al had gesneeuwd.

Het meer, waar de eerste opname van de beide geliefden, spelend in het water, gemaakt moest worden, was al bijna aan het dichtvriezen. Stevens loste het probleem op door de sneeuw te laten wegspuiten.

Elizabeth arriveerde met haar moeder op maandagavond, en toen ze de volgende morgen opstond, merkte ze dat ze te vroeg ongesteld was geworden. Sara lichtte Stevens hierover in, maar deze hield vast aan het draaischema.

Elizabeth zag er schitterend uit, maar was nog lang geen actrice. Dat ontging Stevens niet. Hij reageerde erop met ijzig stilzwijgen. Hij eiste talloze opnamen, die Elizabeth poedelend in het koude water toonden. Uiteindelijk nam Sara hem apart en zei dat haar dochter zich aan de rand van het graf bevond. 'Hoezo?' vroeg Stevens. 'Kan ze niet zwemmen?' 'Met gedempte stem verklaarde Sara hem dat haar dochter haar maandelijkse problemen had en dat ze hevige krampen zou krijgen. Stevens mopperde wat en beval de scène op te nemen waarin Monty Elizabeth op de grond moest gooien. Toen Sara dàt hoorde nam ze Elizabeth mee naar het hotel en verbood haar de komende drie dagen haar kamer uit te komen,' wist Shelley Winters zich te herinneren. De rest van de draaitijd jammerde Sara dat het Stevens' schuld was dat haar dochter geen kinderen zou kunnen krijgen, omdat hij haar had gedwongen het koude water van het meer in te gaan.

Elizabeth voelde zich een buitenstaander. Ze wist dat Monty verreweg haar meerdere was. Hij had haar verteld dat hij die rol wilde spelen omdat hij het boek had gelezen. Shelley Winters had voor haar rol moeten vechten. Elizabeth, daarentegen, was de rol in de schoot gevallen, en ze kende het boek niet eens. 'De opleiding op de kleine rode school schijnt weinig vruchten te hebben afgeworpen,' zei Shelly gniffelend. 'Ik schreef een brief en vroeg aan Elizabeth welke datum het was. Ze zei dat ze dat niet wist, maar ik zag de *Hollywood Reporter* naast haar op een stoel liggen. "Maar daar ligt de krant toch!" zei ik. Vervolgens rolde ze met haar ogen en zei verontwaardigd: "Lieve hemel, Shelley, die is van gisteren!"'

Stevens was zich van de beperkingen van zijn hoofdrolspeelster bewust en begon haar steeds opnieuw aan haar verstand te brengen wat voor type mens ze spelen moest. Bereikte hij dan nog niet wat hij in gedachten had, dan kon hij danig uitvallen. Op een keer schreeuwde hij dat ze nier niet bezig waren met *Lassie Comes Home to A Place in the Sun*. Dat was voor Elizabeth reden genoeg om schreiend de set te verlaten. Velen vonden Stevens gedrag brutaal en gemeen, maar toch bracht hij Elizabeth tot de beste acteerprestaties die ze tot dan toe had geleverd.

Ook Monty bekommerde zich om Elizabeth. Hij probeerde haar de samenhang te verklaren en haar ertoe te brengen dat ze haar rol ook als een onderdeel van zichzelf zag. Na enkele dagen was er sprake van een nauwe verbondenheid tussen die twee. Hij verpersoonlijkte alles wat Elizabeth begeerde. Hij was onafhankelijk van een studio, had zich van zijn ouders losgemaakt en maakte zich hoegenaamd geen zorgen over zijn reputatie. Door zijn toedoen begon Elizabeth zich te emanciperen. Steeds vaker sprak ze haar moeder tegen, nam zelf het woord bij interviews, zonder Sara de kans te geven iets te zeggen, en sprak achter haar moeders rug alleen nog maar over haar als 'mijn vervloekte moeder'. Monty trok zich ook niets aan van Hollywoods boulevardpers. Toen Hedda Hopper op een dag op de set verscheen, zag hij er geen been in om Stevens en Elizabeth in hun bijzijn te verwijten dat ze zich jegens 'de ouwe heks' te vriendelijk en onderdanig gedroegen. Hedda was weliswaar zeer ontsteld, maar schilderde de beide jonge mensen af als 'schitterende tortelduifjes, die verliefd in elkaars armen lagen.'

Met haar kennersblik had 'de ouwe heks' dadelijk in de gaten dat Elizabeth, evenals talloze andere meisjes, verliefd op Monty was. En voor deze liefde was Elizabeth bereid offers te brengen. Ze zag af van bezoeken aan nachtclubs, party's en ontvangsten en at met hem in kleine, afgelegen restaurantjes. Ze schreef hem hartstochtelijke liefdesbrieven en schonk hem dure cadeaus. Ook Monty speelde de vurige minnaar, maar alleen dan wanneer 'hij zijn seksuele remmingen scheen te hebben overwonnen.' Daarna krabbelde hij terug. Elizabeth verbaasde zich erover dat Monty voortdurend in het gezelschap was van jonge, aantrekkelijke mannen. Toen ze hem op een dag met een geschenk in zijn kleedkamer wilde verrassen, trof ze hem met een van de jongens in een ondubbelzinnige situatie aan. Huilend verliet ze de set. Clift had destijds naast zijn wisselende seksuele partners een duurzame relatie met Rick. Hij liet hem de liefdesbrieven van Elizabeth zien, die hij van schunnige kanttekeningen had voorzien. Clift maakte met hem grapjes over haar domheid en verklaart zelfgenoegzaam: 'Ik verbaas me er nog steeds over dat ze er überhaupt in is geslaagd een woord tegen me te zeggen.'

Na lange gesprekken lukte het Stevens Elizabeth weer op de set te laten verschijnen. 'Monty kwam ook nu weer opdagen met de een of andere jongeman, die hij ergens opgescharreld had,' vertelde Elizabeth. 'Alles wat ik kon doen was er hulpeloos bij zitten en voor lief nemen wat hij mc achter zijn kleedkamerdeur aandeed. Toen die jongen weer was verdwenen gedroeg Monty zich jegens mij alsof hij goed wilde maken wat hij me had aangedaan. Dan was hij de tederheid in eigen persoon. Nadat iets dergelijks zich enige malen had voorgedaan, zei ik: "Luister eens, Monty, ik zal er altijd voor je zijn."' Tot zijn dood zijn ze de dikste vrienden gebleven.

'Ik geloof dat Liz zo veel homofiele vrienden heeft, omdat het voor haar een opluchting is dat die haar niet voortdurend aanstaren en wat van haar willen,' zei Rock Hudson. 'De relatie met Monty had echter iets bijzonders. Ik geloof dat ze nog steeds hoopte dat ze het voor elkaar zou krijgen hem om te turnen. Mijn hemel, wat voor gevolgen zou dat voor hen hebben gehad. Je kon zien dat ze dacht: "Als het me lukt hem om te turnen, dan moet ik werkelijk wel iets heel bijzonders zijn."'

Stevens maakte in het script gebruik van de emoties van zijn beide sterren. Zo liet hij Elizabeth een keer zeggen: 'Jij bent zo eigenaardig, George, zo ondoorgrondelijk, onbereikbaar, alsof je ergens iets verborgen houdt.' En als toespeling op Monty's overdreven moederliefde luidde Elizabeths tekst: 'Vertel het mama... vertel mama alles.'

Toen Elizabeth de tekst kort tevoren in de hand gedrukt kreeg, 'werden haar ogen groot en blies ze als een kat.'

"Pardon, maar wat heeft dàt nou weer te betekenen?"

"Dat moet je in de scène tegen Monty zeggen wanneer je zijn hoofd naar je toetrekt," antwoordde ik.

"Dat doe ik niet, George!"

"Jawel, dat moet je doen, want als je dat doet zul je niet alleen de grootste ster van de wereld zijn, maar ook nog een Oscar winnen." Toen ze dat hoorde fonkelden haar ogen en deed ze het.'

Na deze scène was Elizabeth emotioneel uitgeput. Onder geen enkele voorwaarde wilde ze in het werkelijke leven een dergelijke rol spelen, en toch was de moederrol alles wat Monty haar toestond. Trillend en bevend stond ze het toe dat Sara haar in haar armen nam. Zonder zich af te schminken verlieten ze samen de studio. Bij de hoofdingang zagen ze in een kiosk een krant liggen met de kop: 'Montgomery Clift trouwt met Elizabeth Taylor'.

Er was niets wat op dat moment honender voor Taylor kon zijn. 'Ze lachte op een manier die erop wees dat ze een zenuwinzinking nabij was,' zei Stevens. Terwijl Elizabeth zich er zorgen over maakte dat Monty misschien geloofde dat zij achter die publiciteitsstunt zat, maakte Sara zich ongerust over de reputatie van haar dochter. Thuis stond de telefoon roodgloeiend, en Sara vertelde tegen iedereen die het maar horen wilde dat Elizabeth en Mr. Clift alleen maar goed bevriend waren en verder niets.

'Elizabeth had een tamelijk onrustige nacht doorgebracht en was inwendig kapot. Ze was precies in de stemming die ik die laatste draaidag goed kon gebruiken,' herinnerde Stevens zich. Het ging om de scène waarin Angela een afscheidsbezoek brengt aan haar vriend, kort voor hij zou worden geëxecuteerd. 'Net zoals Angela de man van haar dromen verliest, was het Liz duidelijk dat ze Monty als man voor altijd had verloren. Na de eerste opname stortte ze huilend in. Ik praatte rustig met haar en vroeg of ze de scène nog een keer wilde spelen. Ze zei ja en voor de zekerheid hebben we haar de scène nog een derde keer laten doen.'

Toen alles voorbij was, trok Elizabeth zich 'als een gewond dier' in haar kleedkamer terug. Ze was zowel geestelijk als lichamelijk volkomen uitgeput. Ze was er zich absoluut niet van bewust dat George Stevens haar had laten ruiken aan wat acteerkunst was. Ze kon alleen maar aan Monty denken. Toen ze zichzelf weer in de hand had, wilde ze van iedereen afscheid nemen, maar ze kon Monty nergens vinden. Van haar moeder hoorde ze dat hij meteen naar Noord Carolina was vertrokken om daar een vriendin, de zangeres Libby Holman, een bezoek te brengen.

Terwijl Monty een turbulente tijd met Libby doorbracht, keerde Elizabeth terug naar MGM. George Stevens bracht de volgende twee jaar in de montagekamer door. Daar Anne Revere als getuige door het McCarthy-comité gedagvaard was, moest hij haar rol uit de film knippen. *A Place in the Sun* kwam pas in 1951 in de bioscopen. Hoewel Elizabeth niet de door Stevens beloofde Oscar ontving - ze werd zelfs niet één keer genomineerd - schreven de recensenten lovend als nooit tevoren over haar.

The New York Examiner: 'Van nu af aan kan Miss Taylor zich niet alleen met recht een grote schoonheid, maar ook actrice noemen.'

Boxoffice: 'Elizabeth Taylor verdient een Academy Award voor haar prestatie.'

The New York Times: 'De door Elizabeth Taylor gespeelde rol van de rijke en aantrekkelijke Angela is de bekroning op haar loopbaan.'

Variety: 'Wat Elizabeth Taylor betreft... verrichtte George Stevens een wonder.'

Holiday: 'Elizabeth Taylor was in deze rol maar op één punt goed: ze speelde zichzelf - Miss Rich Bitch van 1951.'

4

De laatste scène van de film *A Place in the Sun* en de wetenschap Monty te hebben verloren, hadden erg veel van haar zenuwen gevergd. Totaal van streek was ze teruggerend naar haar kleedkamer en had niet gemerkt dat Pete Freeman, de zoon van de produkctiechef Frank Freeman, daar op haar wachtte.

'Ze verontschuldigde zich voor het feit dat haar gezicht betraand was. Daar ik wist dat ze het eten in de kantine van Paramount net zo verafschuwde als ik, nodigde ik haar uit bij *Lucey's*, een klein tentje om de hoek, te gaan eten.'

Wat Freeman aanvankelijk verzweeg was dat daar een vriend op haar wachtte. Bij het binnengaan van het restaurantje viel Elizabeths oog dadelijk op een jonge, donkerharige, aantrekkelijke man, met de 'sympathiekste glimlach die je je kunt voorstellen.' Het was Freemans vriend Nicholas Hilton.

Ofschoon de jonge mannen hun best deden Elizabeth aan het lachen te maken, verviel ze tijdens het eten dikwijls in een zwaarmoedig zwijgen. Ze kon het maar niet van zich afzetten dat een man haar kon weerstaan. Had ze haar aantrekkingskracht verloren of was Clift in hart en nieren homoseksueel? Afwezig nam ze afscheid van haar gastheren en liet zich, nadat ze haar kleedkamer had opgeruimd, door een studiolimousine naar huis rijden. Nauwelijks had ze het portier geopend of Sara kwam haar enthousiast tegemoet. Onder haar arm hield ze een doos met drie dozijn gele rozen. 'Elizabeth, Elizabeth, alles komt weer goed,' jubelde haar moeder. 'Weet je wat dat betekent? Je hebt de hoofdprijs gewonnen!' Elizabeth staarde haar moeder verward aan en las het bijgaande kaartje. 'Om weer een beetje zon in je leven te brengen,' stond erop. Getekend: 'Nicky Hilton'. Nu pas drong het tot Elizabeth door met wie ze 's middags had gegeten. 'Er kwam een stralende glimlach op haar gezicht en haar ogen glansden weer. Al het verdriet was vergeten, want nu wist ze dat er een man was die echt van haar hield,' vertelde Sara.

De man die haar in werkelijkheid begeerde heette welis waar Hilton, maar niet Nicholas doch Conrad, Nicky's vader. De hotelkoning Conrad Hilton was al sinds enige tijd een enthousiaste Taylor-fan. De danseres Ann Miller verklapte dat 'Connie iedereen op zijn kantoor had gevraagd alles wat over Liz werd gepubliceerd te verzamelen, op te plakken of in een map op te bergen. Over alles wat ze had ondernomen was hij geïnformeerd, en zo dol op haar als een bakvis op een Hollywood-ster.' Hilton had altijd al een voorliefde gehad voor 'glamour-girls' en trouwde met Zsa Zsa Gabor, de 'Queen of Diamonds'. Maar aan dat huwelijk was een eind gekomen, omdat Zsa Zsa te veel genegenheid had getoond voor zijn zoon Nicky. Nu was Hilton op zoek naar iets nieuws. 'Connie stond werkelijk op het punt Taylor het hof te maken,' merkte een vertrouweling van Hilton op, die onbekend wilde blijven. 'Maar niet alleen het grote verschil in leeftijd was een probleem, hij maakte zich ook zorgen over zijn reputatie. Na lange gesprekken zag hij uiteindelijk in dat een verbintenis met de kleine Liz hem alleen maar kon schaden.' In plaats daarvan troostte hij zich met de showstar Ann Miller. Toch verloor hij Elizabeth niet uit het oog, vooral niet omdat zijn oudste zoon Nicholas nog steeds vrijgezel was. Vader Conrad vreesde dat zijn zoon 'geen echte man' was.

Dit stond eigenlijk in tegenspraak met de Amerikaanse publieke opinie, want de drieëntwintigjarige Hilton-spruit stond bekend als een playboy, die geen kans onbenut liet.

Sinds zijn veertiende jaar had Nicky zijn vakanties werkend in de hotels van zijn vader doorgebracht. De ontbrekende moeder verving Connie door materiële goederen en een levensfilosofie, waarbij het vergaren van geld en bezit het allervoornaamste was. Nadat Nicky bij de marine zijn vaderland had gediend, was hij naar Zwitserland gegaan om daar het hotelvak te leren, vanaf de onderste sport van de ladder. Intussen was hij vice-president en manager van hotel *Bel Air*, dat niet tot de keten van zijn vader behoorde.

Hij had Elizabeth voor het eerst gezien toen ze zich na de scheiding van Pawley in *Mocambo* door Vic Damone had laten troosten. Ze beantwoordde aan zijn voorstelling van een 'ideale vriendin'.

Om hem voor de rozen te bedanken, nodigde Elizabeth

hem de volgende dag uit voor het avondeten. De maaltijd verliep in een ontspannen atmosfeer, en Nicky scheen zeer gecharmeerd te zijn van de Taylors. Hij revancheerde zich door de Taylors uit te nodigen voor een dinnerparty, die de volgende zaterdag door zijn vader werd gegeven. Sara stemde er onmiddellijk mee in. 'Het was haar duidelijk aan te zien dat ze bloed rook,' wist Ann Miller zich nog van die avond te herinneren. 'Toen Nicky hen rondleidde, liet Liz kreetjes van verrukking horen, terwijl Sara schalks aan Conrad Hiltons arm hing en hem probeerde in te palmen. Connie was er verheugd over dat Liz zijn schoondochter zou worden. Hij zat de hele avond naar haar te kijken en ik zag aan hem hoezeer hij zijn zoon benijdde. Hij had altijd al een voorliefde voor kleine meisjes gehad, en Liz was de volmaakte Lolita van zijn dromen.'

'Wat Connie het meest in Liz bewonderde, was het feit dat ze per week een heleboel geld verdiende,' zei Zsa Zsa Gabor. 'Dat was eigenlijk het enige wat voor hem belangrijk was: geld, geld en nog eens geld.'

Na het eten nam Hilton zijn gasten mee naar *Mocambo*. Het kon natuurlijk niet uitblijven dat de Taylors hier door Hedda Hopper werden gesignaleerd. Meteen de volgende morgen belde ze Sara op en noteerde: 'dat het enthousiasme van Sara geen grenzen scheen te kennen. Ofschoon Liz en Nicky elkaar nog maar drie keer hadden ontmoet, had zij het al over een huwelijk.' Bij Hedda lag het fiasco van de twee andere verlovingen nog vers in het geheugen en dus waarschuwde ze Sara dat het maar beter was nog niets in de openbaarheid te brengen. 'Ik raadde haar aan me op de hoogte te stellen wanneer de relatie met Nicky als standvastig beschouwd kon worden. Daarna konden we gezamenlijk het nieuws naar buiten brengen.'

Het jonge paar bracht de meeste tijd door aan de Elm Drive of op Bellagio Road. In de weekends gingen ze een ritje maken of tennissen, en af en toe vlogen ze naar Arrowhead Springs, waar ze heimelijk een weekend met z'n tweetjes doorbrachten. De pers kwam er niet achter en Hedda zweeg als het graf.

Begin 1950 wachtte een nieuw filmproject, *Father of the Bride*, op Elizabeth. 'We hadden te kampen met twee problemen,' herinnerde Pandro S. Berman zich. 'Ten eerste wilde Jack Benny per se de hoofdrol spelen en had daarvoor al de toezegging van Shary gekregen, en ten tweede ging het huwelijk tussen Taylor en Pawley niet door. Iets wat we als reclamestunt gepland hadden.' Berman verzette zich met hand en tand tegen Jack Benny. 'Dit was het verhaal van een man, die zijn dochter en een groot deel van zijn geld door een huwelijk verliest. Ik wilde hier geen ruwe komiek, maar de zachte, rustige stem van Spencer. Toen ik voorstelde van beiden proefopnamen te laten maken, zei Jack geen woord meer tegen me. Onze vriendschap werd verbroken omdat ik de film zó wilde maken als hij me voor de geest stond.'

Spencer Tracy werd minder enthousiast toen hij vernam dat Elizabeth Taylor zijn filmdochter zou spelen, en zei tegen Berman dat hij zich niet langer voor de rol beschikbaar stelde. 'Hij kletste zich eruit door te beweren dat hij beledigd was dat we Benny voor de rol in overweging hadden genomen, maar in werkelijkheid was hij bang dat Liz met haar sexappeal de show zou stelen. Vincente, Kate en ik praatten urenlang op hem in, totdat hij ten slotte toch bijdraaide.'

Vanaf de eerste draaidag was Tracy op zijn hoede. Waar en wanneer hij maar kon, probeerde hij haar de loef af te steken. 'Naar buiten was ik aardig, dat moest ik ook zijn, maar ik liet me geen kans ontgaan om haar steken onder water te geven. En ze was te stom om het te merken. "Ja, Mr. Tracy! Dadelijk, Mr. Tracy." Kate zou zich rot gelachen hebben als ze erbij was geweest.'

Tracy ging echter nog een stapje verder. Met zijn oude kameraad Clark Gable sloot hij een weddenschap af dat hij binnen twee dagen 'dat kippetje' kon versieren als hij een beetje gebruik maakte van zijn charme. Clark hield hem eraan, en Tracy 'begon die kleine Taylor stroop om de mond te smeren. Uiteindelijk was ze zover: Spence nam haar mee uit eten, en smachtend keek ze hem aan. Die ouwe vos had het weer eens voor elkaar. Hij inde het geld van Clark, en toen Liz hem de volgende dag diep in de ogen keek, nam hij haar apart en vertelde haar dat ze toch wel iets te jong voor hem was. Huilend rende ze weg, en Spencer amuseerde zich kostelijk. Zijn lol was echter niet van lange duur, want toen

Kate hoorde wat hij had gedaan, legde ze hem het vuur na aan de schenen.'

Binnen 28 dagen waren de opnamen voor *Father of the Bride* klaar. Elizabeth kon al na 22 dagen weg en zich voorbereiden op het examen, dat op 25 januari 1950 werd afgenomen. Dank zij de inzet van Miss Anderson en de richtlijnen van Mayer, waren de cijfers die Elizabeth kreeg acceptabel.

'Ik stond voor de keus om verder te studeren of te trouwen,' bekende Taylor jaren later. Ze koos voor het laatste.

Het behalen van het diploma ging ze 's avonds met Nicky in *Mocambo* vieren. Nadat Nicky al zijn moed had verzameld, vroeg hij Elizabeth of ze met hem wilde trouwen. 'Liz liet een schril kreetje horen, en Sara kreeg bijna tranen in haar ogen.' Trots schoof Nicky een verlovingsring met een vierkaraats diamant aan haar vinger; weer een exquis stuk voor Elizabeths verzameling. Enige maanden voordien had ze aan haar collectie een diamanten diadeem toegevoegd, die ze had gekregen toen ze eregaste was bij het diamanten jubileum van de Jewellery Industrie Council of America. De diadeem, die ze tijdens de feestelijkheden droeg, was destijds 22.000 dollar waard. Toen ze bij het afscheid vroeg of ze hem mocht houden, wilde men zich niet laten kennen en gaf hem haar cadeau.

Omdat Nicky wist hoe achteloos ze met haar juwelen omsprong, had hij de ring voor 10.000 dollar laten verzekeren. De eersten die over de verloving hoorden waren de leden van de SLOB-club (Single Lonely Obliging Babes), waarvan Elizabeth inmiddels voorzitter was geworden. Lid van de club waren toentertijd Betty Sullivan, Terry Moore, Marjorie Dillon en Barbara Long Thompson. Jane Powell, voormalig lid en een van de weinige echte vriendinnen van Elizabeth, zei lachend dat ze haar advies kennelijk had opgevolgd. 'Tijdens mijn verlovingsfeest had Elizabeth de vaat voor haar rekening genomen, met als gevolg dat ik daarna heel wat kopjes, schoteltjes en glazen armer was geworden. Voor de grap zei ik: "Liz, je moet òf een hoteleigenaar trouwen, vanwege al het vaatwerk dat je nodig hebt, òf een zeer, zeer rijk man, die een dienstmeisje kan betalen." In de persoon van Nicky had ze beiden gevonden.'

Een spoedig huwelijk kwam ook MGM goed uit. 'Je kunt je niet voorstellen hoe opgelucht we allemaal waren. Of de bruidegom nou Pawley of Hilton heette, was ons een rotzorg. De hoofdzaak was dat ze trouwde, waardoor we de geplande reclamecampagne voor *Father of the Bride* konden doorvoeren,' zei Berman.

De huwelijksdatum werd vastgesteld op 6 mei 1950. 'Er was niemand blijer met de verloving dan Sara,' vertelt Helen Rose. 'Francis was onzeker, omdat hij zijn dochter nog te jong vond. Maar Sara veegde alle bezwaren met een korte handbeweging van tafel.'

Terwijl de persagenten van MGM aan het uitdokteren waren hoe ze de ophanden zijnde gebeurtenis het best konden presenteren, had Conrad Hilton de huwelijksdatum al verklapt. Op zijn terugreis naar New York vroeg een verslaggever of de relatie tussen Nicky Elizabeth serieus was. 'Serieus? Grote genade, serieuzer kan het niet!' riep Conrad uit. 'Ze trouwen op 6 mei.' Korte tijd later werden de Taylors onder een perslawine bedolven. Hedda Hopper belde woedend op en wilde weten waarom zij niet als eerste op de hoogte was gesteld van de huwelijksdatum. Per slot van rekening had ze zich wekenlang stilgehouden. Woedend raasde ze in haar columns dat Hilton 'een veel te verwend ventje was om een huwelijk goed te laten functioneren.' Louella Parsons sloeg een andere toon aan. Dat ze een uitnodiging voor de bruiloft zou krijgen stond al vast, maar ze wilde zich ook nog verzekeren van een exclusief verhaal over de wittebroodsweken. Gladys Culverson, Elizabeths kindermeisje en huidige huishoudster op Elm Drive, verklaarde tegenover de pers: 'Elizabeth houdt van Mr. Hilton en respecteert hem, en hij voelt hetzelfde voor haar. Daarom zal dit hun eerste en tegelijk laatste huwelijk zijn.' Sara's commentaar was gelijkluidend: 'Ze vormen een twee-eenheid. Ze denken en handelen beiden als één persoon.'

Elizabeth had uitsluitend romantische voorstellingen van een bruiloft, maar al gauw onpopte alles zich als 'een nachtmerrie'.

Nauwelijks was het huwelijk bekend gemaakt of de katholieke kerk kwam het woord vragen. Zolang Elizabeth zich niet bereid verklaarde haar kinderen een katholieke opvoeding te geven, zouden de hoeders van de ware heilsleer het paar de kerkelijke inzegening ontzeggen. In het begin verzette Elizabeth zich daartegen, paste zich echter aan en beloofde zelfs katholiek te worden. Conrad Hilton en Nicky waren in hun nopjes, en Elizabeth kreeg godsdienstonderricht.

MGM verschoof meteen alle projecten, maar verzocht Elizabeth om een kort gastoptreden in de film van Howard Keel *Callaway Went Thataway*. Ze gaf gehoor aan dat verzoek, evenals Clark Gable. Met haar moeder vloog Elizabeth naar New York, waar ze haar uitzet wilde kopen. Ze maakten een driedaagse tussenstop in Chicago, waar ze hun best deden Marshall Field leeg te kopen. En terwijl de Taylors New York onveilig maakten, lieten ze het zilver, het Wedgewood porselein, het Italiaanse linnen en Zweedse kristal naar Hollywood overvliegen. Opdat zijn 'kleine schoondochter zich thuis zou voelen als ze het *Waldorf Astoria* binnenging, had Connie haar een aandeel van het hotel geschonken.' Voor Elizabeth reden genoeg om te huilen toen ze vernam dat haar agent Jules Goldstone, die gelijktijdig met de Taylors in New York was, overnachtte in *Sherry Netherland.*

'O, Jules,' jammerde ze door de telefoon. 'Hoe kun je Connie en mij zoiets aandoen?'

Goldstone, zich van geen kwaad bewust, vroeg wat hij dan verkeerd had gedaan.

'Je hebt ons verraden. Je logeert niet in het *Waldorf*, in òns hotel, maar bij de concurrent.'

'Na lang praten wist ik haar uiteindelijk te kalmeren,' zei Goldstone.

Elizabeth verzocht Montgomery Clift haar getuige te zijn, maar dat verzoek wees hij af. 'Hij vertelde haar dat Hilton zijn type niet was, en dat hij betwijfelde of deze voor Liz wel de ware Jacob was,' wist zijn toenmalige levensgezel te melden. 'Daar werd ze zo onzeker door dat Mrs. Taylor flink op haar had moeten inpraten om te voorkomen dat ze het huwelijk in de laatste minuut afketste.'

Zelfs al had ze het gewild, ze kon niet meer terug. Sara's voornaamste reden daarvoor waren de geschenken die op Elm Drive binnen kwamen stromen. Bijna elke minuut werd er een pakket afgeleverd. Het huis raakte uiteindelijk zo vol, dat de Taylors alle meubelen bij MGM lieten opslaan tot de bruiloft voorbij was.

Van haar vader kreeg ze het schilderij van Frans Hals en een nertsmantel cadeau. Oom Howard stuurde een platina ring met diamanten ter waarde van 65.000 dollar. Connie stond borg voor een drie maanden durende huwelijksreis naar Europa plus 100 aandelen in zijn hotelketen. Sara haalde haar neus erover op en maakte de 'lieve Connie het verwijt nogal karig te zijn. Per slot van rekening kostte een aandeel destijds 13 dollar en 50 cent.' (Inmiddels zijn die aandelen 250.000 dollar waard.) De geschenken kwamen uit alle windstreken. Zo bood Gorham Silver Company een vijfenveertigdelig zilveren servies aan als Elizabeth zich met een Gorham-kopje liet fotograferen. Elizabeth opende haar armen en nam alles wat ze krijgen kon. 'Ik herinner me dat Patricia Neal per se uitgenodigd wilde worden,' vermeldde Marjorie Dillon. 'Dat zei ze tegen haar vriendin, die het weer aan mij vertelde. Ik ging naar Elizabeth en bracht de boodschap over. Ze zei: "Dat is oké, als ze maar een geschenk meebrengt."'

Het was dan ook geen wonder dat er meer dan 500 personen op de gastenlijst stonden. Bij wijze van bijzondere verrassing kondigde MGM aan dat de première van de film *Father of the Bride* op 6 juni 1950 zou plaatsvinden. Gevraagd naar het eigenlijke huwelijksgeschenk, antwoordde de studio dat ze de rekening van de uitzet zouden betalen en zorgen voor de bruidsmeisjes en hun mannelijke begeleiders. De bruidsjapon zou Helen Rose ontwerpen, maar daar raakten de Taylors door in moeilijkheden. Sara had namelijk al aan Edith Head gevraagd dat voor Elizabeth te doen. Edith maakte er echter geen punt van en ontwierp een mantelpakje voor de afreis van het bruidspaar. 'Elizabeth wilde per se dat de japon een zeer diep decolleté had,' vertelde Helen Rose. 'Steeds weer moest ik haar eraan herinneren dat ze in de kerk en niet in Las Vegas trouwde. Uiteindelijk kwamen we overeen dat de japon weliswaar diep werd uitgesneden, maar dat door het aanbrengen van chiffon een al te gewaagde indruk zou worden voorkomen.'

Zoals in de V.S. gebruikelijk was, volgde het ene feest het andere op. De eerste party werd door de SLOB-club georganiseerd. Bovenop de bruidstaart was een bruid van vanille-ijs gezet en een bruidegom van chocolade. Al voordat de taart werd aangesneden had iemand de kop van de chocolade-bruidegom er al afgebeten. Boze tongen beweerden dat Zsa Zsa Gabor dat op haar geweten had, maar die was niet eens aanwezig. De leden van SLOB schonken Elizabeth een sigarettendoos met ingebouwde muziek en een geluks-penny.

Ondertussen probeerde Nicky zijn bruid met juwelen in een goed humeur te houden. Toen hij bij George Headley langsging en de bekende juwelier vroeg 'iets leuks te laten zien,' vroeg deze gekscherend: 'Een blondje of een brunette?' 'Platina en diamanten' was het droge antwoord.

Sara had zorgen van heel andere aard. Een medewerker van de studio had bij de leiding navraag gedaan of ze nog langer op de loonlijst moest blijven staan. Per slot van rekening was het na het huwelijk niet meer nodig dat ze Elizabeth bleef chaperonneren. Spontaan besloot Shary dat hiervoor geen reden meer was. Maar toen Benny Thau naar New York terugkeerde, schreef hij in kriebelschrift in de marge van een memo: 'Ze blijft tot nader order op de loonlijst staan.'– 'Benny had het vermoeden dat het alleen maar goed voor de studio was als men wist dat Sara ook later nog aan zijn kant stond,' zei Berman.

Francis moest zorgen voor de organisatie van de bruiloft. Oorspronkelijk zou de receptie plaatsvinden in het *Beverly Hills Hotel*, maar door de tomeloze 'uitnodigingslust' van zijn vrouw en dochter was het aantal gasten verdrievoudigd, waardoor de ontvangst verplaatst moest worden naar de *Bel Air Country Club*. Bij de bespreking van de menukaart zou Francis op een vraag of ze als hors-d'œuvres gerookte zalm zouden nemen, hebben uitgeroepen: 'Op de bruiloft van mijn dochter hoeft niemand koude vis te eten!'

De bruiloft moest op 6 mei 1950 om vijf uur 's middags beginnen. Maar op de avond ervoor verzamelden zich fans, voorzien van slaapzakken en klapstoelen, bij het huis van de bruid en bij de kerk om een blik van haar te kunnen opvangen. MGM stelde haar veiligheidschef Whitney Hendry ongeveer 200 man ter beschikking om voor rust en orde te zorgen. Ze kregen ondersteuning van 300 man politie, wat de toenmalige politiecommissaris van Beverly Hills de opmerking ontlokte: 'Ik heb nog liever te maken met de bestrijding van een criminele bende dan met nog zo'n Hilton-Taylor huwelijk.'

Elizabeth sliep die morgen uit. Tegen tien uur werd ze wakker en ontbeet in bed. Toen er om elf uur aan de deur gebeld werd, luisterde ze aandachtig. Waarschijnlijk was het weer een bode die een geschenk kwam brengen. Intussen stapelden de cadeaus zich op, waardoor het huis steeds meer op een pakhuis ging lijken. Elizabeth beschikte over bijna 500 glazen en kop-en-schotels, genoeg om er een Hilton Hotel mee uit te rusten. Ze was dan ook zeer verbaasd dat William Pawley junior plotseling in haar kamer verscheen, haar aan haar huwelijksbelofte herinnerde en waarschuwde die niet te verbreken. 'Pawley dreigde een aanklacht tegen haar in te dienen, maar Liz bokte. Vervolgens begon hij tekeer te gaan en aan haar verstand te brengen wat de schaduwzijden van Hilton waren. Het was vermoedelijk tot een handgemeen gekomen als Francis niet kalmerend op hem had ingepraat. Na twintig minuten verliet hij het huis weer, maar stelde zich op bij de kerk, goed zichtbaar voor allen die de mis zouden bijwonen,' wist Gladys Culverson te vertellen.

Elizabeth had zich al die tijd kunnen beheersen, maar toen Pawley weer weg was 'huilde ze tranen met tuiten. We moesten haar gezicht deppen met ijs, zo gezwollen was het.'

Tegen drie uur 's middags verscheen Sidney Guilaroff, die voor het kapsel van de bruid verantwoordelijk was, gevolgd door de cheffin van de kleermakersafdeling van de studio, Mrs. J.A. Ryan, en Helen Rose, die Elizabeth zou helpen bij het aantrekken van haar bruidsjapon.

De bruidsmeisjes kwamen bij elkaar in het huis van de familie Westmore. Het waren Jane Powell, Anne Westmore, Marilyn Hilton (Nicks zuster), Barbara Thompson, Marjorie Dillon en Mara Regan, die korte tijd later met Elizabeths broer Howard trouwde.

Aan de arm van haar vader verliet Elizabeth om ongeveer kwart voor vijf het ouderlijk huis. MGM had alles perfect georganiseerd en zelfs de zon liet niet verstek gaan.

Toen de limousine met Elizabeth voorreed, werd ze met een daverend applaus door een grote menigte begroet. Ze wuifde en wierp haar fans kushandjes toe. Dat William Pawley zich ook onder de toeschouwers bevond, scheen haar nu niet meer te deren. Het was Nicky duidelijk aan te zien dat hij het maar niks vond dat zijn bruid zoveel opzien baarde. De hele dag maakte hij een gestresste en nerveuze indruk.

Terwijl de bruid zich voor de kerk liet vereren, wachtten de genodigden in de kerk: Spencer Tracy, Joan Benner en ook - een geniale vondst van de publicitymanager van MGM - alle filmouders van Elizabeth. Tot hen behoorden William Powell, Fred Astaire, Ginger Rogers, Van Johnson, Peter Lawford, Ricardo Montalban, June Allyson, Dick Powell, Walter Pidgeon, Ann Miller, Mickey Rooney en vele anderen.

Mary Jane Smith opende de plechtigheid met het *Ave Maria*, terwijl de japon van Elizabeth tussen het portier van de auto terechtkwam en een deel werd afgescheurd. De bruid maakte zich er geen zorgen over toen ze zich onder een daverend applaus naar de huwelijksvoltrekking haastte. Zodra het orgel de bruiloftsmars inzette, herhaalde zich voor Elizabeth de ceremonie die ze tijdens de opnamen voor *Father of the Bride* 'doorleefd had', zoals ze Elsa Maxwell toevertrouwde. Toen ze aan de arm van haar vader over het gangpad schreed, schitterden haar ogen. 'Geen enkele scène die Elizabeth in de toekomst gaat spelen zal deze in glans kunnen evenaren,' schreef Hedda Hopper de volgende dag. 'Dit was Hollywoods bruiloft der bruiloften.'

Het huwelijk werd door monseigneur Patrick J. Cancannon voltrokken. Nadat hij hen tot man en vrouw had verklaard, trok Elizabeth Nicky naar zich toe en gaf hem een langdurige kus, die door een zacht kuchje van Cancannon werd onderbroken. Glimlachend zei hij tegen haar: 'Ik geloof dat dat lang genoeg heeft geduurd, liefje.' Sheila Graham moest hierdoor denken aan een studio-opname, 'waarbij de woorden van de priester te vergelijken waren met een "cut" van de regisseur.'

Hedda Hopper, Louella Parsons en Sheila Graham, die in de kerk een heel eind bij elkaar uit de buurt een plaats was toegewezen, noteerden nauwkeurig het verloop van de ceremonie en de reacties van de aanwezigen. Nadat Elizabeth haar ouders omhelsd had, rende ze met Nicky de kerk uit en

Vorige pagina: autogramfoto, 1951

Elizabeth Taylor in Londen, 1949

Rechts: *Ivanhoe*, MGM, 1952

Persfoto, 1953

smeekte: 'Kus me, Nicky, alsjeblieft, kus me nog een keer. Dat ben ik mijn fans verschuldigd.' En onder het gejubel van de menigte kuste hij zijn bruid. De politie en Hendry's mannen hadden er grote moeite mee de fans op een afstand te houden; toch lukte het het bruidspaar ongehavend in de wachtende limousine te stappen.

In de *Bel Air Country Club* stonden meer dan 600 mensen in de rij om de bruid te kussen en de bruidegom geluk te wensen. Tegen iedereen verklaarde Elizabeth hoe 'gelukkig' ze was. Dat intussen het ijsbouwwerk van de twee tortelduifjes begon te smelten en de hors d'œuvres doorweekt dreigden te raken, scheen niemand te storen. Elizabeth gooide haar bruidsboeket van witte orchideeën in de menigte, maar het staat niet vast wie het heeft opgevangen. Vervolgens rende ze, met Nicky op sleeptouw, naar Sheila Graham, die ze toevertrouwde: 'Alleen het hart weet wanneer je de juiste man hebt getroffen. Er bestaat geen twijfel over dat Nicky degene is met wie ik mijn hele leven zal doorbrengen.' Minder poëtisch zei ze tegen Louella Parsons: 'Ik huilde van blijdschap toen monseigneur Cancannon ons tot man en vrouw verklaarde.' En tegen Hedda Hopper: 'Ik ben dolgelukkig dat ik op Nicky heb gewacht.' Daarna draaide ze zich om en verliet in Edith Heads creatie de plechtigheden. Met een blauwgrijze nertsstola over haar arm - het was gewoon te warm om hem te dragen - renden ze door een regen van confetti en rijst naar de klaarstaande auto.

5

'Ik geloof dat ik mezelf nooit genoeg tijd heb gegeven om na te gaan of een relatie nou te maken had met echte liefde of alleen met verliefdheid. Omdat ik altijd geliefd wilde zijn, gaf ik er de voorkeur aan ervan uit te gaan dat het liefde was. Mijn maatstaf daarvoor ontbrak. Daar ik van oudsher zeer streng en fatsoenlijk ben opgevoed, hoorde liefde en huwelijk onlosmakelijk bij elkaar, wat tot gevolg had dat ik nu de reputatie heb van een hoer,' verklaarde Elizabeth eens vol zelfkritiek.

Maar op weg naar Carmel, de eerste stopplaats tijdens hun huwelijksreis, leunde ze tegen Nicky's schouder en droomde van 'een leven in een wit landhuis met een houten hek eromheen en rozenperken' en zag zichzelf daar al 'in een organdieschortje'.

Deze illusie werd echter geschaad toen Nicky weigerde zich voor hotel *Del Monte* aan Pebble Beach met zijn vrouw te laten fotograferen. Het was inmiddels drie uur in de morgen en hij voelde zich te vermoeid, zei hij. Terwijl Elizabeth de wachtende verslaggevers te woord stond, ging hij naar boven en wachtte daar ongeduldig. Toen zijn bruid na een half uur nog niet verscheen, ging hij weer naar beneden, tilde haar op en droeg haar naar het bruidsvertrek. De volgende dag bleven ze tot na het middaguur op hun kamer. Het hotelpersoneel geloofde dat er sprake was van een hevige ruzie. Toen ze uiteindelijk wilden gaan eten, stonden er weer talloze verslaggevers op Taylor te wachten. Opnieuw nam ze er alle tijd voor tegemoet te komen aan fotowensen en het zetten van handtekeningen; iets wat Nicky razend maakte. Bovendien telefoneerde ze voortdurend met haar moeder. 'Al ging het om nog zo'n klein detail, het moest eerst met Sara besproken worden,' vertelde een vriend van Nicky.

'Uiteindelijk schreeuwde hij: "Vraag haar meteen even hoe je het lekkerst neukt. Zij weet immers toch alles beter." Verslagen legde Liz de hoorn neer en bad in stilte dat Sara de uitbarsting van haar man niet had gehoord.'

Natuurlijk had de jonge Hilton duidelijke voorstellingen van hoe een vrouw zich in bed gedroeg. 'Nicky was verbijsterd toen hij merkte hoe onverzadigbaar Liz' seksuele honger was. Haar *sex drive* maakte hem schuchter, vooral omdat hij er aan gewend was zelf te bepalen wat er ging gebeuren.'

Toen het paar tien dagen later weer in Hollywood was, had het huwelijk dus al een eerste deuk opgelopen. Zich bewust van haar plicht bracht Elizabeth moederdag bij Sara door; Nicky was op jacht. Op een vraag van Hedda Hopper of het pasgetrouwde stel ruzie had gehad, antwoordde Sara: 'Nee, maar Elizabeth en ik zijn op moederdag altijd bij elkaar geweest.'

Op 20 mei 1950 verschenen Mrs. en Mr. Hilton op de luchthaven van Los Angeles. Ze wilden naar New York vliegen en vandaaruit op 23 mei met de *Queen Mary* naar Europa gaan. Ze hadden achttien koffers en twee grote kastkoffers bij zich (vier ervan behoorden Nicky toe). Op de vraag wat daar allemaal inzat, bekende Elizabeth: 'Dat weet ik niet. Moeder heeft ze gepakt.'

Aan boord van de *Queen Mary* bevonden zich ook de hertog en hertogin van Windsor. Elizabeth werd erg geboeid door de man die voor een vrouw een koninkrijk had opgegeven, en wilde per se met hen beiden kennismaken. Nicky had de hertog al een keer tijdens een diner bij zijn vader ontmoet. Het zou voor hem heel gemakkelijk zijn geweest een ontmoeting te regelen, maar hij vertikte het eenvoudigweg. Zonder acht te slaan op de etiquette sprak Elizabeth ze gewoon aan toen ze uit hun hut kwamen, stelde zich aan hen voor en nodigde ze uit op de thee. 'Jaren later merkte de hertogin op dat Mrs. Taylor destijds een zeer eenzame indruk op haar had gemaakt,' vertelde een vertouwelinge van de hertogin.

De hertogin van Windsor vroeg Elizabeth haar canastapartner te zijn. De hertog nodigde het jonge paar uit voor een feestje dat hij op 31 mei 1950 in Parijs gaf. Onder de gasten bevond zich ook de roddelcolumniste Elsa Maxwell, wier jachtterrein Centraal-Europa was. Ze merkte op 'dat Liz begon te stotteren als ze werd aangesproken; iets wat Hilton woedend maakte. Hij sprong behoorlijk hardhandig met haar om, maar ze zei tegen me dat hij de enige man op de wereld was die ze wilde hebben.'

Elsa Maxwell nam het jonge paar onder de vleugels. Ze wilde hen de schoonheid van Europa laten zien, 'maar die twee interesseerden zich alleen maar voor eten en winkelen.' Toen Elsa Elizabeth de kunstschatten van Parijs toonde, maakte Elizabeth een eind aan het uitstapje met de woorden: 'Het is wel genoeg, Elsa, ik heb schijt aan kunst.' Tijdens een party, die ze voor de Hiltons bij *Maxim's* had georganiseerd, begroette Nicky kauwgom kauwend de gasten en pakte het stuk kauwgom voor het eten zorgvuldig in een servetje om er later weer verder op te kunnen kauwen. Op het feest troffen ze Orson Welles, die de Hiltons voorstelde met hem naar Rome te gaan. Nicky stemde toe. Maar eerst ging de reis naar Londen, waar Elizabeth, zoals afgesproken, deelnam aan de première van haar film *Father of the Bride*.

De kritieken waren euforisch, maar lieten er geen twijfel over bestaan dat het een Spencer Tracy-film was. De naam Taylor werd slechts terloops genoemd. In Londen gaf Nicky zich over aan zijn goklust en bracht zijn tijd in casino's door. Omdat Elizabeth dat niet kon uitstaan, pakte ze haar koffers en vloog naar oude vrienden en vertrouwelingen van de familie Cazalet. In urenlange telefoongesprekken met de V.S. drong Sara er bij haar dochter op aan 'het huwelijk in stand te houden'. Uiteindelijk bood Nicky zijn verontschuldigingen aan en gelukkig vereend keerden ze in juli naar Frankrijk terug. Maar in Monte Carlo scheen Nicky zijn liefdesverklaringen weer te zijn vergeten en bracht de meeste tijd in het casino door.

Intussen hadden ook de verslaggevers lucht gekregen van de huwelijkse spanningen en maakten jacht op Nicky en Elizabeth. Nicky werd vaak betrapt met mooie vrouwen, maar van Taylor ontbrak elk spoor.

Van Monte Carlo ging de reis in het bijzijn van Orson Welles naar Rome. Elizabeth wist dat daar juist *Quo Vadis* werd verfilmd, belde regisseur Mervyn LeRoy op en vroeg of ze niet een christin kon spelen, die voor de leeuwen werd gegooid. LeRoy beviel dat idee wel en nodigde de Hiltons op de set uit. 'Ik schrok me dood toen ik zag hoe moe en vermagerd ze er uitzag,' vertelde LeRoy. 'Ze scheen aan het eind van haar krachten te zijn. Nadat we de scène vijf keer hadden herhaald, kòn ze gewoonweg niet meer. Ze wilde naar huis omdat ze erg veel last van heimwee had, maar Hilton wilde verder reizen.'

De reis ging naar Venetië, Florence en Verona en vervolgens gingen ze terug naar Rome. Hier, in de Heilige Stad, beloofde Elizabeth de paus tijdens een audiëntie een 'goede katholiek' te worden.

Ondertussen plande MGM een vervolg op de succesrijke film *Father of the Bride*. Na Elizabeths terugkomst moest er een begin worden gemaakt met *Father's Little Dividend*. MGM polste of Elizabeth wellicht ook in werkelijkheid een kind verwachtte. Toen ze daar achter kwam, belde ze Berman op 'en legde me het vuur na aan de schenen. Ze krijste door de telefoon, en toen was het me duidelijk dat ze op het punt stond een zenuwinzinking te krijgen.' Bezorgd volgde de studio de gebeurtenissen in Europa. Terwijl Hilton gokte en dronk, zat Elizabeth in het hotel te wachten. Toen ze op een avond probeerde Nicky uit een casino te halen, waren daar fotografen bij aanwezig. De foto van een betraande Taylor, die met tegenzin door haar man naar het hotel werd geleid, werd over de hele wereld verspreid.

Ook de Taylors maakten zich thuis zorgen. Sara belde haar dochter op, maar Elizabeth zei sussend: 'Het eerste jaar is het moeilijkst, maar we redden het wel, mammie. Alstublieft, wind u niet zo op.' Maar Sara liet zich niet sussen, en samen met Connie zette ze een strategie uit om het huwelijk te redden. Hilton belde zijn zoon op en beval hem meteen naar de V.S. terug te keren. Nicky gehoorzaamde.

Het einde van de huwelijksreis werd bekroond met een party in Parijs. Elizabeth leende voor deze gelegenheid juwelen ter waarde van 150.000 dollar en zag er schitterender uit dan ooit tevoren. Nicky had echter meer belangstelling voor de speeltafels en liet zijn huilende bruid en honderden verslaggevers achter om zich over te geven aan zijn verslaving.

De overtocht verliep in ijzig stilzwijgen. Slechts zelden kwam Elizabeth haar hut uit. Er werd stiekem gefluisterd dat Elizabeth een zenuwinzinking had omdat ze er bang voor was haar moeder te moeten vertellen dat haar huwelijk schipbreuk had geleden. Toen ze de wachtende verslaggevers tegemoet trad, bracht ze het gesprek op haar nieuwe metgezel: een witte poedel, Bianco genaamd, die ze, zoals ze met klem beweerde, van haar eigen geld had gekocht.

Noch van de Hiltons, noch van de Taylors was er iemand gekomen om het jonge paar af te halen. Elizabeth nam haar intrek in het *Plaza Hotel*, Nicky in het *Waldorf Astoria*. Een vriendin van Sara vermeldde: 'Sara had me gevraagd me met Liz in verbinding te stellen. Ik belde haar op in het hotel en we maakten een lunchafspraak. Het was die dag verschrikkelijk heet. Iedereen transpireerde en was zo luchtig mogelijk gekleed. Maar Elizabeth droeg een witte, hooggesloten blouse met lange mouwen. Toch kon ik de blauwe plekken op haar polsen zien. Nee, het was niet zo dat ze de aderen in haar polsen had doorgesneden. Ik ken dat belachelijke gerucht. Het zag er eerder naar uit dat iemand haar zeer hard had vastgepakt. Maar ik zei er niets over, want ze was zo ontzettend verward.' Zodra Sara over de toestand van haar dochter hoorde, belde ze Elizabeth op en drukte haar op het hart het huwelijk met Nicky Hilton koste wat kost in stand te houden. 'Dit betekende de definitieve breuk tussen Liz en haar moeder. Sara hechtte er veel waarde aan ook later nog als Nicky's schoonmoeder beschouwd te worden en tot de familie van Connie Hilton te behoren.'

Elizabeths leven was aan diggelen en ze wendde zich tot MGM om hulp. Thau beloofde haar dat hij haar iemand zou sturen om haar te ondersteunen. Een uur later verliet Elizabeth haar hotel en vloog naar Chicago, waar Bill Lyon op haar wachtte.

Bill sprak haar kalmerend toe en leidde haar naar de VIP-lounge. Eerst was Elizabeth verbijsterd, maar al gauw opgelucht, want daar wachtte Nicky op haar en vroeg haar het nog een keer met hem te proberen. 'Nadat Thau van de problemen van zijn ster op de hoogte was gebracht, stelde hij zich dadelijk in verbinding met Hilton,' vertelde Berman. 'Deze nam zijn zoon flink onder handen en bestelde een vliegtuig dat hem naar Chicago bracht.'

Samen vlogen de jonge Hiltons de volgende dag naar Los Angeles, waar ze door Connie en de Taylors werden opgewacht. Tactvol vermeden ze iets te zeggen over het feit dat Elizabeth gedurende haar huwelijksreis minstens 20 pond moest zijn afgevallen. Zoveel verbaasder waren de ouders en de echtgenoot toen Elizabeth hen onder geheimhouding toevertrouwde dat ze zwanger was. Nicky was dolblij en gezamenlijk zochten ze een huis in Beverly Hills. Eerst gingen ze echter een poosje wonen in een kleine suite in het *Bel Air Hotel*, waarvan Nicky 41 procent van de aandelen had verworven. Om geruchten over een scheiding tegen te gaan, gaf Elizabeth een hele reeks interviews. Op een vraag van Hedda Hopper of Nicky haar in Frankrijk in een casino pokerfiches in het gezicht had gegooid, antwoordde Elizabeth: 'Dat is toch onzin, Hedda, ze spelen daar helemaal geen poker.' Ze vroeg begrip voor haar situatie. 'Andere paartjes kunnen zoveel ruzie maken als ze willen, maar voordat wij de gelegenheid krijgen ons te verzoenen, staat alles al met grote koppen in de kranten.'

De volgende twee maanden lukte het hen een beeld te schetsen van een gelukkig paar. Nicky speelde golf en leidde het hotel, terwijl Elizabeth voor de film *Father's Little Divident* weer voor de camera stond. Ze moest scènes spelen die haar sterk aan haar eigen problemen herinnerde, maar, zoals het zo vaak ging in Hollywood, kwam alles toch nog goed. In werkelijkheid had ze nog steeds grote problemen met Nicky. Ze at weinig en begon te roken.

Nicky sleepte haar 's avonds mee naar feestjes, en hoewel ze door haar filmwerk en zwangerschap uitgeput was, kwam ze tegemoet aan zijn wensen. Als ze geluk had, waren ze tegen middernacht weer thuis. Dan kon ze vijf uur slapen, want om zes uur moest ze weer in de studio zijn.

'We waren bezig met de opnamen, toen Liz plotseling onwel werd. De studioarts bracht haar meteen naar huis, maar toen haar huisarts kwam was ze de baby al kwijt,' vertelde Joan Bennett, die in deze film de rol van haar moeder speelt. Nicky bekommerde zich niet om zijn vrouw en ging vissen. Elizabeth gunde zich geen rust en stond enige dagen later alweer voor de camera. 'De hele dag jengelde ze aan m'n kop of ze bij dat galgebrok moest blijven of hem moest verlaten. Het zou het beste zijn geweest als ze allebei naar de hel waren gelopen,' aldus Spencer Tracy.

Nadat de opnamen beëindigd waren, kwamen Elizabeth en Nicky weer bij elkaar. In december kochten de Hiltons een huis in de Pacific Palisades, maar al kort nadat ze het nieuwe huis hadden betrokken, pakte Elizabeth haar koffers en ging naar het *Miramar* in Palm Springs. Weer lukte het Nicky haar terug te halen. Het spelletje herhaalde zich nog een aantal keren. Aangezien Elizabeth wist dat Sara aan Nicky's kant stond, vloog ze een keer naar Marjorie Dillon, en een andere keer naar Helen Rose. Steeds weer haalde Nicky haar terug. Op een avond dook ze bij Jules Goldstone op, en deze keer scheen het wat haar betrof definitief uit te zijn. Nicky stuurde haar dagelijks twee dozijn rode rozen en probeerde elk uur telefonisch contact met haar te krijgen. Maar Elizabeth bleef hem afwijzen. Ze wilde een echtscheiding, nodigde hem uit voor een gesprek en legde hem de situatie uit. Nicky werd woedend en begon haar de huid vol te schelden. De Goldstones wachtten in een aangrenzende kamer, en Jules greep pas in toen het lawaai erop duidde dat er sprake was van een handgemeen. Onverwijld zette Jules Nicky het huis uit. In de dagen die daarop volgden zorgde Goldstone overal voor. Hij bracht MGM op de hoogte, die de kleding van de bruidsmeisjes terug wilde hebben. 'We moesten de kleding bij hen afgeven nadat we die hadden moeten laten stomen,' klaagde Marjorie Dillon. 'Ze hadden niet eens iemand langs gestuurd.'

Elizabeth wilde een appartement huren, maar Goldstone vond dit in de huidige situatie niet raadzaam. 'Ze zou aan de duivel zijn overgeleverd, want eerlijk gezegd was ze in die tijd niet eens in staat een cheque uit te schrijven. Ik kende een aardig jong ding, Peggy Rutledge. Ze was de secretaresse van de vrouw van Bob Hope, en ik dacht dat zij de juiste persoon was voor Liz, aangezien ze onder geen enkele voorwaarde Sara nog langer om zich heen wilde hebben.'

Goldstone deed Elizabeth diverse voorstellen. Eerst wees ze die krachtig van de hand, maar even later verbaasde hij zich erover dat ze hem niet meer tegensprak. Toen hij zich naar haar omdraaide ontdekte hij dat ze bewusteloos was geraakt. De arts die erbij werd gehaald, stelde een maagzweer vast en schreef Elizabeth babyvoeding voor.

'Nog maar net was bekend dat Elizabeth weer alleen was, of een hele zwerm mannen, de meesten ouder dan zij, probeerden bij haar in de gunst te komen,' merkte Hedda Hopper op. Onder hen bevonden zich Ted Briskin, Orson Welles, de miljonairszoon Lin Howard junior, Tommy Breen, Ray Milland en William Holden. Zonder zich er veel van voor te stellen, nam Elizabeth hun uitnodigingen aan. De pers had het al gauw weer over 'de wispelturige Liz', maar Taylor bekommerde zich niet meer om haar reputatie. Nee, ze ging zelfs in op uitnodigingen van Howard Hughes.

'Het was met Hughes duidelijk bergafwaarts gegaan,' vertelde Noah Dietrich. 'Hij droeg verfomfaaide kleding en was dringend toe aan een bad,' was Taylors indruk over Hughes. Toch genoot ze van zijn avances. Nicky stuurde ondertussen dagelijks verse bloemen en verklaarde tegenover de pers dat hem veel aan de verzoening met zijn vrouw gelegen lag, die 'de hoer uithangt. Maar ik vergeef haar.' Het lukte hem de publieke opinie, die het gedrag van Elizabeth veroordeelde, aan zijn kant te krijgen.

Ook L.B. Mayer en Benny Thau maakten zich zorgen over Elizabeths reputatie. 'Daarom besloten we dat een nieuwe film het beste voor Liz was.' Omdat er echter geen geschikt project beschikbaar was, gaven ze haar uiteindelijk de hoofdrol in de B-produktie *Love Is Better Than Ever* – met het oog op haar toenmalige privé-leven was dat een ironische titel. Regisseur van de film was Stanley Donen, wiens huwelijk met Jean Coyne in dezelfde tijd op de klippen liep. Donen had met *On the Town* zijn Hollywood-debuut gemaakt en pas *Singin' in the Rain* beëindigd. Elizabeth vond de zevenentwintigjarige choreograaf en regisseur direct sympathiek. Al op de eerste draaidag wisselden ze elkaars adres uit en maakten een afspraak voor een dineetje. De daarop volgende weken zag men hen regelmatig in het openbaar.

Sara kwam op 7 december 1950 via de krant, in een column van Louella Parsons, achter de scheiding van haar dochter. Tegen Hedda Hopper zei ze vol vetrouwen: 'Al ze nou maar een beetje met rust wordt gelaten, kan ze nog alles in het reine brengen.' In december diende Elizabeth een verzoek tot echtscheiding in en eind januari 1951 zou de hoorzitting plaatsvinden. Op 17 december 1950 liet ze door MGM bekendmaken dat een 'verzoening niet meer mogelijk is.' Nicky was in die tijd aan het jagen. MGM was woedend over de relatie tussen Elizabeth en Donen, maar zag geen mogelijkheid hun ster terug te fluiten. Mayers ster begon te tanen, en Shary bekommerde zich weinig om de reputatie van zijn actrice, zolang de films maar succesvol waren. De Taylors waren zeer ontsteld toen Elizabeth op een avond Donen mee naar huis nam. Verontwaardigd wees Sara hem het gat van de deur. Toen Elizabeth daarna tegen haar moeder begon te schreeuwen, verloor ook Sara haar zelfbeheersing en de avond eindigde in een verbitterde, luidruchtige ruzie, die zelfs Francis niet kon bijleggen. Huilend rende Elizabeth naar Donen, die in de auto voor het huis op haar wachtte.

Stilletjes huilend raakte ze in een apathische toestand, en Donen was niet in staat haar daaruit te halen. Omdat hij er niet gerust op was, bracht hij haar naar het ziekenhuis. Daar stelde de dienstdoende arts een zenuwinzinking vast en schreef absolute rust voor. In de dagen die daarop volgden werd alleen Donen toegestaan haar kamer in te gaan. Toen het weer wat beter met haar ging, nam hij haar onder zijn vleugels. 'Ik kon hem allerlei vragen stellen,' zei Taylor. 'Ik werd erg geboeid door zijn religie. (Donen was joods.) Hij bracht veel boeken voor me mee, die ik las en samen met hem besprak.'

Weer genezen, keerde Elizabeth naar de studio terug en voltooide *Love Is Better Than Ever*, het oppervlakkige verhaal van een danslerares uit New Haven, die verliefd wordt op een agent uit New York (Larry Parks). Aanvankelijk wilde MGM de film nog in het voorjaar 1951 uitbrengen, maar toen Parks voor het McCarthy-comité moest verschijnen en als communist werd aangeklaagd, werd de première uitgesteld. Uiteindelijk kwam de film in 1952 in de bioscopen. Parks mocht nog maar twee keer in zijn leven (in 1955 en in 1963) voor de camera staan.

Na de beëindiging van de opnamen ging Elizabeth opnieuw naar het ziekenhuis. Onder de naam Rebecca Jones lag ze van 9 tot 16 januari 1951 in een éénpersoonskamer in het Cedars of Lebanin Hospital. Officieel had ze griep, maar uit de hoge ziekenhuisrekening viel op te maken dat het weer om een inzinking ging. Steeds weer zouden deze vluchtpogingen zich in het leven van Elizabeth herhalen zodra ze niet meer tegen de stress en de problemen van het dagelijkse leven was opgewassen.

Zichtbaar afgemat ging Elizabeth op 29 januari 1951 naar

de rechtbank in Santa Monica, waar de hoorzitting plaatsvond. Om haar een verhoor te besparen, had Jules Goldstone het zo geregeld dat híj de belangrijkste vragen stelde. Hij zei: 'Mrs. Hilton, sedert het begin van uw huwelijk vertoonde uw echtgenoot een niet in toom te houden, opvliegend temperament en gedroeg zich, zonder dat daar enige aanleiding voor was, zeer twistziek en gewelddadig. Dit gedrag zette hij in het verdere verloop van uw huwelijk voort. Daarbij komt dat hij zeer veel tijd zonder u doorbracht en daarmee doorging toen u beiden weer in Los Angeles was.'

Rechter: 'Is dat de waarheid?'

Elizabeth: 'Ja, edelachtbare.'

Mr. Goldstone: 'Mrs. Hilton is het juist dat u over een inkomen beschikt en geen eis zult indienen tot het verkrijgen van alimentatie?'

Elizabeth: 'Ja!'

Mr. Goldstone: 'Klopt het dat u uw meisjesnaam weer wilt gebruiken?'

Elizabeth: 'Ja, dat klopt inderdaad.'

Elizabeth sloeg haar witgehandschoende handen voor haar gezicht en begon te huilen, waarna de rechter haar meenam naar zijn kantoor en haar een sigaret aanbood. Toen ze terugkwamen ging het beter met haar, zodat ze kon poseren voor de fotografen. De papieren werden op 1 februari 1951 uitgereikt en de scheiding werd een jaar later van kracht. Nicky was niet aanwezig geweest bij de hoorzitting. Ofschoon ze had afgezien van alimentatie, stond ze erop de huwelijksgeschenken en andere 'kleinigheden', zoals de verlovingsring ter waarde van 50.000 dollar, het Hilton-aandeel in het *Waldorf Astoria*, de 100 andere aandelen, een witte nertsstola en een Cadillac te mogen behouden. Om elk voorwerp werd maandenlang geruzied, maar uiteindelijk zegevierde Taylor.

Nauwelijks was de hoorzitting afgelopen of men zag Elizabeth afwisselend in het gezelschap van Howard Hughes en Stanley Donen. Boezemliefhebber Hughes bood haar zelfs een contract aan, dat haar toestond zelf zes films te produceren. Als Elizabeth daarop zou zijn ingegaan, dan was ze sterren zoals Burt Lancaster en Kirk Douglas ver in de tijd vooruit geweest. Ze wees het echter van de hand, omdat ze geen nauwe betrekkingen met Hughes wilde. 'Bovendien had dat betekend dat ze haar rollen zelf moest uitzoeken, en daartoe was ze niet in staat,' merkte Berman op.

Haar scheiding van Nicky was de eerste volwassen daad van Elizabeth Taylor. Tegen het uitdrukkelijke verzoek van de studio in bleef ze met Donen omgaan. Hij vergezelde haar bij de première van de film *Father's Little Dividend*, men zag hen in *Mocambo* dansen, bij *Brown Ferby* eten of in diverse nachtclubs in Palm Springs.

'Toen Donens vrouw een verzoek om echtscheiding indiende – ik geloof dat dat in april 1951 was – vonden we dat het voor Liz maar het beste was een poosje van het toneel te verdwijnen. We gaven haar de op een na beste rol in een Engelse produktie en zetten haar op de boot. Ze stampte van woede omdat ze de rol veel te klein vond. Maar het baatte haar niets. Voorlopig was ze even weg, en wat kon ze in Engeland voor kwaad doen?' zei Berman grinnikend.

6

Hollywood was veranderd. De stakingen waarmee de filmstad sinds 1947 te kampen had, kostten 78 miljoen dollar. Met nog meer verlies kregen de studio's te maken toen de belangstelling voor de bioscoop begon te tanen. MGM werd door deze ontwikkeling het ergst getroffen.

Het grootste gevaar zagen de studiobonzen in de buitenlandse films die door kleine verhuurbedrijven naar de V.S. werden geëxporteerd. Deze films, waaronder werken van Federico Fellini en Sir Laurence Olivier waren in de grote steden zeer geliefd, maar de bioscoopeigenaren op het platteland namen ze niet in hun programma op.

Ook de opmars van de televisie werd door de noodlijdende filmtycoons aanvankelijk als een bedreiging beschouwd. In 1948 beschikten 250 Amerikaanse huishoudens over zo'n apparaat. Pas jaren later ontdekten de studio's dat ze aan dit medium oude films konden verkopen, ja zelfs nieuwe televisiefilms en -series konden produceren om zich van de ophanden zijnde ondergang te redden.

Hollywood verklaarde de regering schuldig, niet alleen aan de 'communistenvervolging', maar ook aan de beslissing van het opperste gerechtshof dat de filmverhuurpraktijken indruisten tegen de monopoliewet. In 1948 gelastte het kartel de studio's afstand te nemen van de bioscopen. Nu konden bioscoopeigenaren, die tot nu toe gebonden waren, vrij beslissen welke film ze in roulatie wilden brengen. Maar de vastgestelde termijnen werden door de meeste studio's aan de laars gelapt. MGM liet in 1958 zijn laatste bioscoop los, Warner Brothers pas in 1961.

De ware oorzaken voor de economische misère in de branche wilden de meeste studiobazen niet erkennen. Ze hielden zich vast aan het vooroorlogse concept van de droomfabriek. Van het feit dat het bewustzijn van de vrouwen, die in de oorlogsjaren het mannenwerk hadden overgenomen, net zo veranderd was als dat van de terugkerende soldaten, wilden ook niemand iets weten. De 'zoete droomwereld Hollywood' moest koste wat kost in stand worden gehouden, juist in een tijd van grote ontberingen. De doorsneeleeftijd van de bioscoopbezoekers daalde naar 21 jaar, en die jonge mensen waardeerden de goedkope produkties, die nog steeds volgens het zelfde schema werden gedraaid. De weinigen die de smaak van het nieuwe publiek aanvoelden, zoals bijvoorbeeld John Huston en Henry Hathaway, weigerde men projecten te laten realiseren die de redding hadden kunnen betekenen.

Een typisch voorbeeld van zulke 'films voor volwassenen', die op geen enkele wijze meer beantwoordden aan de toenmalige smaak van het publiek, was *Ivanhoe*. Een film die Elizabeth een 'middeleeuwse Wild-West' noemde. Zonder dat er ook nog maar één scène was opgenomen, kostte de film al 100.000 dollar. Robert Taylor speelde Ivanhoe, Joan Fontaine had de vrouwelijke hoofdrol en Elizabeth moest de rol van de jodin Rebecca spelen. Maar dat weigerde ze. 'Ze stampte met haar voet en ging wild in mijn kantoor tekeer,' aldus Berman. 'Het ergerde haar mateloos dat ze de hoofdrol niet kreeg. Maar we stonden erop dat ze op 7 juni 1951 paraat was voor de kostuumtests en proefopnamen. Toen kregen we van een van haar artsen de mededeling dat ze arbeidsongeschikt was wegens een lichte zenuwinzinking, een aandoening aan de dikke darm en een maagzweer. We zegden toe goed op haar te zullen passen.'

In de suite van oom Howard in *St. Regis* had de luchtvaartmaatschappij speciaal een medewerker geposteerd om erop toe te zien dat Elizabeth zich niet versliep en op tijd op de luchthaven arriveerde. 'We hadden het vermoeden dat haar geen truc te dol was om de afreis te verhinderen of te vertragen,' vertelde Berman.

Nog maar net was Elizabeth in Engeland aangekomen, of ze werd door Lord en Lady Mountbatten voor een bal geïnviteerd. Ze danste lang met prins Philip en was sindsdien een graaggeziene gast op talrijke party's.

Het was geen wonder dat ze volkomen uitgeput was toen ze 's morgens om kwart over vijf het *Savoy Hotel* verliet om tegen zes uur in Borehamwood in de studio te zijn. 'Ik was elke morgen bang dat ze in zou storten,' zei regisseur Richard Thorpe. 'Bovendien scheen de rol haar weinig te interesseren. Ze sprak haar dialoog zacht en onverstaanbaar uit. Toen ik daarover met Pan telefoneerde, zei hij: "Haal alles uit haar wat erin zit. De dame is altijd al goed geweest in het nasynchroniseren van de rol in de studio." Dat moesten we uiteindelijk ook doen.'

Elizabeth jammerde over haar dieet en haar pruik die ze kreeg, omdat ze anders urenlang bij de kapper moest zitten. 'Dat ding woog een kilo en zat vol naalden, die voortdurend in m'n kop staken. 's Avonds had ik niet alleen last van migraine, maar ook nog pijn in m'n nek door dat stomme ding.'

In haar vrije tijd scheen Elizabeth op te bloeien, want daar was Michael Wilding, die haar van de luchthaven had afgehaald. Tijdens een korte gastvoorstelling in de V.S. - Wilding draaide in 1950 aan de zijde van Greer Garson *The Law and the Lady* - hadden hij en Taylor af en toe met elkaar getelefoneerd. 'Die zaak scheen al voorbij te zijn voordat die was begonnen,' zei hij laconiek. Hij had zich in de armen van Marlene Dietrich geworpen, zijn tegenspeelster in Hitchcocks *Stage Fright*. Maar nauwelijks ving hij een glimp van Elizabeth op, of het was met hem gedaan. 'Ze zette alles op alles om hem te veroveren,' wist Anne Neagle te vertellen, wier man, Herbert Wilcox, Wilding ontdekt en vooruitgeholpen had. 'Bovendien beantwoordde ze aan zijn voorstelling hoe een vrouw in bed moest zijn. Zijn probleem was een niet te stillen seksuele honger, en Herbert Wilcox vertelde hem hoe verwoestend het voor zijn carrière zou zijn als dit probleem bekend werd.' Het was aan Wildings promiscuïteit te wijten dat zijn eerste huwelijk schipbreuk leed. Voor Taylor was Wilding echter dè bron des levens. Tegenover de pers deed ze de bekentenis: 'Hij hielp me van al mijn klachten af.'

Nadat op 14 september 1951 de opnamen voor de film *Ivanhoe* waren afgerond, werden ze samen gesignaleerd in *Savory Grill, Mirabelle, The Ivy* of in *Caprice*. Michael Wilding wist zich het volgende nog te herinneren: 'Op een morgen belde ze me op en vroeg me om elf uur naar Bond Street te komen. "Kijk eens, lieveling, welke van deze twee ringen vind je het mooist?" vroeg ze me. Het waren de donkerste safieren die ik ooit had gezien, en ze pasten goed bij haar ogen. Nou, ik wilde haar op de kast jagen en zei dat ze de kleinste moest nemen. Ze stampvoette van woede. "Wees maar niet bang, hoor, ik betaal die ring zelf wel," brieste ze. Toen wist ik waarom ik zoveel van haar hield. Ze kocht de ring met de grotere safieren, en daarna namen we een taxi. Ze deed haar ring af en zei: "Je mag de ring aan mijn vinger schuiven." Nadat ik dat had gedaan, zei ze jubelend: "Nu zijn we verloofd!" Het ging allemaal zo snel dat ik niet meer terug kon. Op dat moment kon het me echter geen zier schelen.'

Op die avond gingen Elizabeth en Wilding samen met zijn persagent, Malvina Pumphrey, en de hare, Mann Kenny, uit. Ze dansten, aten en dronken en besloten midden in de nacht Sara een telegram te sturen: 'We denken aan u en wensten dat u bij ons was. We vieren hier ons weerzien en zijn heel gelukkig. Kunnen nauwelijks wachten u in Beverly Hills weer te zien. Veel liefs van Elizabeth, Malvina, Kenny en Michael Wilding'. Sara was erg gelukkig, daar dit het eerste levensteken van haar dochter was na haar affaire met Donen. Francis was echter een beetje sceptisch. 'Wie is die Michael Wilding in vredesnaam?' Michael Wilding en Tab Hunter brachten Elizabeth in oktober 1961 gezamenlijk naar de luchthaven. Het pasverloofde stel had besloten met de bekendmaking van hun verloving te wachten tot Michael van Kay Young was gescheiden en Elizabeth meerderjarig was geworden. Na Michael tweemaal te hebben gekust, verdween ze in het vliegtuig.

In New York werd ze door Montgomery Clift en haar ouders, die hun 25-jarige huwelijksfeest in New York vierden, op de luchthaven afgehaald. Sara had samen met Conrad Hilton een plannetje beraamd. Stomtoevallig zou Nicky in het *Plaza Hotel*, waar Elizabeth logeerde, zijn verloren liefde tegen het lijf lopen. Alles was gericht op een verzoening – Conrad Hilton had Elizabeth 5 miljoen dollar in het vooruitzicht gesteld als ze het gereanimeerde huwelijksgeluk zou bezegelen met een nakomeling. Dus ging Elizabeth op 18 oktober 1951 met Nicky en in het gezelschap van haar oom naar Pidgefield, Connecticut. Op weg daarnaartoe gaf de auto van Nicky de geest. Een politieagent, die toevallig voorbijkwam, bracht hen naar Youngs huis en wist te melden: 'Ze zat op zijn schoot en kuste hem hartstochtelijk. Ik ben ervan overtuigd dat die twee zich hebben verzoend.' Maar de oude ruzies lieten niet lang op zich wachten, en na drie dagen kwam er een eind aan de pas weer opgebloeide liefde. Nicky zocht troost bij Betsy von Fürstenberg en MGM riep Elizabeth terug naar Hollywood. Tot haar verbijstering presenteerde het hotel haar een rekening van over de 2.500 dollar. Elizabeth was ontsteld omdat ze ervan was uitgegaan dat ze gast des huizes was geweest. Op de haar geëigende manier revancheerde Taylor zich. Ze belde Montgomery Clift en Roddy McDowall op, die samen met Kevin McCarthy kwamen om alles in de kamer kort en klein te slaan. De schade bedroeg meer dan 3.000 dollar. Om een schandaal te voorkomen betaalde MGM knarsetandend, en Elizabeth moest een excuusbrief aan de hotelleiding schrijven.

Terwijl Elizabeth 80 procent van *Ivanhoe* nasynchroniseerde, bereidde Wilding zich voor op zijn scheiding. Hij telefoneerde dagelijks met Elizabeth en begaf zich in december 1951 naar Californië, om Anne Neagle en Herbert Wilcox bij de publicity-tour voor het Florence Nightingale-drama *The Lady with the Lamp* behulpzaam te zijn. Hij woonde bij Stewart Granger en diens jonge vrouw Jean Simmons en hoopte dat zijn huwelijk met Elizabeth net zo gelukkig zou verlopen als dat van zijn vrienden. 'Eigenlijk had ik gehoopt dat Michael met Marlene zou trouwen. In veel opzichten was hij hulpeloos, en Marlene was de ideale vrouw voor hem: iemand die bedacht was op zijn welzijn, hem bemoederde en het huishouden voor hem deed,' merkte Stewart Granger op. 'Maar ze was getrouwd en wilde niet scheiden. Liz daarentegen paste absoluut niet bij hem. Maar ik wilde Michael niet voor het hoofd stoten, dus hield ik mijn mond.'

Bij een diner in het huis van de Grangers kwam Elizabeth Howard Hughes weer tegen. 'Hij gluurde altijd in het decolleté van de mooiste vrouwen ter wereld. Hij was bezeten van Liz' en Jeans tieten. Voor de lol vroegen we hem aan welke borsten hij de voorkeur gaf, en hij antwoordde eerlijk dat hij daarover geen beslissing kon nemen.' Hoezeer Hughes nog steeds door Taylor werd gefascineerd, getuigen de herinneringen van Jules Goldstone. 'Hughes deed haar het aanbod voor haar een eigen produktiebedrijf op te richten. En toen Elizabeth weigerde op het aanbod in te gaan, beloofde hij haar een miljoen dollar per film. Toen begon Liz ernstig te twijfelen.' Hughes raakte in extase zodra de naam Taylor viel. Anderzijds probeerde hij iedereen nadeel te berokkenen die met haar in verband werd gebracht. 'Over Hunter bracht hij het bericht in de wereld dat hij homoseksueel was. Anderen brandmerkte hij als communisten, als hij tenminste niet tot nog gemenere praktijken overging. Maar het bericht dat hij schuld had aan de dood van Todd hou ik voor te ver gezocht,' aldus Noah Dietrich.

Door een verspreking vernam Hughes dat Wilding van plan was met Elizabeth te trouwen. Woedend verliet hij het huis van de Grangers en deed zijn best dit huwelijk te torpederen. Hij liet het bericht verspreiden dat Michael Wilding en Stewart Granger een tijdlang elkaars minnaars waren geweest. Toen Hedda Hopper daarvan hoorde, nam ze Elizabeth flink onder handen. Ze zei tegen haar dat Wilding niet het recht had met haar te trouwen omdat Stewart Granger zijn hart toebehoorde. Michael Wilding kon er alleen maar om lachen en Granger wenste Hedda naar de hel. Toch herhaalde Hedda Hopper haar beschuldigingen in een van haar boeken, die in 1962 op de markt kwamen. Wilding diende een eis tot schadevergoeding in van 4 miljoen dollar. Men kwam ten slotte tot een minnelijke schikking. Er werd een bedrag van 6 cijfers uitgekeerd en Hedda moest haar woorden terugnemen en haar verontschuldigingen aanbieden.

Ook van andere kanten werd Elizabeth gewaarschuwd voor een huwelijk met Wilding. Maar hoe groter de tegenstand van haar omgeving werd, hoe meer raakte Taylor ervan overtuigd dat Wilding de enige man was die haar gelukkig kon maken.

Terwijl Wilding bezig was met een nieuw film, overwoog Elizabeth of ze haar contract met MGM al of niet verlengen zou. De meeste sterren hadden het voorbeeld van James Stewart gevolgd, die in 1946 met *Winchester 71* de weg van de onafhankelijkheid was ingeslagen en dank zij een aandeel in de winst miljoenen had verdiend.

Elizabeth wist echter niet goed wat ze wilde. 'Ze was stapeldol op kleren,' vertelde Goldstone. 'Steeds wanneer ik bij Metro had bereikt dat ze bereid waren aan een salarisverhoging te denken, vroeg zij om het een of andere afgedragen kledingstuk uit haar films, en waren zo alle inspanningen voor niets geweest. Maar zij was tevreden.'

Midden in de onderhandelingen voor een contract belde Wilding op met de mededeling dat hij eind januari 1952 zijn 'kleine bruid' kwam halen. Taylor slaakte een kreetje van verrukking en ging meteen haar koffer pakken.

Samen met Wilding keerde ze op 17 februari 1952 op de leeftijd van negentien jaar naar Londen terug. 'Ik wilde alleen maar met Michael samen zijn en zijn vrouw zijn. Hij vindt het fijn om thuis te zijn, zijn pijp te roken, te lezen en te schilderen. Datzelfde wil ik ook doen - alles, met uitzondering van het pijp roken,' vertelde Liz.

Op 21 februari 1952 werd het huwelijk in Caxton Hall voltrokken. Behalve de ouders van Wilding, waren ook Anne Neagle en Herbert Wilcox alsmede enige vrienden van Wilding aanwezig. De Taylors waren niet uitgenodigd. Helen Rose had weer de bruidsjapon vervaardigd, deze keer van een grijze wollen stof, passend bij het Engelse klimaat. De ceremonie duurde krap tien minuten. Vrijwel al die tijd giechelde Taylor, omdat de ambtenaar van de burgerlijke stand dezelfde stem had als de Engelse komiek Richard Hayden.

De officiële ontvangst in het *Claridge's* werd gevolgd door een intiemere bijeenkomst in Michaels woning in de Burton Street 2. Tot Elizabeths grote teleurstelling beperkten de huwelijksgeschenken zich tot een cocktailshaker, een paar diamanten oorbellen en een uitgave van de *Oxford English Dictionary*. De huwelijksnacht, die wegens Michaels beroerde financiële situatie door Wilcox werd betaald, bracht het nieuwbakken paar in het nabij gelegen *Berkely Hotel* door, waar ze als huwelijksmaal erwtensoep, ham met ei en een fles champagne bestelden. 'De ober, die de bestelling opnam, viel bijna dood toen hij dat hoorde,' aldus Taylor. De volgende morgen begaven ze zich naar Val d'Isère, waar ze de wittebroodsweken wilden doorbrengen, maar die slechts acht dagen duurden. Elizabeth was graag nog wat langer gebleven, maar Michael had Wilcox toegezegd de hoofdrol in *Trent's Last Case* te spelen, en moest op 2 maart weer in Londen zijn. Terwijl Michael de laatste keer voor Wilcox voor de camera stond, genoot Elizabeth van het leven. Tijdens een interview met David Lewin verklaarde ze: 'Mijn carrière kwam voor mij niet op de eerste plaats. Zo bijzonder is die nooit geweest. Ik wil nu voor alles een goede huisvrouw zijn, en graag een kind hebben. Waar we ooit zullen gaan wonen, hangt van Michael af. Weliswaar hou ik veel van Californië, maar ik zou ook best in Londen of Rome gelukkig kunnen worden.'

Van dergelijke uitspraken behoorlijk geschrokken - Elizabeth had immers nog steeds haar contract niet getekend - telegrafeerde MGM dat de opnamen voor Elizabeths volgende film, *The Girl Who Had Everything*, op 25 maart 1952 zouden aanvangen. Elizabeth liet Goldstone weten dat ze alleen in het gezelschap van haar man naar de V.S. terug wilde keren en dat ze de overeenkomst alleen ondertekende als Michael ook een contract van MGM kreeg. Goldstone legde Thau Elizabeths wens voor en, na veel innerlijke strijd te hebben gevoerd ging MGM er uiteindelijk knarsetandend mee akkoord ook Wilding van werk te voorzien.

Na moeizame onderhandelingen wist Goldstone het volgende overeen te komen: Elizabeth werd gedurende vijf jaar lang een gage van 4.700 dollar per week (met telkens 40 weken) gegarandeerd. Sara werd 300 dollar per week toegezegd, zodra haar dochter voor de camera stond. Wilding kreeg drie jaar lang een gage van 3.000 dollar per week, waarbij voor 40 weken per jaar werd ingestaan. Bij verlenging van het contract werd het honorarium met 4.000 dollar per week verhoogd. Toen Elizabeth dit hoorde, eiste ze voor Michael bij verlenging van het contract 5.000 dollar per week, welke eis werd ingewilligd.

Elizabeth liet met de ondertekening van het contract tot juli 1952 op zich wachten. Thau, Berman en Goldstone waren wanhopig. 'Langzaam begon Liz zich in de ijskoude Lady te veranderen, die we allemaal zo graag een schop onder d'r kont wilden geven,' zei Berman.

Elizabeth ondertekende het contract pas nadat ze bij MGM ook nog een lening van 50.000 dollar voor een huis had afgetroggeld. 'Ik heb met MGM opnieuw een contract afgesloten, omdat ik verschrikkelijk sentimenteel ben en Benny Thau en al die andere aardige mensen daar in mijn hart heb gesloten. Bovendien kunnen Michael en ik nu met elkaar lunchen,' verklaarde ze tegenover de pers.

Dat ze zwanger was, merkte Elizabeth tijdens de opnamen voor *The Girl Who Had Everything*, de herbewerking van de Gable-Shearer-klassieker *A Free Soul* van 1931. (De dochter van een advocaat wordt verliefd op een cliënt van haar vader en wil met hem trouwen. Op het laatste moment komt ze echter tot bezinning.) Eerst belde ze haar moeder op, daarna pas haar man Michael. Wilding onderbrak de opnamen, haalde Elizabeth op en begaf zich met haar naar I. Magnin, de duurste speelgoedzaak van Beverly Hills, waar hij voor het nog ongeboren kind twee reusachtige teddyberen kocht.

'Aan het kind was het te danken dat Elizabeth niet haar klauwen uitsloeg naar Fernando Lamas, ofschoon haar zijn bijzonder aantrekkelijke lichaam niet was ontgaan,' wist Sheila Graham te vertellen. Fernando Lamas, die in *The Girl Who Had Everything* de gangster Victor Ramondi speelde, vormde voor Elizabeth voldoende prikkels om aan de negenenzestig minuten durende zwart-witproduktie mee te werken. Maar wat nu op de eerste plaats kwam was het gezinsgeluk.

Er moest een knusse woning komen, en Elizabeth wist precies hoe dat huis eruit moest zien: het moest zijn omgeven door een grote tuin, en het moest zich ver uit de buurt van de Hollywood-kolonie bevinden. Na lang zoeken vond Elizabeth eindelijk haar droomhuis: het stond aan de Summittridge Drive 1771, in Beverly Hills. Taylor wilde het huis helemaal opnieuw inrichten en had daarvoor nog eens 60.000 dollar nodig. Het huis zelf kostte 75.000 dollar. Het salaris van Elizabeth bedroeg 190.000 dollar per jaar, en dat van Michael 120.000 dollar. Na aftrek van bedrijfskosten (60.000 dollar), belasting (185.400 dollar), kosten voor levensonderhoud (35.000 dollar) bleven nog 29.600 dollar over, waarvan een deel van de lening van MGM moest worden terugbetaald. Naar Hollywood-maatstaven behoorden ze dus tot de arme sloebers.

Elizabeth ging helemaal in haar moederrol op. Na de filmopnamen voor *The Girl Who Had Everything* (een ironische titel als je aan Elizabeths financiële situatie denkt), die op 4 augustus 1952 werden afgesloten, ging ze positiekleding kopen. 'Van de baby was absoluut nog niets te zien. Ik kon nog gemakkelijk japonnen dragen met een taille van 23 inch. Maar direct na het eind van de opnamen ging ik met naar binnen gedraaide voeten lopen en stak mijn buik trots vooruit. Als ik ging zitten, slaakte ik een diepe zucht. Om een dikke buik te krijgen at ik me klem en was verrukt toen ik 150 pond woog. In mijn hele leven heb ik me nooit zo belangrijk en gewichtig gevoeld als tijdens mijn zwangerschappen.'

Op 6 januari 1953 stelde haar arts, dr. Aaberg, 's morgens vast dat de baby zich gedraaid had. Tegen vijf uur 's middags werd ze opgenomen in het ziekenhuis van Santa Monica en verklaarde tegenover de aanwezige verslaggevers: 'Ik ben het zat me nog langer te moeten afvragen wat ik heb geproduceerd. Dus laat ik het nu met een keizersnede eruithalen.' In werkelijkheid was ze doodsbang voor de operatie en schreeuwde nog tijdens de narcose om haar man. 'Toen ik mijn zoon voor het eerst zag, was hij violetkleurig; dat is mijn lievelingskleur. Ik was erg gelukkig en viel dadelijk in slaap. Toen ik weer wakker werd was hij intussen roze geworden en niet meer zo rimpelig. Zijn ogen waren blauw en hij had een mooi gevormd hoofdje. Hij was het grootste geluk van mijn leven.'

Drie dagen later verliet Elizabeth op eigen verantwoording en zonder zich te bekommeren om haar gezondheidstoestand de kliniek om aan de zijde van Robert Taylor en Stewart Granger de hoofdrol in *All the Brothers Were Valiant* te spelen. Maar toen ze zich in de studio meldde, waren allen ontzet: ze zag er allerberoerdst uit, hoewel ze 132 pond woog. Toen ze op 9 januari na tweeëneenhalf uur de studio wegens hevige littekenbloedingen moest verlaten, gaf Thau opdracht de opnamen vier weken op te schorten. Om haar tegen haar zelfvernietigende carrièrebezetenheid te beschermen, deed Thau net alsof hij bezwaren maakte tegen haar overgewicht en beval haar op een streng dieet te gaan. Elizabeth verloor slechts 6 kilo en kreeg de rol niet. Floyd Hendrickson schreef op 27 februari 1953 in een memo: 'Ze moest naar de studio komen, omdat Thau haar wilde zien en kon beslissen of haar fysieke toestand het toeliet haar contractuele verplichtingen na te komen.'

Thau was van mening dat Elizabeth nog enige weken nodig had om weer in haar 'oude vorm te raken'. Maar de volgende dag al kreeg hij een onweerstaanbaar aanbod van Paramount: de studio wilde Taylor voor 150.000 dollar lenen voor de film *Elephant Walk*.

Aan de film was al in Ceylon begonnen met Vivien Leigh, Dana Andrews en Peter Finch. Vivien Leigh had tijdens het draaien een zenuwinzinking gekregen en was naar de Verenigde Staten teruggebracht. Paramount kon en wilde niet alle scènes met haar overdoen en vroeg bij MGM of Taylor ter beschikking stond. De twee sterren vertoonden enige gelijkenis en alle buitenopnamen in Ceylon konden gewoon gebruikt worden. Thau aarzelde, maar op aandringen van Shary en Schenck gaf hij toe en leende Elizabeth uit. Het pathos van Leigh ontbrak haar om overtuigend de rol van een vrouw te kunnen spelen, die door een planter naar Ceylon was gebracht en pas daar zijn schaduwkanten leert kennen.

William Dieterle herinnert zich dat de voortgang van de opnamen niet zonder tumult verliep. 'Finch, die een verhouding had met Vivien, probeerde deze met Elizabeth voort te zetten. Toen ze hem wegens zijn slechte adem afwees, bezatte hij zich.' Samen met Dana Andrews richtten Finch en Taylor de 'Fuck You Club' op, die in *Lucy's El Adobe*, waar ze luidruchtig de maaltijden gebruikten, berucht werd. 'Als u mij de uitdrukking wilt vergeven: ze lieten om het hardst scheten en boeren,' verraadde John Lee Mahin, de scriptschrijver.

Tijdens de afsluitende opnamen kreeg Elizabeth een metaalsplinter van een windmachine in een oog. 'Grote genade, u hebt een vreemd voorwerp in uw oog,' verklaarde de studioarts, die haar oog onderzocht. 'Iemand die ik ken?' vroeg Taylor gekscherend. De aansluitende operatie behoort ook nu nog tot Elizabeths lievelingsverhalen. Clift: 'Zoals Liz vertelt niemand over zijn ziekten en operaties. Daarin is ze niet te overtreffen.'

'De splinter was diep in mijn oog gedrongen en begon te roesten. In zo'n geval kan men iemand niet onder narcose brengen, want de ogen moeten open blijven. Voor de operatie werd een naald met aan het eind een heel klein mesje gebruikt, dat je in het oog voelt snijden. Het klinkt alsof je een stuk watermeloen eet.'

Eenmaal weer thuis stompte de baby met zijn vuistje in het pas geopereerde oog. Elizabeth moest direct naar het ziekenhuis en men vreesde voor het verlies van het gezichtsvermogen van de jonge diva. Met een verband om beide ogen bracht Elizabeth enkele weken in het donker door. Ze was wanhopig. Niet zozeer vanwege het gevaar waarin ze zich bevond, maar meer door het mogelijke verlies van haar partner in haar volgende film. In *Rhapsody* zou Hollywoods nieuwste lieveling Richard Burton aan haar zijde staan. Elizabeth had hem al een keer op een party ontmoet. 'Iedereen had me verteld wat een geweldige man hij was, maar ik was in het begin in hem teleurgesteld. Hij was tamelijk zelfingenomen, en ik had de indruk dat hij nooit zou ophouden te praten. Ik wierp hem slechts een ijzige blik toe.' Burton noteerde over het eerste treffen in zijn dagboek: 'Ze was zo buitengewoon mooi en weelderig. Ze was een donkerharig, onbuigzaam godsgeschenk. Ze was, kort samengevat, fantastisch.' Maar terwijl hij zijn anekdotes vertelde en zoals altijd de arme mijnwerkerszoon uithing, wendde zij zich af. Later luisterde hij een gesprek af tussen haar en de vrouw des huizes en was verbijsterd 'wat voor een vulgaire taal er uit de mond van die schoonheid kwam.'

Van Thau vernam Elizabeth dat Burton door Vittorio Gassman was vervangen en ze zich nu de tijd kon gunnen voor haar genezing. Sara week niet van haar zijde, en Michael kwam meteen na het eind van de opnamen naar haar toe. Op dat moment was hij de tegenspeler van Joan Crawford in de film *Torch Sony*, waarin hij de rol van een blinde pianist speelt. 'Ik was er stellig van overtuigd dat ik weer helemaal gezond zou worden,' zei Taylor jaren later. 'Zo niet, dan had dat het eind van mijn carrière betekend, maar niet van mijn leven.'

In juni 1953 stond Elizabeth voor *Rhapsody* weer voor de camera. Voor de toeschouwers was het alsof er geen eind aan deze film kwam. Dat kwam onder andere doordat het draaiboek van Fay en Michael Kanin om budgettaire redenen flink was verlengd. 'We hadden dubbel zoveel begroot als we in werkelijkheid nodig hadden,' aldus producent Lawrence Weingarten. 'We draaiden in Technicolor, en Liz moest in ontelbare kostuums almaar de onzekerheid behouden of ze nu met de pianist John Ericson of met de violist Gassman wilde trouwen.'

Toen de film in maart 1954 in de Amerikaanse bioscopen kwam, schreef *Monthly Film Bulletin*: 'Elizabeth Taylor moet meer gezien worden als een soort decoratie.' Tijdens de opnamen werd duidelijk dat het huwelijk van Michael en Elizabeth zich in een crisis bevond. Nu pas ontdekte ze dat Michael epilepticus was. De aanblik van een zich verkrampende Wilding kon en wilde ze niet verdragen. Thau liet haar weten dat er geen sprake kon zijn van een scheiding die van haar uitging. Liz voegde zich naar zijn wil. Ze gingen dus gewoon met elkaar uit, maar leefden langs elkaar heen. 'Waarom ik eigenlijk met Michael Wilding ben getrouwd, weet ik niet meer,' bekende Taylor eens. 'Ik kan me ook niks meer van een huwelijk herinneren. Uiteindelijk was het een puur platonische aangelegenheid.'

MGM vond dat verandering van lucht Elizabeth goed zou doen en gaf haar de rol van Lady Patricia in *Beau Brummell*. Elizabeth verafschuwde historische kostuumfilms, maar haar medewerking aan deze film werd verzoet door het vooruitzicht op kosten van de studio een halve wereldreis met Michael te mogen maken. Meteen al in in eerste stopplaats, New York, werd Elizabeth van juwelen ter waarde van 17.000 dollar beroofd. Ze meldde de schade bij haar verzekeringsmaatschappij, en ging meteen bij Bulgari nieuwe juwelen kopen. Toen de verzekering echter weigerde de schade dadelijk te vergoeden, kon ze de nieuwe juwelen niet betalen. Ze stuurde Thau een telegram met de volgende inhoud: 'Beste Benny, wees zo lief om New York toestemming te geven 1.600 dollar aan mij te betalen... extra... ik heb het geld nodig voor juwelen. Ik zou van schande sterven als de juwelier bij me kwam en ik niet zou kunnen betalen. Veel liefs. Elizabeth.' Meteen voldeed Thau aan haar verzoek. Na een kort verblijf in Engeland, reisden de Wildings naar Kopenhagen, waar Elizabeth deelnam aan de première van *The Girl Who Had Everything*. Weer stuurde ze Thau een telegram: Ze had warme kleding nodig en vermeldde hoe 'heerlijk de kostuums van Helen (Rose) waren geweest in *Rhapsody*. Zorg er alsjeblieft voor dat die me worden toegezonden, want anders bevries ik.'

De Europatrip voerde verder naar Stockholm en Madrid, waar ze voor het eerst getuige was van een stieregevecht en haar door een zigeunerin een in tweeërlei opzicht rijk leven werd voorspeld. Later reisden ze af naar Capri.

In september keerden ze naar Engeland terug, waar regisseur Curtis Bernhardt op haar wachtte. 'Het leek in de film alsof ze slaapwandelde,' zei Sam Zimbalist, de producent. 'Ze verveelde zich zichtbaar.' Elizabeth zelf vond de film maar niks. 'Ik zag de film pas toen ik met Richard Burton was getrouwd. Hij kwam op de televisie, maar na vijf minuten moesten we hem afzetten, omdat ik er niet goed van werd.'

In oktober 1953 keerden de Wildings naar New York terug. Michael reisde vandaar naar Hollywood voor de filmopnamen van *The Egyptian*. Hij had een typische 'nachthemdenrol', waaraan hij al na enige dagen de brui gaf. De dreiging van een proces die hen boven het hoofd hing, en de talloze rekeningen die tijdens hun afwezigheid waren binnengekomen, dwongen hem door te werken.

Ondertussen had Elizabeth een ontmoeting met Richard Brooks, de regisseur van haar volgende film *The Last Time I Saw Paris*. 'Op het eerste gezicht was ze de mooiste vrouw van de wereld,' vertelde hij. 'Wat echter de meeste indruk op me maakte was dat ze absoluut niet beantwoordde aan haar imago. Ze was recht voor z'n raap en kon erg cynisch zijn. Tot haar teleurstelling werd ze altijd alleen maar als een schoonheid gezien en niet als actrice.'

Brooks gaf Elizabeth in *The Last Time I Saw Paris* de kans te tonen dat ze een getalenteerde actrice was. 'Hij was tot over zijn oren verliefd op haar,' aldus Marjorie Dillon. 'Maar tegen ons was hij onuitstaanbaar.'

De film, die op het korte verhaal *Babylon Revisited* van F. Scott Fitzgerald is gebaseerd, vertelt het verhaal over Helen Ellswirth en Charles Wills. Wills, een Amerikaanse schrijver, keert naar Parijs terug om een bezoek te brengen aan zijn kind, dat hij na de dood van zijn vrouw bij zijn schoonzuster (Donna Reed) had ondergebracht. Middels terugblikken wordt verteld hoe hij Helen tijdens de Tweede Wereldoorlog had leren kennen, verliefd op haar werd en ten slotte trouwde. Omdat Charles als schrijver geen succes heeft, raakt hij aan de drank. Hij is medeschuldig aan de dood van zijn vrouw, die aan longontsteking sterft. Brooks hecht erg veel waarde aan de doodsscène, omdat hij wist dat een goed geënsceneerde dood de film een Oscar kon bezorgen. Na een hevige ruzie met haar dronken man wordt Helen (Elizabeth) het huis uitgesmeten. Elizabeth droeg een rode chiffonjapon, die een indrukwekkend spoor in de sneeuw achterliet – zoals een bloedspoor.

'Ofschoon de film niet bijzonder goed was, voelde ik me voor het eerst een echte actrice,' herinnerde Taylor zich. Haar prestaties werden na de première ook door de critici positief beoordeeld. *The Film Daily* jubelde dat 'dit haar beste rol tot dan toe was,' en *Variety* had het over 'een mijlpaal'. Maar er waren er ook die haar bestempelden als 'vervelend', 'dom', en 'ongetalenteerd'.

Elizabeth verzette de bakens, was een voorbeeld voor andere vrouwen en werd nageaapt. *Picture Post* over het Taylor-fenomeen: 'Elke morgen knipt ze mijn kaartje voor de ondergrondse. Met de lunch serveert ze me een drankje. 's Middags komt Elizabeth Taylor op mijn kantoor om met me over een artikel te praten... Als imitatie de hoogste vorm van vleierij is, is Elizabeth Taylor de meest gevleide vrouw van de wereld... Sinds de oorlog, toen ieder meisje probeerde er net zo uit te zien als Veronica Lake, hebben Amerikaanse vrouwen zich niet meer zoveel moeite getroost om op iemand anders te lijken.' Hoe ze zich ook kleedde, wat ze ook deed of zei, de volgende morgen waren er al duizenden nabootsingen van haar te zien. 'Ik vind het saai steeds maar weer mezelf te zien,' zei ze op een avond, toen ze op een feestjes meerdere Taylor-kopieeën had gezien.

In 1954 werd Elizabeth voor de tweede keer zwanger en ging op zoek naar een nieuw, groter huis. Door toeval ontdekt ze op de top van een heuvel een huis, gebouwd door de architect George MacLean. 'We klommen over de muur en gingen het huis binnen – een werkman was vergeten een deur op slot te doen. In het hele huis lag witte vloerbedekking, het had stromend water en een hele wand was bedekt met boomschors, waarop varens en orchideeën groeiden.

De bar was vervaardigd van stenen, en de open haard had geen schoorsteen, maar een systeem waarbij de rook onder het huis langs werd gevoerd en via grillroosters naar buiten ging. Het huis zag eruit als een Sneeuwwitje-decor van Walt Disney, en we waren er meteen verliefd op. Ik wilde het koste wat kost hebben. Toen ik moeder daarover vertelde, was ze dolenthousiast. De vrouw van de architect was een oude vriendin van haar. Zodoende wist ze dat MacLean altijd eerst bijzonderheden wilde weten over de mensen voor wie hij zijn huizen ontwierp. Moeder zei: "Wist je het dan niet? Hij heeft dat huis voor jou gebouwd, liefje."' Dat gaf de doorslag. Hoewel Thau de aankoop afraadde, kochten de Wildings het MacLean-huis voor 150.000 dollar. 'George werd een goede vriend van ons en de peetvader van Christopher. We maakten veel schulden en moesten noodgedwongen een teruggetrokken bestaan leiden, want we waren constant bang dat we de deurwaarder op onze stoep kregen.'

Natuurlijk verhuisden ook haar dieren mee naar het huis aan de Beverly Estate Drive 1375. Peggy Rutledge waakte nu over het huishouden en zorgde voor orde en netheid. 'Hun andere huis moest van de grond af gerenoveerd worden,' herinnerde ze zich. 'Anders was het onverkoopbaar geweest.' Om haar hoofd enigszins boven water te kunnen houden, verlengde Elizabeth eind 1954 haar contract met MGM voor een jaar. Als tegenprestatie nam Thau een deel van haar schulden voor zijn rekening, want bovenop de onkosten die ze al hadden, kwam nog eens 2.200 dollar per maand voor de afbetaling van hun nieuwe huis. Toen Wilding Elizabeth aanspoorde zuinig te zijn, schold ze hem uit voor een 'Engelsmannetje met een onbeduidende carrière'. De financiële belasting, Elizabeths nonchalance en haar chronische te laat komen, werkten Wilding op de zenuwen. 'Mijn vrouw komt vrijwel altijd minstens twee uur te laat,' vertrouwde hij Hedda Hopper toe. 'De meeste tijd brengt ze in de badkamer voor een grote spiegel door, waar ze haar nagels lakt, haar wenkbrauwen epileert of haar haren kamt. Daarbij gaat ze op in dagdromerij...' Montgomery Clift, die in Hollywood *From Here to Eternity* draaide, kwam dikwijls op bezoek bij de Wildings. 'Monty probeerde tussen die twee te bemiddelen. Eerst luisterde hij naar de argumenten van Liz, waarna hij naar Michael ging om diens versie te horen. Hij was een soort scheidsrechter tussen twee strijdende partijen.'

Elizabeth bevond zich in een diepe crisis en verkeerde in het ongewisse wat de toekomst van haar carrière betrof. Ze was ongelukkig met de rollen die MGM haar aanbood. De films *Quentin Durward, The Bad and the Beautiful, Plymouth Adventure* en de musical *Deep in My Heart* stonden haar niet aan. Billy Wilder probeerde haar voor *Sabrina* over te halen, maar ze wees hem af, omdat ze noch Wilder noch haar tegenspeler Humphrey Bogart kon uitstaan. Koortsachtig zocht ze samen met Jules Goldstone naar een geschikt script, maar *Roman Holiday* ging naar Audrey Hepburn, *The Country Girl* en *Rear Window* naar Grace Kelly, *How to Marry a Millionaire* naar Lauren Bacall, *Desirée* naar Jean Simmons, *I'll Cry Tomorrow* naar Susan Hayward. *The Snows of Kilimanjaro, Mogambo, Pandora and the Flying Dutchmen, Bhowani Junction* en *The Sun Also Rises* verloor ze evenals *The Barefoot Contessa* aan Ava Gardner. Ofschoon Taylor verklaarde dat 'Ava vier keer mooier is dan ik,' was ze razend dat zij de meeste rollen kreeg en dat die aan haar neus voorbij gingen. 'We maakten er allerlei grapjes over,' vertelde Ava. 'Steeds wanneer ik een rol kreeg toegewezen, belde Liz op en eiste die rol voor zichzelf op.'

Tijdens een feestje kwam het gesprek op Ava. 'Ik koop een ticket naar New York,' krijste Taylor, 'dan kan ik met Schenck neuken om eindelijk de rollen te krijgen die ik verdien.' Natuurlijk kwam deze uitspraak ook Schenck ter ore. Met de hem eigen humor kondigde hij aan dat Elizabeth de hoofdrol zou krijgen in *Lassie's Mother*. 'Benny moest haar dat in het ziekenhuis gaan meedelen. Het was zijn zwaarste opdracht. Aanvankelijk ging ze als een bezetene tekeer en smeet een vaas aan gruzelementen; daarna huilde ze urenlang. "Als ik nu een miskraam krijg, is dat de schuld van die verdomde Schenck," snikte ze,' wist Berman te vertellen.

Op 27 februari 1955 aanschouwde Christopher Edward Wilding het levenslicht. Dit keer had Taylor nauwelijks kunnen wachten de zwangerschap achter de rug te hebben, want George Stevens had haar gevraagd de hoofdrol in *Giant* te spelen. Na het draaiboek te hebben gelezen was ze ervan overtuigd dat ze door deze rol voor een Oscar zou worden genomineerd en dan eindelijk tot de topsterren zou gerekend worden. Volgens *Screenworld* behoorden daartoe James Stewart, Gary Cooper, John Wayne, Marilyn Monroe, William Holden, Bing Crosby, Jane Wyman, Alan Ladd, Lauren Bacall, Grace Kelly, Marlon Brando, Judy Garland, Danny Kaye, Debbie Reynolds, Rock Hudson en Audrey Hepburn. Elizabeth stond op de 138ste plaats.

Voor de rol van Leslie Lynnton Benedict wilde Stevens oorspronkelijk Grace Kelly aantrekken. Ze was koel, elegant en zag er rijk en verwend uit. Grace Kelly had ook interesse voor de verfilming van de roman van Edna Ferber, maar daar ze de studio over haar voorgenomen huwelijk had geïnformeerd, wilde MGM het potentieel van zijn ster voor twee produkties – *The Swan* en *High Society* – benutten. Anderzijds wilde MGM James Dean voor twee films van Warner Brothers lenen. Medio mei kwam men overeen dat Warner aan MGM 175.000 dollar voor Elizabeth betaalde en voorts 'al het mogelijke zou doen om Dean over te halen aan het project van Metro mee te werken.'

Voor de rol van Bick Benedict koos Stevens Rock Hudson uit. Hudson was toen al de lieveling van het publiek. In de branche zag men hem alleen maar als 'aantrekkelijke spierbundel'.

'Gary Cooper wilde de rol, James Stewart wilde de rol, iedere grote mannelijke Hollywood-ster wilde de rol, en toen nam George mij,' aldus Hudson. 'Ik was verschrikkelijk onzeker, maar daar hielp George me overheen. Hij liet me de kleur van het huis uitzoeken en ten slotte ook nog mijn vrouw. Hij vroeg of ik liever met Grace Kelly of met Elizabeth Taylor wilde trouwen, en ik zei Elizabeth, omdat ze zo'n buitengwone schoonheid was. Zou ik voor Grace Kelley hebben gekozen, dan geloof ik dat George toch Liz had genomen.' Elizabeths dankbaarheid jegens Rock Hudson vormde de basis voor een levenslange vriendschap. Eerst werd een deel van de binnenopnamen in Hollywood gedraaid. 'Aangezien we nooit eerder hadden samengewerkt,' vertelde Hudson, 'inviteerde Liz mij en Phyllis voor een diner in hun nieuwe huis. De volgende dag moesten we de scène draaien, waarin ik mijn vrouw terughaal, die naar haar zuster was gevlogen voor het bijwonen van haar huwelijk. We dronken tot vijf uur in de ochtend en waren zo dronken als een Maleier toen Liz tegen zes uur naar de studio ging. Later schreef een criticus dat onze innerlijke pijn duidelijk zichtbaar was, maar wat hij zag was niets meer en niets minder dan de kater van de vorige avond.'

In juli 1955 reisde de crew naar Marfa, Texas, om daar de buitenopnamen te draaien. Direct begon de pers vermoedens te uiten over wat er tussen Dean en Taylor zou gebeuren, nadat men kort tevoren Liz en Hudson een affaire had toegedicht. In tegenstelling tot Rock Hudson was Dean jegens Elizabeth kil, terugwijzend en wreed. Hij imiteerde volmaakt haar hoge stemmetje en dreef de spot met haar. Toen hij merkte dat Elizabeth de show stal, riep hij midden in een scène: 'Stop, ik heb de zaak verprutst.' Maar door het enorme succes van *East of Eden*, die in maart 1955 in première ging, hield Stevens ondanks de klachten van zijn andere sterren aan James Dean vast. 'Op de een of andere manier mocht George Jimmy graag,' zei Taylor.

Stevens was bezorgd dat zijn tieneridool niet ongedeerd de opnamen zou doorstaan. De verhalen over zijn liefde voor snelle auto's zijn reeds legende, maar Stevens was vooral bang dat bekend werd dat Dean af en toe zwoele lederbars bezocht, waar harde SM-seks werd bedreven. 'De littekens en brandwonden konden we vaak amper verdoezelen,' vertelde een grimeur. 'Dikwijls was hij zo toegetakeld, dat hij noch staan noch zitten kon, laat staan filmen.'

In het begin probeerde Elizabeth aardig tegen Dean te zijn. Stevens' vriend Russ Meyer, die destijds voor de foto's verantwoordelijk was, schilderde de volgende atmosfeer: 'Dikwijls was het zo dat ik net een leeuwentemmer was. De studio wilde foto's die eendracht en harmonie op de set toonden, maar in werkelijkheid waren ze elkaar allemaal het liefst naar de keel gevlogen.'

James Dean, een nieuweling onder louter professionals, was uitermate nerveus. Steeds wanneer hij met de ster Elizabeth Taylor moest draaien, raakte hij verkrampt. 'Hij speelde die scène met Elizabeth, waarin hij het geweer over de schouder draagt en haar op de thee uitnodigt,' vertelde Dennis Hopper, die de oudste zoon van Benedict speelde. 'De ene opname werd na de andere gemaakt, maar het lukte gewoonweg niet. Opeens verliet hij de set en ging naar de plek waar de toeschouwers zich verdrongen. Hij liep rustig naar hen toe, bleef staan, maakte zijn broek los, haalde zijn piemel eruit en plaste. Vervolgens liep hij terug en zei: "Oké, opname!" Op weg naar huis vroeg ik hem waarom hij dat had gedaan. "Ik ben een methodische acteur," antwoordde hij. "Als het me zou lukken pal voor vreemde mensen te piesen, kon ik ook die scène goed spelen."'

'De opnamen voor die film waren moordend,' wist Taylor zich nog te herinneren. 'Er was voortdurend heibel, ook vanwege de kostuums. George wilde dat ik er wanhopig, bedroefd en eenzaam uitzag. Daarom moest ik dikke, stevige schoenen aan met dikke sokken en een lange rok dragen. Hij zette een oude mannenhoed op het hoofd en mijn haren werden opgestoken in een dikke knot. Ik kon niet begrijpen waarom ik er opeens moest uitzien als een lesbische slons of als Charlie Chaplin.' George Stevens maakte haar duidelijk dat ze nooit een groot actrice zou worden als ze er alleen maar 'betoverend' uit wilde zien. Woedend haalde ze de schmink van haar gezicht, maakte zonder spiegel haar haren in orde en stampvoette. Stevens slaakte een zucht van verlichting. Hij had bereikt wat hij wilde.

Terugblikkend oordeelt hij over het talent van zijn hoofdrolspeelster: 'Ze was haar hele leven met oudere mensen omgegaan en kende hun gedrag. Ze had de rol van een grootmoeder. Denk je eens in hoe oud ze toentertijd was. Maar ze kreeg het voor elkaar, en nog wel heel overtuigend ook. Ze wist meer van het leven af dan ik.'

In de loop van de draaiwerkzaamheden ging het met haar gezondheid bergafwaarts. Nog steeds hield ze zich strikt aan haar dieet, maar 'ze snoepte chocolade. Die spuugde ze echter weer uit, waardoor ze wel de smaak in haar mond had, maar niet de calorieën op haar heupen,' aldus Rock Hudson. Ze werd weer door rugklachten geplaagd en schreeuwde het soms uit van de pijn. Maar Stevens nam de zaak niet serieus, hoewel Elizabeth enige tijd in een rolstoel moest doorbrengen.

'Liz overdreef de zaak vaak een beetje,' meende Rock

Hudson. 'Ze zat in een een rolstoel, met een verpleegster aan haar zijde en jammerde hoeveel pijn elke stap deed die ze zette. Zodra de opnamen echter beëindigd waren, riep ze tegen me: "Hé, wacht even!" sprong uit de rolstoel en was zo vrolijk en opgewekt alsof er niets aan de hand was. Geen wonder dat George haar niet meer geloofde.'

In de studio hoefden nog maar weinig scènes te worden gedraaid. Stevens verzamelde zijn crew en zijn sterren in de projectiecabine en discussieerde met hen over de reeds opgenomen scènes. Op 30 september 1955 kreeg Stevens in de cabine een telefoontje. Kort werd hem meegedeeld dat James Dean ten gevolge van een auto-ongeluk om het leven was gekomen. 'Ik kan het niet geloven,' jammerde Liz. 'Ik wel,' zei Stevens.

'Deans dood trof Liz erg hard,' merkte Hudson op. 'Ze is iemand van uitersten; als ze iemand mag, houdt ze van hem, maar als ze iemand onsympathiek vindt, haat ze hem. Op het moment van zijn dood, begon ze van Dean te houden. Ze was vergeten hoe slecht hij haar had behandeld. En George was ook niet bepaald aardig. Hij stond erop dat ze de volgende dag in de studio verscheen voor de laatste opname. Liz huilde zo erg, dat Stevens haar alleen met de rug naar de camera gekeerd kon filmen.' Na een bittere discussie wenste Elizabeth Stevens naar de hel en verliet de studio. 's Middags werd ze met maagkrampen en darmafsluiting in het ziekenhuis opgenomen. De crew moest veertien dagen wachten eer de laatste scène kon worden opgenomen.

'Ik geloof dat het hier om haar persoonlijke wraak jegens George ging,' veronderstelde Edna Ferber, de schrijfster van de roman *Giant*. 'Stevens stond geweldig onder druk. Nu moest hij veertien dagen op Miss Taylor wachten, terwijl de produktiekosten aanzienlijk stegen, wat Stevens bijna zijn nek kostte.' Het verhaal van Bick Benedict (Hudson), die van een reis naar Milaan een jonge vrouw (Taylor) mee naar Texas brengt, beantwoordde destijds aan de smaak van het publiek. In drie uur en achttien minuten (originele lengte) wordt geschilderd hoe Leslie met het harde leven op de Reata Ranch en haar veranderde man, een jaloerse schoonzuster, het rassenconflict tussen Texanen en Mexicanen en een wilde cowboy (Dean), die later miljonair wordt, het hoofd boven water moest houden. In de loop van de jaren kregen ze twee kinderen, die net zoals Jett Rink, dank zij hun oliebronnen miljonair werden. Voorts kregen ze te maken met een bijna gestrand huwelijk, maar wisten uiteindelijk toch hun huwelijksproblemen op te lossen.

De recensenten jubelden. De film werd voor in totaal tien Oscars genomineerd: James Dean, Rock Hudson, Mercedes McCambridge, het script, de kostuums, de muziek, de montage en de opmaak. Maar alleen Stevens ontving een Oscar voor de beste regisseur. De eerste jaren leverde de film zeven miljoen dollar op, en Elizabeth sierde de cover van *Life*.

Het werkelijke leven van Taylor verliep heel anders dan op het witte doek. Haar huwelijk met Michael Wilding was geen happy end beschoren. Terwijl zij in Texas draaide, berichtte het tijdschrift *Confidential* over Wildings doen en laten thuis. Onder de kop 'When Liz Taylor's Away, Mike Will Play' maakt het blad melding van het vermeende feit dat Wilding twee stripteasedanseressen in huis had gehaald. MGM stuurde Wilding en Anita Ekberg voor opnamen voor *Zarak Khan* naar Marokko – het toenmalige Siberië van Hollywood. 'Of het nu waar is of niet, het is niet genoeg om ons huwelijk te ruïneren,' zei Elizabeth, waarna ze demonstratief haar echtgenoot achterna reisde. Na een hevige ruzie keerde ze naar de Verenigde Staten terug en liet zich vier weken in een Newyorks ziekenhuis opnemen.

Wildings liefde voor Elizabeth was echter nog lang niet voorbij. 'Hij had er alles voor over gehad als Liz zich met hem verzoende,' zei Stewart Granger. Maar ze distantieerde zich hoe langer hoe meer van hem. 'Ze waren in New York,' wist Frank Farrell te vertellen. 'Liz belde me op en vroeg of ik met haar uit eten ging. Ik dacht dat Michael in Hollywood was, maar toen ik hotel *St. Regis* binnenliep, zag ik Wilding, Clift en McDowall op de sofa zitten. Ik voelde me in verlegenheid gebracht, maar toen kwam Liz en zei dat het oké was. Ze wilde de avond met mij doorbrengen. We gingen weg en lieten de drie mannen aan hun lot over. Het was een eigenaardige scène.'

Elizabeth had geen enkele behoefte meer aan Wilding.

Schandalen

1

Liz leed weer eens zichtbaar. Vooral dat 'zichtbare' beheerste ze tot in de kleinste details. 'Toen ik haar in de kantine zag,' zei Berman, 'zat ze meestal alleen aan een tafeltje, trok een pruilmondje en knipperde melancholiek met haar ogen. Dan wisten we dat er weer een nieuwe ramp op komst was.'

Elizabeth had Benny Thau om een afspraak verzocht. 'Om de een of andere reden vermoedde hij dat het hier niet ging om de gebruikelijke klaagzangen, probleempjes of wereldschokkende tragedies, en dus belde hij me op en vroeg me direct bij hem te komen. Ze zag er erg slecht uit. Blijkbaar sliep ze weinig en dronk veel. Zoals ze daar zat in haar kleine, grijze mantelpakje kon iemand echt medelijden met haar hebben. Ze begon hartverscheurend te snikken en drukte haar verkreukelde zakdoek melodramatisch tegen haar o, zo lijdend hart, dat elk moment dreigde te breken.

"Ik ben pas 24 jaar en nu al een oude vrouw," snikte ze. "Ik weet werkelijk niet waarom en waarvoor ik nog leef. Voor mij zijn er alleen nog maar regenachtige dagen, geen zonnetje vrolijkt m'n trieste bestaan meer op. Ik wil alleen maar bemind zijn, is dat soms te veel gevraagd? Nee, natuurlijk niet. Als ik 's morgens wakker word, ligt er altijd een vreemde naast me."

Thau, die er niet zeker van was waarop deze hele toestand zou uitlopen, antwoordde diplomatiek: "Nou, dan zou ik maar voorzichtig zijn met wie ik me inliet."

"Zijn jullie dan allemaal zakkenwassers?" zei ze vinnig; haar ogen fonkelden van woede. "Mijn huwelijk met Michael is voorbij. Ik houd deze ellendige verveling niet meer uit en vraag binnenkort echtscheiding aan."

Thaus mond viel open van verbazing en triomfantelijk draafde Liz de kamer uit.'

Berman was blij, want hij had met Thau om een maandsalaris gewed dat ze weer op zoek was naar een nieuw 'schoothondje', zoals Taylor haar mannen gewoonlijk noemde. En, ja hoor, dat had ze dan ook gevonden: Frank Sinatra heette het voorwerp van haar begeerte - niet alleen omdat hij met haar rivale Ava Gardner was getrouwd, maar ook omdat de reputatie dat hij een 'paardelul' had hem vooruit gesneld was.

Om hem nader te leren kennen wilde ze in zijn volgende film de vrouwelijke hoofdrol hebben. Thau, die haar wensen altijd inwilligde, was in een benarde situatie terechtgekomen, aangezien de bezetting voor *High Society* al vaststond: Grace Kelly, Celeste Holm en Bing Crosby. Daarom stelde hij Liz voor haar de hoofdrol te geven in de film *Some Came Running*, waarvoor Sinatra al getekend had. Op haar platenspeler werden nu alleen nog maar Sinatra-songs gedraaid.

In de wandelgangen van de studio vernam Sinatra dat Taylor in een rendez-vous met hem geïnteresseerd was. Frank, die getrouwd was maar niet bepaald een monogaam leven leidde, toonde belangstelling. Maar ook Ava Gardner had lucht van de zaak gekregen. 'Ik belde Frank op en zei tegen hem dat ik wist dat de wispelturige Liz achter hem aanzat. Ons huwelijk liet nogal wat te wensen over, dus vertelde ik hem dat een slippertje met Taylor het definitieve einde zou betekenen. Met zijn staart tussen de benen kroop hij in zijn schulp.'

Via Berman liet Sinatra aan Elizabeth meedelen dat hij geen kans zag met haar samen te werken. De rol in *Some Came Running* ging ten slotte naar Shirley MacLaine, en Elizabeth troostte zich met Kevin McClory.

Pas jaren later kwam Taylor bij Sinatra aan bod; Liz moest deze 'heerlijke lichamelijke belevenis' duur betalen met een abortus.

Elizabeth Taylors interesse in Wilding was definitief voorbij. Ook MGM zag nu geen reden meer om zijn contract, dat in de lente van 1956 afliep, te verlengen.

Elizabeths volgende film, *Raintree County*, een epos over de burgeroorlog, werd met een budget van 5,3 miljoen dollar uitgerust en moest een waardige opvolger worden van het kassucces *Gone with the Wind*. Enkele filmhistorici, zoals Sheridan Morley, Richard Schickel en Alexander Walker, ontdekten in deze film overeenkomsten met het privé-leven van Taylor. Met vrouwelijke list dwingt Susanne, een schoonheid uit de Zuidelijke Staten, een jonge idealistische man (Montgomery Clift) met haar te trouwen. Als Susanna ontdekt dat er 'negerbloed' door haar aderen vloeit, verliest ze haar verstand. Pas na acht jaar wordt de echtgenoot 'bevrijd' en kan naar zijn jeugdliefde (Eva Marie Saint) terugkeren.

Elizabeth stond erop Monty als partner te krijgen, die na zijn triomf in de film *From Here to Eternity* weer tot de topsterren van Hollywood werd gerekend. MGM had grote bezwaren, want Clift zorgde de laatste tijd voor grote krantekoppen. In New York was hij gearresteerd, omdat hij in de 42nd Street een man had lastiggevallen. In New Orleans had hij blijk gegeven van zijn voorkeur voor minderjarige knapen, waardoor hij achter de tralies belandde.

Berman was opgelucht. 'Monty had een huis gehuurd en studeerde samen met Liz de rollen in. Daar waren we blij om, want dat kwam haar humeur ten goede.' Reeds tijdens het instuderen van de rollen was het voor beiden duidelijk dat dit deprimerende verhaal niet kon tippen aan de roman van Margaret Mitchell. De proefopnamen in het 'kraaienest' liepen dikwijls uit op wilde zuippartijen.

De opnamen van *Raintree County* begonnen op 3 april 1956. In Hollywood werd gefluisterd dat het niet alleen maar beroepsmatige interesse was die het trio Wilding-Taylor-Clift met elkaar verbond. In een haastig opgestelde persverklaring verkondigde MGM hoe dankbaar de studio wel was voor de ondersteuning van Michael Wilding, die de beide hoofdrolspelers in een zeer moeilijke tijd had bijgestaan.

'Had Wilding mij ook maar bijgestaan,' zei producent Robert Vogel spottend. 'Het tomeloze alcoholmisbruik had Monty en Liz duidelijk getekend. Ik had beter een drama over zuiplappen kunnen maken dan een epos over de Zuidelijke Staten.'

Taylor was humeurig, Monty debiel, Dmytryk wanhopig. Regisseur Edward Dmytryk moest er voortdurend rekening mee houden dat acteurs 'wegens ongeschiktheid' vervangen moesten worden. Maar dat was nog niet alles. Op de avond van 13 mei kreeg Clift op weg naar huis een ernstig ongeluk. Een kwart mijl bij de Wildings vandaan was Clift tegen een telegraafpaal gereden. 'Monty leefde nauwelijks nog,' vertelde Rock Hudson, die op die avond in het 'kraaienest' te gast was. 'Toen we aankwamen, lag Monty in het autowrak en spuwde bloed en tanden. Elizabeth klom in de auto en probeerde hem eruit te trekken, maar hij was achter het stuur beklemd geraakt. Dus nam ze zijn hoofd op haar schoot en sprak tegen hem. Toen ze merkte dat hij in zijn losgeraakte tanden dreigde te stikken, stak ze haar vingers in zijn mond en haalde ze weg.' Het duurde een eeuwigheid voordat de artsen kwamen en vervolgens de verslaggevers. Tevergeefs probeerde Elizabeth de fotografen terug te dringen. 'Klerelijers!' krijste ze. 'Eén foto, en ik geef jullie een trap tegen je kloten!'

'Ik vond het verschrikkelijk om met vreemd bloed besmeurd te zijn,' vertelde Taylor. In detail ging ze verder: 'Van die zware zoete lucht kreeg ik kotsneigingen. Later kreeg ik nachtmerries, waarin ik zijn gezicht voor me zag. Het steeg als een ballon omhoog. Zijn kin was op vier en zijn neus op twee plaatsen gebroken en rond de ogen had hij diepe snijwonden. Uit zijn bovenlip was een groot stuk gescheurd en hij miste een flink aantal tanden.'

Montgomery Clift was zo debiel, onkies en macaber om Elizabeth een collier te schenken, dat hij van zijn uitgevallen tanden had laten maken. Elizabeth Taylor was zo dankbaar, onkies en macaber dat ze dit collier in het openbaar droeg. Op de morgen na het ongeval liet Elizabeth MGM weten dat ze alleen met Monty de film zou voltooien. Met een wijze vooruitblik had Dore Shary, chef van MGM, Clift met zijn alcohol- en drugproblemen voor arbeidsongeschiktheid laten verzekeren. Met de 450.000 dollar op zak kon MGM de wens van Taylor vervullen.

Monty werkte aan zijn herstel en ondertussen perfectioneerde Elizabeth met de hulp van Marguerite Littman haar zuidelijke accent.

Het leven van Elizabeth kreeg een nieuwe wending toen ze in mei 1956 de producent Mike Todd leerde kennen. Todd werd als zoon van een rabbi op 22 juni 1907 in Minneapolis geboren. Zijn eerste vermogen verdiende hij met stripshows, musicals en comedies. 'De mensen willen kleine comedies en dikke vrouwen met grote tieten zien,' luidde zijn motto. Hij had zich al twee keer van zijn vrouw ontdaan. Na twintig jaar huwelijk wilde hij van zijn huidige vrouw

Bertha scheiden. Ofschoon ze wist dat hij al met de ster Joan Blondell samenleefde, weigerde ze met een scheiding akkoord te gaan. 'Ik laat me niet als een paar oude schoenen weggooien,' verklaarde ze in alle openheid. 'Als hij van me af wil, moet hij me eerst van kant maken.' Enkele dagen later was Bertha dood. Volgens zeggen had ze tijdens het huishoudelijk werk een messnede opgelopen. Toen Todd zijn vrouw naar de kliniek bracht, was ze al buiten bewustzijn en stervende. Natuurlijk gaf Bertha's plotselinge dood aanleiding tot speculaties. Hardnekkig bleef het gerucht de ronde doen dat Mike Todd de anesthesist geld had toegeschoven en hem ertoe had aangezet het leven van zijn vrouw te verkorten. Een andere versie van het verhaal was dat de maffia die taak op zich had genomen.

Todd zocht direct troost in een huwelijk met Joan Blondell, dat na twee jaar werd ontbonden. Todd had intussen niet alleen Joans totale vermogen verspeeld, maar ook nog op haar naam schulden tot een bedrag van 1,1 miljoen dollar gemaakt.

In 1945 stapte Todd in de filmbusiness en stichtte in 1951, samen met Lowell Thomas, de Thomas-Todd Productions. Oorspronkelijk was hij compagnon in deze filmonderneming, maar gehoor gevend aan een opwelling liet hij zich uitkopen en richtte een eigen firma, Todd AO, op. 'Ik had Mike Todd al een keer in de kantine van MGM gezien. Iemand maakte me op hem attent en zei dat dit nu de "almachtige Todd" was, zoals Hollywood hem toen noemde. Ik vond dat hij er voor een producent tamelijk goed uitzag. Hij keek me veelbetekenend aan. Daarvóór had ik hem een keer op een foto in *Life* gezien, omringd door naakte meisjes. Ik vond dat hij verschrikkelijk vulgair bezig was.'

Ook Todd was onder de indruk van de ontmoeting en nodigde de Wildings op 30 juni 1956 uit voor een weekendje op zijn jacht.

In het begin was Todd teleurgesteld in Taylor. 'Ze beklaagde zich voortdurend bij iedereen, sloeg de champagne met liters achterover en gaf haar man bevelen,' herinnerde Evelyn Keyes, Todds levensgezellin zich. 'Liz was precies het soort vrouw dat Mike verafschuwde: luidruchtig, ordinair, bezopen.' Tijdens dit weekend kwamen Mike en Michael met elkaar overeen dat hij en Elizabeth een Broadway-enscenering van Noël Cowards *Private Lives* op zich zouden nemen. Liz vertrouwde een vriendin toe dat ze niet kon begrijpen dat die 'vulgaire kerel totaal geen aandacht' aan haar besteedde.

Pas toen Todd de Wildings voor een barbecue en later voor een diner ter ere van Edward R. Murrow uitnodigde, kwam Elizabeth aan bod. Nadat Todd 'de taart kort in de slaapkamer had getest,' stuurde hij Evelyn voor een lange reis naar Zuid-Amerika en Europa om de première van de Verne-verfliming te regelen. 'Toen ik in Parijs aankwam zei Mike door de telefoon tegen me dat hij verliefd was geworden op Elizabeth. Onnozel vroeg ik: "Welke Elizabeth?"' Het was vermoedelijk de laatste keer dat wie dan ook uit de filmwereld die vraag zou stellen. Discreet verliet Evelyn Mike en ontving vijf procent van zijn Todd-Company.

Elizabeth en Todd zagen elkaar nu geregeld. 'Onze ontmoetingen deden denken aan een goedkope spionagefilm,' bekende de diva. MGM had haar gewaarschuwd: als men haar, moeder van twee kinderen, met een andere man betrapte, dan zou dat verstrekkende gevolgen voor haar carrière hebben. De kinderen vormden een probleem. Het was de vraag hoe ze op Mike zouden reageren. Zouden ze hem mogen? Begin juli bracht de hele familie Wilding een heerlijke dag door bij het zwembad van Todd. De kinderen konden goed met Mike opschieten, dus bereidde Liz zich voor op de echtscheiding van Wilding. In het holst van de nacht verliet ze haar huis. Maar opeens wilde Michael Wilding zijn huwelijk redden, en toen Taylor begon te weifelen, nam Todd het roer stevig in handen. In een gesprek van man tot man maakte hij Michael duidelijk dat hij hem zou ruïneren als hij niet instemde met een scheiding. Todd was van plan de roddelpers van gefingeerd materiaal te voorzien, waaruit moest blijken dat Wilding homoseksueel was. Om zichzelf en zijn kinderen een dergelijke lastercampagne te besparen, stemde hij toe. 'Als hij tot dan toe nog iets gevoeld had voor Elizabeth, dan waren die gevoelens daarna in één klap verdwenen,' aldus Peggy Rutledge.

Op 19 juli kreeg hij 's morgens een telefoontje van zijn vrouw. 'Ik bel je alleen maar even op om je te zeggen dat ik echtscheiding ga aanvragen, zodat je dat niet uit de krant hoeft te vernemen.'

'Dat is lief van je,' antwoordde Wilding. 'Maar ik geef er toch de voorkeur aan het in de krant te lezen. De vuiligheid die in de kranten komt te staan, zal mij doen geloven dat het hier om twee volslagen vreemden gaat.'

Elizabeth meed de verslaggevers, maar Michael stond zeer welwillend tegenover de pers. 'Liz en ik hebben besloten ons huis te verkopen en het geld dat we daarvoor ontvangen te verdelen. Ook over het voogdijschap over onze kinderen hebben we een regeling getroffen: Liz zal ze negen maanden van het jaar bij zich hebben en ik drie. Ik ben geenszins verbitterd. Ik ben volwassen genoeg om me op veranderde levensomstandigheden in te stellen. Ik wil duidelijk zeggen dat Todds invloed niet doorslaggevend is geweest voor onze echtscheiding.'

Zulke nobele woorden kon je in Hollywood slechts zelden beluisteren. Liz: 'Zelfs tijdens de echtscheidingsprocedure haatten we elkaar niet. Integendeel, die verliep, voor zover je dit van een scheiding kunt zeggen, uitgesproken vriendelijk. We hadden beiden verzaakt. Ik heb hem er ook nooit de schuld van gegeven.'

Op 20 juli had Thau Liz en Mike bij zich ontboden. Thau kwam te laat en Taylor wachtte alleen in zijn kantoor. Daar zat ze met haar voeten op zijn bureau en een glas cola in de hand toen Mike de kamer kwam binnenstormen. Hij pakte haar hand, trok haar overeind en nam haar mee naar zijn kantoor, dat hij af en toe gebruikte. Hij zette haar op een stoel en ging tegenover haar zitten. 'Nu moet jij eens goed naar me luisteren,' beval hij haar. 'Vergeet al die andere kerels. Van nu af aan bestaat er slechts één man in je leven, met wie je zult trouwen en naar bed gaat: Mike Todd!' Deze machohouding kon Taylor niet weerstaan en ze wierp zich kraaiend van plezier in zijn armen. 'Kom, laat me je gekwinkeleer eens horen,' zei Todd, waarna Liz gewillig aan zijn verlangen tegemoet kwam. 'Je kon haar tot in Shary's kantoor horen,' vertelde een getuige die anoniem wilde blijven.

De scheiding van Taylor was koren op de molen van de boulevardpers. Elizabeth was het eerste slachtoffer en tegelijkertijd de eerste begunstigde van dit omstreden medium.

MGM haalde Taylor uit de vuurlijn. Clift was enigszins hersteld en het team kon met de buitenopnamen in Danville, Kentucky, beginnen. Daar, in het diepe zuiden, stond de telefoon roodgloeiend. 'Mike en ik leerden elkaar praktisch via de telefoon kennen,' vertelde Liz. Todds telefoonrekening, die altijd binnen de grenzen van duizend dollar bleef, verdrievoudigde zich tijdens de volgende vijf weken. 'Dat is het project Liz me wel waard,' zei hij lachend tegen zijn vrienden.

De beide telefonistes in Danville kregen rode oortjes als ze naar de gesprekken van Todd en Liz luisterden. Zelfs nu nog doen in Danville de dolste verhalen de ronde. Tot grote vreugde van de tot geheimhouding verplichte telefonistes, vertelde Todd openlijk wat hij allemaal met zijn kleine 'vuile hoer' zou doen wanneer ze in New York in zijn bed lagen. Todd volgde het 'project Liz' niet alleen telefonisch. Direct na aankomst in Danville overhandigde Monty namens Todd een ring met een parel. Deze 'vriendschapsring' wilde hij al gauw door een echte verlovingsring vervangen. Het ene na het andere boeket bloemen volgde en vond haar theatraal hoogtepunt in 200 rode rozen, die met een chartervliegtuig werden overgevlogen. Liz werd door dergelijke acties overstelpt en Todd haalde er de voorpagina's van de kranten mee. Op Labour Day ontvoerde hij haar naar Atlantic City, waar hij haar een gouden ring gaf, versierd met granaatsplintertjes. 'Trots droeg Liz deze ring als een oorlogstrofee. Tijdens de draaiuren moest ze hem afdoen, want als Monty hem zag, begon hij te stotteren,' vermeldde Berman.

Danville bloeide dank zij deze verhalen helemaal op. Ook Monty en het team zorgden voor gespreksstof. Clift, die in een delirische toestand verkeerde, werd naakt op het strand gesignaleerd – als hij tenminste niet aan het rotzooien was met de leuke knaapjes van Danville. Elizabeth zelf organiseerde wilde slemppartijen.

'Op een avond was ik zo lazarus dat ik op het toilet bewusteloos werd,' bekende cameraman Robert Surtees. 'Ze liet me in die toestand fotograferen en dreigde de foto te laten publiceren als ik over haar zou roddelen. Daarom kan ik u over die tijd in Danville niets vertellen.'

'Vijf weken draaitijd hadden het ingeslapen Danville in

"Sodom en gonorroe" veranderd,' aldus Berman. Montgomery Clift ging er prat op dat hij Elizabeth, terwijl ze met Mike Todd telefoneerde, had gedemonstreerd op welke veelvoudige manieren mannen het met elkaar deden.

Het waren vijf weken geweest, die niemand in het stadje al is vergeten. Toen 'wervelstorm Liz' uit haar bungalow was getrokken, ging een hele menigte dorpelingen en Taylor-fans op pelgrimtocht om zich van de verwoestingen op de hoogte te stellen. 'Het hele huis stonk naar drank en de vaste vloerbedekking was geruïneerd. Het behang was met vet besmeurd. Tijdens een feestje was een armleuning van een sofa gerukt en de binnenvullingen waren eruit getrokken. De beddelakens zaten onder het sperma en de make-up. Het was gewoonweg walgelijk.' De eis tot schadevergoeding beliep 800 dollar. Genereus nam Elizabeth 385 dollar en 25 cent voor haar rekening en kondigde aan zich nog alleen met haar privé-leven bezig te houden.

Het bericht over het einde van haar carrière sloeg niet alleen bij MGM in als een bom. Het verbreken van het contract had voor Sara tot gevolg dat ze haar toelage kwijtraakte. Sara had de 'aardige Italiaan' Todd pas tweemaal ontmoet. Weliswaar glimlachte ze tegen hem en vond hem 'charmant', maar diep in haar hart wees ze hem toch af. Toen ze vernam dat die 'aardige Italiaan' een jood was en hoorde op welke manier hij aan zijn vermogen was gekomen, kreeg ze bijna een beroerte. 'Het huwelijk met Todd was de beste poets die Elizabeth haar moeder ooit heeft gebakken,' zei Burton grinnikend. 'Elke keer wanneer Todd Liz "zijn kleine, jiddische vette bruid" noemde en naar haar borsten greep, was Sara een hartaanval nabij.'

Op 4 oktober 1956 maakte de studio bekend dat Elizabeth zich van Wilding wilde laten scheiden. 'Ik hoop dat ze er veel tijd voor neemt om haar volgende stap goed te overdenken,' zei Hedda Hopper. Maar Todd aarzelde niet en kocht voor 92.000 dollar een diamanten ring, waarvan de steen de grootte van een ijsblokje had. Daar de première van *Around the World in 80 Days* ophanden was, hield zijn persagent Bill Doll een persconferentie over de 'werkelijke verlovingsring' tegen. 'De diamant is alleen maar 29,5 karaats, omdat Mr. Todd vindt dat 30 karaats te gewoontjes is,' verklaarde hij later voor de verzamelde pers. Trots liet Liz haar diamant zien. Toen een van de verslaggevers de steen ter grootte van een klein kippeëi aanzag voor een modern sieraad en vroeg wat ze aan haar vinger droeg, schreeuwde Taylor: 'Wat is dat, vraagt die lul. Dat is dé steen, klootzak!'

Op 17 oktober 1956, de dag van de première, werd haar verloving officieel bekendgemaakt. Liz was intussen zo onderdanig aan Todd, dat ze ten gunste van zijn film *Around the World in 80 Days* niet bij de première verscheen van haar eigen film *Giant*, die op dezelfde dag in Los Angeles plaatsvond.

Hoewel de critici Todds werk bestempelden als 'een heerlijk onderhoudend geval', dat 'aan Cecil B. DeMille en keizer Nero' deed denken, sleepte Todd toch nog aardig wat filmprijzen in de wacht. De film leverde in de eerste week 30 miljoen dollar op en Todd begon het meteen met handen vol tegelijk uit te geven. Hij huurde een vliegtuig, een luxueuze Lockheed Lodestar, en doopte het *Lucky Liz*. De werkelijke *Lucky Liz* werd met geschenken overladen. 'Ik kon haar geen groter plezier doen dan haar een diamanten diadeem te schenken,' pochte hij tegenover een vriend. 'Toen ik hem aan haar gaf rende ze er meteen mee naar de slaapkamer en zette hem op. Vervolgens kwam ze poedelnaakt terug en maakte sprongetjes van vreugde voordat ze uiteindelijk kraaiend van plezier op mijn schoot belandde.'

Ongeremd gaven ze uiting aan hun liefde en seksuele bezetenheid. 'Tijdens een party kregen de twee ruzie,' herinnerde Debbie Reynolds zich. 'Ze smeten elkaar schreeuwend allerlei verwensingen naar het hoofd totdat Mike opeens de japon van Liz' lijf scheurde en in haar borsten beet. Hij tilde haar op en in een kamer ernaast bedreven ze luidruchtig de liefde, terwijl ik de gasten het dessert liet serveren. Toen ik hen later vroeg zulke scènes achterwege te laten, lachten ze me uit en noemden me de eeuwige padvinder.'

Op de vraag van regisseur Silvan Simon hoe het was om op Taylor verliefd te zijn, antwoordde Todd: 'Elke minuut die deze vrouw niet met me in bed doorbrengt, is verloren tijd.'

In Hollywood geloofde men zijn eigen oren niet toen Todd Elizabeth in het openbaar 'Lizzie Schwarzkopf' noemde en haar daarbij een flinke klap op haar achterste gaf. 'Allemachtig, wat ben jij vet geworden,' zei hij tegen zijn verloofde, waarop ze giechelend reageerde. De vraag wanneer het huwelijk nou eindelijk zou plaatsvinden, kon hij niet beantwoorden. 'Lizzie Schwarzkopf heeft me nog niet gevraagd!'

In november 1956 bezochten Liz en Todd Lord Beaverbrook op de Bahama's. Op de terugreis gleed Taylor bij hoge zeegang uit op het dek en viel op haar rug. De pijn was zo erg, dat ze niet meer kon lopen. Todd droeg haar naar de kajuit en wilde er een arts bijhalen. 'Dat hoeft niet,' protesteerde Taylor. 'Ik weet zeker dat er niets ernstigs met mijn rug aan de hand is. Ik had er altijd al problemen mee. Bovendien zijn we op een party uitgenodigd, iets verschrikkelijk deftigs, en ik heb speciaal daarvoor een nieuwe jurk gekocht.'

De volgende morgen werd Elizabeth in het Columbia Medical Center in New York opgenomen. Daar stelden de artsen vast dat er drie tussenwervelschijven ontbraken. De doktoren wilden direct opereren, maar Taylor weigerde dat. Ten slotte belde Todd op en zei: 'Je houdt je mond en blijft daar!'

Binnen enkele dagen verslechterde de gezondheidstoestand van Taylor. 'Ik voelde hoegenaamd niets meer. Ik was volkomen verlamd.' De operatie duurde vijf uur. Toen Liz uit de narcose ontwaakte begon ze meteen te krijsen: 'Verdomme, waar zijn mijn ring en mijn juwelen?'

Door haar ziekenkamer in een museum te veranderen hield Todd Liz in een goed humeur. Behalve een Van Gogh hingen er een Pissarro, een Monet, een Renoir en (de) Frans Hals aan de muren. Tegenover de pers verklaarde hij de eigenaar van de schilderijen en kunstkenner te zijn. Kort voor zijn dood, in het jaar 1958, liet hij de schilderijen na aan het Los Angeles County Museum. 'Todd schenkt museum zeldzame schilderijen' stond met grote koppen in de *Los Angeles Tribune*. Maar uit de akten van het museum blijkt overduidelijk dat alle schilderijen toebehoorden aan Elizabeth Taylor, die ze een jaar later terughaalde. Ze moest op de koop toe nemen dat haar Van Gogh door 'kunstkenner' Todd tijdens het transport met een potlood was doorboord.

2

Op 14 november 1956 maakte Liz in Santa Monica de eis tot echtscheiding van Wilding aanhangig. Maar Todd wilde het trage verloop van een Californische scheiding niet afwachten. Twee dagen nadat Taylor uit de kliniek was ontslagen, vlogen ze naar het echtscheidingsparadijs: Mexico City. Daar werd de eis tot echtscheiding echter afgewezen. 'Ik houd niet van overijlde scheidingen en huwelijken en zal mijn medewerking er dan ook niet aan verlenen,' zei de rechter. Taylor huilde tranen met tuiten en Todd vervloekte de man.

Van Mexico City ging de reis naar Acapulco. Ook Michael Wilding hadden ze gevraagd daarheen te gaan, zodat ze die bij het ontstaan van nieuwe moeilijkheden bij de hand hadden. Michael kwam er op 24 januari aan en antwoordde op een vraag van een verslaggever of hij op een verzoening met Liz hoopte: 'Goeie hemel, nee! Die twee verdienen elkaar.'

Ook in Acapulco werd de eis tot echtscheiding afgewezen. Met het oog op de aanstaande verkiezingen wilde geen enkele rechter of politicus de rooms-katholieke gemoederen in beroering brengen. Pas na lang zoeken werd een gewillige rechter gevonden, die weldra met pensioen zou gaan. Op 31 januari 1957 ondertekenden Elizabeth Taylor en Michael Wilding de scheidingspapieren. Todd deed de huwelijksaankondiging en nodigde 34 gasten uit.

De bruiloft zou in de villa van Fernando Hernandez in Puerto Marquez plaatsvinden. 'Over de hele dag verspreid kwamen er vrachtwagens met kostbare lading aan,' wist Debbie Reynolds zich te herinneren. 'Het was een typische Toddproduktie. Duizenden witte gladiolen en orchideeën, dozijnen kisten champagne, manden vol krab, garnalen en kreeft werden aangevoerd. Kaviaar werd met kilo's tegelijk uit het nabij gelegen Havanna overgevlogen. Uit Mexico City liet Todd een Mariachi-Band overkomen en uit New York een jazzband. De Mexicaanse komiek Cantinflas had als speciale verrassing een vuurwerk voorbereid, dat de initialen van de bruid en bruidegom aan de hemel zou laten prijken.'

Terwijl Todd de dag doorbracht met de organisatie van het feest, zat Liz met Debbie en Eddie Fisher bij het zwembad en liet zich vollopen met champagne. De Reynolds: 'Mike wilde per se door een rabbi in de echt worden verbonden, maar toen hij die niet kon vinden, verleende hij zonder aarzeling de burgemeester van Acapulco de grote eer. Bij het ondergaan van de zon liep ik met Elizabeth naar de kamer en probeerde haar weer enigszins nuchter te krijgen. Haar trouwjapon was een hyacintblauwe cocktailjurk van Helen Rose en haar hoofd werd bedekt door een sluier. Kort voor het huwelijk gaf Mike haar een diamanten collier, met daarbij behorende oorbellen en een ring. Gezamenlijke waarde: 250.000 dollar.'

Liz was zo dronken dat ze niet kon lopen of staan. Todd zette haar op een stoel en liet haar naar de plaats brengen waar het huwelijk werd voltrokken. De toestand van de bruid bleef voor de huwelijksgasten niet verborgen. Tegen de pers, die door 60 bodyguards van de Mexicaanse regering voor de villa in toom werd gehouden, liet men zeggen dat de draagstoel nodig was, omdat Liz anders haar rug bezeerde.

De burgemeester voltrok het huwelijk in slecht Spaans, waarvan Taylor geen woord verstond. Zo nu en dan zei ze te pas en te onpas: 'O, wat interessant!' Haar ja-woord bestond uit een stevige oprisping. Daarna stortte ze zich in de armen van haar nieuwbakken echtgenoot.

De volgende morgen werden de gasten er zonder aarzeling uitgebonjourd. De wittebroodsweken zouden slechts van korte duur zijn, want Todd was de wereldwijde première van zijn filmwerk aan het voorbereiden. Als entertaining engageerde hij het Ballet Africain.

'Ik ben met een roulettetafel getrouwd,' zei Taylor tegen Hedda Hopper door de telefoon, waarop deze Todd de raad gaf: 'Verwen haar niet te veel, ze is al verdorven genoeg.' Maar dat was hij nu juist wèl van plan. Hij was een moderne piraat die de wereld had uitverkoren om door hem te worden geplunderd. Elizabeth was die hartenvrouw aan wier voeten hij de buit van zijn strooftochten wilde leggen.

'Waarom ik het huwelijk zo doordreef?' zei Todd tegen Hedda Hopper. 'Nou, ik wilde van mijn kleine vette Lizzie

Schwarzkopf eindelijk Lizzie Todd maken, zodat ik zonder gewetensbezwaren met haar kon neuken.' Maar Hedda Hopper vermoedde dat er andere redenen achter staken en kreeg gelijk. Reeds in het Columbia Medical Center in New York hadden de artsen vastgesteld dat Elizabeth zwanger was. 'Vanwege mijn rugproblemen raadden de artsen me een abortus aan.' Todd was ertegen.

Op 26 mei 1957 maakte de persafdeling van MGM bekend dat Elizabeth een kind verwachtte.

Begin april reisden de Todds met de *Queen Elizabeth* naar het filmfestival van Cannes. Ze werden vergezeld door de zoons van Liz, Mike en Christopher, een kinderjuffrouw, een Japanse secretaresse en drie witte poedels. De Rolls-Royce van Todd stond al in Cherbourg gereed.

Todd had voor de duur van drie maanden de villa Fiorentina in de buurt van St. Jean-Cap-Ferrat gehuurd. 'Die bood de zwangere Liz de nodige rust en afzondering,' vertelde Mikes secretaresse. Voor de première huurde hij het elegante 'Edwardiaanse' wintercasino op de Croisette af en nodigde duizend gasten plus de gezamenlijke pers uit. Zoals paste in het kader van dit spektakel, werd een compleet circus overgevlogen, zodat de gasten tussen leeuwe- en tijgerkooien hun kaviaar en gerookte zalm konden verorberen.'

In het casino waren de Todds, anders dan destijds de Hiltons, graag geziene gasten, daar Todd 'altijd zakgeld ten bedrage van 10.000 dollar bij zich had en het verspeelde.'

De première in Parijs was voor Liz aanleiding tot het doen van zeer grote aankopen bij Balenciagia en Dior, terwijl Todd voor 71.428 dollar een Degas, een Utrillo en een Vuillard uit de verzameling van Ali Khan kocht. Voor Liz kocht hij een collier van smaragden en diamanten oorhangers.

Voor elke gunst die hij haar bewees overlaadde Liz haar 'machtige Mike' met kussen, maar ook op andere momenten waren hun lippen zelden los van elkaar. Ze rollebolden met elkaar over de vloer en terwijl hij kreunde, liet Liz schrille kreetjes van genot horen. Daarvan maakten de verslaggevers even enthousiast melding als hun ruzies, scheldpartijen, vloeken en veelzeggende handgebaren.

Op 2 juli 1957 kwamen ze in Londen aan. Sedert de kroning van Elizabeth II had Engeland geen opzienbarender spektakel beleefd.

'We geven net zoveel geld uit als jij verdient, pa,' telegrafeerde Mike Todd junior naar zijn vader in Londen. Todd straalde van trots.

Het premièrefeest stond onder het beschermvrouweschap van de hertogin van Kent en haar dochter Alexandra, en voor de eerste keer in haar leven was Liz op tijd. Ze droeg een koraalrode chiffon japon, die haar zwangerschap grotendeels verdoezelde, en een daarbij passende robijnen collier van Van Cleef & Arpels. Toen de hertogin haar vroeg of ze een jongen of een meisje wilde, antwoordde Liz: 'Een meisje. De wereld is voor een tweede Mike Todd nog lang niet rijp.'

Voor het premièrefeest had Todd Battersea Gardens afgehuurd. Toen de 1.500 gasten aankwamen, speelden zeven orkesten gelijktijdig verschillende melodieën. De kelners droegen Victoriaanse kostuums. De champagne vloeide rijkelijk, en waar je ook keek ontdekte je welgestelden en beroemdheden die zich als kinderen amuseerden. Laurence Olivier en Vivien Leigh vermaakten zich op de draaimolen, Douglas Fairbanks en zijn vrouw knalden als kamikaze piloten met hun botsautootjes tegen andere aan. De hertogin van Marlborough at hamburgers van een kartonnen bordje. Sir Harley Shawcross draaide Debbie Reynolds met vlotte tangopassen in de rondte en Michael Wilding leerde op deze avond zijn toekomstige vrouw Susan Nell kennen. Het eten, de typische fish and chips, werd geserveerd in uitgaven van de *Times* uit 1893, het jaar waarin Phileas Fogg aan zijn wereldreis begon. Er waren lekkernijen uit alle landen die Fogg tijdens zijn reis had bezocht.

Todd scheen aan alles te hebben gedacht. Toen het begon te regenen, liet hij aan zijn gasten regenjassen en paraplu's uitdelen, waarop in reusachtige letters zijn naam stond.

Slechts één ding hadden de Todds vergeten: hun paspoorten. Daar Mike per se op 4 juli aan zijn terugreis wilde beginnen, opende het consulaat ondanks de grote feestdag zijn deuren.

Tijdens de overtocht kreeg Elizabeth plotseling weeën. 'Ik

had al twee keizersneden achter de rug, omdat een normale geboorte voor mij onmogelijk was. De weeën kwamen eerst elke twintig, daarna elke vijftien, elke tien, elke vijf minuten. De scheepsarts snapte er niets van. Ik had het idee dat hij dacht dat baby's uit je neusgaten kwamen. Mike werd volslagen krankjorum en ten slotte wist hij mijn gynaecoloog in New York te bereiken. Deze adviseerde om me te verdoven om zo de weeën te stoppen. Dat ging goed.'

In New York aangekomen werd Taylor direct in het ziekenhuis opgenomen. De elastische banden die óver haar buik waren gespannen en die dienden om haar rug te ontlasten, hadden het kind onder haar borstkas gedrukt en haar hart ongeveer 2,5 centimeter verschoven. Op 6 augustus besloten de artsen het kind met een keizersnede te halen. Liz protesteerde, maar Todd gaf zijn toestemming.

Het kind scheen dood te zijn; het ademde niet. De artsen zeiden tegen Mike: 'We hopen uw vrouw erdoorheen te halen, maar de baby is dood.' Maar toch lukte het een arts de baby weer tot leven te brengen. De trotse vader verklaarde tegenover de pers: 'Liz en ik zijn dankbaar dat onze wens in vervulling is gegaan.' Hij schonk zijn kleine, 4 pond wegende, dochter een gouden haarborstel van Tiffany, met de inscriptie: 'Lieve Liza, ik wilde eigenlijk een platina borstel voor je kopen, maar mammie zei dat ik je niet mocht verwennen.'

De volgende dagen schepte Todd op: 'Ik heb de beste film van het jaar, de geweldigste vrouw van het jaar en nu ook nog de mooiste baby van het jaar. Vergeleken met haar kind ziet de moeder eruit als Frankenstein.' (De verslaggevers vermoedden dat Todd het monster bedoelde.) 'Het enige wat ik van kinderen afweet, is dat ze overal voor half geld naar binnen mogen.'

Een week na de geboorte van Elizabeth Francis Todd, die van nu af aan Liza werd genoemd, telegrafeerde Mike met de Italiaanse portretfotograaf Annigoni en vroeg hem naar Amerika te komen om een familiefoto te maken. Annigoni, die pas kort geleden Elizabeth II geportretteerd had, telegrafeerde terug dat moeder, vader en kind maar naar Florence moesten komen. Twee maanden later deden ze dat. Het familieportret werd door Elizabeth Taylor, de 'aartsmoeder', gedomineerd.

Na de geboorte van zijn dochter wijdde Todd zijn aandacht aan belangrijker dingen: de première van *Around the World in 80 Days* had precies een jaar geleden op 17 oktober plaatsgevonden, en hij was van plan dat uitbundig te vieren. Hij huurde daarvoor Madison Square Garden af, 'de enige plaats ter wereld waar Liz en ik nog geen ruzie hebben gemaakt.' Todd nodigde alleen gasten uit met wie hij goed bevriend was, een aantal van 18.000 man. De reusachtige hal werd door Vincent Korda van decoraties voorzien, die hij speciaal uit Londen liet overvliegen. Aan de voorzijde van de hal verhief zich een acht meter grote afbeelding van Todds Oscar, die Korda met goudkleurige chrysanten had laten namaken. In het midden stond de viereneenhalve meter hoge, lichtblauwe geglazuurde verjaarstaart. Mike troggelde CBS 300.000 dollar af. Daarvoor mocht de omroep het feest live in de huiskamers van 50 miljoen Amerikaanse gezinnen brengen. Overal bedelde hij bij firma's om giften in natura. Als tegenprestatie werden ze in de aftiteling van de televisie-uitzending als sponsors vermeld. Zo vergaarde Todd zes auto's, een Cessna, 25 hifi-toestellen, 20 broodroosters, 500 platen, 400 kisten sigaren, 50 harmonica's, 6 motoren, 100 fototoestellen, 6 schrijfmachines, 40 nertsstola's, 250 flessen wodka, 100 ivoren stokjes, 2.000 flessen champagne, zes pistolen en 40 Siamese katten; de laatste waren afkomstig van de koning van Thailand. 15.000 hotdogs, 10.000 pizza's, 15.000 doughnuts en 10.000 hardgekookte eieren zorgden ervoor dat het verhemelte culinair werd gestreeld.

Tot de geïnviteerde sterren behoorden Shelley Winters, Ginger Rogers, Sir Cedric Hardwicke, Tony Curtis, Janet Gaynor en vele anderen. De kosten werden op 250.000 dollar geschat, maar dank zij zijn organisatietalent kon Mike op het eind van de avond hetzelfde bedrag als winst boeken.

Toen op 17 oktober 1957 George Jessel, de gastheer van de avond, de feestelijkheden van start liet gaan, ging alles mis wat er maar mis kon gaan. 'Er was sprake van een algehele chaos,' vatte *Variety* samen. De kelners verdunden de champagne en verpatsten de flessen voor 10 dollar per stuk. De entertainers stortten zich als eersten op het eten. Toen de genodigden zich daarover beklaagden, ontstond er een verhitte vechtpartij. Roomijs, pizza's en doughnuts vlogen door de zaal. Iemand met een bonbonwagentje beschoot de gasten met de zoetigheden.

Dit beviel de man van de hotdog-kraam zo goed, dat ook hij de gasten begon te bekogelen met hotdogs die met mosterd waren besmeerd. Ten slotte klom Elizabeth op de taart en stopte haar hand er diep in. Met een luid waarneembaar 'mmm' keurde ze hem goed en sneed hem aan. De televisiecommentatoren werden verdrongen en toen de gastheer een blik op het spektakel wierp, liet hij aan Todd vragen of hij Madison Square Garden tot rampgebied moest uitroepen. Todd wees het voorstel lachend van de hand.

'In de dagen van de beruchte Romeinse banketten, die aan de val van het Romeinse rijk voorafgingen, waren de deelnemers gewend om in een daarvoor bestemde ruimte te braken, om zich daarna weer vol te kunnen proppen met overdadig voedsel. Ondanks zijn organisatietalent had Mike Todd verzuimd zijn feest van iets dergelijks te voorzien, zodat de meeste deelnemers voor de draaiende camera's maar gewoon op de grond kotsten' (*Variety*). Het merendeel van de sterren nam na enkele uren de vlucht waarna de toeschouwers, die buiten de hekken stonden, toegang kregen.

Toen de party zodanig uit de hand was gelopen dat zelfs de door de wol geverfde Todd het feest wilde beëindigen, riep George Jessel vanaf de galerij: 'Zo'n avond zal er nooit meer komen. Niemand kan zoiets twee keer overleven.'

De media briesten. De aanvallen tegen Todd gingen door totdat het paar op wereldtournee ging. Maar reeds in Sydney raakten beiden begin november 1957 in moeilijkheden, toen ze elkaar in het openbaar hartstochtelijk kusten en Todd naar de borsten van zijn vrouw greep. 'Het zijn de primitiefste mensen die ooit deze stad hebben bezocht,' oordeelde de pers.

In Hongkong probeerde Todd een negatieve pers te voorkomen. Hij lanceerde het aandoenlijke verhaal dat hij voor een arme Chinese familie een woonboot had gekocht, omdat hun dochtertje Liz als een 'godin' vereerde. In de Britse kroonkolonie moesten ze echter niets hebben van Todds grootheidswaanzin. Teleurgesteld over de slechte pers klaagde Taylor over hevige pijnen en hield vol aan een acute blindedarmontsteking te lijden. Haastig vlogen de globetrotters terug naar de Verenigde Staten, waar Liz haar blindedarm liet verwijderen. 'Eigenlijk was de ingreep niet nodig geweest,' zei ze jaren later. 'Maar ik wilde eindelijk weer eens met Mike alleen zijn.' Toen ze het ziekenhuis verliet, verklaarde Mike: 'Dit was de laatste operatie in ons huwelijk.' In vertrouwen zei hij tegen vrienden dat Elizabeths hypochondrie en operatiezucht hem eigenaardig voorkwamen. 'Ze is toch een gezond meisje, ik weet absoluut niet waar dat allemaal voor nodig is.'

Van New York ging het weer verder naar Rusland. 'Dit is de enige plaats ter wereld waar ik niet Mr. Taylor ben,' zei Todd verheugd. In Rusland was Taylor onbekend. Tijdens een banket vroeg Chroesjtsjovs vrouw belangstellend welk beroep de 'aantrekkelijke jongedame' uitoefende. Liz was dolgelukkig toen er op het Rode Plein een meisje op haar af kwam rennen om een handtekening te vragen. Het kind dacht dat Liz Marilyn Monroe was.

Taylor was door de Amerikaanse ambassadeur gewaarschuwd dat hun kamer van microfoons was voorzien. 'Hardop zei ik in onze suite: "Ik wou dat we kaarten voor het Bolshoi Theater konden krijgen." De volgende dag hadden we twee kaarten.'

Een andere truc lukte niet. 'Ik had gehoord dat het typisch Russisch was iemand datgene te schenken wat men lang en bewonderend bekeek. Dus ging ik naar het museum en keek lang en bewonderend naar de Russische kroonjuwelen. Ik stond daar en bewonderde en bewonderde, keek en keek, maar er gebeurde niets. Toen ik de juwelen zag die de tsaar als versiering voor zijn paarden had gekocht, wenste ik van ganser harte dat ìk een van die paarden was geweest.'

Na hun aankomst in Parijs liet Todd niets onbeproefd om de aandacht van de pers naar zich toe te trekken en kondigde aan dat hij Tolstoj's *Anna Karenina* met Elizabeth ging verfilmen. 'Het was niet mogelijk het Russische leger voor de verfilming van *War and Peace* in te huren, daarom verfilmen we nu een ander boek van Tolstoj. Ik heb al met hem getelefoneerd en hij heeft me de rechten toegezegd. Treinen zijn gemakkelijker te hanteren dan soldaten.'

Weer thuis begon Todd met MGM te onderhandelen. Ofschoon Liz nadrukkelijk had beweerd nooit meer voor Metro te willen werken, vond Mike het toch zinvol zich met de grote studio te verzoenen.

'Ik wilde beslist dat Liz de rol van Maggie in *Cat on a Hot Tin Roof* zou spelen,' vertelde Berman. 'Maar Liz vond het maar niks, dus toen ik Mike toevallig ontmoette, vertelde ik hem over Williams' successtuk en wat voor een mooie rol Maggie toch wel voor Liz zou zijn. De volgende morgen belde ze me meteen op en zei dat ze blij was dat dit haar laatste rol voor MGM zou worden.' Direct ging Kurt Frings, de nieuwe agent van Elizabeth, over het contract onderhandelen. Voor *Cat on a Hot Tin Roof* zou ze 125.000 dollar krijgen. Verder wilde ze voor 4.850 dollar (40 gegarandeerde weken lang) in de grote studiofamilie verblijven. Het nieuwe contract zou direct op 1 januari 1958 van kracht worden, een dag na afloop van het lopende contract. Met Elizabeth in de hoofdrol werd het budget voor *Cat on a Hot Tin Roof* tot 2 miljoen dollar verhoogd.

'Williams had daarvan al 450.000 dollar voor de filmrechten, en Fox 25.000 dollar voor Paul Newman ontvangen,' vertelde regisseur Richard Brooks. 'Dit betekende dat we de film in zwart-wit hadden moeten draaien. Stelt u zich de waanzin eens voor: de violetkleurige ogen van Taylor en de helblauwe ogen van Paul en dat alleen in zwart-wit. Ik beklaagde me bij Berman, maar Pan verwees me naar Todd. Nog dezelfde middag kwamen de drie "kraaien" van de studioleiding bij me langs: Benny Thau, Eddie Mannix en Lawrence Weingarten. "Waarom wilt u de film eigenlijk in zwart-wit draaien?" vroegen ze me. "Oké," zei ik, "dan draaien we hem toch in kleur." Toen vroegen ze: "Wat zou het kosten om de decors en de kleding opnieuw in kleur te vervaardigen?" Ziet u, ze dachten werkelijk dat alles er zwartwit uit moest zien voor een zwart-witfilm.'

Voor de opwindende satijnen onderjurk, een complet bestaande uit rok en blouse, en de witte jurk was Helen Rose verantwoordelijk. 'Alles beviel Liz, behalve de witte japon. Dus trok ze de onderjurk aan, liep heupwiegend Richards kantoor binnen en draaide zijn hoofd om,' herinnerde Helen Rose zich. 'Verhit kwam hij naar me toe gerend en zei dat Liz alles aan kon trekken wat ze maar wilde.'

De eerste scène zou de volgende dag gedraaid worden,

dus ontwierp Helen 's nachts een korte japon van chiffon, met een diep decolleté en een nauwe taille. 'Toen Todd op 5 maart 1958 zijn vrouw naar de set bracht, raakte hij dermate opgewonden toen hij Liz in die jurk zag, dat ze de eerstvolgende twee uur in haar kleedkamer doorbrachten.'

Todd verlegde zijn zaken naar de studio en week niet meer van haar zijde. Als volgende produktie bereidde hij *Don Quijote* voor, met Liz als Dulcinea. Liz en Mike waren tijdens de eerste draaidagen één hart en één ziel. 'Todd was zo trots als een aap op het acteertalent van zijn vrouw.' Paul Newman daarentegen ondervond bepaalde moeilijkheden en was er verbaasd over hoe weinig er van de rol in Taylor terug te vinden was. 'Ze is absoluut leeg,' beklaagde hij zich bij Richard Brooks. 'Geen zorgen, Paul, als we beginnen zal ze er voor honderd procent zijn,' troostte Brooks hem.

Voor de film waren slechts 34 draaidagen uitgetrokken, waardoor Brooks erop moest letten dat hij zich strikt hield aan het draaischema. 'Op een dag dook Mike op en zei: "Ik heb een geweldig idee. We vliegen dit weekend met z'n allen naar New York en gaan eten in *Club 21.*" Ik wist dat Mike dat weekend door de *Friars Club* in het *Waldorf Astoria* als Showman van het Jaar gehuldigd zou worden. Maar het behoorde ook tot de traditie van de club dat ze hun slachtoffer genadeloos in de maling namen, en dat wilde hij natuurlijk niet in z'n uppie over zich heen laten komen. Ik moest afzeggen en Mike vertellen dat Elizabeth al tijdens de draaidagen koorts had en waarschijnlijk een verkoudheid had opgelopen. Daar onze tijd uitgesproken krap was, moest ik erop staan dat Liz in het weekend uitziekte om maandag weer fit te zijn.' Nadat Todd ook van Warren Cowan, Kurt Frings en Joseph L. Mankiewicz de kous op de kop had gekregen, nam hij samen met zijn biograaf en kameraad Art Cohn het vliegtuig. En passant konden ze dan Cohns volgende project, een biografie over Elizabeth, bespreken.

'Mike gaf me een afscheidskus,' vertelde Elizabeth. 'In de namiddag was er een zwaar onweer losgebarsten, maar hij geloofde dat het niets uitmaakte. "Ik ben zo gelukkig, ik heb zoveel bereikt, dat ik vrees dat me binnenkort iets verschrikkelijks overkomt," zei hij. Ik geloof dat we allebei huilden.

Bij mensen die je liefhebt, heb je soms een voorgevoel van naderend onheil. Uiteindelijk liep hij bij me vandaan, maar kwam nog vijf of zes keer terug om opnieuw afscheid te nemen.'

Mike had haar beloofd haar tijdens een tussenstop in Albuquerque op te bellen. 'Dat zou tegen zes uur plaatselijke tijd zijn. Ik sliep uitgesproken slecht. Tegen vijf uur wreef Bea mijn rug in met alcohol, want ik was kokend heet. Toen het telefoontje niet kwam, dacht ik: hij zal wel denken dat ik slaap. De kinderen sliepen. Zes uur, half zeven - nog steeds niets. Zeven uur - niets. Ik raakte in paniek. Ik kreeg een akelig voorgevoel, maar ik probeerde er met mijn verstand tegen te vechten. Hij belt niet, dacht ik, omdat hij aanneemt dat ik nog slaap, en hij wil me niet wakker maken. Dus wachtte en wachtte ik.'

Het was Jim Bacon, een verslaggever van Associated Press en een vriend van Todd, die als eerste op de hoogte werd gesteld dat het vliegtuig was verongelukt. Op weg naar Tulsa kwam de *Lucky Liz* in een hevige storm terecht en stortte boven de Zunibergen in New Mexico neer. Bij de explosie kwamen alle inzittenden om het leven en werden onherkenbaar verminkt. Todd kon slechts aan de hand van zijn trouwring en tanden worden geïdentificeerd. Jim stelde Todds secretaris, Dick Hanley, op de hoogte, die samen met dr. Rex Kennamer het droevige bericht aan Elizabeth moest overbrengen. Brooks, die door Hanley verzocht werd langs te komen, herinnerde zich: 'Toen ik bij het huis aankwam hoorde ik een verschrikkelijk geschreeuw. Voor het huis hadden zich de buren en vele nieuwsgierigen verzameld. Kennamer had weliswaar geprobeerd Liz te kalmeren, maar kort voor mij waren Mannix en Benny Thau aangekomen en hadden gevraagd wanneer Liz dacht verder te kunnen gaan met de film. Grote genade, de kraaien dachten alleen maar aan hun verlies. Liz was over de rooie. Toen ik de kamer binnenkwam, krijste ze: "Ben je ook alleen maar hiernaar toe gekomen om me te vragen wanneer ik weer kan werken?" en ze overlaadde me met een hele massa liederlijke beledigingen en vloeken. Maar ik zei tegen haar dat ze haar krachten maar beter voor de aanstaande begrafenis kon bewaren. "Laat de film de film. We zullen zonder jou draaien en als je helemaal niet meer wilt komen, zullen we voor jou wel vervanging vinden."'

Debbie Reynolds nam de kinderen bij zich. Toen Elizabeths ouders en haar broer Howard met zijn vrouw Mara aankwamen, was ze nog steeds niet gekalmeerd. 'Ze zag eruit als een geest; een figuur uit een Griekse tragedie. We waren bang dat ze elk moment gek zou worden,' aldus Sara. Daar gevreesd werd dat Elizabeth zelfmoord zou plegen, besloten enige vrienden bij haar te blijven. Behalve Helen Rose en Sidney Guilaroff kwam ook Michael Wilding bij haar. 'Maar toen ze Michael zag, begon ze opnieuw tekeer te gaan,' wist Debbie Reynolds te vertellen. 'Michael voelde zich diep gekrenkt. Hij begreep niet waarom ze zijn steun afwees. De daaropvolgende week bracht hij door aan onze bar. Hij was er zeker van dat ze hem spoedig wilde zien en zich dan misschien met hem zou verzoenen. Maar ik wist zeker dat dat wel het laatste was wat Liz in gedachten had.'

Er kwamen meer dan 3.500 telegrammen binnen, die in grote dozen werden verzameld en in de slaapkamer van Liz gezet. De brief van president Eisenhower gaf men haar als eerste te lezen. In een helder ogenblik verzocht ze om in plaats van bloemen en kransen te kopen het geld aan het kinderhospitaal te schenken. Vervolgens gaf ze zich weer over aan haar verdriet en dreigde met zelfmoord. Dit ergerde haar schoonzuster Mara dermate, dat deze haar flink de mantel uitveegde. 'Je hebt drie kinderen. Mike zou woedend zijn als hij je zo zag.' Maar dat veroorzaakte alleen maar dat Liz nog hysterischer werd.

In de namiddag deelde Mikes broer, David Goldbogen, de pers mee dat de begrafenis in besloten familiekring zou plaatsvinden. De familie had een graf in Chicago gekocht. Toen Liz dat hoorde, ging ze als een razende tekeer. Ze wilde dat Mike in Hollywoodse aarde werd begraven. Ze zwaaide het raam open en zei tegen de wachtende pers dat men de plaats naast Todd voor haar vrij moest houden, omdat ze hem spoedig zou volgen. Niet zeker waartoe de zesentwintigjarige weduwe in staat was, kocht David Goldbogen voorzichtigheidshalve het hele graf en schonk het aan Todds weduwe. 'Iets anders had Liz ook niet verwacht,' was het droge commentaar van haar moeder.

3

'Nauwelijks was het nieuws bekend of de aasgieren begonnen boven het hoofd van Liz rond te cirkelen,' beschreef Berman de situatie. 'Iedere man wilde de volgende Mr. Taylor worden.'

Ook Howard Hughes rook nieuwe kansen. Via Noah Dietrich condoleerde hij Taylor en stelde haar voor de vlucht naar Chicago een DC-7 ter beschikking. 'Bovendien moest ik haar zeggen dat zijn aanbod nog steeds van kracht was. Toen ik het haar zei, zette ze grote ogen op en gooide me het eerste het beste voorwerp dat ze kon pakken naar m'n hoofd,' herinnerde Dietrich zich. Maar toch vloog ze met de DC-7 naar Chicago.

Samen met haar broer Howard, Eddie Fisher, dr. Kennamer, Dick Hanley en Helen Rose alsmede een paar verslaggevers en vrienden van Mike, begon Liz, verdoofd door sterke kalmeringsmiddelen en whisky, aan de reis.

In Chicago moest ze uit het vliegtuig worden gedragen. Mike Todd junior haalde haar af. Toen de wachtende menigte de auto zag, versperde die hen de doorgang. 'Het leek alsof we in een surrealistische nachtmerrie terechtgekomen waren,' zei Richard Hanley. Het duurde uren voordat de rouwenden het *Drake Hotel* bereikten, waarvan men een hele verdieping had afgehuurd.

Op de morgen van 25 maart 1958 zette de rouwstoet, geflankeerd door twee politiewagens, zich in beweging. 22.000 mensen waren gekomen om de weduwe van Todd te zien. Ze klommen in bomen en op grafzerken, stonden langs de weg en strooiden bierblikjes en papierafval rond. 'Het deed denken aan een buitenissige picknick. Het was een stormachtige maand maart in Chicago. Ik herinner me patatzakjes die ronddwarrelden in de wind, lege colaflessen, die overal verspreid lagen en kinderen, die gierend van de pret over de grafstenen klommen. Toen de wagens voorreden, lieten ze allemaal hun picknick in de steek en kwamen schreeuwend naar de auto's toerennen, alsof het hier om een filmpremière ging,' vertelde Taylor later.

Over het graf was een tent geplaatst, die een beetje beschutting bood. Toen Taylor de kist zag, stortte ze in. Terwijl ze in elkaar gedoken op een stoel de rouwplechtigheid aan zich voorbij liet gaan, schreeuwde de wachtende menigte: 'Liz! Liz! Liz!'

De terugreis naar Chicago deed Eddie Fisher denken aan een scène uit *A Star is Born*. 'Toen Liz de tent verliet, stortte de menigte zich op haar. Ze rukten haar de sluier en de hoed van het hoofd en probeerden nog meer kledingstukken te pakken te krijgen. Rex, Mike, Howard en ik wilden haar beschermen. Eindelijk kwamen we bij de wagen, maar we konden niet wegrijden omdat er zich te veel mensen omheen verzameld hadden. Ze schudden de auto zo hard heen en weer, dat we bang waren dat hij elk moment kon omkiepen.'

In Hollywood hield George Jessel de rouwtoespraak: 'Jaren geleden konden we Mikes stem bij de World Fair in Chicago horen roepen: "Kom naar boven, kom kijken naar het kleine meisje in het aquarium" – het kostte maar een dubbeltje. Binnen twee decennia ging het er heel anders aan toe: "Picasso? Pak de schilderijen maar voor me in. Dat wordt een mooi zondagscadeautje voor Elizabeth."'

Elizabeth trok zich in haar huis terug. 'Het hemd dat Mike had gedragen voor hij wegging, de pyjama's die hij had aangehad, bewaarde ik allemaal onder mijn kussen. Er zat nog de lucht van Mike aan en ik gaf wekenlang geen toestemming om het beddegoed te verschonen. Ik liet alles in de kasten zoals het was geweest. Maar opeens kon ik al die dingen niet meer zien en liet ze weghalen.'

MGM was bezorgd om zijn film. 'Maar de problemen losten zich vanzelf op toen Mikes testament geopend werd en duidelijk werd dat de weduwe Todd behalve schulden niet veel werd nagelaten,' wist Berman te vertellen. Van de verzekeringssom van 3 miljoen dollar bleef na aftrek van alle verplichtingen nog precies 13.000 dollar over, die Liz met Mike junior moest delen. De huizen en auto's waren alle gehuurd. Van de 250.000 dollar baar geld moest nog belastingschuld over meerdere jaren worden betaald. De 35 miljoen dollar die *Around the World in 80 Days* had opgeleverd, was erdoorheen gejaagd. Op toekomstige inkomsten waren al voorschotten opgenomen en weer uitgegeven ook. Voor de rechten van *Around the World in 80 Days* bood Paramount Taylor 10 miljoen dollar, maar ze wees het aanbod van de hand. Direct na haar afwezigheid had MGM wekelijkse betaling ingesteld. De enige uitweg heette *Cat on a Hot Tin Roof*.

Richard Brooks en Paul Newman kwamen juist in de studio terug toen 'die Japanse (Todds secretaresse) op de set verscheen. Ze zei dat Liz me wilde spreken. Ik zei dat Liz me dan maar moest opbellen. "Ze wacht buiten," kreeg ik als antwoord. Voor de studio stond een reusachtige zwarte limousine met dichtgetrokken gordijntjes. De chauffeur opende het portier en in de auto zat Elizabeth,' vertelde Brooks.

'"Wat moet ik nou doen?" vroeg ze me. Ze zag er verschrikkelijk uit. Ze had zich de laatste tijd slechts met alcohol en tabletten gevoed. Dus raadde ik haar aan voorlopig alleen maar toe te kijken. Ze stapte meteen uit en ging op een grote stoel zitten. Toen ze wegging beloofde ze weer terug te komen.'

Dit spel zou zich nog vaak herhalen. Elizabeth kwam in een limousine, vroeg Brooks wat ze doen moest en bleef voor enige tijd op de set. 'Op een morgen zei ik: "Mike zei dat je er in de eerste opnamen prachtig uitzag. Hij was ervan overtuigd dat je een Oscar zou winnen. Nu is het aan jou." Ze keek me lang aan en antwoordde: "Goed, ik kom terug. Ik ben het aan Mike verschuldigd." "Wanneer?" vroeg ik. "Waarom niet nu meteen!" was haar antwoord.'

Brooks gaf haar het draaiboek te lezen. Ze draaiden net de scène waarin Big Mama te horen krijgt dat Big Daddy sterven zal. Liz moest daar alleen maar staan en zich op Big Mama concentreren. 'Toen Judith de zin zei: "Ik neem aan dat de dingen zich niet zo ontwikkelen als men ze droomt," moest ik weer aan Mike denken. We hadden zo veel plannen. We wilden bij elkaar blijven tot we honderd jaar oud werden. Aan de dood hebben we nooit gedacht. Al het verdriet van de laatste tijd kwam er nu uit. De tranen stroomden over mijn wangen. Ik kon gewoonweg niet meer ophouden met huilen. En Brooks liet de camera doorlopen.'

Brooks wilde Elizabeth ertoe brengen dat ze weer gewoon

ging eten. Dus zette hij op 15 april, de volgende draaidag, de verjaardagsmaaltijd van Big Daddy voor haar neus. 'Gewoonlijk wordt het eten met insektenspray bespoten en dus is het niet te genieten, maar Brooks en het team zorgden ervoor dat het eten vers was, en zo at ik voor het eerst sinds lange tijd weer goed. Ze herhaalden de scène en ik at maar door.'

Elizabeth had weer wat te doen, en het werk deed haar goed. Toch was ze nog steeds enorm verdrietig. Begin mei liep ze met de gedachte rond een eind aan haar leven te maken. Op 12 mei 1958 belde dr. Kennamer tegen zes uur 's morgens de regie-assistent op en deelde hem mee dat Liz niet bij de filmopnamen aanwezig kon zijn. Naar buiten toe drong slechts het bericht door dat ze de hele nacht ziek was geweest; in werkelijkheid echter had ze geprobeerd zich met slaappillen van het leven te beroven. Kennamer gaf jaren later toe: 'Door de dood van Mike had ze haar levenslust verloren en liet niets onbeproefd om zelfmoord te plegen.'

Verrassend genoeg had MGM geen nieuw project bij de hand toen Elizabeth weigerde de hoofdrol in *Two for the Seesaw* te aanvaarden. Sam Marx, die de kleingeestige jaloezie van zijn ster virtuoos hanteerde, deed het ten slotte voorkomen alsof hij de rol aan Jennifer Jones wilde geven.

Woedend kwam Taylor zijn kantoor binnenstormen. 'Waarom pak je de rol van me af?' raasde ze.

'Nou, omdat ik me jou niet kan voorstellen als een joods meisje, dat een verhouding met een vertegenwoordiger heeft die aan het eind weer bij zijn vrouw terugkeert.'

'Wat een onzin,' riep ze. 'Ik heb immers in mijn laatste film een vrouw gespeeld, wier man niet met haar naar bed wilde. Dus kan ik nou elke karakterrol spelen.'

'Maar hij was homoseksueel, Elizabeth. Daar ging het om in de film,' zei ik. 'Ze keek me met grote ogen aan; nu pas scheen ze te begrijpen waarover het ging.'

'En ik heb me wel aldoor afgevraagd wat er met die kerel niet in orde was.'

In 1963 ging de rol naar Shirley MacLaine.

Elizabeth had de Schuyler Drive 1330 verlaten en woonde aanvankelijk in La Jolla, bij haar broer Howard, die daar als oceanograaf werkzaam was.

Elizabeth herstelde snel en besloot niet langer alleen te blijven. De rondedans van diegenen die de dame het hof maakten, werd geopend door Arthur Loew junior. Arthur, bekend als internationale playboy, nodigde haar en de kinderen uit op zijn ranch in Arizona. 'Tussen mij en Liz was alles goed gegaan als ze vijftig was geweest,' vertelde hij. 'Maar ze was te onstuimig. Ze wilde met volle teugen van het leven genieten.'

In juni liet ze de kinderen bij hem en zijn zuster Jane achter en reisde naar Las Vegas, waar ze aan een show van Eddie Fisher deelnam. 'Tot dat ogenblik voelden we alleen maar vriendschap voor elkaar,' zei Fisher. Reeds de volgende dag keerde ze naar Los Angeles terug. Fisher: ''s Nachts om drie uur kreeg ik een telefoontje. "Wanneer kom je terug?" vroeg ze. "Ik moet je beslist zien!" Haar stem had een ondertoon die me deed huiveren. Ik vroeg me af wat er zo dringend was.'

Nog verraster was Eddie toen Liz niet op zijn verjaardagsfeest verscheen. Debbie Reynolds had een surprise party bij *Romanoff* georganiseerd, waarvoor Liz ook was uitgenodigd. Fisher voelde zich beledigd en gekrenkt, vooral toen hij terugdacht aan dat nachtelijke telefoontje. Maar tijdens het feest belde ze hem op. 'Eddie, het spijt me maar ik ben ongesteld.' 'Ach schei toch uit, Liz,' zei Fisher. 'Het enige wat jij hebt is een verschrikkelijke kater.' Ze lachten en spraken af dat hij haar de volgende dag in Loews huis zou bezoeken.

'Ze zat met Liza bij het zwembad. Toen we elkaar in de ogen keken, was het met me gebeurd. Er werd geen woord gesproken. Ik was verliefd op Elizabeth. En toen ik de uitdrukking in haar ogen zag, wist ik dat zij ook op mij verliefd was.'

'Wat een onzin,' zegt Debbie Reynolds nu nog verontwaardigd. 'Ik hield van mijn man. Ik dacht dat we onze problemen eindelijk hadden opgelost. Bovendien was hij helemaal niet haar type. Ze heeft nooit van hem gehouden.'

Taylor zelf geeft toe: 'Op de een of andere manier kwam door het toedoen van Eddie Mike voor me tot leven. Misschien wilde ik door om te gaan met Eddie alleen maar vaststellen of ik nog leefde of al dood was. Om wat voor idiote reden dan ook geloofde ik dat hij me nodig had. Het was de grootste vergissing van mijn leven.'

Toch was het die 'vergissing' gelukt haar van een reis naar Europa te laten afzien. Midden augustus bereidde Elizabeth haar reis naar New York voor. Fisher had in New York ook het een en ander te doen en dus brachten ze veel tijd met elkaar door. 'Destijds probeerde Cary Grant een afspraak met haar te maken en ik voelde me gestreeld toen ze hem om mij een blauwtje liet lopen,' vertelde Fisher. De twee waren de volgende dagen niet bij elkaar weg te slaan. Toen de kranten over hen begonnen te schrijven, geloofde Debbie Reynolds, die thuis was, dat er iets aan haar ogen mankeerde. 'Mooi, dacht ik. Hij heeft zich met Liz ingelaten. Vroeger noemde hij haar een "braakmiddel" en nou troostte hij haar om over het verlies van Mike heen te komen.' Maar toen de berichten steeds onthullender werden, besloot ze de zaak tot op de bodem uit te zoeken. 'Ik was bij Dean (Martin) en zijn vrouw geweest. Hoewel ze met Eddie bevriend waren, raadden ze me aan me meer om mijn man te bekommeren. Dus ging ik naar huis en probeerde hem in het *Essex* te bereiken, waar hij gewoonlijk logeerde. Daar hoorde ik dat hij er al sinds zes dagen niet meer was geweest. Dus belde ik het *Plaza* op, waar de meeste MGM-sterren doorgaans hun intrek namen. Ik wachtte en wachtte en overwoog wat ik zou zeggen als Liz de telefoon opnam. Maar de telefoniste deelde me mee dat er niemand in Miss Taylors suite was. Toen wist ik het. Ze hadden alles geregeld om te voorkomen dat een telefoongesprek van de echtgenote doorverbonden zou worden. Tien minuten later belde ik opnieuw.

"Goedenavond, *Plaza Hotel.*"

"Interlokaal gesprek voor Mr. Eddie Fisher," zei ik als een professional. "Mr. Dean Martin uit Hollywood."

"Een moment alstublieft," kreeg ik als antwoord.

Vijftien seconden later nam Eddie op.

"Hi, Dean, wat brengt jou ertoe mij midden in de nacht op te bellen?"

"Je spreekt niet met Dean, Eddie. Je spreekt met Debbie!"

Er volgde een doodse stilte. Toen begon hij te schreeuwen en op de achtergrond hoorde ik Liz. Opeens merkte ik dat mijn benen het begaven en legde ik de hoorn neer.'

Reeds de volgende morgen, het was 8 september 1958, vloog Eddie terug naar Los Angeles. Debbie wilde hun huwelijk redden, maar Eddie had al een beslissing genomen: hij koos voor Liz. Zo volgde de huwelijksadviseur ten slotte de scheidingsadvocaat op, en Debbie lichtte de pers in. De foto van de lijdende moeder in jeans, met de kleine kinderen op de arm, ging de wereld rond. 'Ik ben diep geschokt; meer kan ik er nog niet over zeggen,' luidde haar korte verklaring.

Elizabeth wilde eveneens op Labour Day terugvliegen, maar wegens een defect aan het toestel was ze gedwongen de nacht in het luchthaven-hotel door te brengen en zich te onderwerpen aan vragen van journalisten.

'De laatste twee weken ben ik sedert de dood van Mike voor het eerst weer gelukkig geweest.'

De geruchten over een relatie met Fisher deed ze af met *shit*. Jaren later echter bekende ze Max Lerner: 'Destijds bracht ik vier dagen en vier nachten met Fisher in bed door. We hebben gevrijd dat het een lieve lust was. Zo heeft hij me van mijn pijn verlost.'

In Los Angeles liep ze met een Yorkshire-terriër de wachtende menigte tegemoet. 'Ze droeg een vamp tulband die in een fel contrast stond met de zedige Peter-Pankraag,' noteerde Louella Parsons in haar dagboek. Voor de pers had ze slechts een kort 'hallo' over - haar enige antwoord op de toegeroepen vragen.

Het was Hedda Hopper die de bom tot ontploffing bracht. Tijdens een telefoontje probeerde ze erachter te komen wat ze aan moest met die 'hele Fisher-shit'. Maar Liz was nogal ongeduldig jegens haar oude vriendin en beschermster. 'Grote genade, ik hield van Mike, ik hield meer van hem dan van mijn leven. Maar Mike is dood en ìk leef en de enige persoon die werkelijk gewild had dat ik gelukkig ben, is Mike geweest.'

'Maar je kunt Debbie niet kwetsen zonder jezelf te schaden,' waarschuwde Hopper.

'Wat verwacht je nou eigenlijk van me? Moet ik voortaan alleen slapen?' antwoordde Taylor vinnig.

Uit de dagboeken van Hedda Hopper blijkt hoe moeilijk de beslissing haar viel om het verhaal te publiceren. Enerzijds leverde dit exclusieve interview veel geld op, maar anderzijds was ze altijd een loyale vriendin en beschermster van Liz geweest. Toch werd het verhaal afgedrukt. Hedda Hopper bracht de zin van Elizabeth met grote koppen: 'Mike is dood, en ìk leef nog.' Deze diepe wijsheid was niets anders dan een zin uit *Cat on a Hot Tin Roof*. Daarin roept Maggie uit: 'Skipper is dood, maar ìk leef nog.'

Toen Hedda's column verscheen geloofde men bij MGM dat de hele geschiedenis snel in de vergetelheid zou raken, de publieke belangstelling zou afnemen en de journalisten spoedig een ander slachtoffer zouden vinden. Maar daar vergisten ze zich in. Amerika was in de greep van ontzetting en verontwaardiging. Duizenden brieven eisten het hoofd van Eddie Fisher en van de 'weduwe Todd', die door de moeder van Debbie Reynolds in het openbaar als 'de grootste hoer van Hollywood' werd bestempeld. 'Dat Liz onschuldig was geloofde niemand meer. Waar we ons het kwaadst over maakten was dat we haar niet voor *The Nun's Story* aan Warner Brothers hadden uitgeleend. Stelt u zich eens voor wat dit schandaal voor Warner had betekend. Ik zou graag Jacks gezicht hebben gezien.'

'Het droomhuwelijk Fisher-Reynolds werd gisteren uit een scherpe bocht geslingerd - die van Elizabeth Taylor,' schreef de *New York Daily News* hatelijk. Maar de angst van MGM was voor niets geweest.

Cat on a Hot Tin Roof bracht alleen al in Amerika 10 miljoen dollar op. En in tegenspraak met alle moralistische verontwaardiging en dreigend werkverbod werd Liz voor de rol van Maggie voor een Oscar genomineerd. De enige die leed scheen Eddie Fisher te zijn. Zijn platen werden door de meeste radiostations geboycot en zijn sponsors lieten zijn televisie-uitzending doodbloeden. De verkoop van zijn songs kelderde dramatisch.

Aanvankelijk vluchtten de gedoodverfden naar Kurt Frings en zijn vrouw Ketti. Later huurden ze het huis van Linda Christian aan de Copa de Oro Road, Bel Air. Hoewel Fisher officieel in zijn appartement aan de Sunset Boulevard zijn scheiding tegemoet zag, bracht hij de meeste tijd met Elizabeth door. Met schrik stelde hij vast dat ze enorm sterke kalmeringsmiddelen nam. 'Maar toen ik haar daarover aansprak, beweerde ze dat het oké was. Mijn poging haar ertoe te bewegen naar een psychiater te gaan, eindigde ermee dat ik er zèlf naar een toe ging.'

Tijdens de volgende weken bereidde Elizabeth zich erop voor een waardige bruid voor Eddie te zijn. Nadat ze met hem de joodse geschriften en het Oude Testament had bestudeerd, deelde ze rabbi Max Nussbaum mee, dat ze tot het joodse geloof wilde overgaan. Nussbaum vroeg om bedenktijd, maar nadat hij enige gesprekken met Elizabeth had gevoerd stemde hij toe. 'Ze was een goede leerling,' wist hij te vertellen. 'Ze had een goed begrip van het joodse leven en was zeer belezen in de joodse geschiedenis. Ze is erg intelligent.' Op 2 maart 1959 werd haar overgang tot het joods geloof in aanwezigheid van haar ouders, Dick Hanley en dr. Kennamer een feit en werd Liz Elisheba Rachel. 'Ik ben er trots op een jodin te zijn,' verkondigde ze tegenover de pers, wat tot direct gevolg had dat haar films in Egypte en alle Arabische en Afrikaanse landen verboden werden.

Een probleem vormde de 100.000 dollar die Liz de Israëlische welvaartsorganisaties had beloofd. Toen ze Eugene Black, de president van de wereldbank, vroeg of hij haar de som kon lenen, antwoordde hij: 'Wij lenen alleen maar geld aan hulpbehoevenden.'

Op het laatste nippertje sprong Sam Spiegel bij. Hij bood haar 500.000 dollar als ze aan zijn verfilming van Tennessee Williams' *Suddenly Last Summer* wilde meewerken. Hoewel veel vrienden haar waarschuwden en aanraadden af te blijven van films over homoseksualiteit, incest, waanzin en kannibalisme, stemde Taylor toch toe. Eerst wilde ze echter met Eddie trouwen. Eddies vrouw Debbie, die zich aanvankelijk tegen een snelle scheiding had uitgesproken, ging akkoord.

'Ik heb haar alles gegeven wat ik bezat,' zei Fisher. Liz en Eddie gingen op 29 maart naar Las Vegas, waar hij op 1 april moest optreden voor een show in *La Tropicana*. Op de avond van de show hadden zich honderden demonstranten verzameld. Op affiches herinnerden ze Eddie aan zijn huwelijksbelofte en raadden Elizabeth aan de stad zo spoedig mogelijk te verlaten. Uitdagend liep ze in een japon van witte chiffon, behangen met diamanten, langs hen heen zonder hen een blik waardig te keuren. De gasten begroetten Eddie met een ijzig zwijgen, maar de stemming werd wat losser toen hij inzette met *Another Bride, Another June, Another Sunny Honeymoon*.

Nadat Eddie Fisher en Elizabeth hun hoofdwoonplaats naar Las Vegas hadden verplaatst - Liz huurde de Hidden Well Ranch - maakte Eddie op 12 mei 1959 zijn scheiding aanhangig. Tevoren had hij zich er bij de rechter nog eens van verzekerd dat de 'zaak snel zou verlopen'. Binnen tien minuten was Eddie een vrij man. 'Ik wilde meteen de huwelijkslicentie kopen, maar ik had alleen maar casino-fiches in m'n zak, die de cassière niet wilde aannemen. Ten slotte leende Bernie Rich me het geld. "Wilt u alstublieft als eerste hier tekenen, Mr. Fisher," zei de cassière. "Het zou voor de komende jaren weleens de laatste keer kunnen zijn dat u op de eerste plaats komt!" Ik had er toen nog geen enkel vermoeden van hoe waar dat was.'

De huwelijksvoltrekking vond plaats in de Beth Shalom Tempel in Las Vegas. In een groene chiffon japon met sluier werd Elizabeth Taylor door rabbi Nussbaum en rabbi Cohan met Eddie Fisher in de echt verbonden.

'Ofschoon we de hele tijd hadden samengeleefd, voelden we ons als heel jonge geliefden en wilden alleen zijn. Maar na ons feest maakten we de fout om het vliegtuig van Las Vegas naar New York te nemen. We hadden niet in de gaten gehad dat de gezamenlijke pers ook aan boord was,' vertelde Fisher.

'Ik ben zo intens gelukkig. Onze wittebroodsweken zullen 30 of 40 jaar duren. Zodra mijn filmcontract afloopt, zal ik alleen nog maar echtgenote en moeder zijn,' zei Liz en vertelde de journalisten dat ze haar wittebroodsweken op het jacht van Sam Spiegel zou doorbrengen voordat de filmopnamen voor *Suddenly Last Summer* begonnen.

De volgende morgen hekelde de columnist Robert Ruark het 'huwelijk als resultaat van een onwaardige liefdesaffaire. Dit monument van echtbreuk, dit voortijdige afbreken van het rouwjaar en de minachting voor huwelijken van andere mensen waren een beetje te gewaagd voor een tempel. Men moet er rekening mee houden dat de Almachtige zijn toorn over hen laat komen.'

Alleen Max Lerner verdedigde de Fishers in zijn artikel in

de *New York Post*. Taylor was verrukt en nodige Lerner uit om tijdens de filmopnamen naar Engeland te komen.

Nauwelijks waren Eddie en Liz getrouwd, of het kwam tot ruzies wegens de tomeloze alcohol- en tablettenconsumptie van Elizabeth. 'We lagen in bed en ik probeerde haar tabletten uit. Het was alsof iemand me murw had geslagen. Toen ze weigerde van de pillen af te zien, bedacht ik een list. Ik verstopte de pillendoosjes of spoelde de pillen door het toilet. Maar haar artsen schreven haar steeds nieuwe troep voor, omdat ze wilden dat Liz gelukkig was.'

'Als ik had vermoed hoe preuts en bekrompen Eddie is, was ik nooit met hem getrouwd,' zei Liz in vertrouwen tegen een vriendin.

De filmopnamen van *Suddenly Last Summer* werden niet alleen door de eerste huwelijksproblemen van de Fishers overschaduwd. Het grootste probleem vormde Monty Clift. 'Zijn toestand was door het gebruik van drugs en tabletten dusdanig verslechterd, dat er amper nog met hem te werken viel,' aldus Mankiewicz. 'Maar Elizabeth had erop gestaan dat hij de rol van arts zou spelen en dank zij haar en Kates hulp redde hij het ten slotte.'

De relatie tussen Elizabeth en Katharine Hepburn was gespannen. Enerzijds was Kate door de verhalen van Spencer Tracy van tevoren gewaarschuwd, anderzijds kende ze Liz nog uit de MGM-kantine. 'Er was geen sprake van ruzies of verhitte discussies, maar Hepburn was zeer koel en afstandelijk jegens Liz,' zei Fisher. Wat Kate het meest shockeerde was de gespierde taal die Taylor uitsloeg (hierover beklaagde de crew zich zelfs bij Mankiewicz) en haar onverzadigbare seksuele honger. 'Ze lag voortdurend met Eddie in bed. Soms schepte ze kort een luchtje en vroeg of er iemand op de kinderen kon passen en dan ging ze weer naar haar kamer. Naar Eddie en nog veel meer seks.' Maar in die tijd ging ze ook om met Max Lerner. Ze klaagde dat haar huwelijk al voorbij was en begon aan een innige verhouding met hem, die met onderbrekingen tot aan haar huwelijk met Richard Burton voortduurde.

Terwijl zijn vrouw filmde of zich met Lerner vermaakte bestudeerde Eddie draaiboeken. 'Ik weet werkelijk niet waarom ik uitgerekend het draaiboek van Walter Wanger had meegenomen. Nou, op een dag las ik het. Aan de ene kant was het gewoonweg verschrikkelijk, maar aan de andere kant boeide het me: Liz als Cleopatra, koningin van de Nijl. Ze lag juist in bad en poetste zoals gewoonlijk urenlang haar tanden.

Ik riep tegen haar: "Ik vind dat je die film moet maken." Ze lachte alleen maar en reageerde er verder niet op. Van vrienden hadden we gehoord dat 20th Century-Fox het geheel als goedkope produktie voor Joan Collins had gepland totdat Wanger in het project stapte. Het toeval wilde dat Wanger ons die avond opbelde. "Oké, ik zal die rol spelen als me daarvoor een miljoen dollar wordt gegarandeerd," antwoordde Liz. Het was de beste mop van het jaar. Wanger beloofde ons later nog terug te bellen. Korte tijd later deed hij dat inderdaad en zei dat ze de rol en het geld kreeg.'

Spyros Skouras, president van 20th Century-Fox, liep al enige jaren met het *Cleopatra*-project rond. Wat hem voor ogen stond was een herverfilming van de stomme film uit 1917, met Theda Bara in de hoofdrol. 'Alles wat we nodig hebben is een honderdtachtig-dollar-meisje en een paar veranderingen in het draaiboek,' zei hij. Maar Walter Wanger, producent van klassiekers als *Queen Christina* met Greta Garbo, verdedigde de mening dat een echte ster onontbeerlijk was. Niemand was volgens hem beter voor deze rol geschikt dan Liz Taylor.

Op de eis van een droomhonorarium liet Elizabeth nòg een verlangen volgen: daar ze het contact met Hollywood en Debbie Reynolds wilde vermijden, moest de film in Europa gedraaid worden. Skouras stemde toe.

MGM volgde de onderhandelingen met grote zorgen, temeer daar Elizabeth zich al bereid had verklaard na haar terugkeer haar contractuele verplichtingen na te komen en een laatste film voor haar oude studio te maken. 'We herinnerden haar daaraan en vroegen om een onderhoud na haar aankomst in Los Angeles,' vertelde Berman.

Voor Elizabeth was 'de zaak met Metro' al afgesloten. Zonder de studio ervan in kennis te stellen nam ze een gastrol aan in Todds Smell-O-Vision-film *Scent of Mystery*. In deze verwisselings-thriller – Britse tourist wil moordaanslag op een Amerikaanse verhinderen, beseft ten slotte echter dat hij de verkeerde persoon beschermt – speelde Liz het eigenlijke slachtoffer, Sally Kennedy, dat aan het eind van de film pas opduikt.

Het Smell-O-Vision-procédé moest de optische en akoestische indrukken door gericht gebruik van reukstoffen ondersteunen. De interesse van Liz in dit project was vooral van financiële aard, daar ze aandeelhoudster was in Todd Productions. Ze was echter bang dat ze ruzie met MGM zou krijgen en bepaalde dat haar naam noch op het aanplakbiljet noch in de persmappen voor de film genoemd mocht worden. 'Niemand wist dat ze aan de film meewerkte en zodoende werd het een reusachtige flop,' klaagde Todd junior.

Begin september klopt MGM aan en herinnerde Elizabeth eraan dat er in Hollywood een film op haar wachtte. Elizabeth wilde niet terug naar Hollywood, maar MGM dreigde met directe beëindiging van de betalingen. Knarsetandend reisden de Fishers terug en kwamen op 7 september 1959 in Hollywood aan. Aangezien er niet zo snel een huis kon worden gehuurd, namen ze hun intrek in het *Beverly Hills Hotel*. Bungalow 8 voor Eddie en Liz, bungalow 12 voor de kinderen en de huisdieren. Nog dezelfde avond vond er een bespreking plaats met Thau en Berman.

Butterfield 8 heeft een lange voorgeschiedenis. John O'Hara's roman berust op de ware geschiedenis van Starr Fairthful, een callgirl, die ondanks haar nymfomaniakale instinct naar een burgerlijk leven verlangde. Toen ze op het punt stond zich uit het rosse leven terug te trekken, kwam ze in 1931 bij een auto-ongeluk om het leven.

'Toen ik de roman las was ik er direct van overtuigd dat deze rol Liz een Oscar zou opleveren. Ze was ervoor geboren deze rol te spelen,' zei Pandro S. Berman. Maar de studio en Liz konden met de geschiedenis niet veel beginnen. 'Het was eind september 1958. De Fisher-Reynolds-Taylor zaak had juist haar beslag gekregen. We stonden nu voor het probleem welke film Elizabeth als volgende maken moest. Zelf had ze de rol van Maria in *King of Kings* in gedachten. Stelt u zich eens voor. De grootste hoer van Hollywood speelt de Heilige Maagd Maria. We deden het in onze broek van het lachen. Daarna wilde ze de hoofdrol in *Ben Hur*, die zo goed als klaar was. Terwijl ik voor haar aan *Butterfield 8* dacht, wilde Thau haar voor *The Angel Wore Red*. In de ene film moest ze een hoer spelen, in de andere een vrouw die een priester verleidt. Voor ons was het destijds het beste haar toenmalige imago uit te buiten.'

Taylor verklaarde dat ze het vertikte een van deze films te maken. Ze rende naar Siegel, de toenmalige produktiechef, en liet haar traanklieren werken. 'Is dit de manier waarop je een mens behandelt dat de studio bijna twintig jaar heeft gediend?' vroeg ze. 'Of het nou goed is geweest of niet, Elizabeth, maar in ons bedrijf werden sentimentele gevoelens al lang geleden over boord gegooid,' gaf Siegel haar te verstaan. Ook voor Siegel was Liz de ideale bezetting, want ze had volgens hem veel met de hoofdpersoon gemeen: 'Haar mannenconsumptie is zo aandoenlijk omdat zij, een van de mooiste vrouwen ter wereld, haar schoonheid steeds weer door veel mannen moest laten bevestigen.'

Kort voor haar vertrek naar Europa ondertekende Liz met veel tegenzin het contract. Bij het gesprek dat op 7 september plaatsvond, herinnerden Thau en Berman haar eraan dat ze deze verplichting eerst nog moest nakomen eer ze aan de filmopnamen van *Cleopatra* kon beginnen. Tegelijkertijd had men Skouras daarvan op de hoogte gesteld, die ondertekening van het contract pas na de nakoming van de MGM-verplichtingen gepast vond. Liz huilde, vloekte, smeekte, dreigde. Onder geen beding wilde ze die rol spelen.

'Ik vond dat ze dat per se wèl moest doen,' zei Berman 'En de hemel zij dank stond de studioleiding achter ons. Ik had haar hele ontwikkeling meebeleefd: begonnen als klein meisje tot aan de jonge vrouw die dolgraag wilde trouwen. Ik ging met haar door de hel. Zeker, ze kreeg soms nare rollen, maar die waren wel zeer lonend voor haar. Tegenwoordig veracht ik haar. Ze laat zich gaan en wordt zo vet als een varken, zuipt en stopt zich vol met pillen. En ik ben er zeker van dat ze geen behoorlijke film meer heeft gemaakt, omdat iedereen haar inmiddels goed kende. Er valt gewoonweg niet met haar te werken.'

Als reden voor haar afwijzing gaf Taylor op dat ze geen hoer wilde spelen, omdat dit haar naam zou kunnen schaden. 'Wat heb ik gelachen,' zei Berman. 'Het had er niets mee te maken dat ze een callgirl moest spelen. Het enige probleem was dat we haar "slechts" 125.000 dollar betaalden en zij was nu eenmaal gek op miljoentjes. Als deze salariseis werkelijk een van haar grappen was, dan had Sigmund Freud over zoiets een heel boek kunnen schrijven.'

Om hun ster in een goed humeur te houden, stond men Liz enige voorrechten toe: er zou in New York gedraaid worden, Helen Rose zou de kostuums ontwerpen en men ging ermee akkoord Eddie Fisher ook een rol in de film te geven. 'Ze beweerde dat Eddie speciaal voor haar een tournee naar Australië had afgezegd om tijdens de opnamen bij haar te kunnen zijn. We wisten dat hij aan drugs verlaafd was en een groot probleem kon vormen.'

Toch kreeg hij de rol van de musicus Steve Carpenter. De rol van Weston Liggett, waarvoor Taylor Cary Grant wilde, ging naar Laurence Harvey. Hoewel Harvey tot aan zijn dood in 1973 tot de vriendenkring van Liz behoorde, werd hij door zijn vrienden niet graag herinnerd aan *Butterfield 8*. 'Het was een zware tijd en "dikke reet" (zijn troetelwoord voor Liz) was allesbehalve coöperatief.'

Toen ze haar rol instudeerde, begon ze 'die persoon te haten. Ze was zo vulgair en ordinair, precies het tegenovergestelde van mezelf. Ik dacht, mijn hemel, wat zullen mijn fans van me denken als ik zulke rotzooi maak.'

'Is dat geen goeie mop?' vroeg Berman grinnikend toen hij het verhaal voor het eerst hoorde. 'Ze was woedend. Ze kwam mijn kantoor binnenstormen en dreigde zich op me te wreken. Ze wilde het budget van 2,5 miljoen dollar door kleine ongesteldheden, ziektes enzovoort flink opvoeren. "Ik geloof het niet!" zei ik tegen haar. "Je hebt de moed niet om tegen de anderen te zeggen: lik m'n reet maar. Daarvoor ben je te professioneel!" Er ontstonden geen problemen.' Overigens werd het zo geregeld, dat de opnamen pas tegen de middag begonnen. 'Zij en Eddie slikten destijds grote hoeveelheden slaap- en pepmiddelen. Als ze opstonden duurde het altijd tot de middag eer ze weer enigszins aanspreekbaar waren.'

De filmopnamen begonnen op 1 januari 1960 en zouden ruim drie maanden in beslag nemen. Het klikte absoluut niet tussen regisseur Daniel Mann en Liz. 'Mann was een typische vertegenwoordiger van de Actor Studio's, een dictator,' zei Eddie. 'Bij de badkuipscène beval hij Elizabeth: "Doe alsof je de waterkraan neukt. Die uitdrukking wil ik op je gezicht zien." Ze stak haar middelvinger op en ging weg. Ze wist dat de film rotzooi was en wilde alles zo snel mogelijk achter de rug hebben.'

Toch deed ze er alles aan om invloed op het draaiboek te krijgen. Ze nodigde Tennessee Williams, Joseph L. Mankiewicz, Paddy Chayefsky en Daniel Taradash uit en vroeg ze om samen met haar en Eddie het draaiboek te herschrijven. 'Toen ze me haar werk gaf, pakte ik het tussen de vingertoppen aan en liet het in de prullenbak vallen. Ik wist dat het troep was. Vuilnis, gewoonweg. Ze wilde van Gloria een uitgebuit slachtoffer van de samenleving maken.'

Weer in Hollywood aangekomen wijdde Elizabeth zich uitsluitend aan Eddie en de onderhandelingen over het contract voor *Cleopatra*. Op 19 oktober 1959 was er al een voorlopig contract ondertekend.

Nog eenmaal meldde MGM zich - de ruwe bewerking van *Butterfield 8* was klaar - en nodigde Elizabeth en Eddie uit een privé-voorstelling bij te wonen. Beiden verschenen, zij het zo dronken als een Maleier. Van minuut tot minuut werd Liz kwader, tot ze de aangeboden snacks, noten, drankjes en haar schoenen tegen het scherm begon te smijten, alvorens snuivend van woede het zaaltje te verlaten. Regelrecht rende ze naar Sol Siegels kantoor en schreef op zijn deur: 'Onverkoopbare klerezooi'.

De première van *Suddenly Last Summer*, die op 22 december 1959 werd gehouden, was een verrassend succes. Het perverse had kennelijk grote aantrekkingskracht. Liz was er rotsvast van overtuigd dat ze voor de rol een Oscar zou winnen, te meer daar ze reeds de Golden Globe had gekregen. Deze mening was ook Williams toegedaan, ofschoon hij een voorbehoud maakte: 'Ze zal de Oscar alleen vanwege haar star-appeal krijgen,' zei hij. 'Volgens mij was ze een miskleun in de bezetting!'

Op de avond van 4 april 1960 droeg Liz de witte japon in Griekse stijl, die Mike Todd voor de première van de film *Raintree County* had laten ontwerpen, en zijn diamanten.

Rock Hudson zou de beste actrice de Oscar overhandigen. Zenuwachtig kneep ze in Eddies hand. Overtuigd van haar overwinning sprong ze op toen Hudson begon: 'En de winnaar is... Simone Signoret.' Liz verstarde, maar toen ze merkte dat er foto's van haar werden gemaakt begon ze te glimlachen en applaudisseerde ze voor de onbekende actrice. Diep in haar hart besloot ze dat kunst haar van nu af aan gestolen kon worden. Wat nu alleen nog telde was het geld dat ze uit elke rol kon slepen, al was die nog zo slecht, te beginnen met *Cleopatra*. Wie kon haar tegenhouden? Wie?

4

Nu ze eindelijk uit 'de slavernij van MGM was bevrijd', begon ze met 'haar kleine begerige handjes naar alle denkbare rollen te graaien,' aldus Fisher.

Op hem rustte de taak haar die rollen te bezorgen. 'In de meeste gevallen lukte dat niet en dus moest ik de ergste scheldkanonnades en woedeuitbarstingen over me heen laten gaan.'

Liz weigerde een rol niet op grond van welke overweging dan ook ook, maar puur instinctief. 'Zodra ze hoorde dat iemand een rol had die haar aanstond, commandeerde ze: "Eddie, die rol wil ìk hebben. Zorg dat ik hem krijg." Op een avond dineerden we met Audrey Hepburn en Mel Ferrer en toen vertelde Audrey dat ze de hoofdrol in *My Fair Lady* zou spelen. Liz wenste haar geluk, maar toen we thuis waren begon ze te tieren en stond erop dat ik met Warner ging onderhandelen.' De rollen die Liz graag wilde hebben, waren hoofdrollen in *Breakfast at Tiffany's, El Cid, The Children's Hour, The Parent Trap, The Hustler, My Geisha, Sweet Bird of Youth, That Touch of Mink, Irma la Douce, Father Goose* en *The Unsinkable Molly Brown*. De laatste alleen maar omdat de hoofdrol aan Debbie Reynolds was toegekend.

Intussen was Fox nog altijd op zoek naar geschikte acteurs voor de rollen van Caesar en Marcus Antonius. Wanger wilde Laurence Olivier voor de rol van de grote keizer, en deze toonde zich aanvankelijk zeer geïnteresseerd maar zag ervan af toen hij hoorde dat Liz zijn tegenspeelster zou zijn. Nu volgden er onderhandelingen met Cary Grant, John Gielgud, Yul Brynner, Curd Jürgens en Jimmy Stewart, die ook voor de eer bedankten, evenals Burt Lancaster, Kirk Douglas, Marlon Brando, Jason Robards, Anthony Franciosa en Gregory Peck. Uiteindelijk vonden ze Stephen Boyd bereid voor de rol van Marcus Antonius en Peter Finch voor die van Caesar.

Wat haar contract betrof had Liz een meesterwerk geleverd. Naast haar miljoenengage had de studio haar nog het volgende toegezegd:

- 10 procent van de opbrengst van de films als extra honorarium;
- 50.000 dollar per overschreden draaiweek;
- 3.000 dollar per week voor haar levensonderhoudskosten;
- vergoeding van gezamenlijke reiskosten van Liz, Eddie, de kinderen en haar agent Kurt Frings;
- twee penthouses in het *Dorchester* in Londen;
- een Rolls-Royce Silver Cloud met chauffeur;
- het gebruik van Todd-AO in plaats van de eigen CinemaScope;
- 16 mm print van de film.

Eddie Fisher: 'In augustus 1960 reisden Liz en ik met de kinderen naar Europa. We kwamen precies op tijd in Rome aan voor de opening van de Olympische Spelen. Toen Elizabeth, natuurlijk te laat zoals altijd, het stadion binnenging, keek iedereen naar haar en brak er een oorverdovend gejubel los. Ik had nog nooit zo'n gebrul gehoord en dacht: dit is de moderne tegenhanger van de intocht van Cleopatra in Rome. Elizabeth wàs Cleopatra.'

Taylor deelde deze mening niet. Ze kwam op 8 september 1960 met aanhang in Londen aan en wilde de zaak maar liefst zo snel mogelijk achter de rug hebben, zodat ze met Kerstmis weer thuis kon zijn. Maar in Engeland verraste regisseur Rouben Mamoulian haar met de boodschap dat er niet in Egypte, maar in de Pinewood Studio's zou worden gedraaid. Het oorspronkelijke begin van de opnamen – 20 september 1960 – moest wegens het slechte weer en vanwege een staking van de vakbond verschoven worden naar de 30ste. Terwijl de omvang van Elizabeths taille begon toe te nemen en ook de twijfel aan zichzelf groeide, sprak Fisher voor de eerste keer openlijk uit dat hij met de rol van slaafse lakei en die van Mr. Taylor niet langer tevreden was.

Zoals al zo dikwijls het geval was geweest, probeerde Taylor de gespannen situatie te ontvluchten in een ziekte: op de eerste draaidag lag ze met koorts in bed. De arts raadde haar absolute bedrust aan. Haar toestand verslechterde toen Eddie zei dat hij dringend naar Hollywood moest om met de studio's over andere rollen te onderhandelen. 'We hadden een eigen maatschappij opgericht – MCL Productions –, genoemd naar haar drie kinderen: Michael, Christopher en Liza, en ik wilde Warners aanbod aannemen om Liz *Anna Karenina* te laten produceren.'

Wanger, die naar de suite van de Fishers was gekomen om afscheid te nemen van Eddie, trof Elizabeth in tranen aan. 'Ze wilde koste wat kost verhinderen dat Eddie alleen vloog. Ze kuste hem en rende hem achterna. Vervolgens klampte ze zich aan hem vast tot hij zich letterlijk van haar losrukte. Toen hij eindelijk wegging, liet ze hem in de hal oproepen en overstelpte hem met liefdesverklaringen.' Amper was Eddie echter uit haar gezicht verdwenen, of ze nodigde Peter Finch uit voor een avondlijk tête-à-tête.

Daar de gezondheidstoestand van zijn ster de volgende dagen niet verbeterde, adviseerde Mamoulian Fox de opnamen voorlopig stop te zetten. Maar de verzekering stond op de voortzetting van het werk. 'Ze zeiden tegen me: "Draai maar wat, zolang er zonder haar kan worden gedraaid." We hadden ook nog ellendig weer. Het was zo koud dat je de adem van de acteurs kon zien.' Elizabeth bracht de meeste tijd in haar bed in het *Dorchester* door en hield zich bezig met de internationale pers. Toen de *London Daily Mail* beweerde dat ze niet bij de opnamen was omdat ze te dik was geworden, gaf ze haar advocaten opdracht naar Londen te komen en spande een proces aan wegens laster, met een schadeclaim van maar liefst 2 miljoen dollar.

Na een ontstoken tand, een ontsteking aan de luchtwegen en verschrikkelijke hoofdpijnen die volgens haar op een hersenvliesontsteking wezen, was ze begin november – haar rug begon haar weer last te bezorgen – 'volledig verlamd'. De tijd dat ze niet werkte, verdreef Liz op haar eigen manier: ze stopte zich vol met junkfood en Demerol, luisterde naar platen en telefoneerde met Eddie. 's Avonds organiseerde ze pokerpartijtjes en hoorde Finch over van alles en nog wat uit. Peters tijden van vurige minnaar waren voorbij en zijn bezoeken aan Liz eindigden ermee dat hij bewusteloos door het vele drinken in een taxi werd gesleept en naar huis werd gestuurd. Toen Eddie ten slotte weer in Londen aankwam, heerste er chaos op de set. 'Ik wist niet wat er in haar hoofd omging. Verergerden de drugs de ziekten of was ze bang dat de film een flop zou worden?' In ieder geval verklaarde Fisher zich bereid zijn vrouw dagelijks de injecties en tabletten toe te dienen 'zodat ze weer gelukkig was.'

Op 18 november 1960 werd de produktie toch stopgezet. Er waren al 12 miljoen dollar uitgegeven en 20th Century Fox had nog maar zes minuten film, waarop de adem van de paarden te zien was en ook die van de spelers, die in hun toga's verkleumden. Lloyd's keerde de studio 1,74 miljoen dollar uit en was pas bereid een nieuwe verzekering af te sluiten mits Taylor door Marilyn Monroe, Shirley MacLaine of Kim Novak werd vervangen. Maar dat weigerde Skouras. 'Hij vond dat ze het "kunstmatige hart" was, dat het project in leven hield,' vertelde Wanger.

Kerstmis brachten de Fishers door in Palm Springs. Elizabeths gezondheidstoestand was plotseling verbeterd. Intussen hadden ze bereikt dat de studio Mamoulian door Joseph L. Mankiewicz had laten vervangen. Kort voor Nieuwjaar volgde er een ontmoeting met hem in Londen. Skouras' advies aan Mankiewicz luidde: 'Red de film en verover Liz.'

Nu was Taylor 'gelukkig'. Ze slikte weer mateloos veel tabletten en spoelde die met een enorme hoeveelheid drank weg. Eddie maakte zich zo ongerust dat hij dr. Kennamer naar Londen liet komen. 'Ik maakte me voornamelijk om de kinderen veel zorgen,' zei Fisher. Kennamer onderzocht zijn patiënte en zei tegen Eddie dat hij ervoor moest zorgen dat ze onmiddellijk met drinken ophield.

'Komt in orde,' zei Eddie, 'maar waarom zeg je het haar zelf niet? Per slot van rekening ben je haar arts.' 'Ik wil niet dat ze het vertrouwen in me verliest,' gaf hij als antwoord. In zijn wanhoop dreigde Eddie ten slotte haar te zullen verlaten als ze niet meteen een ontwenningskuur onderging. 'Dat zal ik net zomin doen als dat jij mij zult verlaten,' antwoordde ze.

De volgende weken werd het duidelijk dat het huwelijk op de klippen was gelopen. Mankiewicz verwerkte het onderwerp zelfs in het draaiboek van *Cleopatra*. Een laatste poging tot verzoening eindigde in februari 1961 met een zelfmoordpoging van Liz. 'We gingen naar München, waar we op verschillende carnavalsfeestjes waren uitgenodigd. Liz dronk en stopte zich vol met tabletten als nooit tevoren. Op een avond kon ik het niet langer aanzien. Ze zat net in het bad en poetste weer eens urenlang haar tanden toen ik haar schouders beetgreep en schreeuwde dat ik haar de volgende ochtend ging verlaten. "Jij wilt me morgen vroeg verlaten?" krijste ze terug. "Nou, ik verlaat je onmiddellijk." Ze pakte een potje Seconal en begon de pillen achterover te slaan. Wanhopig pakte ik het potje af en probeerde te verhinderen dat ze de pillen doorslikte door mijn vinger in haar mond te stoppen. Ze beet me, stapte uit het bad en rende naar een doos Miltown tabletten, die ze ook probeerde door te slikken. Ik vocht met haar en de pillen vlogen de badkamer door. Ze rukte zich los en ging naar de slaapkamer, waar ze voor de toilettafel ging zitten om haar haren te kammen. "Mijn hemel, wat heb je gedaan?" schreeuwde ik. "Wat moet er van de kinderen terechtkomen?" "Jij zorgt wel voor ze," was haar antwoord. Plotseling stond ze op. Ze draaide met haar ogen en er kwam schuim uit haar mondhoeken. Vervolgens stortte ze in mijn armen in elkaar. Ik struikelde, waardoor ze hard op de grond terechtkwam.'

Samen met Kurt Frings en een Münchense arts probeerde Fisher het leven van zijn vrouw te redden. Na achttien uur was alles voorbij. 'Maar ik was aan het eind van mijn Latijn. Ik belde Bob Abrams op en vroeg hem een ziekenhuis in London voor me te zoeken, waar ik kon uitrusten.'

De Fishers vlogen dus weer naar Londen. Op de luchthaven dronk Liz enorme hoeveelheden Duits bier, lachte en zag er mooier uit dan ooit. Nauwelijks had Eddie in een Londens ziekenhuis een kamer kunnen huren, of Liz deelde Joe mee dat ze niet op de set kon verschijnen, omdat ze voor Eddie moest zorgen. Ze bezocht hem geregeld en zei dat hij zich geen zorgen hoefde te maken. 'Tegenwoordig hoeft niemand meer pijn of angst te hebben,' was haar dagelijkse devies. Fisher merkte dat ze een spuitje of een pil voor alle problemen had. Op haar verzoek kreeg Eddie 'een speciale injectie'. Het gevolg daarvan was, zoals hij zei, dat hij 'de ergste trip van zijn leven' kreeg.

Elizabeth bracht haar tijd in het *Dorchester* door. 'In de kamer wemelde het van pissende katten en poepende honden,' wist Truman Capote te vertellen. Maar drie weken later zag de kamer er als een intensive care uit. Liz had de Aziatische griep opgelopen. Hoewel de artsen haar dringend adviseerden naar een ziekenhuis te gaan, stond ze erop in het hotel te blijven. Ten slotte installeerde men een zuurstoftent in de kamer, waaronder ze het grootste deel van de tijd rochelend doorbracht. 'Om de een of andere reden had ik het vermoeden dat nu het einde zou komen waarvoor ik altijd zo bang was geweest,' zei Eddie, die dag en nacht bij zijn vrouw waakte. Toen hij tijdens de derde nacht zelf bijna instortte, nam een verpleegster de wacht bij Liz' bed van hem over. 'En dat redde haar leven, want ik zou nooit hebben gemerkt dat haar toestand steeds slechter werd. Liz hapte plotseling naar lucht en liep blauw aan,' zei Fisher. Nadat de verpleegster een arts had geroepen, ging ze Eddie halen.

Gelukkig bevond zich in de nacht van 4 maart een van de meest bekende anesthesisten van Engeland in het *Dorchester*. Deze wist te vertellen: 'Op het moment dat ik de kamer binnenging, had ze al opgehouden te ademen. Ze zou binnen vijftien minuten gestorven zijn.' Tijdens de reanimatiepoging maakte de arts Eddie duidelijk dat Liz slechts door een snede in de luchtpijp gered kon worden. Na de ingreep, die in het hotel was uitgevoerd, werd Liz ijlings naar een ziekenhuis gebracht. Toen ze weer bijkwam, waakte Eddie aan haar zijde. Omdat ze niet kon praten, krabbelde ze op een papiertje: 'Ik heb het gevoel alsof ik elk moment kan sterven. Is dat zo?' Eddie schudde zijn hoofd.

Op 6 maart verslechterde haar toestand. Officieel werd vermeld dat ze aan een dubbele longontsteking en bloedarmoede leed, maar in werkelijkheid was dit alles volgens Fisher het gevolg van haar overmatige drug- en drankgebruik. 'Ik wist weliswaar dat ze alles deden om haar te redden, maar aan de andere kant voldeden ze zonder aarzelen aan haar verzoek om stimulerende injecties,' vertelde Fisher.

Het ziekenhuis werd al gauw belegerd door journalisten en televisieteams, die hoopten als eerste het bericht van het overlijden van Taylor in de wacht te slepen. Enkele kranten gingen zelfs een stapje verder en drukten een 'in memoriam' af, wat Skouras witheet maakte.

Uit Rome bood Merle Oberon haar hulp aan; talrijke brieven en boeketten werden bezorgd en een Amerikaans garnizoen in West-Duitsland bad voor de genezing van Liz. Ook de Militaire Academie West Point betrok haar in het ochtendgebed, en weldra veranderde 'de grootste hoer van Hollywood' in de 'heilige Elizabeth', die weer door iedereen werd geliefd.

Op 7 maart verklaarden zes artsen onder leiding van de hofarts van Elizabeth II dat haar toestand zich had verbeterd, maar nog steeds kritiek was. Elizabeth verlangde naar haar ouders, die ook direct kwamen. Veel later vertelde Sara dat zij alleen het was geweest die door 'goede gedachten' haar dochter van een gewisse dood had gered. 'Maar ik geloof niet dat ze dat graag gedrukt wil zien,' zei ze, waarna ze meteen haar bloemrijke verklaring introk.

Op 11 maart kreeg de pers de mededeling dat het ergste voorbij was. 'Maar in werkelijkheid stond ons het ergste nog te wachten,' zei Fisher. De artsen gaven haar slechts een geringe kans als ze haar levensstijl niet direct drastisch veranderde. Maar daar dacht Liz niet aan. Nog maar half genezen verlangde ze meteen champagne en kreeg die ook. Bovendien slikte ze weer Seconal, dat ze de artsen 'mèt gevlei, woedeaanvallen en de gebruikelijke uitbarstingen wist af te troggelen.' Pas na een lang gesprek met Kennamer wilde ze ervan afzien, onder de voorwaarde dat ze dan tenminste iets kreeg om in slaap te kunnen vallen. Om haar in een 'goed humeur' te houden, haalde Fisher veel vrienden van haar naar haar ziekbed, onder wie Truman Capote, Tennessee Williams, John Wayne en Yul Brynner.

Hollywood reageerde op haar geëigende manier. Hoewel Elizabeth voor haar rol in *Butterfield 8* voor een Oscar was genomineerd, dacht niemand eraan haar ook daadwerkelijk de onderscheiding te verlenen. Met haar in de race lagen Melina Mercouri, Deborah Kerr, Greer Garson en Shirley MacLaine. 'Na die ziekte, die doeltreffend gewerkt had op de media, was het voor ons allemaal duidelijk dat ze de Oscar zou winnen,' zei Mercouri. 'We overwogen of we ons niet allemaal ten gunste van haar moesten terugtrekken, te meer daar onze kansen toch al waren verkeken.'

Toen Elizabeth, gevolgd door haar ouders, Eddie, Rex, haar kinderen en de rest van het gevolg, in Amerika aankwam, verklaarde ze dat ze de Oscar-uitreiking zou bijwonen. De opnamen van *Cleopatra* zouden pas in de herfst weer beginnen.

Het eerste openbare optreden van Elizabeth op 17 april 1961 trok meer dan 2.500 nieuwsgierigen naar het Santa Monica Civic Auditorium. Toen ze aankwamen ruimden de fans de barricaden uit de weg en omringden haar. Liz genoot zichtbaar van die bewijzen van genegenheid. Nadat ze ook de televisie- en krantenmensen achter zich had gelaten, stormde ze naar het damestoilet, waar Rex haar eerst een van zijn 'vitamineprikjes' moest geven. Vervolgens ging Liz, vijftien minuten te laat, naar haar plaats en kon de show beginnen. Toen Yul Brynner de envelop openmaakte om de namen van de beste hoofdrolvertolkers aan te kondigen, heerste er doodse stilte.

'En de winnaar is... Elizabeth Taylor.' Liz sprong op, greep naar haar hals en schreeuwde: 'Ik geloof het gewoonweg niet!' Ze kuste Eddie, die haar naar de trap begeleidde, en liep wankelend het podium op. De Dior-japon die ze droeg liet het litteken in de hals als een overwinnaarstrofee uitkomen. Met de Oscar in haar handen huilde ze tranen van geluk.

'Het enige wat ik kan zeggen is: reuze bedankt, ik dank u uit de grond van mijn hart.' Vervolgens strompelde ze naar het dichtstbijzijnde damestoilet en stortte in. Het werd aan haar verzwakte toestand toegeschreven dat ze bij de aansluitende ontvangst door de pers opnieuw flauwviel en naar buiten gedragen moest worden. 'Iedereen verbaasde zich erover dat ze het nog tot het podium had gered,' zei Bob Hope. 'Maar op het Governor's Ball lachte, rookte, dronk en at ze tot half een. De Oscar moest de oude adrenaline bij haar geactiveerd hebben.'

Op de vraag of ze een hoger salaris dan tot nu toe zou verlangen, antwoordde Taylor met een onschuldig gezicht dat ze dit voorlopig niet in overweging nam, omdat ze niet hebberig wilde lijken.

De volgende morgen deelde ze de *Saturday Evening Post* echter mee dat haar levensgeschiedenis nu toch echt niet voor 50.000 dollar te krijgen was. Ze verwachtte minstens 100.000 dollar. Toen de journalist van *Post* zich bij haar meldde, zei ze hem dat ze het project alleen met Max

Lerner wilde verwezenlijken. De prijs was toen al tot 250.000 dollar opgevoerd. Mopperend trok de journalist zich terug.

Ondanks alles wat Eddie voor Liz had gedaan, had ze genoeg van hem gekregen. Ze vroeg Lerner om een ontmoeting en spoedig daarna 'hadden we een relatie met elkaar.'

Voor Lerner stond vast 'dat Liz en ik spoedig zouden trouwen.' Daar Lerner zelf ook getrouwd was, werd Taylor aangeraden dit keer discreter te werk te gaan. Terwijl Eddie naar Las Vegas ging, waar hij een engagement in de *Desert Inn* voorbereidde, leefde Taylor met Lerner in New York om, zoals het officieel heette, haar memoires te schrijven. Lerner voelde zich zeer gestreeld, maar al gauw ontdekte hij enige schaduwkanten aan zijn geliefde. 'We bezochten een bokswedstrijd in Madison Square Garden. Toen we weggingen werden we ontdekt door een aantal dronken mensen, dat een paar niet bepaald fijnzinnige opmerkingen maakte. Liz beantwoordde ze met een typisch handgebaar. De mannen schreeuwden van woede, scholden nog meer op ons en Liz krijste keihard terug. Zonder ingrijpen van de politie hadden ze ons waarschijnlijk vermoord.' Maar nog erger dan haar vulgaire gedrag stoorde hem haar tomeloze geldingsdrang. 'Ze is een volslagen narcist. Ze schept op over haar vroegere mannen en vertelt tot in de kleinste details hoe ze het met hen deed.'

Lerner zag in dat zijn relatie met Liz niet van lange duur zou zijn en keerde naar zijn vrouw terug, terwijl Liz zich weer bij Eddie hield. Fishers commentaar was: 'Liz houdt er nou eenmaal van trofeeën te verzamelen.'

Daar Lerner uit de race was en zich ook niet meer aan haar levensgeschiedenis wijdde, herinnerde Elizabeth zich opeens het aanbod van *Post*. Het blad stuurde een reeks auteurs naar haar toe, maar ze wees ze allen af. Ten slotte viel haar keus op een jonge schrijver. 'Toen ik in Las Vegas aankwam, zei ze dat ze geen tijd had, omdat ze met Eddie wilde picknicken. Ik stelde haar voor de volgende morgen terug te komen, maar ze antwoordde: "Dan kan het ook niet, omdat Eddie en ik de hele morgen neuken, de hele morgen!"'

Liz Taylor was ook later zo weinig bereid tot samenwerking, dat de strijd om haar levensverhaal ten slotte door advocaten moest worden beslecht. Drie jaar later verscheen een boek – *Elizabeth Taylor: An Informal Memoir by Elizabeth Taylor* – waarvan de totstandkoning voor het grootste deel te danken was aan de samenwerking met Lerner, wiens naam overigens op geen enkele plaats werd genoemd.

'Mijn zware longontsteking had natuurlijk psychische oorzaken,' schreef ze over de laatste tijd met Eddie. 'Ik liet me door mijn ziekte overrompelen. Ik had gehoopt gelukkig te zijn en gedaan alsof ik dat ook werkelijk was... Ik had opgehouden te denken, had opgehouden te lezen, had opgehouden over wat dan ook te discussiëren. Slaafs was ik het eens met alles wat Eddie zei. Ik werd echt gek!' En op een andere plaats in het boek vertelde ze het verhaal dat ze viermaal stierf en weer werd opgewekt. 'Ik probeerde adem te halen, maar er gebeurde niets. Ik voelde dat de zuurstof in mijn lichaam verbruikt werd... Ik wilde niet sterven en bad God om verder te mogen leven... Het klinkt gek, maar ik herinnerde me gedroomd te hebben dat ik met Mike gesproken had... Het was alsof ik op mijn 29ste jaar plotseling werd herboren.'

Zulke verhalen boeiden ook de jonge Bobby Kennedy, die met de Fishers aan een liefdadigheidsdiner deelnam, waarbij Elizabeth als spreekster optrad. Terwijl Eddie Fisher Bobby onder de tafel heimelijk whisky aanreikte, drukte Taylor hem haar kamersleutel in de hand. Zo had ze er nog een 'trofee' bij. Maar haar grootste succes zou nog komen.

5

In de tijd dat Liz zich van haar 'lijden' herstelde, getroostte 20th Century-Fox zich de grootste moeite geld bij elkaar te scharrelen om de film *Cleopatra* te kunnen voltooien. Daar er niemand kon worden gevonden die aan het project wilde deelnemen, zag de studio zich genoodzaakt 260 bunder van haar terrein voor 43 miljoen dollar aan de Aluminium Company of America te verkopen. John Gregory Dunne, die de opkomst en ondergang van Fox in zijn boek *The Studio* gedetailleerd beschreef, is van mening dat deze beslissing Skouras ten val bracht. Toen Fox in 1957 weer 75 bunder terugkocht, moest er 21 miljoen dollar voor worden neergeteld. 'Tegenwoordig staat Century City op het terrein en overschaduwt Beverly Hills met zijn hoge kantoorgebouwen. Zo zie je maar weer eens waartoe Elizabeth Taylor in staat is: zelfs het silhouet van haar geboortestad kan ze veranderen.'

Aanvankelijk stond Skouras erop dat er van nu af aan in Hollywood gedraaid werd, zodat hij toezicht kon houden op de produktie. Maar het overgrote deel van het studioterrein was bezet door George Stevens met zijn produktie *The Greatest Story Ever Told*. Dus besloot het bestuur dat de gezamenlijke filmopnamen in Rome zouden plaatsvinden, in de hoop dat de produktiekosten overzee lager waren dan thuis.

In juli 1961 vlogen de Fishers naar het filmfestival in Moskou, waar het 'Dior-incident' zich afspeelde. (Gina Lollobrigida droeg dezelfde Dior-japon als Liz, alleen in een andere kleur.) Weer in Los Angeles trad Fisher in de *Coconut Grove* op en Liz onderging een schoonheidsoperatie aan haar hals. Kort voordat de Fishers in Rome verwacht werden, brachten ze enige tijd door op het jacht van Skouras junior. 'Meteen waren alle problemen vergeten,' zei Eddie. 'Ik hield van mijn vrouw, mijn vrouw hield van mij en ik genoot van elke minuut dat we samen waren. Nooit eerder was ik zo gelukkig geweest.'

Om de wereld van hun hernieuwde geluk op de hoogte te stellen, besloten de Fishers een kind te adopteren. Hun was verteld dat zoiets in Griekenland heel eenvoudig was. Met veel verdriet herinnerde Liz zich dat zij en Mike Todd Kurt Frings opdracht hadden gegeven een kind te zoeken. Frings wendde zich daarvoor tot Maria Schell, die haar uiterste best deed maar niets geschikts kon vinden. 'Liz en ik bezochten talloze weeshuizen in Athene. Ten slotte vonden we een klein jochie. Ze beloofden ons alles voor de volgende morgen in gereedheid te brengen. We hadden zelfs al een naam voor hem: Alexander.' Maar toen de Fishers de volgende morgen terugkwamen, deelde de directrice hen mee dat, in verband met Liz' scheidingen en geloof, adoptie niet mogelijk was. De daarop volgende vloeken en scheldpartijen van Taylor droegen er niet bepaald toe bij haar imago wat op te vijzelen.

Begin september gingen de Fishers naar Rome en richtten daar een veertien kamers tellende villa aan de Via Appia Antica in.

Hier organiseerde Elizabeth 'grootse diner-party's onder de waakzame blikken van paparazzi's, die als apen hingen in de pijnbomen die het huis omgaven.' Bij deze gelegenheden hield ze ervan 'spelletjes met haar personeel te spelen,' wist de butler Emmanuell Feo zich nog goed te herinneren. 'Een Italiaanse bediende gaf ze uitsluitend in het Engels aanwijzingen, hoewel ze donders goed wist dat hij er geen woord van verstond. "Geef me die verdomde roastbeef aan, zakkenwasser!" zei ze met een honingzoet stemmetje en een charmante glimlach. "En nou die vervloekte erwten, klootzak!" De gasten bulderden van het lachen; alleen Sybil en Richard Burton toonden zich geschokt.'

Op 25 september 1961 viel de eerste klap en de wereld hield de adem in. Horden verslaggevers hadden zich in Cinecittà verzameld om deze sensationale belevenis te documenteren. Rex Harrison zou nu Caesar spelen en voor de rol van Marcus Antonius was Richard Burton gecontracteerd.

Burton, als Richard Walter Jenkins op 10 november 1925 in Pontrhydfen geboren, werd na de dood van zijn moeder naar een van zijn tantes gestuurd, omdat zijn vader, een mijnwerker uit Wales, niet al zijn kinderen te eten kon geven. Na de Tweede Wereldoorlog werd hij een van de meest vooraanstaande toneelspelers van Engeland. Hij maakte een paar

Britse films en kwam begin jaren vijftig naar Hollywood, waar hij zijn debuut maakte met *My Cousin Rachel*. De films *The Robe* (1953), *Alexander the Great* (1955) en *Bitter Victory* (1958) volgden. Ofschoon de films geen overweldigende kassuccessen waren, werd Burton in de V.S. bekend – niet in de laatste plaats omdat hij tijdens elke verfilming een innige verhouding met zijn vrouwelijke tegenspelers had: niet alleen met Olivia de Havilland, Jean Simmons, Dawn Addams, Roberta Haynes en Diane McBain, maar ook met Claire Bloom en Susan Strasberg. Daar Burton nog 'gelukkig' getrouwd was met Sybil Williams Burton, noemde Lauren Bacall hem 'wicked, wicked Burton'.

Ook Taylor kende zijn reputatie en had zich vast voorgenomen niet met hem het bed in te duiken. Na haar eerste ontmoeting met hem leek het haar gemakkelijk zich aan dat voornemen te houden. 'Heel aardig zei hij tegen Joe en de anderen "hallo" tot hij naar mij toekwam. Hij keek me diep in de ogen en zei: "Heeft ooit iemand je gezegd wat een mooi meisje je bent?" Ik lachte. Mijn hemel, dacht ik, dat is dus die grote minnaar, de grote geest, de briljante intellectueel uit Wales, en hij weet niets beters te zeggen dan dit. Ik kon het niet geloven en bijna niet wachten tot ik in de kleedkamer terug was om het de andere meisjes te vertellen.' Tijdens de eerste draaidag negeerde Liz hem demonstratief. 'Dat wond Burton erg op,' herinnerde Jack Brodsky zich. 'Ik zag hoe hij Elizabeth stond aan te staren. Toen er aan het eind van de dag een paar foto's mochten worden gemaakt, voelde hij zich gekwetst omdat de journalisten alleen maar belangstelling voor Taylor hadden. Hij was een beetje jaloers op haar.'

Maar hij revancheerde zich. Toen Elizabeth hem straal voorbij wilde lopen, greep hij haar arm vast en fluisterde in haar oor: 'Onder ons gezegd ben je voor die rol veel te dik.' Liz stond even met haar mond vol tanden, maar toen barstte ze in lachen uit en sprong bij Eddie op schoot. 'Haar gewicht was echt een probleem, vooral voor de kostuumnaaisters die haar kostuums steeds moesten veranderen,' vertelde Brodsky.

Vlak voor Kerstmis was het eerste deel afgedraaid en informeerde een bezorgde Skouras of het niet voldoende was voor een avondvullende film. Mankiewicz antwoordde ontkennend.

In de eerste vier maanden dat er opnamen werden gemaakt had Burton slechts zes draaidagen. Veel tijd bracht hij door met het bestuderen van de opnamen van Elizabeth. Zijn plan om Taylor aan zijn verzameling toe te voegen, rijpte tot onstuimige vastberadenheid.

Toen de eerste gezamenlijke draaidag naderde, werd Burton steeds zenuwachtiger. In de nacht van 22 januari 1962 ging hij met zijn vrienden op kroegentocht in Rome en liet zich helemaal vollopen. Vermoeid door te weinig nachtrust verscheen hij de volgende morgen op de set. 'Nou, zo'n katterige figuur als hij had ik in mijn hele leven nog nooit gezien,' zei Taylor. 'Hij trilde van top tot teen en zijn hele gezicht was nat van de transpiratie. Bovendien stonk hij ook nog verschrikkelijk naar zweet en jenever. Hij bestelde een kop koffie, maar omdat hij zo hevig beefde, moest ik hem helpen het kopje naar zijn mond te brengen. Nu begon ik hem pas aardig te vinden. Voordien kon ik hem niet uitstaan. Vermoedelijk was ik jaloers op hem omdat hij een echte toneelspeler was en niet alleen maar een filmster. Die dag was hij zo menselijk, zo kwetsbaar. Toen de opnamen begonnen zei hij weliswaar hijgend, maar erg knap zijn tekst op.'

Al gauw hoorde Taylor tot degenen die zich elke avond in 'Burtons bar' bevonden. Burton boeide haar met zijn verhalen over Wales, de escapades van zijn vader en zijn beginjaren op de Engelse podia. Uiteindelijk ontstonden er bij haar gevoelens van bewondering en liefde.

Eddie en Sybil, maar ook de anderen, merkten lange tijd niets van wat er tussen die twee gaande was. Eddie lachte over de geruchten dat Liz een verhouding met Rex Harrison of Joe Mankiewicz had. De verhalen over Liz en Burton nam hij evenmin serieus, totdat hij op een avond een telefoontje kreeg van een oude vriend.

'Ik luisterde naar wat hij te zeggen had. Daarna vroeg ik Liz: "Is het waar dat er iets tussen jou en Burton is?" Met een zucht zei ze: "Ja, ik ben verliefd op hem."'

Woedend stormde Eddie de kamer uit en liet zich door zijn vrienden Bob, Bernie en Eddie Samuels afhalen. Ze raadden hem aan een pistool te gebruiken. De volgende morgen sprak Eddie met Joe Mankiewicz, die glimlachend tegen hem zei dat hij van een Taylor-Burton-romance niets afwist. Toen Fisher Wanger liet weten dat hij van plan was Burtons 'kloten van z'n lijf te schieten,' waarschuwde deze hem voorzichtig te zijn. Wat Eddie was vergeten was dat Wanger enige tijd in de gevangenis had gezeten, omdat hij de minnaar van zijn toenmalige vrouw Joan Bennett had doodgeschoten nadat hij hem met zijn vrouw in bed had betrapt.

's Middags raadde iemand Eddie aan weer naar de villa terug te keren, zodat hem in geval van een scheiding niet het verwijt kon worden gemaakt dat hij Liz kwaadwillig had verlaten. 'Dit was de enige eerlijke raad die ik kreeg. Ik was toen erg naïef en merkte niet dat al die mensen die me adviseerden rustig te blijven, eigenlijk niet míjn vrienden waren, maar die van Elizabeth.'

Het leek Eddie het beste om maar eens een poosje naar Gstaad te gaan, waar ze een klein chalet hadden. Maar Taylor stond erop dat hij bleef. Op 15 januari 1962 had ze aangekondigd dat ze een klein Duits meisje zouden adopteren, dat Maria Schell voor hen had gevonden. Als Eddie weggegaan zou zijn, had dat de adoptie in gevaar kunnen brengen. Goedmoedig als hij was, bleef Fisher dus maar.

Op 26 januari 1962 had Mankiewicz Wanger opgebeld. 'Ik zit al te lang op een vulkaan, Walter. Ik moet je laten weten dat Liz en Burton niet alleen Cleopatra en Marcus Antonius spélen.'

'Zou dat de film juist niet ten goede komen?' vroeg Wanger.

Eddie bleef, maar Liz en Burton bleven elkaar ontmoeten. Op een avond bracht ze hem mee naar huis en Burton wilde van haar horen van wie ze nou eigenlijk hield: van hem of van Fisher. Terwijl Eddie en Burton haar vol verwachting aankeken, dacht ze even na. 'Van jou,' zei ze, wijzend naar Burton. 'Dat was het juiste antwoord,' zei Burton zelfingenomen, 'maar het kwam me niet snel genoeg.' Taylor kreeg een aanval van hysterie en rende de villa uit. Richard bleef en maakte alle flessen van de bar leeg, terwijl hij Eddie enerzijds vleide, maar anderzijds ook flink uitschold. 'Tijdens ons gesprek ging de telefoon. Het was Liz, maar Burton wilde haar niet meteen spreken. Hij bleef een poosje hardnekkig weigeren, maar ten slotte greep hij naar de hoorn en schreeuwde: "Allemachtig, hoe kun je dit deze aardige man aandoen? Hij houdt zielsveel van je. Als je niet oppast, zal ik hem van je afpakken en hem zelf neuken." Ik kon het geschreeuw van Liz aan de andere kant van de lijn horen. Grote hemel, dacht ik, die man is krankjorum.'

Op 10 februari 1962 verscheen Wanger op de set, net toen Elizabeth jammerlijk weende. Burton had haar uitgekafferd omdat ze te laat was gekomen. Wanger verspilde geen tijd en vroeg haar op de man af wat er aan de hand was. 'Ik houd van Rich en ik ga met hem trouwen,' antwoordde Taylor. Vier dagen later vertelde Roddy McDowall dat Sybil zojuist de stad had verlaten, na een telefoontje te hebben gekregen van Eddie Fisher. Liz werd lijkbleek en viel flauw. Burton ging als een bezetene tekeer en maakte duidelijk dat Sybil en de kinderen ondanks al zijn 'rondhoererij' nog steeds op de eerste plaats kwamen. 'Rich had een gunstig moment uitgekozen, want hij stond juist voor zijn vertrek naar Parijs, waar hij in *The Longest Day* een gastrol had aangenomen,' wist Brodsky te vertellen. 'Elizabeth ging over de rooie. Ze sloeg alles kapot wat binnen haar bereik was. Hoe dùrfde een man het te wagen haar de bons te geven?' Pas nadat ze met een flinke dosis kalmeringsmiddelen was ingespoten, werd ze weer een beetje rustiger.

In de namiddag wilde ze Burton zien en die kwam. Tijdens deze ontmoeting belde Eddie uit Florence op. Liz huilde en verwenste haar man; Burton dreigde hem te vermoorden als hij hem nog één keer voor de voeten liep. Totaal overstuur besloot Fisher naar New York terug te keren. Vanuit Milaan telefoneerde hij met zijn agent, die hem adviseerde de hele zaak nog eens rustig te overdenken en sprak met hem af elkaar in Lissabon te ontmoeten. Toen Eddie daar aankwam wilde hij opnieuw zijn vrouw opbellen, maar hij kon haar niet bereiken. Dus probeerde hij het bij Dick Hanley, die hem meedeelde dat Elizabeth in het ziekenhuis lag. Na een dineetje met Wanger had ze een overdosis slaaptabletten geslikt. Eddie boekte het eerstvolgende vliegtuig naar Rome. Toen hij de ziekenkamer binnenkwam, was Elizabeths eerste vraag waarom hij Sybil de waarheid had verteld. 'Ik houd van je en zal alles doen om je te behouden,' antwoorddc Eddic. Mooicr dan ooit tcvorcn vcrlict Taylor dc volgende morgen het ziekenhuis en het echtpaar Fisher zag eruit alsof hun liefde een tweede bloei doormaakte.

Ook Sybil was teruggekeerd toen Burton op 27 februari 1962 weer in Rome aankwam – deze keer met zijn ex-minnares Pat Tunder, met wie hij zich verzoend had. Om Taylor te provoceren bracht hij Tunder mee naar de opnamen. 'Liz tierde als een gek,' zei Brodsky. Ze stond erop dat Pat de set verliet, daar haar aanwezigheid beledigend voor haar was. Rich waarschuwde haar dat ze zijn Welsh bloed niet moest laten koken. Ook op de 1ste maart werkte Burton niet. Hij vierde met zijn vrienden en Pat Tunder St. David's Day. De volgende morgen ging Liz naar zijn kleedkamer en schreeuwde: 'Je hebt ons allemaal laten wachten!' waarop hij antwoordde: 'Het werd hoog tijd dat iemand jóu eindelijk eens liet wachten.' Taylor ging als een razende tekeer en probeerde zijn gezicht open te krabben.

De volgende dagen genoot Burton van zijn spelletjes. Toen Louella Parsons op 9 maart beweerde dat het Fisher-huwelijk op de klippen was gelopen, waren hij en Taylor weer bij elkaar. Sybil was al op weg naar Londen om Emlyn Williams om raad te vragen. Eddie ontkende heftig elk scheidingsgerucht en vroeg Francis en Sara Taylor tevergeefs om hulp. Op 19 maart reisde Fisher naar New York en gaf korte tijd later een persconferentie. Hij verzekerde de aanwezige verslaggevers dat er met zijn huwelijk niets aan de hand was. Om dat te bewijzen belde hij Elizabeth in Rome op en vroeg haar per telefoon tegen een journalist het zelfde te zeggen. 'Dat kan ik niet, Eddie,' zei ze snikkend. 'Ik kan het gewoonweg niet doen.' De volgende dag verkondigden de kranten wereldwijd dat het huwelijk was gestrand.

Burton en Liz maakten zich er weinig zorgen om. 'Iedereen drukte ons op het hart dat we discreet moesten zijn. Dus zei ik tegen Liz: "Waarom gaan we vanavond niet naar die verdomde Alfredo in de Via Veneto om daar wat van die vervloekte fettuccine te eten?"' De paparazzi's waren verrukt. Het was alsof ze een geldbeurs met duizenden dollars gevonden hadden. Terwijl Sybil haar huwelijk nog als 'prima, absoluut prima' aanduidde, begon Eddie uit het drama voordeel te slaan. Van nu af aan opende hij zijn shows met *Arriveder-*

ci Roma en werkte ook mee in een nummer over 'de geile koningin van de Nijl'.

Toen Richard weer naar Parijs vloog, werd hij daar voor het eerst als een grote ster behandeld. Men nodigde hem uit in de VIP-lounge en gaf hem allerlei lekkernijen. De pers bestormde hem. 'Als ik van tevoren had geweten dat die vrouw me zo beroemd kon maken, dan had ik haar al veel eerder geneukt,' zei hij tegen een vriend. Bovendien vertelde hij dat zijn marktwaarde door deze affaire tot 500.000 dollar was opgelopen. De volgende dagen bracht hij door met Sybil. Samen aten ze in *Maxim's* en slenterden over de Champs Elysées. Toen Liz daar lucht van kreeg, werd ze woedend. 'Ze draaide juist de scène, waarin Cleopatra hoort dat Marcus Antonius haar heeft verlaten om met de zuster van Octavianus te trouwen. Met een dolk ruïneerde ze het bed dat ze samen deelden. Bij elke dolksteek schreeuwde ze steeds weer Sybils naam,' wist Mankiewicz te vertellen.

Sybil vergaf Burton alles. Maar terug in Rome haastte Richard zich direct in de armen van Liz en vervolgens naar de slaapkamer. De volgende draaidagen moesten wegens 'onpasselijkheid' uitvallen.

De aanvallen van de internationale pers werden steeds grimmiger. Ook Amerika toonde zich geschokt. Terwijl Ed Sullivan hoopte dat de Amerikaanse jeugd niet het voorbeeld van Taylor volgde, eiste Iris Blitch, senator van Georgia, dat Liz en Burton de toegang tot de V.S. werd verboden.

Tijdens de Paasdagen werden geen opnamen gemaakt. Rome was overspoeld door pelgrims en toeristen. De een wilde de paus zien, de ander het schandaalduo Burton-Taylor.

Liz en Burton waren echter naar San Stefano gevlucht. Met een blonde Monroe-pruik was Taylor de verslaggevers te slim af geweest. Samen met Rich lag Liz aan het strand toen ze een telefoontje van Wanger kregen, die hen vertelde dat Sybil op weg was naar Rome. 'Nou en? Dan kunnen we meteen over de scheiding praten,' vond Elizabeth. Maar Burton wilde terug en het kwam tot handtastelijkheden, waarbij Taylor een blauw oog en een gebroken neus opliep.

Burton, met een geschonden gezicht en ladderzat, bereikte op tijd de luchthaven, waar hij zijn 'geliefde' vrouw in de armen sloot. Samen stonden ze de pers te woord. Sybil verklaarde: 'Er is geen enkele aanleiding voor een scheiding.' Rich knikte instemmend en mompelde: 'Absoluut niet één.'

Elizabeth was eveneens teruggekeerd en toen Burton weigerde 's avonds bij haar langs te komen, greep ze opnieuw naar de slaaptabletten. Uren later werd ze voor de tweede keer naar het ziekenhuis gebracht, waar haar maag werd leeggepompt. Zolang Sybil in Rome was, bleef Taylor in haar ziekenkamer.

Uiteindelijk keerde Sybil naar Engeland terug en verzoende Burton zich met Taylor. Bij Bulgari kocht hij voor haar een 'kleinigheidje': een broche ter waarde van 150.000 dollar.

Op 11 juni 1962 werden de opnamen in Ischia voortgezet. Elizabeth speelde voor de laatste keer de koningin van de Nijl. Aan een avontuur dat twee jaar had geduurd, kwam een einde. Of dit ook op haar relatie met Burton van toepassing was? Er werden hoge weddenschappen afgesloten en voor alle zekerheid stond er op de laatste draaidag een ambulance in de buurt van het hotel klaar. Maar Liz vertrok, gezond en zeker van haar overwinning, met haar moeder, haar kinderen, huisdieren en 60 kostuums uit *Cleopatra* in de richting van Zwitserland.

De kostuums moest Elizabeth weer teruggeven; daar stond Fox op. Toch bracht ze een rijke oogst mee.

Al met al leverde de film haar 7 miljoen dollar op. Burton daarentegen verdiende slechts 750.000 dollar.

In oktober 1962 werden Elizabeth Taylor en Richard Burton naar Parijs ontboden, omdat er enkele scènes van *Cleopatra* nagesynchroniseerd moesten worden. Toevallig hoorde ze dat Richards volgende film, *The V.I.P.s*, hem met Sophia Loren samen zou brengen. 'Waarom hebben ze míj die rol van Frances Andros niet aangeboden?' wilde Taylor weten. De producent, Anatole de Grunwald, vertelde haar dat MGM, haar oude gehate studio, ook aan het project deelnam. Elizabeth stond erop het draaiboek te lezen.

Terence Rattigans werk doet sterk denken aan Vicki Baums *Mensen in het hotel*, maar in plaats van een hotel diende bij de film *The V.I.P.s* de VIP-lounge van de Londense luchthaven als decor voor een reeks nauw met elkaar verbonden drama's. Frances Andros is een van de personages. Rijk en verwend, zoekt ze in de armen van een jonge minnaar naar erkenning. Maar als ze erachter komt dat haar man in geval van scheiding zelfmoord wil plegen, keert ze naar huis terug.

Elizabeth was vastbesloten de rol naar zich toe te trekken. Haar honorariumeis liep weer op tot een miljoen dollar. Na veel vertwijfelde telefoontjes stemde de studioleiding van MGM toe en bood hun 'brutale bengel' voor de terugkeer 500.000 dollar vooruit, alsmede 50.000 dollar per overschreden week plus een winstaandeel van minstens 250.000 dollar.

Met het nieuwe contract op zak kon ze haar verplichting om in *Justine*, de volgende film van Mankiewicz, de hoofdrol te spelen niet nakomen. 'Ze belde Mank op en vroeg hem om begrip. En hoewel hij wist dat dit het einde voor zijn film betekende, liet hij haar gaan,' aldus Brodsky. Mankiewicz trok zich verbitterd terug. Korte tijd later hoorde hij dat Skouras' opvolger, Darryl F. Zanuck, besloten had de laatste montage van *Cleopatra* zelf uit te voeren. Voor hem stortte de wereld in.

Op 6 december 1962 kwamen Richard en Liz in Londen aan. Ze huurden ieder een suite in het *Dorchester*. Het was een concessie aan de publieke moraal. Twee weken later kwam Sybil in gezelschap van haar kinderen aan om samen met Burton kerstfeest te vieren. Richards broer, Ifor, stond haar terzijde. Hij liet Rich weten dat alle familieleden, op wie hij zeer was gesteld, achter Sybil stonden. Berouwvol keerde hij bij zijn vrouw terug, maar al na vier dagen dook hij weer op in het *Dorchester*, waar hij Liz had achtergelaten.

'Ze was woedend en smeet allerlei voorwerpen naar z'n hoofd,' vertelde Ifor. 'Voor Rich was het het beste geweest als hij met beide vrouwen getrouwd had kunnen zijn,' zei zijn broer Graham. Elizabeth drong er bij Burton op aan dat hij zich liet scheiden. In januari ondernam Burton een hernieuwde poging, maar toen hij ten slotte stomdronken tegenover zijn vrouw stond, kon hij haar onmogelijk de waarheid vertellen. Hij ging op de sofa voor de open haard liggen

Grace Kelly en
Elizabeth Taylor,
1953

Elizabeth en James
Dean tijdens een
draaipauze, 1955

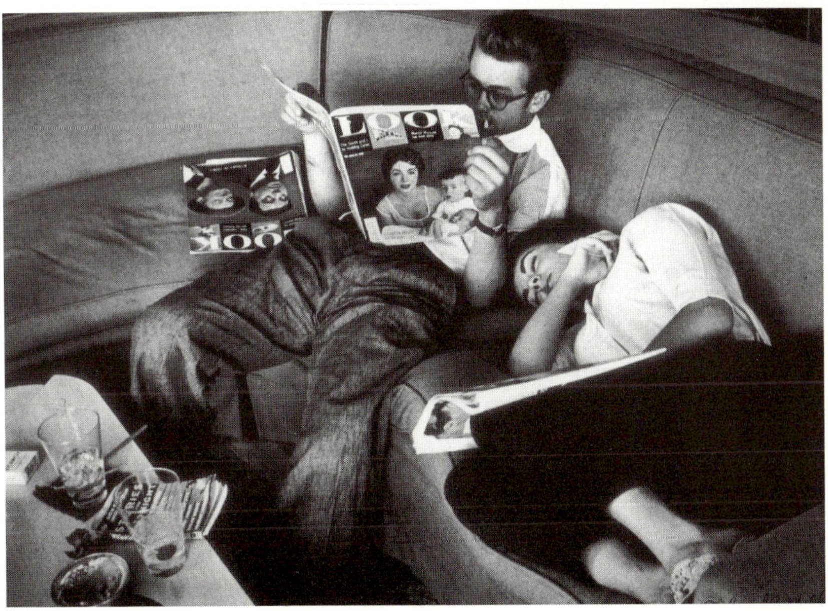

Mike Todd, Elizabeth en hun derde kind, Elizabeth Francis, 1957

Cat On a Hot Tin Roof, MGM, 1958

Autogramfoto, 1960

Moederdag 1962 – Sara, Francis en Elizabeth Taylor in Rome, tijdens de opnamen voor *Cleopatra*

Regisseur Joseph L. Mankiewicz en Elizabeth, 1962

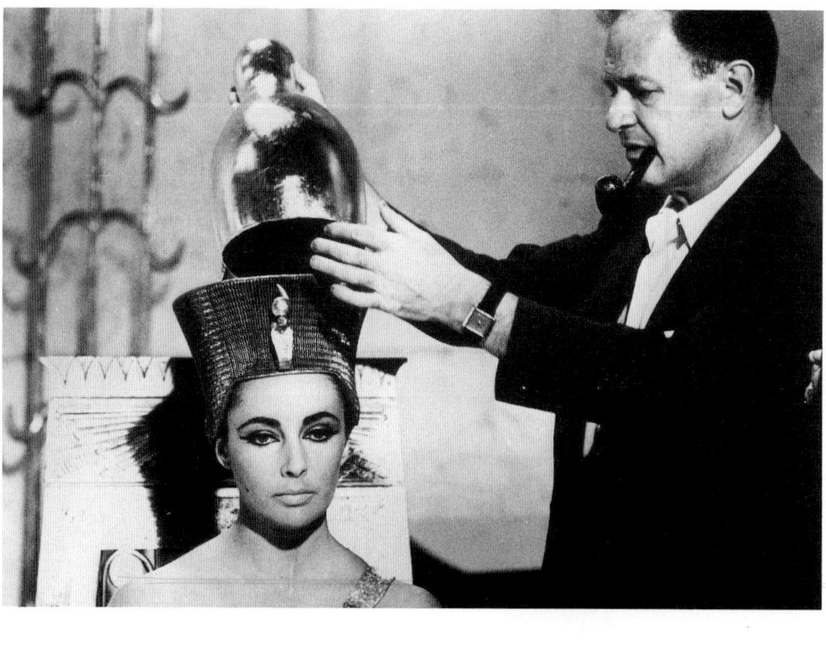

om zijn roes uit te slapen. Tegen vier uur 's morgens keerde hij terug naar het *Dorchester*, waar Liz op hem wachtte. Hij bekende haar dat hij het niet over zijn hart had kunnen verkrijgen Sybil om een echtscheiding te vragen. Toen drong Liz er bij hem op aan direct zijn vrouw op te bellen om haar om de scheiding te vragen. Zonder te morren deed hij wat ze van hem vroeg. Bij wijze van schadeloosstelling maakte Burton alvast een miljoen dollar aan Sybil over. De rest werd later geregeld.

Hetzelfde bedrag verlangde Eddie van Elizabeth. Maar, zoals Burton in zijn dagboek noteerde, 'krijg ik er koude rillingen van als ik eraan denk wat ze met die arme Eddie deed.' Fisher beging een verschrikkelijke fout: hij durfde zich in het openbaar tegen haar te verzetten. Liz deed er alles aan om te voorkomen dat Eddie ook maar één cent van het gezamenlijke kapitaal ontving. Bovendien maakte ze hem in de ogen van anderen slecht door te beweren dat hij dom en inhalig was. Fisher had geen schijn van kans.

Tijdens de opnamen van *The V.I.P.s* besloot Burton Taylor aan zijn familie voor te stellen. 'Rich stelde haar aan ons voor als zijn verloofde, niet als zijn minnares. Ze gedroeg zich vriendelijk, maar toch viel ons haar star-appeal op. Het leek wel een soort verkiezingsstrijd. Liz wilde per se de familie van Rich voor zich winnen, te meer daar ze wist dat we allemaal aan Sybils kant stonden,' vertelde Richards broer Graham Jenkins.

The V.I.P.s werd in recordtempo voltooid en kwam korte tijd na de Newyorkse première van *Cleopatra* in de bioscopen. Als iedereen had gehoopt dat *Cleopatra* een hit werd, dan werd men door de critici en de toeschouwers uit de droom geholpen: 'Te veel overgewicht, te veel boezem, veel te veel aan betaald en ongetalenteerd,' was het oordeel van David Susskind over Taylor. De andere kritieken waren nog minder vleiend. Toen die Liz onder ogen kwamen, kreeg ze een zenuwinzinking.

Burton draaide op dat moment *Becket*, onder regie van Hal Wallis. De producent herinnerde zich: 'Liz reageerde hysterisch op de vernietigende kritieken. Ze sloot zich op in haar hotelsuite en kwam dagenlang niet naar buiten. Ze belde voortdurend de studio op en op een morgen zei Dick: 'Ik geloof dat als je haar nu een rol aanbiedt, je haar daar maar 25.000 dollar voor hoeft te betalen.' Haar stemming werd er niet beter op toen de critici evenmin een spaan heel lieten van haar televisiepremière *Elizabeth Taylor in Londen*, waarvoor ze van CBS een half miljoen dollar had gekregen.

Toen Burton het volgende aanbod voor een film kreeg, belde ze John Huston op en smeekte hem haar de rol van Maxine in *The Night of Iguana* te geven. Huston loog toen hij verklaarde dat de bezetting, bestaande uit Deborah Kerr, Ava Gardner en Sue Lyon, al vaststond. Toen ze hevig tekeer ging tegen Burton omdat hij Ava als tegenspeelster kreeg, was Burton in zijn nopjes.

Om 'problemen' tijdens de opnamen te voorkomen, liet Liz haar kinderen in Zwitserland achter en vergezelde Richard toen hij begin oktober vertrok. Puerto Vallarta was een paradijs. Elizabeth en Richard werden meteen verliefd op de Casa Kimberly, die ze voor 40.000 dollar kochten.

'Hier kan ik schrijven,' zei Burton.

'Hier kan ik leven,' voegde Elizabeth eraan toe.

En hier zou Elizabeth ook haar 'mooiste kerstcadeau' krijgen, want in december maakte Sybil haar scheiding aanhangig. Meteen gaf Liz Irene Sharaff opdracht een nieuwe bruidsjapon te ontwerpen. Maar Eddie weigerde met een scheiding akkoord te gaan. Na helse verbale gevechten gaf Eddie het uiteindelijk op en stemde toe. Direct kon Elizabeth op 24 januari 1963 in Puero Vallarta de scheiding aanhangig maken, omdat de Mexicaanse wetgeving niet vereist dat beide echtgenoten aanwezig zijn. Op 6 maart werd de echtscheiding uitgesproken.

De Burtons

1

Op 25 januari 1964 reisden Mr. 'Walter Rule' en Mrs. 'Rosamund Sutherland' in een toestel van de Trans Canada van Los Angeles naar Toronto. Niemand kwam op het idee dat ze ook maar iets te maken konden hebben met James Benton. Die was met een ander toestel - waarin zo'n honderd stuks bagage plus twaalf honden - op weg naar de zelfde bestemming. Maar de vreugde van Rich en Liz over hun onopgemerkte ontsnapping was van korte duur. Het *King Edward Hotel* waarin ze hadden gereserveerd, werd belegerd door demonstranten, die tegen de verbintenis van het stel protesteerden. Elizabeth durfde hun suite nauwelijks te verlaten. Volkomen overstuur opende ze het raam en schreeuwde de menigte toe: 'Kunnen jullie ons niet met rust laten? Verdomme, we proberen al twee jaar met elkaar te trouwen, maar krijgen er de kans niet voor.'

Elizabeth deed haar best *Hamlet* te lezen, en maakte ook dankbaar gebruik van John Gielguds aanbod om de repetities bij te wonen. Het ontging haar overigens niet dat Rich ergens over inzat. Het ontbrak hem aan zelfvertrouwen. Dat had hij vroeger geput uit gesprekken en rol-discussies met zijn pleegvader Philip Burton. Maar Philip had Rich duidelijk gemaakt wat hij van zijn gedrag vond, en het contact met hem verbroken.

Elizabeth belde de oude man in New York op en smeekte: 'Ik verzoek u uit de grond van mijn hart toch vooral te komen.' Pas nadat Sybil ermee had ingestemd, gaf Philip Burton gehoor aan die smeekbede en ging naar Toronto.

Met Richards Hamlet-interpretatie was hij het volkomen eens, en een tijdje later werd hij toch ook wel geïmponeerd door Richards nieuwe liefde. 'De verzoening met Philip was voor mij het mooiste huwelijkscadeau dat Elizabeth me kon geven,' verklaarde Richard Burton jaren later.

John Springer, de persagent van het duo Burton-Taylor, was eigenlijk van plan geweest op 13 maart van Toronto naar New York te vliegen, daar hij en zijn vrouw June dat weekend een party wilden geven. Maar op de ochtend van zijn vertrek belde Richard Burton hem op.

'John,' zei hij, 'we willen aanstaande zondag trouwen. Ik hoop dat je dat voor ons kunt regelen.'

'Twee dagen voorbereiding voor een dergelijke bruiloft waren verrekte kort dag!' zei Springer naderhand.

'Een familielid van *Cleopatra*-collega Hume Cronyn, een hoge Piet in de Canadese regering, regelde de formaliteiten alsof het ging om een aangelegenheid op het hoogste veiligheidsniveau. Die zondagochtend vertrok een vliegtuig uit Toronto naar Montreal. Aan boord van het toestel bevonden zich Richard, Liz, hun ouders, John Springer, en enkele vrienden. Burton was 's morgens vroeg al begonnen zich te bezatten. 'Dat begrijp ik niet!' jammerde Liz. 'Waar maakt hij zich nou zo druk om? Tenslotte slapen we toch al twee jaar bij elkaar!'

Nadat het bruiloftsgezelschap in een limousine naar het *Ritz Charlton Hotel* was gereden, begaf men zich naar suite 810, in afwachting van de bruid. Na lang zoeken had men een geestelijke van de Unitarians weten te vinden, die er in tegenstelling tot zijn ambtsbroeders geen bezwaar tegen had de presbyteriaanse Welshman en zijn joodse verloofde in de echt te verbinden. Zoals gewoonlijk liet Liz haar bruidegom en de gasten bijna een vol uur wachten.

'Waar blijft die dikke kleine slet toch!' lalde Burton. 'Ik zweer jullie dat ze zelfs voor het Jongste Gericht nog te laat aan komt zetten!' Eindelijk kwam ze dan toch binnenlopen, gekleed in een diepuitgesneden japon van gele chiffon, getooid met een smaragden broche, die Rich in Italië voor haar had gekocht, plus het collier van smaragden en diamanten, dat ze voor haar verjaardag van hem had gekregen. In haar haren had ze hyacinten laten vlechten.

De huwelijksplechtigheid nam tien minuten in beslag. 'O hemeltje, wat ben ik gelukkig!' verzuchtte Taylor. 'Dit huwelijk is voor de eeuwigheid.'

De Burtons waren gecreëerd!

Deze keer zwoer Elizabeth geen eed dat ze zich uit de filmwereld terug zou trekken. Ze vormden een span 'raszuivere volbloeden', dat snakte naar werk.

Volgens Henry Miller waren ze: 'Het enige koninklijke

paar van Amerika – luidruchtig, ordinair, geil op geld en verfrissend vulgair. Bovendien hoogst amusant.'

Hun hofhouding bestond destijds uit Dick Hanley en diens secretaris John Lee. John Springer nam de publicity voor zijn rekening. (Toen het echtpaar de eerste keer scheidde, deed in New York de volgende mop de ronde: 'Wie krijgt nu de voogdij over John Springer?) Voorts maakten de volgende personen deel uit van de hofhouding van de Burtons : twee secretarissen, garderobier Bob Wilson, fotograaf Gianni Bozzachi plus diens vrouw Claudie, Ron Berkley, die voor de make-up zorgde, Gaston, de Franse chauffeur, die kon bogen op zowel het Croix de Guerre als de Zwarte Band, een gouvernante en verpleegster voor Maria, de huisleraar Paul Neshankin, en de vaste lijfwacht van de Burtons, Bobby la Salle.

Hugh French werd Liz' impresario, terwijl John Heyman in Engeland hun belangen behartigde. Overigens hadden ze nog personeel in hun twee huizen in Zwitserland, het huis in Mexico, en de woning in Londen.

Mag je echter huisleraar Paul Neshankin geloven, dan was de ster-wereld voor kinderen maar een treurig oord. Veel tijd voor elkaar hadden ze niet, en doken Liz of Rich zo nu en dan toch eens op, dan had het meer weg van een koninklijk staatsiebezoek. Geen wonder dus dat zowel Christopher als Michael werden beschouwd als 'verwaarloosd en ongedisciplineerd'.

Dochter Liza Todd, op haar zevende jaar al een geroutineerde pokerspeelster, kon niet lezen, en de vierjarige Maria sprak nog steeds geen woord Engels. 'Voor de problemen en zorgen van hun kinderen hadden de Burtons geen tijd,' klaagde Neshankin. 'Ze hadden het veel te druk met hun liefde en hun carrière.'

Burtons *Hamlet* was zowel in Toronto en Boston als op Broadway een overweldigend succes. 'Het is gewoonweg een fenomeen,' bekende Burton tegenover de aartsroddelaar Truman Capote. 'Avond na avond, wanneer Elizabeth me na de voorstelling afhaalt, staat die eh, die...'

'Geile horde,' vulde Liz aan.

'Staat die enthousiaste menigte voor de deur, wachtend op... Nou, op...'

'Een stelletje zondige misbaksels,' maaide Liz hem het gras voor de voeten weg. 'Snap je het dan nog steeds niet? Ze gapen ons aan omdat we Sodom en Gomorra voor ze personifiëren!'

Niets is zo succesvol als het succes. 'Ze vonden Richard en mij zo schandalig en afstotend, dat nog slechts een handjevol van onze zogenaamde vrienden voor ons telefonisch te spreken was. Maar van het ene ogenblik op het andere, na het succes van *Hamlet*, konden we niet meer stuk. Ze straalden. Mensen die in geen twee jaar met ons hadden willen praten, gaven Richard nu een schouderklopje, en kusten mij op mijn wang. Wat een schooiers, dacht ik glimlachend.'

Ook filmaanbiedingen lieten niet lang op zich wachten. Ze zouden samen spelen in *Goodbye, Mr. Chips* en *Gambit*. Liz wilde men graag hebben voor *The Owl and the Pussycat*, en Stanley Barker kwam op de proppen met een project dat in Zuid-Afrika moest worden opgenomen. Maar de Burtons lieten hun keus vallen op *The Sandpiper*; vergelijkbaar met het betere soort soap-opera. 'Toen ik dat Rich onder de aandacht bracht, zei hij: "Ik heb schijt aan kunst. Het enige wat voor mij telt, is poen",' aldus Stanley Barker.

Het was oorspronkelijk de bedoeling van MGM om Richard Burton met de regie te belasten, terwijl Liz en Cary Grant de hoofdrollen voor hun rekening zouden nemen. Maar Grant, die als de dood was voor Liz Burton, liet het op het laatste moment afweten. Dus belandde Richard voor de camera en Vincente Minnelli in de regisseursstoel. Minnelli distantieerde zich vanaf het eerste begin van het onderwerp. Hij vond het scenario van een kunstenares, die met haar zoon ergens aan de kust woont, en een getrouwde geestelijke het hoofd op hol brengt, die vervolgens voor zijn zonde moet boeten 'vergezocht en te dik aangezet.' Dat kon de Burtons hoegenaamd niets schelen. 'Voor zoveel geld wil ik desnoods op de tafel dansen,' zei Rich. En Liz verklaarde giechelend: 'Het is toch zeker altijd leuk een miljoen dollar op te strijken!'

Liz' voorstel om Sammy Davis junior de rol van de beeldhouwer te geven, werd van de hand gewezen. Minnelli: 'We kunnen er bij echtscheiding en atheïsme niet ook nog een relatie met een kleurling in stoppen.' Taylor vatte dat als een persoonlijke belediging op, en voelde zich zeer gekwetst. 'Vanaf dat moment baggerde ze door haar rol heen alsof het een modderplas was.'

Na drieëneenhalve week waren de buitenopnamen in Big Sur voltooid. De filmcrew ging naar Parijs, want de binnenopnamen zouden worden gedraaid in de studio's van Boulogne-Billancourt. Dat was een goodwill-gebaar van MGM, daar de Burtons dat jaar vanwege de belasting niet langer dan vier weken in de V.S. konden blijven.

In Parijs ontstond een vervelend incident met de roddelpers. 'We zaten net aan een drankje in de lobby van ons hotel,' vertelde Elizabeth, 'toen een jongeman, een jonge vrouw en een wat ouder echtpaar binnenstormden. De jonge vrouw gaf de oudere een zet tegen mijn stoel aan. De jongeman nam bliksemsnel een foto en verdween haastig.'

De jonge vrouw bleek een verslaggeefster te zijn. Ze was achter de identiteit van de natuurlijke ouders van de geadopteerde dochter Maria gekomen. Ze had hen wijsgemaakt dat de Burtons hen hadden uitgenodigd naar Parijs te komen om Maria te bezoeken. Die mensen bevonden zich al meer dan een week in Parijs, en er waren al verscheidene vergeefse pogingen gedaan om een foto te maken van 'Maria in de Rolls-Royce, terwijl haar ouders smachtend naar hun verloren kind staren. Gelukkig waren ze niet in hun plannetje geslaagd.' Toen de journaliste beweerde dat ze alleen maar een vriendin van die familie was, ging Taylor over de rooie.

'Jij bent helemaal geen vriendin!' krijste ze. 'Je bent zo'n verdomde roddeltante. Maak dat je wegkomt of ik maak je af!'

Gelukkig schoot Burtons advocaat Aaron Frosch toe en wist de gemoederen te kalmeren. Nadat hij de juridische achtergrond had onderzocht 'kocht Elizabeth de ouders af, en Burton adopteerde Maria,' beweerde de schrijfster Kitty Kelly. Elizabeth hield echter vol dat ze 'de eenvoudige, maar keurige arme mensen uit het piepkleine dorpje' geen geld gaf.

Op 8 december was de *Sandpiper* voltooid, en alle betrokkenen verklaarden opgelucht te zijn nu 'deze tocht op de woeste baren' voorbij was. De Burtons namen geen blad voor de mond. Volgens hen zou die film een flop worden. 'Voor we eraan begonnen waren we er al zeker van dat het maar niks was,' beweerden ze. 'Door die rottige dialogen stierven Rich en ik dagelijks een stukje af.' De critici waren het daar roerend mee eens. Na de voorvertoning stuurde een Newyorkse journalist hun het volgende telegram: 'Heb zojuist jullie film gezien. Stop. Neem de benen en duik ergens onder.'

Op 9 februari 1965 arriveerden de Burtons in Dublin. Eigenlijk had Liz niet met Rich mee gewild om daar de opnamen van *The Spy Who Came in From the Cold* bij te wonen. Toen Martin Ritt haar de rol van Nan Perry aanbood, wilde Burton er niet van horen. 'Ik heb geen zin om Laurel en Hardy op te volgen!' zei hij. Dus viel de keus op Claire Bloom, een oude vlam van hem. Taylor stierf bijna van jaloezie en maakte dagelijks een scène. Van één van die voor een draaiboek geknipte taferelen kon de auteur, John Le Carré, meegenieten. 'Toen Richard me verwelkomde in hun suite,' vertelde hij, 'kon ik een wel heel irreële conversatie beluisteren: "Richard?" "Ja, schat." "Wie zijn daar allemaal?" "De schrijver." Liz was namelijk in de kamer ernaast, en ze praatten met elkaar via een intercom. Hij liep naar de slaapkamer om haar te halen, en ze kregen verschrikkelijke ruzie. De intercom was nog ingeschakeld, dus hoorde ik klappen uitdelen, geschreeuw, en woedende verwensingen – allemaal via de intercom! Maar na een tijdje verscheen ze in een omgeslagen peignoir vol strookjes en ruches, een kledingstuk dat je niet in een confectiezaak vindt. Ze had een vrij dik, maar lekker achterwerk, echt iets om te knuffelen. Ze was buitengewoon aantrekkelijk met die prachtige ogen van haar. Die zijn veel mooier dan op het witte doek. Ze gaf me een hand als een zoet klein meisje en vroeg: "Hoe gaat het met u?" en verdween weer.'

Gedurende deze periode werd Liz als het ware door het noodlot achtervolgd. Ze stond onder zware psychische druk. In Dublin waren haar juwelen ter waarde van 17.000 pond sterling gestolen, in maart bezweek haar vader aan een hartinfarct en Burton was aan de drank. Bovendien raakte ze betrokken bij een auto-ongeluk, waarbij een toevallige voorbijgangster om het leven kwam. Weliswaar zat Liz niet zelf achter het stuur, maar ze trok zich dat dodelijke ongeluk ontzettend aan. Ze wilde dolgraag een kind van Burton hebben en consulteerde verscheidene specialisten, maar haar wens ging niet in vervulling.

Na het beëindigen van de filmopnamen begaven de Burtons zich met de kinderen naar de Rivièra, en vervolgens naar Gstaad.

Elizabeth had Edward Albee's toneeldraaiboek *Who's Afraid of Virginia Woolf* gelezen, en de rol van Martha besproken met Rich. 'Volgens mij ben je te jong voor die rol,' vond Richard. 'Je bent niet krachtig genoeg, en hebt ook te weinig van dat kreng van een wijf in je. Maar toch moet jij Martha spelen, al was het maar om alle andere actrices een stap voor te zijn. Het is een hartstikke goede rol.' Maar Liz had bezwaren. Als partner kwam Laurence Olivier ter sprake, maar Liz gaf de voorkeur aan Richard. Die had er niet veel zin in; hij wilde liever een tijdje alleen zijn, naar hij zei 'om eindelijk met een boek te beginnen.'

Na ook het draaiboek voor de film te hebben gelezen liet Elizabeth Warner Bros weten, dat ze bereid was de rol te spelen tegen een salaris van 1,1 miljoen dollar. 'Ik had die film desnoods voor niks willen draaien,' beweerde ze. 'Maar voor de lol heb ik een hogere gage bedongen dan ik voor *Cleopatra* kreeg. Warner tierde toen producer Ernest Lehman hem Liz' eis overbracht, maar zwichtte knarsetandend. Na de ondertekening van het contract juichte Liz: 'We hebben ze lekker te grazen! Ik had die film ook voor niets willen doen.' Lehman: 'Het was een van de weinige keren dat Jack Warner verbleekte.'

Liz startte meteen haar campagne voor Richard. Destijds woonden de Burtons in een van de bungalows van het *Beverly Hills Hotel*, als buren van Lehman. 'Onder het genot van een glas champagne noemde Lehman een aantal kandidaten op die voor de rol van George in aanmerking kwamen, maar ze maakte een wegwerpend handgebaar, en wees naar Burton.'

'Daar zit je hoofdrolspeler,' zei ze. 'Mijn man.'

'Ja, zeg, hou je in!' protesteerde Burton.

'Hou jij je bek nou!' tierde Liz.

Lehman zag het nog niet zitten. Hij vond Burton zoals hij het noemde 'te krachtig van indruk' en ook veel te duur. Maar in oktober wist hij Jack Warner zo ver te krijgen dat hij Burton 750.000 dollar wilde betalen. Burton stelde zich terughoudend op; de parallel van de rol met zijn eigen huwelijk schrikte hem af. Want de film weerspiegelde hun eigen leven; ze dronken zich te pletter, maakten ruzie bij het leven en vonden het heerlijk elkaar in het bijzijn van vrienden en kennissen te beledigen en te vernederen. Verder doken ze telkens in een andere rol om de de saaiheid van het dagelijkse bestaan te ontvluchten. Dat alles biechtte Richard op in het bijzijn van Mike Nichols, met wie hij sedert *Camelot* bevriend was. Eind 1964 engageerde Warner Nichols als regisseur.

Nichols beloofde Burton ongedeerd door al dat soort problemen heen te zullen loodsen. Op 6 juli arriveerden de hoofrolspelers met Nichols in Burbank, waar ze eerst drie weken lang wilden repeteren. Elizabeth, bang dat ze er niet oud genoeg uit zou zien in de rol van Martha, had er twaalf kilo 'bijgevreten'.

'Het is de zwaarste rol die ik ooit heb gespeeld. Ik had het gevoel alsof ik nooit tevoren iets behoorlijks had gepresteerd. Gek genoeg was het ook een van mijn gemakkelijkste rollen. Ik kroop als het ware in een andere huid, waarin Elizabeth Taylor zich kon verschuilen.'

Met het draaien werd op 26 juli 1965 in Burbank begonnen. De buitenopnamen werden gemaakt in het Smith College in Massachusetts.

In de film ging het toe als in hun werkelijke leven, en in dat werkelijke leven deed het duo Taylor-Burton zijn best om de filmrealiteit nog te overtroeven. Richard schold haar uit voor 'vetreet met je apetieten', of voor 'apereet', en zij schreeuwde dat hij 'nou eindelijk eens zijn kleresmoel' dicht moest houden. De krachttermen die in de film werden gebruikt, waren vergelijkenderwijs onschuldig. Toch zat Jack Warner daar over in. Hij liet een lijstje opstellen van 'woorden, die beslist uit de film moesten worden verwijderd, waaronder dertien keer *godvervloekt*, twaalf verschillende uitdrukkingen voor *Here* en *Heiland*, vier keer *neuken* en *naaien*, vier keer *klootzak*, twee keer *klote*, plus uitdrukkingen zoals 'de koffer induiken', en 'het lekker op het tapijt in de huiskamer doen,' vertelde Paul Ferris.

Maar Nichols veranderde het draaiboek niet, en als door een wonder kwam de film door de censuur heen. Weliswaar uitsluitend voor boven de achttien, maar dat maakte het des te aantrekkelijker.

De Burtons ontkenden weliswaar dat die slaande ruzies voor de camera hun huwelijk ongunstig beïnvloedden, maar jaren later, toen ze voor de eerste keer uit elkaar waren gegaan, verklaarde Liz dat ze het zat was altijd maar weer Martha te spelen. Richard gaf in zijn dagboeken toe dat hij indertijd een wezen in zichzelf had ontdekt dat 'kleinzielig, oneerlijk, ruziezoekerig, boosaardig en vals' kon zijn.

'Hoewel Rich verschrikkelijk verliefd was op zichzelf, was het toch ontroerend te zien hoe hij Liz leidde, en zichzelf inhield, zodat hij zich helemaal op haar kon concentreren,' vertelde Nichols over hem.

Toen het karwei op 13 december achter de rug was, bleek de draaitijd met 35 dagen te zijn overschreden. Liz vond dat ze wel een cadeautje had verdiend, en liet tegenover Warner doorschemeren dat ze een broche van 80.000 dollar had gezien. Maar Warner zei schamper: 'Ik heb haar een salaris van meer dan een miljoen betaald, en ze krijgt tien procent van de winst. Laat ze haar broche zelf maar kopen.'

2

Op weg naar Rome, waar regisseur Franco Zeffirelli op hen wachtte, maakten de Burtons een tussenstop in Engeland. Burton wilde namelijk zijn oude mentor Nevill Coghill een laatste dienst bewijzen. Alvorens zich terug te trekken als docent in Oxford en leider van de Oxford University Dramatic Society, had Coghill de Burtons verzocht om hun medewerking in een studentenproduktie van Marlowes *Dr. Faustus*. Dit bij wijze van afsluiting van zijn loopbaan. In februari 1966 arriveerde het paar in Oxford, en nam zijn intrek in het *Randolph Hotel*. Burton bracht de avonden door bij de studenten, met wie hij eindeloos discussieerde. De studenten vonden de Burtons 'bescheiden, toegankelijk, genereus en amusant'. Natuurlijk speelde Burton de hoofdrol in het stuk. 'Ik heb nog nooit op het toneel gestaan, dus wil ik klein beginnen,' zei Taylor bescheiden. Ze nam de rol van Helena van Troje op zich.

De produktie kreeg middelmatige kritieken. Weliswaar was Liz in nachtgewaad de moeite van het bekijken waard, maar velen hadden toch meer het gevoel dat er reclame voor dameslingerie werd gemaakt.

Terwijl het stuk nog liep, vroeg David Lewin tijdens een televisie-interview aan Burton of er misschien een vergelijking bestond tussen de rol en de privé-persoon. Liz schreeuwde: 'Schoft! Ik dacht wel dat je zoiets zou vragen!' Richard stelde zich diplomatieker op. Hij wees erop dat hij telkens weer tot zijn oude liefde, het toneel, terugkeerde.

In Oxford had het stel de blanke verzen van Marlowe gratis gedeclameerd. Maar in de onderhandelingen met Columbia over de verfilming van *The Taming of the Shrew* speelde geld een zeer belangrijke rol. De Burtons stelden zich keihard op, en eisten een aanzienlijk percentage van de winst. Ze hadden hun keus laten vallen op Zeffirelli als regisseur, en Liz maakte hem meteen duidelijk dat ze ook van hem een cadeautje verwachtte. Toen hij op een keer haar diamanten oorbellen ter sprake bracht, zei ze: 'Die heb ik van een regisseur gekregen. Het was ook voor hem zijn eerste film met mij.' Zeffirelli slikte en merkte op dat zo'n cadeau wel erg moeilijk te overtreffen viel. 'Helemaal niet,' beweerde Liz, een paar onschuldige ogen naar hem opslaand. 'In de Via Condottie is een heel aardig winkeltje. Het heet Bulgari...' Zeffirelli begreep de wenk, en kort daarna kreeg ze van hem een broche, die ooit van Napoleons zuster zou zijn geweest.

Tijdens de opnamen vernam Elizabeth dat Clift was overleden aan een overdosis drugs. Op 24 september noteerde Burton in zijn dagboek: 'E. was verschrikkelijk overstuur. Ze kan nog steeds niet geloven dat Monty dood is. Sinds zijn overlijden is hij voor haar een soort mystieke heilige geworden.'

Tegenover de pers verklaarde ze spontaan dat ze een miljoen dollar ter beschikking wilde stellen voor de Montgomery Clift Stichting. Dat moest gebeuren onder auspiciën van de American Heart Association. Tussen twee haakjes: tot nu toe heeft deze vereniging nog geen cent gezien van het door Liz beloofde bedrag.

Door de dood van Montgomery Clift kwam Liz in een hachelijke situatie terecht. Ze had John Huston overgehaald Clift de mannelijke hoofdrol in *Reflections in a Golden Eye* te geven. Nu wilde ze wel van haar contract af, en stelde voor Marlon Brando de rol aan te bieden. Ze was er namelijk zeker van dat Brando zou weigeren. Tot haar verbazing hapte hij echter toe.

Ondertussen werkten de Burtons mee aan de verfilming van *Doctor Faustus*. Evenals de andere acteurs namen ze genoegen met het honorarium van 18 pond sterling per dag. Maar in tegenstelling tot de verfilming van *The Taming of the Shrew*, die de Burtons ondanks de slechte kritieken miljoenen opleverde, werd deze film een flop. Wereldwijd bezien bracht hij ongeveer 600.000 dollar op. Het kostte Richard de 1.000.000 dollar die hij in de film had gestoken.

De opnamen voor *Reflections in a Golden Eye* – het verhaal speelde zich af in het Zuiden van de Verenigde Staten – werden in Rome gemaakt. Elizabeth speelde Lenora, die haar echtgenoot (Brando) bedriegt met zijn collega (Brian Keith). Die echtgenoot heeft daar geen bezwaar tegen, daar hij meer voelt voor een jonge soldaat, die op zijn beurt Lenora vereert. Huston spreekt achteraf vol lof over Elizabeth, maar verzweeg dat hij verschrikkelijk inzat over haar lichaamsgewicht. 'Het was waarschijnlijk gemakkelijker om voor *Virginia Woolf* aan te komen, dan naderhand al die pondjes weer kwijt te raken,' noteerde hij alleen maar. Ook Brando vertrouwde een vriend toe dat hij walgde van haar reusachtige borsten, haar vulgaire manieren en haar dikke kont. 'Als ik zo'n vrouw had, werd ik net zo lief homofiel,' beweerde hij. In eerste instantie was Burton niet bepaald enthousiast over Brando, maar naderhand schreef hij in zijn dagboek: 'Ik heb zo'n idee dat hij een door en door goed mens is, en hij is intelligent.' Taylor daarentegen zag Brando absoluut niet zitten.

Melvyn Bragg in een resumé: '1967 was het oogstjaar. De besprekingen en de winstdeling van *Who's Afraid of Virginia Woolf?* begonnen vruchten af te werpen. Bovendien was Liz een van de dertien genomineerden voor een Oscar als beste hoofdrolspeelster. Ze had Warner weliswaar beloofd dat ze aan de feestelijke uitreiking zou deelnemen, maar op het nippertje zegde ze af. 'Ik ben van plan veranderd door Richard,' zei ze. 'Hij heeft gedroomd dat mijn vliegtuig op de terugweg neerstortte – hij zag mijn verkoolde lijk liggen. We zijn haast altijd samen geweest, en hij verzet zich tegen mijn voorgenomen reis. Hij is tenslotte mijn man, dus gehoorzaam ik hem.'

Dat geloofde geen hond. Toen Lee Marvin Taylor die avond tot de beste hoofdrolspeelster uitriep, nam Anne Bancroft namens haar de Oscar in ontvangst. Warner had er de smoor over in, en vertikte het Liz een gelukstelegram te sturen. Bob Hope zei spottend: 'Dick Burton alleen in Parijs laten komt neer op Jackie Gleason op te sluiten in een delicatessenzaak!'

Hollywood was zwaar teleurgesteld in Liz, en zij op haar beurt in Hollywood, omdat Richard geen Oscar had gekregen. 'Er komt geen verklaring en geen persconferentie,' liet ze de journalisten weten. Pas later nam ze de Oscar persoonlijk in ontvangst; die werd haar toen overhandigd door Lord Mountbatten namens de British Academy Awards. Daar werd ze onderscheiden als 'beste buitenlandse actrice' voor *Who's Afraid of Virginia Woolf?*

Omstreeks die tijd waren de Burtons juist gereed gekomen met *The Comedians*, opgenomen in de studio's van Nice. Oorspronkelijk lag het in de bedoeling de buitenopnamen op Haïti te maken, maar gezien de sociaal-kritische teneur van Greenes roman en draaiboek, leek het bij nader inzien beter de film in Dahomey, dus in Afrika op te nemen.

Eigenlijk zou de rol van Martha Pineda, de vrouw van de Duitse ambassadeur, moeder van een zenuwziek kind en minnares van hoteleigenaar Brown, door Sophia Loren worden gespeeld. Burton, die Brown speelde, was blij met die keuze. 'Maar,' aldus regisseur Peter Glenville, 'Liz zette alles op alles om die rol te bemachtigen. Ze nam zelfs genoegen met het bescheiden salaris van "slechts" 500.000 dollar.'

In februari 1967 begaven de Burtons zich naar Dahomey. Greenes roman had al heel wat dreigementen los doen barsten, en tijdens de opnamen werden ook de Burtons twee à drie keer per week bedreigd met kidnapping. Het ging zo ver dat hun kinderen onder politiebescherming moesten worden gesteld. De angst dat de aanhangers van 'Papa Doc', tegen wiens regime de roman en de film een aanklacht vormden, hen en de kinderen iets zouden aandoen, drukte loodzwaar op het gezin. 'Het gerucht deed de ronde dat Papa Doc een voodoo-priester had opgedragen over alle medewerkers een vloek uit te spreken,' aldus Alec Guinness. 'Tijdens de allereerste draaidag verdronk een man in ondiep water, waarschijnlijk doordat hij onwel werd. Verscheidene mensen klaagden over ademnood, hoofdpijn en depressies, en twee van hen moesten zelfs naar huis worden gestuurd. De Burtons verdronken hun zorgen in champagne. Hoe hadden ze anders duizenden dollars aan onkostenvergoedingen kunnen uitgeven, als ze niet avond aan avond kisten vol champagne soldaat hadden gemaakt?'

Terwijl Burton zich overgaf aan depressies en drank, besloot Elizabeth dat 'een aardig negerkindje' best bij haar andere kinderen zou passen. Ze was al bezig met de voorbereiding tot adoptie, maar Burton stak er een stokje voor.

Dus geen 'negerkindje', maar wel een prachtig oud jacht. Richard Burton was zo verrukt van de *Odysseia* die ze in mei hadden gehuurd, dat hij het schip kocht voor een bedrag van 200.000 dollar. Burton verzon er onmiddellijk een bijpassende legende bij. 'Dat schip werd in 1906 in opdracht van een excentrieke Engelsman gebouwd,' beweerde hij. 'Hij liet er een orgel op installeren. Telkens wanneer er een storm opstak en de zee woest kolkte, speelde hij Bach.'

Tijdens een grootscheeps feest werd het jacht herdoopt in *Kalizma*, samengesteld uit de eerste lettergrepen van Burtons dochters Kate (uit zijn eerste huwelijk), Liza en Maria.

Het jacht werd het favoriete speeltje van de Burtons. De reorganisatie van het bedaagde statussymbool werd opgedragen aan de binnenhuisarchitect Arthur Barbosa. Volgens hem was Liz bezeten van details. 'Ze was volslagen van de kaart toen we de slaapkamer hadden geverfd. "Arthur, schat!" riep ze uit. "Ik kan toch niet in een mosterdkleurige slaapkamer met Rich liggen neuken. Schilder die kamer alsjeblieft kanariegeel."'

Al doorkruisten ze nu de Middellandse Zee in een kanariegele ambiance, toch vertoonden zich al de eerste deukjes in hun huwelijk. Op 24 mei schrijft Richard in zijn dagboek: 'E. wil per se dat ik iets over haar schrijf. Nou, goed dan: ze is een lekkere, dikke meid, die dweept met muskieten, de pest heeft aan puisterige, pokdalige Welshmen, schepen verafschuwt en gek is op vliegtuigen. Ze heeft piepkleine rozijnenoogjes, een dikke reet, minitietjes en hoegenaamd geen gevoel voor humor. Ze is preuts, kleinburgerlijk, en onverdraaglijk zelfingenomen.'

Maar op de tweede augustus bekent hij eerlijk: 'Ik ben verschrikkelijk teleurgesteld in mezelf. In mijn kop is er op het verkeerde tijdstip iets misgelopen. In elk geval is er iets scheefgegaan dat niet meer recht te trekken is.' Richards broer, Graham, herinnert zich dat Burton er vanaf dat moment spijt van had Sybil en de kinderen te hebben verlaten. Evenals Spencer Tracy probeerde hij dag in, dag uit zijn schuldgevoelens met alcohol te verdoven. Elizabeth zoop mee, maar om andere redenen. Haar overgewicht drukte als een loden last op haar schouders. 'Ik vrees dat ik Richard verveel,' bekende ze haar moeder.

Sybil, in het verre New York, vatte het als volgt samen: 'Dat een relatie met Richard een aflopende zaak is, uit zich in drie stadia: in eerste instantie verveelt de persoon in kwestie hem. Vervolgens wordt hij zelf vervelend, en ten slotte verveelt hij zichzelf.' Om de 'algehele verveling' te ontvluchten accepteerden de Burtons de hoofdrollen in *Boom!*.

De opnamen begonnen begin oktober 1967 op Sardinië. 'Vanuit een middelmatige miskleun van een beroemde romanschrijver stortten de Burtons zich in de supermiskleun van een dramaturg,' zei Paul Ferris spottend. Het verhaal over de rijke, stervende weduwe en de jonge dichter is gebaseerd op Tennessee Williams geflopte toneelstuk *The Train Doesn't Stop Here Anymore* en zijn novelle *Man Take This Up Road*. De regisseur Joseph Losey had Sean Connery en Simone Signoret in de hoofdrollen willen zien, maar die hadden iets beters aangeboden gekregen. Williams adviseerde Losey het scenario aan de Burtons voor te leggen.

Boom! weerspiegelde in de ogen van velen het leven dat de Burtons leidden. Het hoofddecor, een kunstig nagebouwde villa op de klippen boven de zee, de echte juwelen van Taylor, de onbeschrijflijke luxe, plus op de achtergrond de *Kalizma*, die onderaan de klippen lag gemeerd, maakten het vrijwel onmogelijk film en werkelijkheid uit elkaar te houden.

Dat dubbele imago van Taylor werd nog versterkt door de dialogen. Ze moest bijvoorbeeld zeggen: 'Ik ben getrouwd geweest met vijf grootindustriëlen... Mijn naam werd al in neonletters gespeld toen ik nog maar een kind was.' Joseph Losey wilde dat Liz haar rol vrolijk en komisch speelde, maar dat weigerde ze pertinent. 'Daar is niets vrolijks aan!' riep ze ontzet uit. 'Zo'n soort leven is allesbehalve komisch. Ik weet erover mee te praten.'

Liz en Richard wisten al bij voorbaat dat de film geen succes zou worden, dus lieten ze geen gelegenheid voorbijgaan om ertussenuit te knijpen. Ze kochten een Hawker Siddeley Jet en maakten 'een tripje naar Nice om daar te lunchen, gingen een kijkje nemen op het filmfestival in Venetië, en brachten een weekendje in Parijs door.'

Rond de jaarwisseling 1967-1968 verflauwde de belangstelling van de pers voor de escapades en extravaganties van de Burtons. Met hun belangstelling voor de sterren verdween ook de interesse voor hun films, vooral daar Elizabeth haar overtollige pondjes niet meer kon camoufleren of 'weglachen'.

Ook John Heyman, die haar volgende film, *Secret Ceremony*, in produktie nam, was ontzet. 'Ze huilde wanneer ze haar opnamen zag, en verweet ons dat we haar expres zo afzichtelijk mogelijk maakten,' wist cameraman Gerald Fisher te vertellen.

Om de wereld en zichzelf te bewijzen dat ze nog steeds een en al sex-appeal was, nam Liz zich voor Robert Mitchum te versieren, maar ze werd op haar nummer gezet. 'Daarvoor, mylady, bent u te oud, te getrouwd en te vet.' Liz maakte zich over die 'openlijke afwijzing' zo nijdig, dat ze beval Mitchum te vervangen door Richard. Maar voor zo'n 'impopulaire maatregel' schrok de studio terug, vooral daar Mitchums scènes al gedraaid waren. Richard zat trouwens nog midden in de opnamen voor *Where Eagles Dare*.

Terwijl Burton *Where Eagles Dare* draaide, kreeg hij van Hal Wallis het aanbod om Hendrik de Vijfde te spelen in *Anne of the Thousand Days*. 'We aten die middag gezamenlijk. Liz luisterde aandachtig naar mijn versie van de geschiedenis. "Dan wil ik Anna Boleyn spelen!" zei ze lachend. Richard verslikte zich, en ook mij bleef het eten in de strot steken. Anna was een jong, rank elfje, maar Liz was al afgetakeld tot een vette matrone. Ik kon geen woord uitbrengen, maar Rich zei: 'Lieverd, voor die rol ben je echt te oud.' Ze verstijfde, maar zette dapper haar kiezen op elkaar,' zei Wallis.

Hoe onomstotelijker Liz zich bewust werd van haar lichamelijke 'tekortkomingen', hoe banger ze werd dat Rich haar zou bedriegen, waardoor ze telkens weer ruzie zocht. Bovendien werd ze door ernstige ziekten geplaagd. De 21ste juli moest ze een onderlijfoperatie ondergaan. Op 23 juli schreef Burton in zijn dagboek: 'Ik heb net de twee afgrijselijkste dagen van mijn leven achter de rug... Maar ik heb nu voor het eerst meegemaakt dat iemand van wie je houdt het twee dagen lang uitschreeuwt van pijn en hallucinaties krijgt van alle pijnstillende middelen.'

De komende periode werd overschaduwd door ziekte en klappen van het noodlot. In juli hing Gärtner zich op. Burton woonde met een paar vrienden de begrafenis bij, en 'men speelde de zorgen en het verdriet weg.' Op weg naar huis maakte Ifor een lelijke val, waarbij hij zijn ruggegraat brak. Hij was verlamd vanaf zijn hals.

Om over hun misère heen te komen, vluchtten Richard en Liz in hun werk. Richard draaide met Rex Harrison *Staircase*, en Liz was naast Warren Beatty – op dit tijdstip 'Hollywoods dekhengst nummer één' – te zien in *The Only Game in Town*. Terwijl haar film speelde in Las Vegas, speelde die van Burton in het Londense East End, maar beide films werden opgenomen in de Parijse studio's.

Oorspronkelijk zou Frank Sinatra de rol van Joe Grady vertolken, de pianist die op zijn manier van het gewezen revuedanseresje Fran Walker houdt. Maar toen Taylor één blik op Beatty had geworpen, werd er al snel een smoes bedacht om de verouderende zanger te vervangen door Beatty. Dagelijks na het werk vertelde ze Richard hoe 'de edelste volbloedmerries van Frankrijk' om de dekhengst heendraaiden. Jaren later verklaarde Liz tijdens een interview: 'Warren heeft een van de grootste pikken van heel Hollywood. Maar zijn probleem is dat hij vrouwen gebruikt als een papieren zakdoek om hem eraan af te vegen.'

Eerst maakte Burton zich niet zo druk om het gedweep van zijn vrouw. Maar toen ze op een keer na het werk niet naar huis kwam, verscheen hij de volgende ochtend op de set. Het weekend daarna brachten ze gezamenlijk door op de *Kalizma*, en alles was weer koek en ei. Maar van nu af aan bracht hij haar 's morgens naar haar werk, bracht de lunchpauze met haar door, en kwam haar 's avonds afhalen. Als het maar even kon vermeed hij contact met Beatty, die volgens hem 'veel te knap' was.

De Burtons doorliepen weer een 'hooggestemd' stadium. Ze gingen om met de hertog en hertogin van Windsor, met Maria Callas, en werden de 'darlings' van de Parijse society. De 21ste november noteerde Burton in zijn dagboek: 'Elizabeths vader is gistermiddag overleden, en ik moest haar dat vertellen. Ze leek wel een wild dier, hoewel we al jarenlang wisten hoe ziek hij was en voorbereid waren op zijn dood. Maar uiteraard kun je geen enkele liefde vergelijken met de liefde van een vader voor zijn dochter en vice versa.

Ondanks Elizabeths jarenlange gereserveerdheid ten opzichte van haar moeder, wil ze nu niets liever, goed kind dat ze toch was, dan haar beschermen en opvrolijken. Dat wil ik ook. Magere Hein is een klerelijer.'

Na de begrafenis vergezelde Sara haar dochter naar Frankrijk, waar Liz haar film nog af moest maken. Maar door haar rugpijn moest het draaiwerk onderbroken worden. Toen er geen verbetering in haar toestand kwam, maar 20th Century Fox bleef drammen, werd ze arbeidsgeschikt gespoten met pijnstillers. Begin 1969 werd het draaiwerk in Parijs voltooid, en vertrok men naar Las Vegas, waar de buitenopnamen zouden worden gemaakt. Begin februari stortte Liz in toen ze hoorde dat Nicky Hilton was overleden. Weer moesten er injecties, pillen en alcohol aan te pas komen om haar voor de camera overeind te houden. Toen de film eindelijk klaar was, verklaarde Liz tegenover de pers dat ze nu een paar weken nodig had om bij te komen van de filmbusiness. Die paar weken groeiden uit tot twee jaar. Weliswaar deed Joseph Losey zijn best om Liz over te halen voor de hoofdrol in *Myra Breckinridge* en *A Delicate Balance*, maar andere aanbiedingen bleven uit. In Hollywood had men liever hoofdrolspeelsters als Ali MacGraw, Faye Dunawaye, Jane Fonda, Vanessa Redgrave, Glenda Jackson en Liza Minnelli. Liz nam haar toevlucht tot alcohol en medicijnen.

Uit Burtons dagboek: 'Al een maand lang is ze, een heel enkele keer uitgezonderd, niet een klein beetje teut of gewoon ladderzat, maar volslagen verdoofd naar bed gegaan. Echt verdoofd, zodat ze niet eens meer goed kan zien of rechtop lopen; heel langzaam sprekend met een monotoon kinderstemmetje, doelloos en verstandloos als een geestelijk gehandicapt kind. Ik blijf maar hopen dat het door de medicijnen komt, maar de oorzaak is en blijft die goede, ouderwetse jajem.'

Liz kon niet werken en wijdde zich met hart en ziel aan haar liefste hobby: ze eiste cadeaus.

Sara herinnerde zich: 'Al als kind kreeg ze die hebberige blik in haar ogen wanneer ze juwelen zag.' Richard mocht dat begerige van Liz wel. Op de Krupp-diamant (305.000 dollar) – commentaar van Taylor: 'Toch leuk dat zo'n Duitse diamant uiteindelijk terecht komt bij een knap joods meisje zoals ik' - volgde de La Peregrina-parel (37.000 dollar), een halssnoer met diamanten en robijnen (100.000 dollar), een in diamanten gezette saffieren broche (6.500 dollar), een hartvormige diamant (100.000 dollar), en nog een heleboel meer. In 1969 was de legendarisch Cartier-Burton 42 karaatsdiamant (1.100.000 dollar) het onderwerp van haar begeerte. Van die diamant was Liz letterlijk bezeten. Ze informeerde of hij werkelijk de kostbaarste steen ter wereld was. Toen dat werd bevestigd, krijste ze: 'Ik móet hem hebben, ik moet hem hebben, koste wat kost.'

Aaron Frosch kreeg de opdracht de edelsteen in de wacht te slepen, maar op 25 oktober 1969 overschreed het bod van een vertegenwoordiger van Cartier de door Burton gestelde limiet met 50.000 dollar. Dat 'slechte nieuws' vernamen de Burtons onder het eten in *The Bell at Aston Clinton* in Buckinghamshire. Liz huilde en dreigde zich van kant te zullen maken. Burton rende naar de telefoon en belde Frosch in New York op. 'Schijt aan dat miljoen! We móeten dat ding beslist hebben. Voor mijn part bied je een miljoen, twee miljoen of drie miljoen meer dan ze ervoor hebben betaald.' Frosch wist de 'stuiter' ten slotte te pakken te krijgen voor 1,1 miljoen dollar, waarbij Cartier het recht bedong een tijdje met de steen in zijn etalage te mogen pronken. Uiteraard hoorde er een passende zetting bij het kleinood. Dus liet Liz een juwelier uit New York overvliegen. Die moest voor de steen een diamanten halssnoer ter waarde van 100.000 dollar vervaardigen. Hij nam Liz de maat, en er werd hem op het hart gedrukt dat de diamant haar halsrimpel moest bedekken.

De tentoonstelling van de 'Cartier-Burton-Diamant', zoals de edelsteen nu heette, bracht duizenden kijkers op de been. De pers ging tekeer. 'In het tijdperk der vulgariteit, dat wordt gekenmerkt door bijzaken als oorlog en armoede, wordt het met de dag moeilijker om die vulgariteit ten top te drijven. Maar met een paar losse miljoenen op zak lukt het niet alleen, maar kan men zich er ook nog om laten bewonderen,' schreef de *New York Times*.

Begin mei 1969 begaven de Burtons zich naar Engeland, waar Burton *Anne of the Thousand Days* zou draaien. Liz had de hoop om van Wallis de hoofdrol te krijgen nog steeds niet opgegeven. Toen Burton op 5 mei kennismaakte met zijn tegenspeelster, de jonge aantrekkelijke Geneviève Bujold, stond hij onmiddellijk in vuur en vlam.

'Na enkele dagen herdoopte hij haar in "Gin", wat voor Liz het bewijs vormde dat ze een affaire hadden,' herinnert Wallis zich. 'Ze ging tekeer als een bezetene; ze raasde, tierde, schreeuwde en beschuldigde hem in het bijzijn van iedereen. Maar Burton en Bujold schenen intens te genieten van het hele spektakel. Toen Burton echter in aanwezigheid van Taylor de pers meedeelde: 'Het is best mogelijk dat ik verliefd word op mijn tegenspeelster, maar daar zal Elizabeth vast wel begrip voor opbrengen, en er ook op voorbereid zijn,' schreeuwde Liz: 'Heb niet de moed, rotzak, of ik ruk je verrekte kloten eraf!'

Eind 1969 waren de Burtons geestelijk en lichamelijk volkomen opgebrand. Tegenover zijn vrienden liet Richard doorschemeren dat hij zich uit de hele showbizz terug wilde trekken. Nu ze allebei hun hoogtepunt hadden bereikt, riepen ze 1970 uit tot het sabbatjaar – een jaar van rust en ontspanning. Maar het liep wel een beetje anders...

3

Toen *Anne of the Thousand Days* af was, keerden de Burtons naar Puerto Vallarta terug. Ze wilden even bijkomen. Maar aan de horizon doemden alweer nieuwe problemen op: zoon Michael was van het exclusieve Millfield College geschopt, en ook Christopher gaf blijk een 'rebelse' leerling te zijn.

De Burtons stuurden de jongens naar Howard Taylors familie op Hawaï. Maar Richard Burton was niet gelukkig met die oplossing. Hij vond dat ze beter een huisleraar konden nemen. Ze raadpleegden Nevill Coghill. Hij recommandeerde David Morley, die in februari 1970 in Puerto Vallarta arriveerde.

Het duurde niet lang of Morley genoot het vertrouwen van de familie. Elizabeth bekende hem dat ze vreesde voor haar huwelijk met Rich, omdat hij zich met haar scheen te vervelen. Burton baalde van haar ziektegeschiedenissen, en wilde bovendien eindelijk zijn roman schrijven.

Half maart keerden Elizabeth en Richard terug naar Los Angeles, en betrokken hun favoriete bungalow in het *Beverly Hills Hotel*. Gevraagd en ongevraagd gaf Liz de verslaggevers de reden van haar aanwezigheid prijs: 'We willen dat Richard een Oscar krijgt.' Burton zelf achtte de kans daarop uiterst gering.

Elizabeth wilde 'coöperatief' zijn, en verklaarde zich bereid de Oscar voor de Beste Film uit te reiken en bij die gelegenheid haar beroemde diamanten te zullen dragen. Bovendien stond ze David Frost en Charles Collingwood televisie-interviews toe. Maar op 7 april 1970 kreeg John Wayne de Oscar voor de Beste Acteur van het Jaar. Toen Liz in een smaakvolle avondjapon van Edith Head het podium beklom, kon en wilde ze haar teleurstelling niet verbergen. John Wayne maakte de Burtons weliswaar nog diezelfde avond zijn opwachting, maar dat hij bij die gelegenheid zijn Oscar aan Burton schonk, is een van de ontelbare legenden van Hollywood.

Intussen liepen de studio's met een grote boog om het duo Taylor-Burton heen. Niemand wilde het risico lopen om de wat haar gezondheid betrof zwaar aangeslagen Taylor onder contract te nemen. Om niet helemaal uit de circulatie te raken, accepteerde Richard Burton rollen in *Raid on Rommel* en *Villain*. Elizabeth hield in die tijd een streng dieet om in elk geval haar rol in *Zee & Co.* te kunnen behouden.

Elliott Kastner had haar de rol van een vrouw die uit wraakzucht de minnares van haar echtgenoot verleidt, aangeboden. Elizabeth had dadelijk toegehapt na het scenario van Edna O'Brien te hebben gelezen, maar nu werd het voor Kastner moeilijk om de andere rollen bezet te krijgen. Voor de rol van de echtgenoot wilde hij aanvankelijk Laurence Olivier hebben; vervolgens ging de aanbieding naar Peter O'Toole, vóór Michael Caine accepteerde. De rol van de minnares werd achtereenvolgens geweigerd door Faye Dunawaye, Geneviève Bujold, Anouk Aimée, Lee Remick en Romy Schneider, totdat Susannah York zich ten slotte bereid verklaarde.

In oktober 1970 werd met het draaien begonnen. Caine herinnerde zich dat de Burtons zeer teruggetrokken leefden. 'Je kreeg gewoonweg geen kans ze beter te leren kennen,' zei hij. 'Voor ons was ze de Superstar, maar het was de meeste mensen wel duidelijk dat ze bezig was af te takelen. Je merkte aan alles dat ze zich zorgen maakte.'

Liz maakte zich inderdaad zorgen; om haar carrière, om Richard en om haar kinderen. Toen zoon Michael op 6 oktober met Beth Clutter trouwde, scheen de glamour van vroeger nog één keer te herrijzen. Taylor was opgelucht en financierde de huwelijksnacht van het jonge paar in het *Dorchester*. Richard vond een huis voor hen in Londen. Na een paar weken deelde het jonge paar mee dat er een nakomeling werd verwacht. Elizabeth, nog geen veertig, zou grootmoeder worden.

Maar het lot was de familie niet gunstig gezind: Michael keerde zich openlijk tegen zijn moeder en verklaarde: 'Ik wil niks meer te maken hebben met de manier van leven van mijn moeder. Voor mij is ze al even exotisch en verachtelijk als in de ogen van de rest van de wereld. Waarschijnlijk ben ik daarom altijd al tegen haar in opstand gekomen.'

Daarna vertrok hij met zijn gezin naar de heuvels in Wales, waar hij zich bij een commune aansloot. Maar al na een paar weken verliet Beth haar man. 'Elizabeth bezorgde me een baan als foto-assistente in Italië, en nam mijn dochter Leyla mee naar Zwitserland,' verklaarde ze. 'Maar Liz is erg bezitterig. Als ze haar zinnen op iets heeft gezet, moet en zal ze het hebben, en ze wilde Leyla. Tegenover de pers beweerde ze dat ze haar wilde adopteren, maar ik bracht haar aan het verstand dat ze dat kind niet kon krijgen. Leyla was voor haar trouwens alleen maar een speeltje. Ze wond zich over die kwestie verschrikkelijk op.'

Kort nadat Beth echtscheiding aanvroeg, raakte ze haar baan kwijt. Ze ontkende niet dat het een wel eens iets met het ander te maken kon hebben.

In januari 1971 draaiden de Burtons in West-Wales *Under Milkwood*. Burton dronk, en Peter O'Toole troostte Liz in elk opzicht.

In mei vertrokken ze naar Mexico, waar Liz en Richard meewerkten aan de farce *Hammersmith is Out*. Peter Ustinov, hun partner, die ook de regie voerde, herinnert zich: 'Dat wat de geldschieters gewoonlijk voor een geweldig idee aanzien, namelijk om die twee in één en dezelfde film in te zetten, is in werkelijkheid helemaal niet zo aantrekkelijk.' In de 'vreemdsoortige film' speelde Liz de wellustige, blonde serveerster Jimmie Jean Jackson, die zich evenals haar minnaar, een verzorger in een gekkenhuis (Beau Bridges), om de tuin laat leiden door de beloften van de waanzinnige Hammersmith (Burton). Hoewel de Burtons voor die film de David-Di-Donatello-prijs kregen, flopte *Hammersmith is Out*.

Ook Richards volgende film werd min of meer een flop. Burton gaf gehoor aan de uitnodiging van de Joegoslavische regering om Tito te spelen in een verzetsepos. In september 1971 arriveerden Richard en Elizabeth met de *Kalizma* in Dubrovnik. Tito en zijn echtgenote maakten veel werk van de Burtons; ze vroegen hen te eten, en Tito liet hen zijn land zien. 'Als E. niet zo wèg was van de macht en glans van het hele gedoe, zou ik onmiddellijk de benen nemen,' schreef Burton.

Het scenario was miserabel, het team slecht toegerust, en aan het draaien leek maar geen eind te komen. De stemming van de Burtons daalde naar het nulpunt. 'Tito en zijn vrouw vertellen eindeloze geschiedenissen, en gunnen de tolken geen enkele pauze. Als ze eindelijk uitgepraat zijn, kan het niemand meer iets schelen waarover het verhaal nu eigenlijk ging. Madame Tito heeft een zeer doordringende stem, die na een poosje buitengewoon vermoeiend wordt,' aldus Burton.

Terwijl Richard aan de fles was, belandde Liz van de ene ziekte in de andere. Eind augustus verwondde ze haar scheenbeen tot op het bot toen ze bij een slaande ruzie Richards schrijfmachine, waarachter hij elke vrije minuut doorbracht, op de grond smeet, en haar eigen been trof.

Om de monotonie van de zich traag voortslepende dagen te lijf te gaan, gingen Richard en Liz een weddenschap aan. Zou Liz erin slagen maarschalk Tito het hoofd op hol te brengen? Taylor ging er enthousiast op in, en probeerde uit alle macht de president te versieren. De haastige aftocht van de Burtons verklaarde men uit het feit dat het geld voor de produktie op was. In werkelijkheid maakten de Burtons zich uit de voeten voor de woedende president die, toen hij tijdens een gezamenlijk doorgebracht weekend op de slaapkamerdeur klopte, achter de gesloten deur alleen een triomfantelijk gelach hoorde.

Als vagebonden trokken de Burtons nu door heel Europa, gedreven door een onverklaarbare haast. Na Rome volgde Parijs, waar Rich in de *The Assassination of Trotsky* de hoofdrol speelde. Liz kreeg een rol in *Gingerbread Lady* aangeboden, zegde toe, zegde af, weer toe, maar toch weer af, want ze vreesde dat ze het werk niet aankon. 'Haar angst om niet in Richards nabijheid te kunnen zijn nam pathologische vormen aan,' vermeldde Richard Brooks. 'Ze was bezeten van de angst dat Rich, alleen gebleven, haar onmiddellijk zou bedriegen.'

In januari 1972 snelden de Burtons naar Amerika om de zieke Sara te bezoeken. 'Liz ging alleen maar naar Arizona uit wroeging,' beweerde Rich, die het verblijf daar ondraaglijk vervelend vond. Ook het gezelschap van Mara en Howard Taylor kon hem niet opvrolijken. Maar ze bleven toch tot het beter ging met Sara.

Na een tussenstop in Beverly Hills gingen ze naar Hongarije, waar Burton *Bluebeard* vertolkte, en Elizabeth haar verjaardag wilde vieren.

De volgende vier weken kwam Liz zelden of nooit haar hotelkamer uit. Ze volgde een rigoureus dieet en ze woog ten slotte 58 kilo. Burton zat ondertussen achter een jonge actrice aan. Liz kreeg daar lucht van en gaf hem regelmatig 'een pak op zijn donder'.

Hun huwelijk was naar de knoppen, maar ze wilden het aan zichzelf en de wereld niet bekennen. De schone schijn moest en zou worden opgehouden. De met veel tamtam gevierde veertigste verjaardag van Elizabeth kwam dus prachtig gelegen.

Taylor verzond tweehonderd telegrammen naar alle uithoeken van de wereld, en nodigde haar gasten uit in hotel *Intercontinental Budapest.* Richard wilde evenveel telegrammen doen volgen: 'Geen cadeaus!' 'Maar ik heb zulke aardige mensen als Gianni Bulgari uitgenodigd,' jammerde Liz. Zodoende varieerden de cadeaus van een blik diamantpolitoer tot en met Sir Walter Raleighs *History of the World.* Van Richard kreeg ze een grote, citroengele diamant, die in 1921 het eigendom was geweest van de Indische sultan Jahan, bouwer van de Taj Mahal. De waarde van de diamant werd geschat op 250.000 dollar, maar Burton beweerde er 50.000 dollar voor te hebben neergeteld. De gasten, onder wie Gracia Patricia van Monaco, Ringo Starr, Michael Caine en David Niven, feestten uitgelaten tot vier uur in de morgen. Toen het orkest *I Left My Heart In San Francisco* inzette, sprong Taylor op, en riep uit: 'Laten we opstappen – het feest is voorbij.'

De wereldopinie toonde zich verontwaardigd over dat tweeënzeventigduizend-dollar-feest in een hongerend communistisch land. De gemoederen kalmeerden pas toen Richard beloofde hetzelfde bedrag te zullen schenken aan een charitatieve instelling. Hij hield woord: op 8 juli 1972 overhandigde hij Peter Ustinov, ambassadeur van Unicef, een cheque. 'Dergelijke gestes sussen ons geweten,' verklaarde Richard.

Het uitbundige feest nam niet weg dat het schandaal-duo zijn innerlijke verbondenheid kwijt was. Liz moest wel inzien dat ze er haar man niet langer van kon weerhouden zich te verwoesten door alcohol en vrouwengeschiedenissen. Maar ze wilde hem pas loslaten als ze een waardige plaatsvervanger had gevonden.

Het toeval wilde dat Jackie Onassis zich op dat tijdstip laatdunkend uitliet over de Burtons. Taylor was al verscheidene keren met Aristoteles Onassis in aanraking gekomen, en vond 'dat kleine mannetje charmant en buitengewoon royaal.' Toen Burton een nachtje met zijn tegenspeelster Natalie Delon doorbracht, greep Liz de telefoon en belde Onassis op.

Het huwelijk van Onassis en Jackie Kennedy was ook al geen rozengeur en maneschijn. Hij ergerde zich aan haar geldverspilling en arrogantie. Kort voor hij in mei Elizabeth in Rome trof, had hij met Jackie een woordenwisseling gehad over een concert van Frank Sinatra. Onassis was erachter gekomen dat die twee al tijdens Jackies huwelijk met Kennedy een tijdje een verhouding hadden gehad. Om die reden verzocht hij haar van dat concert af te zien, maar Jackie vertikte het, en vertrok naar Providence, Rhode Island.

De ontmoeting tussen Onassis en Liz vond plaats op 6 mei 1972. Uiteraard wilden ze alles geheimhouden. Maar het kwam tot een kloppartij tussen 27 paparazzi's, de politie en Onassis. Een gast had Taylor lastiggevallen, en Onassis, als gentleman van de oude stempel, smeet de kerel een glas champagne in zijn gezicht. 'Ik schaam me voor jou,' zei Jackie naderhand geërgerd. 'De kinderen hebben alles gehoord en gezien op het televisiejournaal.'

Onassis had bij Elizabeth zijn nood geklaagd, en Liz bij hem de hare. Maar omdat Onassis niet vrij was, besloot ze het huwelijk met Burton nog een tijdje in stand te houden. Vanuit haar kamer in het *Hôtel de Paris* telefoneerde ze met Boedapest. 'Smijt die slet uit mijn bed!' gelastte ze Richard, die zich afvroeg 'hoe ze dat nu weer aan de weet is gekomen.' Eenmaal weer in Boedapest sloeg ze 'haar klauwen in Burton en volgde hem overal op de voet.'

Samen begaven de Burtons zich naar Pusey in Oxfordshire. Richard was uitgenodigd om in Oxford een cursus over literatuur te leiden. Liz benutte haar tijd om mee te werken aan *Night Watch*.

Toen de film in de bioscopen kwam, wilde niemand kijken naar het verhaal van een bedrogen echtgenote, die zich met een geraffineerde moord wreekt op haar man en diens maîtresse. Laurence Olivier was haar tegenspeler. Tijdens de draaipauzes 'jammerde ze hem de blaren aan zijn hoofd. Ze wist dat Laurence aan kanker zou bezwijken, maar in plaats dat ze hem een beetje opvrolijkte, zeurde ze maar over doodgaan, en hoe ellendig het toch was om te moeten sterven,' herinnerde Harveys vrouw zich. 'Jij en ik leven uiterst dramatisch, dikkont. Wat zouden we moeten beginnen zonder ons lijden?' was Oliviers stereotiepe commentaar. Toen het slechter met hem ging, bezocht Taylor hem vaak. 'Eerst was ik blij met haar bezoekjes, maar dat duurde niet lang,' aldus Paulene Harvey. Uiteindelijk verzocht Laurence zijn vrouw Liz buiten de deur te houden. 'Hij had de kracht niet meer om haar overweldigende medelijden te kunnen verwerken.' Toen hij dood was, beweerde Liz: 'Ik had hem boven alles lief. Voor mij was hij een deel van de zon, en voor iedereen die van hem heeft gehouden is het zonlicht nu verduisterd.'

Burton, die zich weer met Tito had verzoend, voltooide de Tito-film. Vervolgens vond hij dat hij nu eindelijk eens iets voor Harlech Television moest doen, een zender in Wales, waarin hij en Elizabeth een vermogen hadden gestoken. Na lang zoeken vond men eindelijk iets geschikts; een scheidingstragedie, die zowel vanuit het standpunt van de man als dat van de vrouw wordt belicht. John Hopkins vatte het draaiboek samen tot *Divorce; his*, en *Divorce; hers*, twee films met een speelduur van negentig minuten die in november in München zouden worden opgenomen. Na de eerste uitzending beoordeelde het weekblad *Variety* een en ander als volgt: 'Minstens zo opwekkend als een lijkschouwing.'

Voor regisseur Waris Hussein was het draaiwerk je reinste hel. In een artikel schreef Carrie Nye dat Burton in de regel al tijdens de lunch begon te drinken, wat 'alleen werd onderbroken door telefoontjes van de regisseur, die graag wilde weten of en zo ja wanneer het werk kon worden voortgezet.'

In februari 1973 arriveerden de Burtons in Rome, achtervolgd door paparazzi's. Elf jaren waren verstreken sinds *Cleopatra* – elf jaar die niet onopgemerkt aan Taylor voorbij waren gegaan. Terwijl Richard in *Massacre in Rome* voor de camera stond, draaide Liz *Ash Wednesday*, een drama over een matrone in Detroit, die enkele schoonheidsoperaties ondergaat om haar man weer voor zich te winnen - zonder succes. Henry Fonda kenschetste 'het hele maakwerk als een stinkende hoop stront,' maar de critici dachten er anders over. 'Voor degenen die op Liz verliefd werden toen ze volwassen werd, is deze film zuivere magie,' schreef Rex Reed. Voor haar rol was ze weer 50 pond afgevallen en in de kostuums van Edith Head zag ze er onbeschrijflijk aantrekkelijk uit.

Het huwelijk van het schandaal-duo stevende alweer op een nieuwe catastrofe af. Franco Zeffirelli, die het stel bezocht, herinnerde zich dat Burton uitgesproken agressief reageerde op de schreeuwerige bevelen van zijn vrouw. Haar genegenheidsbetuigingen beperkten zich tot stompen op zijn arm. Burton: 'Ik zei tegen Elizabeth: "Volgens mij moest je zulke films maar liever niet maken, want daarin wordt het ergste slag mensen neergezet en verheerlijkt." Maar ze lachte erom en draaide rustig verder. Ik zat maar te zitten, irriteerde me per seconde meer en had niets omhanden. Maar toen ik met haar in Cortina en Venetië was, merkte ik dat andere vrouwen me meer aantrokken. Toen begreep ik dat het spel uit was.'

In september 1974 zei Burton tijdens een interview voor de BBC met Barry Norman: 'Ik geloof dat mijn hele leven is veranderd door een vrouw die men Elizabeth Taylor noemt. Ik weet niet helemaal zeker wat ze me werkelijk heeft aangedaan.'

4

Op 20 juni 1973 arriveerde Elizabeth in Los Angeles - zonder Richard. Al spoedig deden de eerste scheidingsgeruchten de ronde. Terwijl ze zich vertoonde in gezelschap van Peter Lawford ('Wordt Peter de opvolger van Dick Burton?' luidde een krantekop), Roddy McDowall, George Barrie en dr. Rex Kennamer, verbleef Rich in zijn geliefkoosde toevluchtsoord, het gastenhuis van Aaron Frosch in Quogue, Long Island.

'Liz bleef ons maar aan het hoofd zeuren dat we naar haar verhalen moesten luisteren, hoewel die ons niet interesseerden,' herinnert zich een vriend van Taylor. Op een ochtend werd ze opgebeld door Richard, die haar beval: 'Schuif met die dikke reet van je naar New York, of je hebt binnenkort helemaal geen reet meer over.' Taylor vloog onmiddellijk naar New York, en Richard haalde haar met een limousine van Kennedy Airport af. Hij was ladderzat en Liz knapte meteen af. Vóór ze op het landgoed van Frosch waren beland, stond de definitieve scheiding al voor haar vast. Burton zei naderhand: 'Ik walgde zo van haar, dat ik haar meteen weer de deur uitschopte.' In tranen reed Liz terug naar New York, en betrok het *Regency Hotel*. Samen met John Springer stelde ze in haar eigen handschrift een verklaring op, die de vierde juli aan de pers werd overhandigd: 'Ik ben ervan overtuigd dat het een goed idee zou zijn als Richard en ik een tijdje uit elkaar gaan. Misschien hebben we te veel van elkaar gehouden. De mogelijkheid om uit elkaar te gaan is nooit bij me opgekomen. Maar we hebben altijd dicht naast elkaar geleefd, hebben elkaar nooit verlaten, behalve in noodgevallen, en ik denk dat daardoor voor het ogenblik de communicatie tussen ons is stukgelopen. Ik geloof uit de grond van mijn hart dat het uit elkaar gaan ons op den duur weer daarheen zal voeren naar waar we horen - bij elkaar...'

De verslaggevers liepen storm, maar werden van Frosch's terrein geweerd. Alleen Nigel Dempster slaagde erin tot Richard Burton door te dringen. Hij stond zich net te scheren, en dronk wodka met sinaasappelsap. Welwillend vertelde hij de verslaggever dat hij zijn vrouw sinds haar 'opzienbarende mededeling' niet meer had gesproken, en dat hij er geen flauw idee van had wat het allemaal moest voorstellen.

'Burton scheen nergens over in te zitten. "Ze is van plan naar Californië terug te gaan om haar moeder weer eens te zien, en daarna wil ze naar haar broer in Hawaï. Of ik ook naar Hawaï ga? Beslist niet - een afschuwelijk oord!"'

In plaats daarvan ging hij naar Moskou, waar naar aanleiding van het filmfestival zijn Tito-film zou worden vertoond. Aansluitend ging hij naar Rome.

Nog in New York kreeg Elizabeth een telefoontje van Peter Lawson, die haar in Los Angeles wilde voorstellen aan zijn vriend Henry Wynberg. Wynberg was een van die mannen, die zich strijk-en-zet vertoonden met bekende filmsterren en aankomende starlets. Geboren in Nederland, had hij zich in de Verenigde Staten opgewerkt van kelner tot succesvol zakenman. Vrienden van Taylor beschreven hem als een kruising tussen Eddie Fisher en Michael Todd. Weliswaar brachten ze veel tijd in elkaars gezelschap door, maar tegenover de pers verklaarde Liz dat er op dat moment 'geen andere man' in haar leven was.

Toen Elizabeth op 20 juli in Rome arriveerde, haalde Richard haar af van de luchthaven. De Italiaanse politie had handenvol werk om de tweehonderd journalisten op afstand te houden. Elizabeth had de hoofdrol in *Identikit* geaccepteerd. De rol van een schizofrene vrouw, die een moordenaar voor zichzelf zoekt, leek haar een uitdaging, hoewel Richard haar had aangeraden zich er verre van te houden.

Aaron Frosch had laten weten dat de tijdelijke scheiding ten einde was, Burton weer droog stond, en het stel zich in Rome weer bij elkaar zou voegen. Maar het nieuwe geluk duurde slechts negen dagen. Richard zei nu openlijk dat hij wilde scheiden. 'Ik ben tegen echtscheiding zonder een serieuze reden. Maar als twee mensen elkaar echt niet meer kunnen verdragen, als de aanblik van de een de ander dodelijk verveelt, dan is het het beste als ze zich zo gauw mogelijk laten scheiden.'

Taylor was er kapot van. Ze moest de volgende dag met het draaien beginnen, moest voor het voetlicht komen en zeggen: 'Het kost één dag om te sterven, en een volgende om weer te kunnen leven.' Maar Liz had meer tijd nodig. Ze zat zo stampvol met pillen en alcohol dat ze de volgende ochtend niet wakker was te krijgen. Geruchten dat ze weer een poging tot zelfmoord had ondernomen werden heftig tegengesproken. Als om dat vooral te bewijzen, verscheen Liz - kennelijk met een leeggepompte maag - om vijf uur in de ochtend op de set, waar ze met daverend applaus werd begroet. 'Ik dacht dat ik nooit meer zo'n verschrikkelijke dag zou meemaken als toen Mike Todd stierf,' zei ze tegen haar producer. 'Ik heb me vergist. Vandaag is het de tweede intrieste dag in mijn leven. Ik ben wanhopig.'

Om haar 'troost en bijstand in deze moeilijke tijd te geven,' snelde vriend Wynberg naar Rome. Richard Burton hoonde: 'Mr. Wiseborgs geslachtsdeel zal wel net zoals zijn tweedehands auto's op een bepaald moment uit elkaar vallen.'

Terwijl Richard zijn bestaan 'met verkwikkende ontrouw' voortzette, maakte Taylor een volslagen verwarde indruk. Ze kroop bijvoorbeeld bij de stervende Laurence Olivier in bed, en smeekte: 'Laten we toch samen doodgaan.' Vervolgens liet ze in de Episcopaalse kerk een gedenkdienst voor hem houden, hoewel iedereen wist dat hij een Litausche jood was. Ze stortte haar hart uit bij Andy Warhol, tot ze in de gaten kreeg dat hij het gesprek op een bandje opnam, om het te gebruiken voor zijn tijdscrift *Interview*. 'Ze rukte hem de recorder uit zijn leren jasje en schold de bleke Warhol zo verschrikkelijk uit, dat hij er een kleur van kreeg.'

Wynberg week niet van haar zijde. Later bekende Taylor: 'Ik heb hem schaamteloos misbruikt.' In november 1973 moest Elizabeth alweer een operatie ondergaan. 'Dag in, dag uit, jammerde ze en smeekte ons Rich op te bellen,' deelde Lawson mee. 'Maar die gaf niet thuis. Ten slotte greep Liz zelf de telefoon en zei dat ze niet zonder hem wilde leven, en zeker niet sterven. Huilend beweerde ze dat ze aan kanker leed, en nog maar een paar weken te leven had.' Burton snelde vanuit Sicilië, waar hij met Sophia Loren filmde, direct naar Los Angeles, smeet Wynberg eruit en beval de verpleegster een bed in Elizabeths kamer voor hem op te slaan. 'Ha, die vetzak!' begroette hij haar. 'Hoe is het ermee, pokkesmoel?' was haar antwoord.

De volgende ochtend praatte Richard met haar arts. Het zogenaamde kankergezwel bleek een cyste te zijn. Rich zette zijn vrouw in een rolstoel en nam haar mee naar Italië. De kerstdagen brachten ze samen in Puerto Vallarta door. Nu wilden ze voor altijd bij elkaar blijven.

Maar nauwelijks was de eerste euforie vervlogen, of Liz begon haar man weer te sarren. Ze vermoedde dat hij een hartstochtelijke affaire met Sophia Loren achter de rug had, en werd in haar verdenking gesterkt door een artikel van Richard, waarin hij zijn tegenspeelster 'zo mooi als een erotische droom' noemde. Burton was gek op uitbarstingen en stookte Liz nog meer op. Maar hij deed de emmer overlopen. Hij flirtte er zo duchtig op los dat Liz woest naar Hollywood terugkeerde en zich met Wynberg verzoende.

5

Toen Taylor op 2 april ter gelegenheid van de Oscar-uitreiking voorreed bij het Dorothy-Candler paviljoen, bleek duidelijk dat ook in Hollywood de tijd niet had stilgestaan. Het geestdriftigste applaus was bestemd voor Edy Williams. Ze toonde haar wachtende fans dat ze zo 'hot' was, dat ze onder haar bontjas alleen een bikini droeg. Linda Lovelace, de ster uit de pornofilm *Deep Throat*, arriveerde in een rijtuig met paard. Toen David Niven Elizabeth aankondigde, werd zijn speech onderbroken door geschreeuw en gelach. Een naakte man rende over het toneel. Ook Niven was geamuseerd en verklaarde: 'Denken jullie maar dat het enige lachertje dat die man in zijn leven oogst werd veroorzaakt door het feit dat hij zich publiekelijk uitkleedde, en de hele wereld liet zien waar hij te kort schoot.'

'Het valt niet mee, gelijke tred te houden met zo'n optreden,' zei Taylor, dic cr gebruind en uitgerust uitzag. Maar het publiek had al gauw in de gaten dat ze volslagen *stoned* was. Ze verhaspelde de namen van de genomineerden, en toen ze de envelop opende was ze blij dat *The Sting* had gewonnen. 'Fantastisch, dat kan ik tenminste nog uitspreken!' zei ze.

In het voorjaar doorkruiste Taylor met Wynberg aan boord van de *Kalizma* de Middellandse Zee, terwijl Aaron Frosch de scheiding voorbereidde. Een formaliteit, die binnen 40 minuten op 26 juni 1974 in Zwitserland werd voltrokken. Burton was niet aanwezig; volgens een doktersattest was hij niet in staat tot reizen.

'Klopt het dat uw huwelijksleven ondraaglijk was?' vroeg de rechter, en Liz, die haar tranen achter een zonnebril verborg, antwoordde: 'Ja, het leven met Richard werd ondraaglijk. De meningsverschillen werden te talrijk. Ik heb alles geprobeerd... Alles.'

Onmiddellijk na de echtscheiding verklaarde ze dat ze met Wynberg een huis zou zoeken. Haar keus viel op een villa in Bel Air. Maar dat Elizabeth hooggestemde plannen koesterde, wist op dat tijdstip zelfs Wynberg niet. Want heimelijk plande Taylor al haar zesde huwelijk: ze wilde met Aristoteles Onassis naar het altaar.

Kosta Gratsos en andere vrienden van de reder herinneren zich dat Onassis zijn koopzieke, hardvochtige vrouw Jackie liever kwijt dan rijk was. Zijn testament was dusdanig opgesteld dat haar aandeel in de erfenis, mocht hem binnen afzienbare tijd iets overkomen, minimaal zou zijn. 'Toen hij doodziek in het Lennox Hill-ziekenhuis lag, besloot hij zich van Jackie te laten scheiden, en met Liz te trouwen,' deelde Gratsos mee. Terwijl Jackie zich te buiten ging aan weelderige inkopen, belde Taylor Onassis regelmatig op en toonde zich bezorgd over zijn gezondheidstoestand. Eenmaal weer op de been, besprak hij met zijn vertrouwelingen zijn plannen tot in details. Hij wilde een verrassingsaanval ensceneren om Jackie voor het blok te zetten. Hij was vooral bang dat ze een groot deel van zijn vermogen zou inpikken. Tijdens de voorbereidingen tot de scheiding, waarover hij Liz nauwkeurig op de hoogte hield, bereidde hij alvast de bruiloft met Taylor voor.

Maar in februari 1975 kreeg Liz via de telefoon te horen dat Onassis was ingestort. Hij werd in een ziekenhuis in Athene opgenomen, maar op aanraden van zijn dokter was hij overgebracht naar het Amerikaanse ziekenhuis in Neuilly-sur-Seine, bij Parijs. Op weg daarheen stond Onassis erop de nacht door te brengen in zijn appartement in de Avenue Foch. Van daaruit telefoneerde hij voor de laatste keer met Liz. Om zijn plannen niet in de war te schoppen verbood hij haar hem op te zoeken. Pas toen zijn toestand verslechterde, stond men Elizabeth en Maria Callas een laatste bezoek toe. Jackie was toen aan het skiën in New Hampshire.

Op 15 maart stierf Onassis. Na hem de laatste eer te hebben bewezen, was Jackies eerste vraag: 'Heb ik eigenlijk wel iets om aan te trekken?' Toen ze de kliniek verliet, schonk ze de portier een stralende glimlach. 'Dat hyena-lachje van Jackie, dat me aan een aasgier deed denken, verstarde pas toen ze achter de plannen van mijn vader kwam,' zei Christina Onassis. Jackie was razend, en eiste dat Christina haar woorden terug zou nemen, vooral toen een artikel in de *New York Times* Onassis' echtscheidingsplan onthulde. Daar Jackie dreigde de *Times* het leven zuur te maken, 'liet ik een verklaring publiceren die weliswaar niet met de waarheid overeenkwam, maar haar kalmeerde.'

Voor Liz stortte een wereld in, en ze vluchtte in haar werk. In *The Blue Bird*, een musical onder regie van George Cukor, speelde ze maar liefst vier rollen. Haar tegenspeelsters waren Ava Gardner, Jane Fonda, en Cicely Tyson. De eerste Amerikaans-Russische coproduktie, door velen als een mijlpaal in de geschiedenis van Hollywood genoemd, bleek al vlak na de première een flop te zijn, en werd al spoedig uit de circulatie genomen.

Haar flirt met Wynberg vertoonde ook al vermoeidheidsverschijnselen. 'Liz leed aan een overdreven behoefte aan bevestiging. Als ik haar niet minstens vijftien keer per dag mijn onsterfelijke liefde bezwoer, werd ze chagrijnig en maakte me het leven tot een hel,' zei Wynberg. Toen ze een huwelijk ter sprake bracht, wuifde hij dat weg. Hij wilde alleen maar met haar samenleven. 'Wynbergs geheim kwam erop neer dat hij overal voor zorgde,' aldus Max Lerner. 'Liz zei eens tegen mij: "Ik houd van hem. Het kan me niet schelen wat ze over hem zeggen, en of ze hem al dan niet mogen. Voor mij is hij schattig, hij naait me heerlijk en zorgt dat ik alles krijg wat ik nodig heb."'

Toch rijpte in haar al het voornemen Burton weer voor zich te winnen. Ze telefoneerde stiekem met hem, zodat Wynberg er niets van merkte, en na wat heen en weer gepraat verklaarde Burton zich bereid haar na het beëindigen van zijn film te ontmoeten.

In Leningrad vond op 10 augustus 1975 nog een schitterende party plaats. Daarna vlogen Taylor en Henry naar Londen. Daar kreeg Liz een telegram van Richard, waarin hij haar verzocht 'wegens een zakelijke kwestie' onmiddellijk naar Zwitserland te komen. De volgende dag was ze met Richard samen in het kantoor van haar Zwitserse advocaat, en diezelfde avond moest een verwarde John Springer bekendmaken dat de Burtons zich weer met elkaar verzoend hadden.

6

Richard en Liz hadden elkaar weer gevonden en alles was koek en ei. Richard vergezelde Liz naar Israël, en ze namen gezamenlijk deel aan een benefietconcert. Daarna volgde een vakantie in Johannesburg. Richard hield vol dat er geen sprake was van hertrouwen, maar veranderde bliksemsnel van idee toen Liz ten offer viel aan 'een medicinaal drama'. Een röntgenfoto van haar borstkas bracht twee vlekken op haar long aan het licht. 'Ik kreeg zo'n twaalf uur de tijd om me bezig te houden met de dood, en wel een zeer onaangename – longkanker.' Maar van kanker was geen sprake, en de volgende dag danste Liz van blijdschap de kamer rond. Blijdschap over de wonderbaarlijke genezing of over de trouwbelofte...

Ze deelde de pers mee dat ze in de bush-bush 'onder huns gelijken' zouden trouwen. Op de ochtend van de tiende oktober 1975 bezatte Richard zich laveloos. Elizabeth sleurde hem de wachtende Landrover in, en ze reden naar Chobe. Daar werd het wat het trouwen betrof al door de wol geverfde duo door een Afrikaanse hoofdcommissaris van politie in de echt verbonden, terwijl 'huns gelijken' in de vorm van twee nijlpaarden en een rinoceros toekeken. Toen er met champagne werd getoost op het jonge geluk, verklaarde Liz: 'Nu is het afgelopen met alle echtscheidingen en bruiloften, van nu af aan blijven we elkaar trouw.'

'Het was een monsterachtige droom,' zei Burton later. 'Ik dacht: wat doe ik hier eigenlijk? Rare plaats om te trouwen, midden in de rimboe, met een neger die je in de echt verbindt. Heel merkwaardig allemaal.'

Richard gaf Elizabeth een kostbare diamant, maar ze bazuinde van de daken dat ze die wilde verkopen en de opbrengst aan de ziekenhuizen van Botswana wilde schenken. Tot nu heeft toe Taylor haar belofte niet gehouden. De volgende dag kreeg Burton malaria. Een apothekeres, Chen Sam genaamd, werd te hulp geroepen. De beide vrouwen – van dezelfde leeftijd – lagen elkaar direct en Chen Sam vergezelde de Burtons naar Londen.

Burton begon weer te drinken. Binnen enkele weken zag hij in dat hij een noodlottige vergissing had begaan. Toen hij erachter kwam dat de zogenaamde kankersymptomen niets anders waren dan de littekens van Taylors' legendarische longontsteking, hield hij het voor gezien. De kerstdagen brachten ze gezamenlijk in Gstaad door, maar Burton was alweer op jacht. In de skilift maakte hij kennis met Suzy Hunt. 'Ze was een droom van een vrouw, en Liz rook meteen lont,' vertelde Richard.

Taylor zocht troost bij Peter Darmain, een zevenendertigjarige knappe reclame-expert uit Malta. Ze kwamen elkaar toevallig tegen in een discotheek 'en belandden de volgende morgen al in bed. We zouden hier zeven weken verblijven. Ze was onverzadigbaar, en ik kwam amper aan slapen toe, maar ze scheen het hard nodig te hebben,' aldus Darmain.

Burton was intussen met Suzy Hunt afgereisd naar Amerika, maar op zekere ochtend belde hij Elizabeth op, en vroeg haar ook naar Amerika te komen. Niet beter wetend of hij wilde het weer met haar bijleggen, vertrok ze per eerste gelegenheid naar New York, en verzocht de Broadway-manager Alexander Cohen een groot feest ter gelegenheid van de verzoening en haar verjaardag te organiseren. Maar Richard was verbluft toen ze hem weer verzekerde van haar liefde. Toen hij haar duidelijk maakte dat hij Aaron Frosch opdracht had gegeven de echtscheiding aan te vragen, tierde Taylor: 'Moest je me daarvoor de halve aardbol over laten vliegen?' Snikkend verliet ze zijn suite in het *Lombardy Hotel.* Cohen zag zich genoodzaakt het feest te geven zonder de eigenlijke gastvrouw en gastheer, en Springer maakte op 23 februari 1976 bekend dat de Burtons weer uit elkaar waren gegaan. De scheiding werd op 1 augustus 1976 in Haïti uitgesproken. Liz trok zich terug – Henry Wynberg mocht haar weer troosten.

Heimelijk zon ze op wraak. Ze zou de wereld wel eens eventjes duidelijk maken dat haar volgende echtgenoot iets anders was dan zo'n zuipschuit van een acteur. Ze zou heel hoog opklimmen. Liz – First Lady of the United States in Taylor-land.

Hollywoods laatste diva

1

Elizabeths wraak kwam Burton duur te staan; ze kleedde hem in de echtscheidingsovereenkomst uit tot op zijn hemd. Elizabeths eerste openlijke optreden vond plaats op 29 maart 1976. In gezelschap van George Cukor en Halston verscheen ze in het Dorothy-Chandler paviljoen, en kreeg het stormachtigste applaus van de hele avond. Kort voor haar optreden rende een organisator van de Oscar-uitreiking naar haar toe en drong aan: 'We hebben niet veel zendtijd meer. Vergeet de *cuecards* en zeg het een of ander.'

Gene Kelly kondigde Liz aan, en in een speciaal voor haar vervaardigde rode avondjapon ging ze het toneel op. Voor de vuist weg babbelde ze: 'Ik heb overal ter wereld gewerkt, en Hollywood teruggevonden in Rome, Frankrijk en Londen. Het kwam allemaal hier vandaan. Hier ben ik begonnen op mijn tiende jaar. Films hebben ertoe bijgedragen de betekenis van Amerika, de Amerikaanse droom aan alle stervelingen duidelijk te maken. Vanavond vieren we ons tweehonderdjarig bestaan. Laten we eens even stilstaan bij de oorspronkelijke bedoelingen, en de droom verwezenlijken. Stemt alstublieft allemaal in als we *America the Beautiful* zingen.' Het publiek zag het niet erg zitten, en kwam met tegenzin overeind. Gene Kelly maakte als de gesmeerde bliksem dat hij het toneel op kwam om Liz bij te staan, want Liz kende de tekst niet uit het hoofd. Oscar-winnaar Jack Nicholson en de overige crew van *Cuckoo's Nest* stonden op het toneel, lachten hysterisch en werden onweerstaanbaar herinnerd aan een scène uit hun film.

Voor haar 'patriotische geste' kreeg Liz niet alleen de lof van Ronald Reagan, maar ook die van de Washington Society. Henry Kissinger nodigde haar uit om in april deel te nemen aan een liefdadigheidsvoorstelling ten bate van het American Ballet Theater in het Kennedy Center, en aan de party die aansluitend door de Iraanse Ambassade zou worden gegeven. Liz accepteerde de uitnodiging en veroverde Washington stormenderhand. Een verslaggever van de *Wa-*

shington Post schreef: 'Zoals eenmaal Cleopatra in Rome maakte Elizabeth Taylor haar triomfantelijke intocht in Washington.'

Behangen met juwelen stelde ze alles in het werk om het 'slaperige Zuidelijke Staten-dorp', zoals John F. Kennedy Washington ooit betitelde, eens goed wakker te schudden. Tijdens de ambassade-party was ze 'niet weg te slaan' van ambassadeur Ardeshir Zahedi. 'Ze kleefde als pek aan hem.' Dat veranderde in geen dagen. 'Waar ze gingen en stonden,' aldus de vrouw van een senator, 'was iedereen als de dood dat ze de eerste de beste sofa zouden gebruiken om erop te copuleren.' Toen ze tijdens een party uitriep: 'Ik ben geil en wil onmiddellijk door je geneukt worden!' had de High Society van Washington roddelvoer voor weken.

Taylor had het weer eens over trouwen. Intussen bracht de sjah van Perzië zijn ex-schoonzoon aan het verstand dat hij onmogelijk met een jodin kon trouwen. In Teheran vervloog de bekoring van de stormachtige affaire al spoedig, en de ontnuchterde Liz nam Henry Wynberg weer voor lief.

Maar Wynberg werd het zat om altijd als noodhulp in te springen. Hij smeet haar uit hun gemeenschappelijke villa, waarvoor Liz de huur betaalde, en bestelde een taxi voor haar. Daarna haalde hij alle kasten en laden leeg, stopte de inhoud in koffers en tassen, en zette die voor de deur. Er moesten nog drie taxi's aan te pas komen om haar spullen naar de bungalow van het *Beverly Hills Hotel* te vervoeren.

Niet lang daarna steunde ze Jimmy Carter bij zijn verkiezingscampagne. Daartoe droeg ze een gouden pinda aan een kettinkje om haar hals, en kweelde: 'Jimmy Carter is intelligent, slagvaardig, en presenteert een volkomen nieuw imago. Hij zal Amerika tot een stralende natie maken.' Liz dineerde met vice-president Nelson Rockefeller, en steunde afgevaardigde Bella Abzug.

Op 8 juli 1976 ging ze naar Washington. Ze was uitgenodigd voor een receptie in de Britse Ambassade, die gegeven werd ter gelegenheid van het tweehonderdjarig bestaan van de V.S. Liz zat met het probleem dat ze na de breuk met Henry Wynberg niet over een escorte beschikte. Dus belde ze de ambassade op en vroeg of ze haar kapper mee mocht brengen. 'Daar de aangelegenheid toch wel iets formeler is dan de Oscar-uitreiking' beloofde de Britse ambassadeur Sir Peter Ramsbothan voor een gepaste begeleider te zullen zorgen.

Elizabeth Taylor was onder de indruk toen ze John Warner voor het eerst te zien kreeg. 'Net een opname in Hollywood. Ik zag eerst alleen zijn zilvergrijze haar.' Toen draaide Warner zich om, en kon Liz zijn sympathieke gezicht bewonderen.

'Goedenavond, ik ben uw afspraak voor deze avond. Mijn naam is John Warner,' kreeg ze te horen.

Liz en Warner konden meteen goed met elkaar opschieten. Ze dansten de hele nacht en reden de volgende ochtend naar een privé-club in Georgetown, waar ze bij zonsopgang 'roereieren en champagne' als ontbijt bestelden. Daarna reden ze naar zijn farm Atoka in Middleburg, die zijn gewezen schoonvader hem had geschonken na zijn scheiding van Catherine Mellon. Elizabeth was zeer onder de indruk van het landgoed. Een paar dagen later ontmoetten ze elkaar weer. 'We dachten hetzelfde, zonder dat er woorden waren gesproken. We hadden een picknickmand in de jeep gezet om de zonsondergang vanaf een heuvel bij de farm te bewonderen. Rondom ons woedde een onweer; we zaten te midden van bliksem en donderslagen. De storm gierde om ons heen, en ten slotte gingen de hemelsluizen open. We gingen in de stromende regen in het gras liggen, met de armen stevig om elkaar heen, heel verliefd. Het was een magisch moment,' zei Elizabeth.

John Warner ging bij Elizabeth op bezoek toen ze in Oostenrijk filmde. Liz speelde daar in de verfilming van de musical *A Little Night Music* de ouder wordende actrice Desiree Armfeldt. Maar ondanks de wereldberoemde melodieën en de medewerking van Ingmar Bergman bleek de film al bij de première een flop te zijn. In Deauville liepen de toeschouwers al na twintig minuten de bioscoop uit, en tegen het einde van de film was er nauwelijks iemand overgebleven. De film kwam niet in roulatie en is tot op de dag van vandaag in vergetelheid gebleven.

Tijdens het draaien bewees Taylor zich als een uitgesproken 'professional', en verzuimde slechts één enkele dag: op 22 augustus 1975 kreeg ze van de journalisten te horen dat Richard weer getrouwd was. 'Wat enig!' riep ze uit. 'Als ze op een bepaalde leeftijd zijn gekomen, denken sommige mannen dat ze de mensen hun potentie moeten bewijzen door met jonge vrouwen te trouwen.' Ze stuurde het bruidspaar onmiddellijk een gelukstelegram, voor ze zich in haar suite opsloot en gillend haar hotelbeddegoed aan flarden scheurde. Toen ze enigszins gekalmeerd was, belde ze Warner op, en verzocht hem eerder te komen dan was afgesproken.

Voor Liz stond nu vast dat ze Mrs. John Warner moest worden. Warner zelf had daar ook wel zin in, maar wilde van tevoren het een en ander met haar doornemen. Om te beginnen wilde hij op huwelijkse voorwaarden trouwen. Liz knikte instemmend. 'Verder moet het afgelopen zijn met dat Hollywood-gedoe,' eiste hij. 'Dus met die juwelen, modecreaties, met al die verkwisting, obsceniteiten en het gevloek in het openbaar. Dat kan ik allemaal niet uitstaan. Ik wil dat jij mijn kleine farmervrouwtje wordt.' Liz, die op dit moment niets anders wilde, sloeg haar ogen naar hem op en fluisterde: 'O ja, John, ik wil niets liever.'

'We gaan op de farm wonen, heel gewoontjes en eenvoudig.'

'O, John, daar verlang ik zo vurig naar. Daar word ik herinnerd aan mijn kindertijd in Engeland. Daar voel ik me thuis. Dat gevoel heb ik zó lang gemist. Daar kan ik eindelijk tot rust komen.' Ze dacht aan die eerste romantische avond, toen 'alleen loeiende silhouetten getuigen waren van ons geluk.'

Toen ze zei dat ze onmiddellijk konden trouwen, lachte Warner. 'Ik ben tegen overhaaste huwelijken en echtscheidingen,' antwoordde hij. Hij wilde zich eerst met haar verloven.

'Mijn verlovingsring is weliswaar geen 200 karaats, maar John heeft hem zelf ontworpen. Die ring betekent meer voor me dan enige andere ring ooit tevoren. Hij staat gewoon leuk aan mijn vinger,' verklaarde ze tegenover de pers, toen ze haar nieuwste sieraad toonde.

De bruiloft vond plaats op 4 december 1976. Warner besteedde de ochtend aan de vossejacht. Die namiddag kwamen Warner en zijn zoon, Sara Taylor en Johns moeder, alsmede familieleden, vrienden, kennissen en personeelsleden bij elkaar op de 'verlovingsheuvel'. Kort voor zonsondergang verscheen de bruid in een japon van lavendelblauwe kasjmier, bijpassende mantel met zilvervosgarnering, en een ingewikkelde tulband op haar hoofd. John ging haar tegemoet, maar moest onderweg nog een paar koeien met een luid 'Hoeah, hup hoeah!' verjagen. De eerwaarde Neale Morgan van de Episcopaalse kerk van Middleburg las psalm 23, en Elizabeth beloofde haar man liefde, gehoorzaamheid, respect en trouw. 'Ik ben nog nooit zo gelukkig geweest. Ik heb John lief boven alles. Hij is de beste minnaar die ik ooit heb gekend. Met hem wil ik mijn hele verdere leven doorbrengen, en later naast hem begraven worden. We hebben onze graven al uitgezocht. Is dat niet verrukkelijk?' kweelde de diva.

Warner zag in dat het voor een vrouw die kettingrookte, dronk, vloekte en in het openbaar haar seksleven besprak, moeilijk zou zijn om de rol van een politicus-echtgenote te spelen. Avondenlang studeerden hij en zijn staf die rol met haar in, en ze deed haar uiterste best. Ze beloofde af te zullen zien van sigaretten, alcohol, openhartige uitspraken en al even openhartige decolletés. Bovendien zegde ze toe hem nooit in het openbaar te zullen tegenspreken. Later bekende ze dat dat punt haar dikwijls het zwaarst was gevallen.

De 'bliksemaanval' op Virginia van de Warners begon in januari 1977. Na het Goldheart-bal in Richmond vlogen ze naar Cambridge, waar Liz door de Hasty Puddings Club tot Vrouw van het Jaar werd uitverkoren. In Marion meldde ze zich aan voor de bediening in de mensa van het Emory en Henry College. Vervolgens leidde ze een bijeenkomst van het Leger des Heils in Norfolk, overhandigde de winnares van de paardenrace van de Blue Ridge Ladies in Berryville de trofee, wist voor gouverneur John Dalton 175.000 dollar bijeen te krijgen, en kuste een kaalhoofdige rechter tijdens het jaarlijkse diner van de Barrister Club. In Hampton schudde ze 600 gasten de hand bij een receptie van de Republikeinen, en in mei woonde ze de autorace in Charlotte, Noord Carolina bij. Een receptie van de Wolf Trap, een diner voor Dalton met 3.000 betalende gasten op haar farm, de opening van de Vierde Schotse Jaarspelen in Alexandria, Virginia, het jureren van de Internationale Paardententoonstelling in Washington en een erevoorzitterschap van de Anglo-Amerikaanse Comtemporary Dance Foundation volgden.

Terwijl Warner na dat 'proefjaar' verklaarde dat zijn vrouw geschikt was als echtgenote van een senator, waren zijn vrienden van mening dat het weliswaar niet te ontkennen viel dat Liz heel wat gepresteerd had, en massa's mensen aangetrokken, maar dat ze toch ook meer dan eens tegen het protocol had gezondigd. Ze schold op potentiële kiezers, partijcollega's en journalisten, en week niet af van haar 'achterbuurttaal'. Zo had haar verjaardagsfeest in een Newyorkse nachtclub weer eens voor 54 krantekoppen gezorgd, toen ze van de verjaardagstaart in de vorm van haar naakte lichaam 'de rechtertiet had afgesneden en aan Halston overhandigde,' volgens Andy Warhol. Maar Warner liet zich daardoor niet van de wijs brengen, want je kon zonder overdrijving staande houden dat Liz de bijbelvaste burgers van Virginia stormenderhand veroverd had. 'Heel Virginia heeft haar in het hart gesloten, en dat wil wat zeggen,' aldus verslaggeefster Helen Thomas.

Liz vond tussen de bedrijven door ook nog tijd om aan een paar filmprodukties mee te werken. In *Winter Kills*, een politieke thriller, speelde ze Lola Comante aan de arm van een presidentskandidaat, voorgesteld door John. Daarna volgde *Victory at Entebbe*. 'Ik was blij eindelijk eens met Kirk Douglas samen te mogen werken. Des te meer betreurde ik het dat ik destijds niet de rol van zeeman Chest in zijn *The List of Adrian Messenger* had kunnen spelen.' John begeleidde haar ook toen haar de televisie-onderscheiding *An All-Star Tribute to Elizabeth Taylor* ten deel viel, bij welke gelegenheid Liza Minnelli, Paul Newman, June Allyson, en vele andere beroemdheden hun opwachting maakten om haar te huldigen. 'Alleen in de V.S. is het mogelijk dat een boerinnetje uit Virginia het voor elkaar krijgt om tussen al die grote sterren te staan,' verklaarde ze, en het leek alsof ze een traantje wegpinkte.

Intussen wierp Warner zich op zijn kandidatuur. Senator William Scott wilde met pensioen gaan. Warner rekende zijn partij voor dat hij en Liz 500.000 dollar voor John Waltons verkiezingsfonds bijeen hadden weten krijgen, en dat hij een waardige opvolger was voor Scott, de man die ooit een persconferentie had gegeven om Amerika te bewijzen dat hij heus niet de stomste senator van de V.S. was. Men werd het eens, en Warner zette zich schrap om de 1.541 gedelegeerden voor zich te winnen. Maar op de avond van de derde juni wist hij geen meerderheid te verkrijgen. Hij moest het afleggen tegen zijn concurrent Richard D. Obenshain. Liz pruilde, maar John Warner toonde zich een goede verliezer, en zegde Obenshain zijn steun toe.

De Warners trokken zich voorlopig terug op hun farm. Na hun wonden te hebben gelikt, verklaarde John zich bereid Elizabeth naar Los Angeles te vergezellen, waar ze *Return Engagement* draaide. In dit werk van James Prideaux speelde ze de docente Oude Geschiedenis doctor Emily Loomis, die probeert te verbergen dat ze een succesvolle carrière als musicalster achter de rug heeft. Eén van haar studenten komt er toch achter, en haalde haar over de hoofdrol in een studentenopvoering te spelen.

Elizabeth stond erop de eindcontrole op alle foto's uit te voeren. Uit alle macht probeerde ze haar molligheid te camoufleren, want intussen was haar gewicht van 56 in 80 kilo veranderd. Dat feit was uiteraard de pers noch de karikaturisten ontgaan. Vooral Joan Rivers sloofde zich uit wat flauwe moppen betrof. Arnold Latham vond dat ze dienst kon doen als logo voor Todds film – ze ging steeds meer lijken op een heteluchtballon, en in *Saturday Night Live* werd opgemerkt dat ze meer 'Chins' (kinnen) had dan er in een Chinees telefoonboek voorkwamen. Taylor kon er niet om lachen. 'Ik was gekwetst en woedend, maar beweerde tegen de buitenwacht dat het allemaal "geluksvet" was. Ik deed er heel vrolijk en opgewekt over, maar in werkelijkheid stond ik duizend kwellingen uit.'

Ook John sloeg die 'ontwikkeling' van zijn vrouw bezorgd gade. 'Ik wilde niet te horen krijgen dat de mensen alleen maar kwamen om te kijken hoe dik mijn vrouw in werkelijkheid is,' zei hij tegen zijn medewerkers. Warner deed dagelijks mee aan een fitnessprogramma, maar toen hij Liz voorstelde dat voorbeeld te volgen, lachte ze hem uit. Elizabeths eetlust en gebrekkige discipline waren de aanleiding tot de eerste deukjes in het 'volmaakte huwelijk'.

Op 2 augustus 1979 kwam Obenshain bij een vliegtuigongeluk om het leven. De partij benoemde Warner tot zijn opvolger. John verklaarde zich onmiddellijk bereid de schulden van de verkiezingscampagne voor zijn rekening te nemen, en in een fonds 50.000 dollar voor Obenshains kinderen te deponeren. Maar de volgende verkiezingscampagne ging niet zozeer tussen hem en zijn tegenstander Andrew P. Miller, die al twee keer tot officier van justitie van de staat Virginia was gekozen, maar meer tussen Liz en Millers slanke echtgenote Doris. Deze verklaarde direct na Warners nominatie: 'Ze is een wondermooie vrouw, en dat ben ik beslist niet. Vergeleken bij Elizabeth heb ik een saai leventje geleid, met alleen maar een man en drie kinderen.' Het venijn zat in de staart, en het achterhoedegevecht begon, want zodra Liz de verklaring van Doris had gehoord, zei ze uit de grond van haar hart: 'Goede oude, arme Doris. Wat een leven!' De pers pakte dat onmiddellijk op, en vanaf dat moment heette Mrs. Miller nog uitsluitend: 'Goede oude, arme Doris.' Politieke waarnemers spraken over de entree van Taylor in de politiek als van 'het grootste evenement sinds Dwight D. Eisenhower'. Als een strijdros stortte Elizabeth zich op het gevecht en streed verbeten om de zege voor haar man.

Warner lag op kop met 4.721 stemmen, dus wierp zijn tegenstander op 17 december de handdoek in de ring en erkende dat hij het had afgelegd tegen Warner. De Warners straalden, Liz had met de arme oude Doris te doen, en een medelid van de Senaat verklaarde in de pers: 'Volgens mij hebben ze in Virginia de twee allerstomste idioten gekozen.'

Warner, een echte workaholic, stortte zich verbeten op zijn werk. 'Ik verwachtte een deelstaatsprookjesland, waarin ik mijn man terzijde kon staan bij zijn werk. Ik wilde me niet alleen inzetten voor Virginia, maar voor de hele Verenigde Staten. Maar ik belandde in een huiselijk Siberië. Ik had geen taak, geen functie en diende zelfs niet meer als ornament,' klaagde Taylor. Afgezien van de maandelijkse bijeenkomsten van de senatorvrouwen, bezoekjes aan kinder- en verzorgingstehuizen, leidde Liz ook nog werkgroepen voor acteurs, maar ze stond niet toe dat de lessen op de band werden opgenomen. De werkgroepen werden goed bezocht, en binnen een jaar of vijf zaten er zo'n 45 op. De rest van de tijd bracht ze - naar eigen zeggen - door met 'opstaan, eten, op de bank gaan zitten, de TV aanzetten en nog meer eten.' 's Avonds werd ze door John bijtijds naar bed gestuurd, omdat hij nog een heleboel te doen had.

2

In haar roman *The Mirror Crack'd* beschrijft Agatha Christie haar heldin, de actrice Marina Clegg, als volgt: 'Ze had vijf mannen. De eerste keer, nog heel jong, trouwde ze met iemand die niet meetelt. Daarna kwam een prins of een graaf, in elk geval een buitenlander, vervolgens Robert Truscott, de filmster. Toen volgde Isidore Wright, de schrijver. Het werd rustiger om haar heen, ze kreeg zelfs een kind. Ze had een zenuwcrisis, en raakte daardoor verslaafd aan pillen. Ze raakte ook aan de drugs, en in die periode speelde ze in geen enkele film meer mee.' Verderop in het boek staat te lezen: 'Ze was zo mooi, en zo begaafd. Ze bezat de kracht lief te hebben en te haten, maar kende geen standvastigheid. Ze kon haar verleden niet laten rusten, en wilde de toekomst niet zien zoals die in werkelijkheid was.' De producers van de verfilming, John Brabourne en Richard Goodwin, dachten bij de rolbezetting onmiddellijk aan Taylor, maar na een gesprek met haar zagen ze ervan af, omdat ze 'gewoonweg te vet' was. Elizabeth woog ondertussen 200 pond, en verliet het huis in Washington nog maar zelden. Dus ging de rol naar Natalie Wood, die er nog zeer aantrekkelijk uitzag, maar hopeloos verslaafd was aan alcohol.

De overige rollen werden bezet door Rock Hudson, Kim Novak en Tony Curtis. 'Het draaien van die film was het onaangenaamste wat ik ooit heb meegemaakt,' zei Curtis. 'Rock lag meestal in bed met een van de technici, Novak liep te jammeren over haar rimpels, en Wood lag dronken in de een of andere hoek.' Toen het iedereen duidelijk werd dat het met Natalie echt niet meer ging, stelde Rock voor haar te vervangen door Elizabeth. Deze had het voorjaar van 1980 besteed aan een hongerkuur op diverse dieetboerderijen. Dankbaar accepteerde ze Hudsons aanbod, en in mei 1980 vertrok ze naar Engeland voor de opnamen.

'Toen we haar de eerste keer in haar kostuum zagen, schrokken we,' aldus Hudson. 'Ze leek meer op de koninginmoeder dan op een Hollywood-diva, en Elizabeth wist dat zelf ook.' De inspannende draaidagen doorstond ze uitsluitend met alcohol en kalmeringsmiddelen. Op een avond nam Taylor per ongeluk te veel slaaptabletten in. Het was een geluk dat Hudson die avond toevallig even bij haar langsging. Ze werd naar het dichtstbijzijnde ziekenhuis gebracht, en twee dagen later stond ze alweer voor de camera. Drie weken later lag ze weer in het ziekenhuis. Deze keer had ze bewust een overdosis genomen. 'Rock presteerde in die dagen het ongelooflijke,' aldus zijn levensgezel en secretaris. 'Hij bouwde Liz op in lange gesprekken, en hielp haar haar zelfvertrouwen terug te krijgen.'

Liz besloot weer te gaan werken, en vooral weer slank te worden. Eenmaal terug in Amerika deelde ze Warner mee dat hun huwelijk stukgelopen was, maar John smeekte haar het nog eens te proberen, want het schandaal van een echtscheiding kon zijn carrière schaden.

Toen de pers in september over haar echtelijke moeilijkheden begon te schrijven, ontkende Elizabeth moedig dat er iets aan de hand was. Maar dat had onoverzienbare gevolgen; weer zocht ze haar toevlucht in alcohol, reusachtige hoeveelheden voedsel en pillen. Tijdens een verkiezingscampagne voor Ronald Reagan zat Liz naast Nancy, 'twee voormalige MGM-girls gelukkig in Washington herenigd'. Toen de foto werd gepubliceerd, werd er gepraat over het 'dorre insekt' naast het 'Michelinmannetje'.

Tegen het einde van dat jaar verkondigde Taylor dat ze weer naar Broadway 'terug wilde keren'. 'O, is ze daar dan al eens geweest?' vroegen de Newyorkers gekscherend. Samen met Mike Nichols en Zev Bufman, de Broadway-impresario, studeerde ze toneelstukken in en koos *Who's Afraid of Virginia Woolf?, Sweet Bird of Youth, The Lion in Winter, Hay Fever* en *The Little Foxes*.

Ze wilde Burton graag als tegenspeler hebben. Via kennissen en vrienden had ze al gehoord dat zijn huwelijk met Suzy Hunt was gestrand. 'Toen Suzy me in de steek liet, werd er weer vier keer in de week gebeld; het was Liz. Ze vroeg me of ik een rol in *Wagner* voor haar had. Ze wilde mijn Cosima zijn, maar Palmer zei nee. Hij wilde haar absoluut niet in Venetië hebben. Ik sloeg ook andere toneelvoorstellen af, maar de telefoon stond niet stil.'

Liz besloot Regina Giddens in Lillian Hellmans melodrama *The Little Foxes* te spelen, en Lillian Hellman ging daarmee akkoord. Niets stond de produktie meer in de weg. Zev Bufman nam het eerste gedeelte van het stuk op in Fort Lauderdale, waar Elizabeth elke vrije minuut doorbracht op een van de plaatselijke schoonheidsboerderijen.

Toen op 7 mei 1981 op Broadway de première werd gevierd, woog ze nog slechts 125 pond. Geen mens had het succes kunnen voorspellen, Elizabeth zeker niet. Het stuk werd geprezen door de critici, en Liz speelde avond aan avond voor een uitverkochte zaal. De negen maanden op Broadway leverden meer dan 1,5 miljoen dollar op.

Het huwelijk van Warner met Taylor was niet zo succesvol. Taylors naam werd herhaaldelijk in verband gebracht met diverse mannen uit de Newyorkse society, ook met die van Zev Bufman, die haar weliswaar overal heen vergezelde, maar zijn vrouw trouw bleef. Voor haar seksuele bevrediging zocht Taylor jonge, knappe, ambitieuze fotomodellen uit, die probeerden door een *one night stand* hogerop te komen. Innerlijk hunkerde ze echter naar Burton.

In februari 1982 kwam het in Londen tot een weerzien van het beproefde vechtpaar, toen Elizabeth daar haar vijftigste verjaardag vierde. 'Waar is mijn cadeautje?' vroeg ze het allereerst. Ze dansten de hele nacht met elkaar en brachten het weekend samen door. Burton: 'Ze had het de hele tijd over weer een huwelijk, maar daar had ik totaal geen zin in. Het versterkte me alleen maar in mijn opvatting dat tussen ons alles uit was. Goeie genade, wat was ze vet geworden!' Maar Liz koesterde nieuwe hoop. In september 1982 maakte ze bekend dat ze weer met Richard op de planken zou staan.

Terwijl Taylor zich wijdde aan het 'project Richard Burton', vroeg Warner alvast echtscheiding aan. Weliswaar was Tony Geary, de ster van de soap-operaserie *General Hospital* nog steeds Elizabeths trouwe metgezel, maar de Burton-plannen liepen niettemin op volle toeren. Via Michael Todd junior bood Liz hem de hoofdrol aan in *Herself Surprised*. Burton wilde wel, en toen het project niet van de grond kwam, accepteerde hij de aanbieding met Liz en Geary op te treden in een Bob Hope-special. Toen ABC aankondigde een televisieserie over het leven van Taylor te zullen produceren met Christina Ferrare De Lorean in de hoofdrol, verklaarde Liz tijdens een persconferentie dat ze dit koste was kost zou verhinderen, en desnoods gerechtelijke stappen wilde ondernemen.

'Toentertijd leek het allemaal toeval,' zei Sally Burton. 'Opeens werd besloten het stuk ook op het toneel te brengen. Toen moest het opeens een trekpleister worden voor haar theatergroep. Als ze Richard toen hadden verteld dat er een tournee van zeven maanden in het vooruitzicht lag, had hij zijn spullen gepakt en de benen genomen.' Maar destijds wilde Richard eerst de repetities in maart 1983 afwachten.

Elizabeth zat ondertussen niet met de handen in de schoot. Samen met haar vriendin Carol Burnett draaide ze *Between Friends*: het verhaal van twee vriendinnen die na hun echtscheiding proberen weer met hun veranderde leven in het reine te komen.

Op 7 november 1982 werd de echtscheiding tussen Taylor en Warner uitgesproken. Tijdens de kerstvakantie 1982 maakte Liz een tiendaagse vredesreis naar Israël. 'Ik wil proberen vrede te stichten tussen Israël en Jordanië,' verklaarde ze tegenover de pers. Het ministerie van Buitenlandse Zaken maakte onmiddellijk bekend dat het voor deze reis niet verantwoordelijk was.

Voor nog meer krantekoppen zorgde haar voornemen om in Israël een twaalf maanden oude baby te adopteren. Maar de natuurlijke vader van het kind verhinderde dat.

Burton liet zich in januari 1983 scheiden van Suzy Hunt. Liz dacht dat nu niets een nieuw huwelijk tussen hen in de weg stond. Maar Burton was al met Sally Hay in zee gegaan.

Richard Burton arriveerde begin maart in New York voor de repetities. Liz woonde in Rock Hudsons appartement op de Beresford Road. Al na enkele repetitiedagen begreep Burton dat het allemaal problematisch zou worden. Uit zijn dagboek:

'14 maart: E.T. misselijk. Kon niet eens haar tekst duidelijk oplezen.

15 maart: E.T. slechts 15 minuten te laat, maar had nog 15 minuten nodig om haar wenkbrauwen te doen.

16 maart: E.T. vandaag een uur te laat. Twee Veganins wa-

ren in haar keel blijven steken, en toen ze die met Fernet Branca weg wilde spoelen, moest ze kotsen. Was vandaag op de witte wijn-toer.

20 maart: Met E.T. het tweede bedrijf doorgenomen. Miserabel. Ze was al zover heen dat ze de tekst niet eens meer kon lezen, laat staan onthouden.

22 maart: E.T. de hele dag lazarus. Kon haar tekst zelfs niet meer lallen.'

Verbitterd moest Liz erkennen dat ze het tegen Sally had afgelegd. Ze trachtte haar verdriet te verdoven met pillen, alcohol en vreetorgiën. Toen ze op 23 mei tot Vrouw van het Jaar werd gekozen, deed ze denken aan een 'travestiet, die zich als vrouw heeft verkleed'.

Op 8 mei 1983 vond op Broadway de première van *Private Lives* plaats. De kritieken waren vernietigend, wat Burton onder andere weet aan het feit dat 'het hele gedoe een onvoorstelbaar circus was. Ze hadden een kwartier nodig om Taylor te ontnuchteren, dus begon het stuk een half uur te laat.' Vervolgens sleepte Taylor zich door de tekst heen tot de pauze, die langer duurde dan het eerste bedrijf. Maar dank zij de combinatie Burton-Taylor bracht het stuk niettemin een vermogen op.

Elizabeth bestormde Burton vrijwel vierentwintig uur per etmaal. Brooks kon ervan mee praten: 'Bij voorkeur belde ze rond drie uur in de morgen op. Ik moest de boot afhouden. Dat ging zo: "Kan ik Richard spreken?"

"Het spijt me verschrikkelijk, Elizabeth, hij slaapt."

"O." Stilte, snikken. "Ik ben blind geworden!"

"Wat erg voor je, vreselijk nieuws, zeg."

Vervolgens hoorde je een verschrikkelijke knal, vergezeld van de uitroepen: "Klerezooi, klootzak", en dergelijke Elizabethaanse scheldwoorden. Ik vroeg of alles goed ging.

"Alvin heeft mijn Jack Daniels weer omgegooid. Wat moet ik toch beginnen, ik ben weer blind."

"Als je de dokter eens opbelde? Of die van Sammy Davis junior. Of drink de hele fles Daniels leeg, en ga slapen." Ze giechelde. De volgende ochtend was ze niet blind meer. Ze had alleen maar een wimper in haar oog gekregen.'

Toen Liz vijf dagen ziek was, pikte Burton Sally op, nam haar mee naar Las Vegas, en trouwde daar met haar op 3 juli.

Liz hoorde dat en maakte bekend dat ze zich had verloofd met de charmante Victor Luna. Die stond van de mededeling al even versteld als de rest van de wereld.

3

Op 5 december 1983 liet Elizabeth Taylor zich opnemen in de Betty Ford Kliniek in Rancho Mirage. Hier hielp men haar over haar drang tot zelfvernietiging heen en leerde haar zich op het werkelijke leven te bezinnen. 'Ik kwam erachter dat ik niet uniek ben.' Ze dweilde, maakte bedden op, zette de vuilnis buiten en maakte de toiletten schoon.

Onder de patiënten bevond zich ook Peter Lawford. 'Wat een ironie,' vond Liz. 'Daar zaten we dan, twee kind-sterretjes van MGM, die vechten om te overleven.' Het verblijf in de kliniek werd alleen zo nu en dan onderbroken voor uitstapjes naar haar moeder, die daar in de buurt in een verzorgingstehuis woonde.

Na haar verblijf in de kliniek onderging Liz een schoonheidsoperatie, en begaf zich aansluitend naar Gstaad. 'Voor de volgende poging,' vertelde Sally. 'Ze belde voortdurend op, en wilde Richard overhalen weer met haar te werken.' Maar Burton wimpelde dat af. Zodoende nam Taylor haar vroegere zigeunerbestaan maar weer op. Daar ze geen aanbiedingen had, ging ze met Victor Luna naar Japan en China. Op de thuisreis zagen Burton en Taylor elkaar voor de laatste keer in een pub in Londen. Liz woog intussen nog geen 112 pond, en was 'haast onnatuurlijk mager' geworden. Weer bezwoer ze bij hoog en bij laag dat ze voor elkaar bestemd waren, maar Burton maakte slechts een wegwerpend handgebaar. Hij was moe, uitgeput, en voorvoelde zijn naderende dood.

In de nacht van 3 op 4 augustus kreeg Burton een hersenbloeding en stierf aan de gevolgen. Hij werd 58 jaar oud. Toen Liz hoorde dat hij overleden was, stortte ze in. 'Het was een van die zwarte dagen dat een mens zichzelf niet meer de baas kan,' zei ze. Haar vrienden stonden haar bij en wisten te verhinderen dat ze haar geliefde ex-man vrijwillig in de dood volgde. Sally verbood Liz de begrafenis bij te wonen. Ze ging toch naar Zwitserland, en op 14 augustus, om 6 uur in de morgen, nam ze afscheid van Richard.

Eenmaal weer in Los Angeles deed ze opnieuw haar best het leven de baas te worden. Een van de talloze mannen die haar daarbij moesten helpen, was Dennis Stein, die ze via een door Frank Sinatra gearrangeerde *blind date* had leren kennen. Stein schonk haar een 20 karaats diamanten ring, maar twee maanden later werd de verloving alweer verbroken. 'Laat ik het zo stellen: ik heb een vergissing begaan, al komt dat niet met de waarheid overeen,' vatte ze deze relatie ooit samen. Daarna volgden de verslaggever Carl Bernstein en de public relations manager van Margaret Thatcher, Sir Gordon Reece.

In juli werd bekend dat Rock Hudson aids had. Elizabeth scheen opeens een nieuwe levenstaak te hebben gevonden. Volgens een ontroerend verhaal, ten dele uit de pen van Chen Sam gevloeid, smeekte de stervende Hudson Liz zich voor hem in te zetten, en de mensheid 'voor deze vreselijke ziekte te waarschuwen.' Volgens een andere lezing hadden de twee met elkaar 'ringen gewisseld in een waterglas.' Rock Hudson, de achtste Mr. Taylor?

'Wat een onzin,' tierde producer Ross Hunter. 'Rock zou nooit, maar dan ook nooit hebben gewild dat het publiek iets hoorde over zijn ziekte. Op dit tijdstip was hij al vermagerd tot 119 pond, en had hij Elizabeth Taylor niet eens meer van Burt Lancaster kunnen onderscheiden. Allemaal uit de duim gezogen, en alleen zinvol voor de egotrip van een stelletje zogenaamde vrienden. Dit ter rechtvaardiging van hun gehuichelde medelijden, waar ze mee te koop lopen.'

Na een gastoptreden in de televisieserie *Hotel*, volgde *North and South*, waarin ze acht minuten te zien was. Aansluitend volgden televisieprodukties als *Malice in Wonderland*, en *There Must Be a Pony*. De drang tot zelfvernietiging van Taylor vormde het centrale thema in de televisiefilm *From This Day On*, die echter nooit werd uitgezonden, daar Taylor hem achteraf te 'onthullend' vond. Na Richards dood was Elizabeth weer vreselijk aan de drank geraakt. John Russell Taylor verklaarde dat Elizabeth 'persoonlijk en wat haar beroep betrof' aan het einde was gekomen. 'Dus wat deed ze? Daar ze de schijnwerpers nu eenmaal niet kon missen, verviel ze in de klassieke talkshow-oplossing: de harde kern van de talkshow-sterren verstaat de kunst elk seizoen met een nieuwe human interest story op de proppen te komen. Zoals bijvoorbeeld: "Hoe ik mij opstelde ten opzichte van mijn beginnende doofheid," op de voet gevolgd door: "Hoe ik mij voelde toen ik erachter kwam dat ik buitenechtelijk geboren ben." Elizabeth had als onderwerp: "Hoe ik naar de Betty Ford Kliniek ging om van de alcohol en de drugs af te komen," en "Hoe ik alles heb overleefd om er naderhand over mee te kunnen praten." De openhartigheid ten opzichte van haar kuur was ongetwijfeld dapper, zij het op de typische manier van mediasterren. Iedereen weet immers dat de mensen dol zijn op bekeerde zondaars, en dat het verstandig is om het allerergste zelf alvast te vertellen, voor iemand anders er de kans toe krijgt.' Niettemin probeerde ze haar pijn te verdoven met Demerol, Percodan, Xanax, Zantac en Acturvan. Zelfs George Hamilton kon haar daar niet van afhouden.

Begin 1986 ontstond Hamiltons affaire met Liz. Ze verschenen gezamenlijk op bals, recepties en filmpremières. Hij vergezelde haar ook naar Cannes, waar enige paparazzi's erin slaagden foto's van hun knusse huiselijkheid te maken. (Liz met krulspelden in haar haren, hij in badjas.) De geruchten over een ophanden zijnd huwelijk werden versterkt toen het stel de kerstdagen in Gstaad doorbracht, en Liz meedeelde dat ze samen met George in een televisieserie te zien zou zijn. Maar toen *Poker Alice* in kannen en kruiken was, ontkenden ze eensgezind de geruchten over trouwen en gingen uit elkaar. Een vriend van Hamilton legde naderhand uit waarom ze weer uit elkaar waren gegaan. 'Elizabeth is bijzonder ijdel,' zei hij. 'En George doet wat dat betreft niet voor haar onder. Waarschijnlijk prees hij haar niet genoeg.'

Toen op 6 mei 1987 de juwelen van de hertogin van Windsor onder de hamer kwamen, had Taylor niemand bij de hand die haar rekening betaalde. 'Voor het eerst van mijn leven moet ik mijn diamanten zelf kopen,' zei ze tegen de pers. Ze kocht juwelen voor een bedrag van 449.625 dollar. Het geld kwam ten goede aan het Pasteur-instituut, dat aidsresearch verricht. Elizabeth werd op 3 mei 1987 tot voorzitster van de Amerikaanse aids-vereniging uitgeroepen. 'Van nu af aan zal ik van iedere man die ik op mijn weg vind eisen dat hij een aidstest ondergaat,' verkondigde ze tijdens een congres op 23 september 1987.

De spotters waren van mening dat ze voor Malcolm Forbes een uitzondering maakte. Forbes, in 1919 in New York geboren, was 'een typische renaissanceman'. Hij schreef boeken, verzamelde schilderijen en Faubergé-eieren, en won talrijke prijzen bij heteluchtballonwedstrijden. Bovendien stond hij aan het hoofd van een krantenimperium, dat hij van zijn vader had overgenomen. Als ze maar even kon, bracht Liz haar vrije tijd aan zijn zijde door, maar Taylor had het heel druk. Ze was bezig met een dieetboek, op 14 mei nam ze het 'Legion d'Honneur' van de Franse president in ontvangst, en in juni bracht ze haar nieuwste parfum, 'Passion', op de cosmeticamarkt. In oktober nam ze op uitnodiging van regisseur Zeffirelli een kleine rol aan in zijn film *Il Giovane Toscanini*. Ze speelde de operazangeres Nadina Bulichoff. Maar de film was geen succes. Na de première in 1988 ter gelegenheid van het filmfestival in Venetië kwam hij zelfs niet in de roulatie.

Weer slaagde Taylor er niet in haar verslavingen in de hand te houden. In oktober 1988 werd ze voor de tweede keer opgenomen in de Betty Ford Kliniek. Daar raakte ze bevriend met de bouwvakker Larry Fortensky, die ook een ontwenningskuur volgde. Toen hij eerder dan zij weer naar huis mocht, schreef Taylor: 'Mijn liefste knuffel, Larry, is weg. Ik mis hem verschrikkelijk, maar voel me goed wanneer ik aan hem denk. God behoede hem.' Dat ze Larry ooit terug zou zien, leek haar destijds heel onwaarschijnlijk. Maar nauwelijks was ze uit de kliniek ontslagen, of Forbes wachtte haar weer op. En tussen de bedrijven door – haar aangegane verplichtingen voor de strijd tegen aids, en het roeren van de reclametrom voor 'Passion', vond ze in juli 1989 ook nog tijd om in de TV-produktie van *Sweet Bird of Youth* de vertwijfelde Hollywood-ster Alexandra Del Lago te spelen.

Na de opnamen snelde ze naar Marokko, waar Forbes een grootse party gaf, met haar als gastvrouw. Na ook de kerstdagen gezamenlijk te hebben doorgebracht, deden geruchten over een ophanden zijnde bruiloft de ronde. Ook de perstsaar deelde in intieme kring mede dat hij en Miss Taylor de achtste september 1990 naar het altaar zouden gaan. Liz was dolgelukkig, maar stond op een aidstest vooraf.

4

Voor Taylors droom in vervulling kon gaan, stierf Forbes volslagen onverwacht. Gedurende de moeilijke dagen na Forbes' dood en haar ziekte waakte Larry Fortensky over Elizabeth. 'Zij was de filmster, ik de bouwvakker,' zei hij. 'Het duurde niet lang of de pers stond op de stoep: de Schoonheid en het Beest, maar ik weet nog steeds niet wie van ons tweeën wat was.' Gezamenlijk gingen ze naar premières, uit eten of op visite bij vrienden van Taylor. 'Ik introduceerde hem stukje bij beetje,' zei Elizabeth. Aanvankelijk stelde men zich gereserveerd op, want Fortensky leek niet bij de anderen te passen. Snobs vindt men overal. Chen Sam verklaarde tegenover de pers dat die relatie volgens haar tot mislukken was gedoemd, daar hij 'niet eens weet welke vork je bij het eten gebruikt.' Liz weifelde. 'Wat mij het meest dwars zit, is het leeftijdsverschil,' bekende ze. 'Tenslotte is hij twintig jaar jonger dan ik.'

De gemeenschappelijke weekends werden steeds langer, en na verloop van tijd trok Fortensky bij haar in. Hun trouwplannen maakte het tweetal bekend ter gelegenheid van het jubileum van Valentino, die de opdracht kreeg een bruidsjapon voor Elizabeth te ontwerpen. Michael Jackson, een trouwe Taylor-fan en -bewonderaar, bood aan om het huwelijksfeest te organiseren. Ze zaten anders nog wel met een probleempje: op Liz' gastenlijst stonden 2.000 namen. Toen Michael haar verzocht het lijstje te bekorten, streepte ze er 160 door. De media sloegen al bij voorbaat op tilt in het vooruitzicht van de bruiloft.

Al op 3 oktober 1991 waren alle toegangswegen tot Michael Jacksons droomranch Neverland door politie en lijfwachten afgegrendeld en beveiligd. Op de ranch zelf zorgde Jacksons privé-leger dat geen ongenode gast zich kon verstoppen om foto's te maken. De fotorechten gingen voor 10 miljoen dollar naar Herb Ritts, en dat geld werd volgens zeggen aan de aids-organisatie overgemaakt.

Van tevoren waren er enige vervelende artikeltjes over

Billy Carter en Elizabeth, 1982

Victor Luna en Elizabeth, 1983

Elizabeth aan de zijde
van George Hamilton, 1986

Boven: 'Shut up Liz!' (Nicky Hilton en Elizabeth Taylor op 6 mei 1950)
Linksonder: Michael Wilding en Elizabeth, 1953.
Rechtsonder: Mike Todd en Elizabeth, 1958

Linksboven: de officiële bruidsfoto: Elizabeth en Eddie Fisher, 1959
Rechtsboven: Elizabeth en Richard Burton bij hun eerste bruiloft op 15 maart 1964 in Montreal

Linksonder: Een laatste ontmoeting met John Warner in Washington, 1982. Rechtsonder: Elizabeth en Larry Fortensky, 1992

Suddenly Last Summer, Horizon, Columbia, 1959

Larry gepubliceerd. Zo beweerde zijn ex-vrouw Pia dat hij haar tot prostitutie had gedwongen, en Larry's vader, die niet op de bruiloft was uitgenodigd, verkondigde: 'Die Taylor heeft toch zeker alleen maar het lichaam van mijn zoon gekocht.' Volgens andere geruchten zou Larry voor zijn jawoord worden beloond met een miljoen dollar. 'Allemaal onzin,' ontkende hij resoluut.

Behalve Eva Gabor, Nancy Reagan, de TV-mogol Merv Griffin, Gregory Peck en Brooke Shields, bevond ook Sara Taylor zich onder de bruiloftsgasten. Toen de bruid met een half uur vertraging door Michael Jackson en zoon Michael naar het altaar werd gevoerd, moet Sara bezorgd hebben gevraagd: 'Gaat ze nou met die zwarte trouwen?'

De pers nam op haar eigen manier wraak, omdat ze niet bij de trouwerij aanwezig mocht zijn. 22 vliegtuigen cirkelden boven het Jackson-terrein. Daar het ministerie had geweigerd het luchtruim af te sluiten, had men heliumballons met lachende gezichten opgelaten om duikvluchten te verhinderen.

'De media hebben hun uiterste best gedaan om het feest te verzicken,' zei de bruid achteraf. Voor 100.000 dollar sprong de fotoverslaggever Scott Harris, uitgerust met een radio-videocamera, per parachute uit een der vliegtuigen en landde op enkele meters afstand van het bruiloftspaviljoen. Onder 'Elizabethaanse verwensingen' werd hij door de lijfwachten te pakken genomen, evenals een grote vlieger, die in Jacksons kunstmatig aangelegde zwanenmeer neerdaalde. Na de bruiloft wijdde Elizabeth zich weer aan haar zakelijke verplichtingen. Ze presenteerde haar nieuwste parfum 'White Diamonds', en bedacht het plan om samen met Elizabeth Arden een nieuw cosmetica-assortiment te creëren. Maar bij dat alles verwaarloosde ze haar werk voor AmFar evenmin.

'Je hoeft alleen maar aids te zeggen, en Elizabeth is niet meer te houden. Dan gaat ze naar Thailand, India, Europa, en de hemel mag weten waarheen nog meer,' werd er gezegd. Zo hield ze een korte, typisch bombastische Hollywood-speech in april 1992, ter gelegenheid van het Freddy Mercury herdenkingsconcert. Na beloofd te hebben dat ze niet zou zingen, bezwoer ze het boe-geroep met de belofte: 'Ik ben zó klaar...' Daarna ging ze voort: 'Ik sméék jullie, bescherm u toch vooral. Gebruik een condoom, ongeacht wie of wat u bent of met wie u seks hebt. Gebruik het alstublieft. En bent u aan de drugs, gebruik dan telkens weer een nieuwe, schone naald.'

Critici waren van mening dat ze in Disneyland heel wat beter op haar plaats zou zijn. Daar vierde ze dan ook in februari 1992 met veel tamtam haar zestigste verjaardag, hoewel ze geen dag ouder dan veertig leek. 'Dik of dun, dronken of nuchter, getrouwd of alleen, Elizabeth behoort het publiek toe. Ze is identiek geworden aan haar eigen mythe. Beroemd door haar roem, hoeft ze eigenlijk helemaal niets meer te doen. Ze hoeft er alleen maar te zijn, dat is al voldoende,' vindt John Russell Taylor.

Het staat wel vast dat Richard Burtons voorspelling in vervulling zal gaan: 'Niet te geloven wat dat grietje allemaal nog zal uithalen om ons versteld te doen staan.'

Appendici

Filmografie

Verklaring van de tekens

B: Bezetting
P: Producent
R: Regie
Ra: Regie-assistent
D: Draaiboek
De: Decoratie, coulissen
C: Camera
AD: Art-director
M: Muziek
K: Kapsels
Ko: Kostuums
L: Speellengte
Ma: Manager
Mu: Make-up
Mo: Montage
Sp: Speciale effecten
St: Stunts
G: Geluid

There's One Born Every Minute

Universal Picture, 1942; **L**: 59 min.
B: *Lemuel P. Twine*, Hugh Herbert; *Jimmy Hanagan*, Tom Brown; *Helen Twine*, Peggy Moran; *Lester Cadwalader sr.*, Guy Kibbee; *Minerva Twine*, Catherine Doucet; *Moe Carson*, Edgar Kennedy; *Lester Cadwalader jr.*, Scott Jordan; *Quisenberry*, Gus Schilling; *Gloria Twine*, Elizabeth Taylor; *Trumbull*, Charles Halton; *Miss Phipps*, Renie Riano; *Junior*, Carl 'Alfalfa' Switzer.
R: Harold Young; **P**: Ken Goldsmith; **D**: Robert B. Hunt en Brenda Weisberg, naar het verhaal van Robert B. Hunt; **C**: John W. Boyle; **AD**: Jack Otterson; **G**: Bernard B. Brown; **M**: H.J. Salter; **Ko**: Vera West.

Lassie Come Home

Metro-Goldwyn-Mayer Picture, 1943, Technicolor; **L**: 88 min.
B: *Joe Carraclough*, Roddy McDowall; *Sam Carraclough*, Donald Crips; *Rowlie*, Edmund Gwenn; *Dolly*, Dame May Whitty; *Duke of Rudling*, Nigel Bruce; *Mrs. Carraclough*, Elsa Lanchester; *Priscilla*, Elizabeth Taylor; *Hynes*, J. Patrick O'Malley; *Dan'l Fadden*, Ben Webster; *Snickers*, Alec Craig; *Buckles*, John Rogers; *Jock*, Arthur Shields; *Andrew*, Alan Napier; *Butcher*, Roy Parry; *Allen*, George Broughton; *Cobbler*, Howard Davies; *Miner*, John Power; *Teacher*, Nelson Leigh; *Fat Woman*, May Beatty; *Tom*, Charles Irwin; *Lassie*, Pal.
R: Fred M. Wilcox; **P**: Samuel Marx; **D**: Hugh Butler naar de roman van Eric Knight; **C**: Leonard Smith; **AD**: Cederic Gibbons; **Sp**: Warren Newcombe; **M**: Daniele Amfitheatrof; **Mo**: Ben Lewis; **Lassie's trainer**: Rudd Weatherwax.

National Velvet

Metro-Goldwyn-Mayer Picture, 1944, Technicolor; **L**: 125 min.
B: *Mi Taylor*, Mickey Rooney; *Mr. Brown*, Donald Crisp; *Velvet Brown*, Elizabeth Taylor; *Mrs. Brown*, Anne Revere; *Edwina Brown*, Angela Lansbury; *Malvolia Brown*, Juanita Quigley; *Donald Brown*, Jackie 'Butch' Jenkins; *Farmer Ede*, Reginald Owen; *Ted*, Terry Kilburn; *Tim*, Alec Craig; *Mr. Taski*, Eugene Loring; *Miss Sims*, Norma Varden; *Mr. Hallam*, Arthur Shields; *Mr. Greenford*, Dennis Hoey; *Entry Official*, Aubrey Mather; *Stewart*, Frederic Worlock; *Man with Umbrella*, Arthur Treacher; *Van Driver*, Harry Allen; *Constable*, Billy Bevan; *Townsman*, Berry Macollum; *Entry Clerk*, Matthew Boulton; *First Pressman*, Leyland Hodgson; *Second Pressman*, Leonard Carey; *Cockney*, Colin Campbell; *Englishman*, Frank Benson; *Jockey*, Wally Cassell; *Valet*, Alec Hartford; *Reporter*, William Austin; *Cameraman*, Gerald Oliver Smith; *First Villager*, Olaf Hytten; *Second Villager*, George Kirby; *Woman*, Moyna MacGill; *American*, Donald Curtis; *Schoolboy*, Howard Taylor.
R: Clarence Brown; **P**: Pandro S. Berman; **D**: Theodore Reeves en Helen Deutsch, naar de roman van Enid Bagnold; **C**: Leonard Smith; **AD**: Cedric Gibbons en Urie McCleary; **De**:

Edwin B. Willis en Mildred Griffiths; **Ko**: Irene en Valles; **Sp**: Warren Newcombe; **M**: Herbert Stothart; **Mo**: Robert J. Kern.

Jane Eyre

20th Century-Fox Picture, 1944; **L**: 96 min.
B: *Edward Rochester*, Orson Welles; *Jane Eyre*, Joan Fontaine; *Adele Varens*, Margaret O'Brien; *Jane als kind*, Peggy Ann Garner; *Dr. Rivers*, John Sutton; *Bessie*, Sara Allgood; *Brocklehurst*, Henry Daniell; *Mrs. Reed*, Agnes Moorehead; *Colonel Dent*, Aubrey Mather; *Mrs. Fairfax*, Edith Barrett; *Lady Ingram*, Barbara Everest; *Blanche Ingram*, Hillary Brooke; *Grace Poole*, Ethel Griffies; *Leah*, Mae Marsh; *Miss Scatcherd*, Eily Malyon; *Mr. Briggs*, Erskine Sanford; *Mason*, John Abbott; *Beadle*, Yorke Sherwood; *John*, Ronald Harris; *Auctioneer*, Charles Irwin; *Helen*, Elizabeth Taylor.
R: Robert Stevenson; **P**: William Goetz; **D**: Aldous Huxley, Robert Stevenson en John Houseman, naar de roman van Charlotte Brontë; **C**: George Barnes; **AD**: James Basevi en Wiard B. Ihnen; **Sp**: Fred Sersen; **M**: Bernard Herrmann; **Mo**: Walter Thompson; **Ko**: René Hubert.

The White Cliffs of Dover

Metro-Goldwyn-Mayer Picture, 1944; **L**: 126 min.
B: *Susan Ashwood*, Irene Dunne; *Sir John Ashwood*, Alan Marshal; *Hiram Porter Dunn*, Frank Morgan; *John Ashwood II als jongen*, Roddy McDowall; *Nanny*, Dame May Whitty; *Colonel*, C. Aubrey Smith; *Lady Jean Ashwood*, Gladys Cooper; *John Ashwood II als vierentwintigjarige*, Peter Lawford; *Sam Bennett*, Van Johnson; *Reggie*, John Warburton; *Rosamund*, Jill Esmond; *Gwennie*, Brenda Forbes; *Mrs. Bland*, Norma Varden; *Betsy als tienjarige*, Elizabeth Taylor; *Betsy als achttienjarige*, June Lockhart; *Farmer Kenney*, Charles Irwin; *Mrs. Kenney*, Jean Prescott; *American Soldier*, Tom Drake; *Mrs. Bancroft*, Isobel Elsom; *Major Bancroft*, Edmund Breon; *Major Loring*, Miles Mander; *Miss Lambert*, Ann Curzon; *Gerhard*, Steven Muller; *Dietrich*, Norbert Muller; *Helen*, Molly Lamont; *The Vicar*, Lumsden Hare; *Benson*, Arthur Shields; *Plump Lady in Boarding House*, Doris Lloyd; *Immigration Officer*, Matthew Boulton;

Woman on Train, Ethel Griffies; *Footman*, Herbert Evans; *Duke of Waverly*, Keith Hitchcock; *Duchess*, Vera Graaff; *Miller*, Anita Bolster; *Skipper*, Ian Wolfe; *Billings*, Alec Craig; *Jennings*, Clyde Cook.
R: Clarence Brown; **P**: Sidney Franklin; **D**: Claudine West, Jan Lustig en George Froeschel, naar het gedicht *The White Cliffs* van Alice Duer Miller; **C**: George Folsey; **AD**: Cedric Gibbons; **Sp**: A. Arnold Gillespie en Warren Newcombe; **M**: Herbert Stothart; **Mo**: Robert J. Kern.

Courage of Lassie

Metro-Goldwyn-Mayer Picture, 1946, Technicolor; **L**: 93 min.
B: *Kathie Merrick*, Elizabeth Taylor; *Harry MacBain*, Frank Morgan; *Sergeant Smitty*, Tom Drake; *Mrs. Merrick*, Selena Royle; *Judge Payson*, Harry Davenport; *Farmer Crews*, Morris Ankrum; *Gil Elson*, Mitchell Lewis; *Alice Merrick*, Catherine Frances McLeod; *Pete Merrick*, David Holt; *Old Man*, George Cleveland; *Sheriff Ed Grayson*, Minor Watson; *Mrs. Elson*, Jane Green; *Sergeant Mac*, William Wallace; *First Youth*, Carl 'Alfalfa' Switzer; *Second Youth*, Conrad Binyon.
R: Fred M. Wilcox; **P**: Robert Sisk; **D**: Lionel Hauser; **C**: Leonard Smith; **AD**: Cedric Gibbons en Paul Youngblood; **M**: Bronislau Kaper; **Mo**: Conrad A. Nervig; **Ko**: Irene.

Cynthia

Metro-Goldwyn-Mayer Picture, 1947; **L**: 98 min.
B: *Cynthia Bishop*, Elizabeth Taylor; *Larry Bishop*, George Murphy; *Professor Rosenkrantz*, S.Z. Sakall; *Louise Bishop*, Mary Astor; *Dr. Fred I. Jannings*, Gene Lockhart; *Carrie Jannings*, Spring Byington; *Ricky Latham*, James Lydon; *Will Parker*, Scotty Beckett; *Fredonia Jannings*, Carol Brannan; *Miss Brady*, Anna Q. Nilsson; *Mr. Phillips*, Morris Ankrum; *McQuillan*, Kathleen Howard; *Stella Regan*, Shirley Johns; *Alice*, Barbara Challis; *J.M. Dingle*, Harlan Briggs; *Gus Wood*, Will Wright.
R: Robert Z. Leonard; **P**: Edwin H. Knopf; **D**: Harold Buchman en Charles Kaufman, naar het stuk *The Rich, Full Life* van Viña Delmar; **C**: Charles Schoenbaum; **M**: Bronislau Kaper en Johnny Green; **Mo**: Irvine Warburton; **Ko**: Irene.

Life With Father

Warner Brothers Picture, 1947, Technicolor; **L**: 118 min.
B: *Clarence Day*, William Powell; *Vinnie*, Irene Dunne; *Mary Skinner*, Elizabeth Taylor; *Reverend Dr. Lloyd*, Edmund Gwenn; *Cora*, ZaSu Pitts; *Clarence*, James Lydon; *Margaret*, Emma Dunn; *Dr. Humphries*, Moroni Olsen; *Mrs. Whitehead*, Elisabeth Risdon; *Harlan*, Derek Scott; *Whitney*, Johnny Calkins; *John*, Martin Milner; *Annie*, Heather Wilde; *The Policeman*, Monte Blue; *Nora*, Mary Field; *Maggie*, Queenie Leonard; *Delia*, Nancy Evans; *Miss Wiggins*, Clara Blandick; *Dr. Somers*, Frank Elliott; *Scrubwoman*, Clara Reid; *Milkman*, Philo McCullough; *Corsetière*, Lois Bridge; *Salesman*, George Meader; *Mr. Morley*, Douglas Kennedy; *Clerk*, Phil Van Zandt; *Stock Quotation Operator*, Russell Arms; *Hilda*, Faith Kruger; *François*, Jean Del Val; *Twins*, Michael en Ralph Mineo; *Father of Twins*, Creighton Hale; *Mother of Twins*, Jean Andren; *Ellen*, Elaine Lange; *Perkins (Clerk)*, John Beck; *Chef*, Jack Martin; *Girl in Delmonico's*, Arlene Dahl.
R: Michael Curtiz; **P**: Robert Buckner; **D**: Donald Ogden Stewart, naar het gelijknamige stuk van Howard Lindsay en Russel Crouse; **C**: Peverell Marley en William V. Skall; **AD**: Robert Hass; **De**: George James Hopkins; **Sp**: William McGann; **G**: C.A. Riggs; **M**: Max Steiner; **Mo**: George Amy; **Ko**: Milo Anderson.

A Date With Judy

Metro-Goldwyn-Mayer Picture, 1948, Technicolor; **L**: 113 min.
B: *Melvin R. Foster*, Wallace Beery; *Judy Foster*, Jane Powell; *Carol Pringle*, Elizabeth Taylor; *Rosita Conchellas*, Carmen Miranda; *Xavier Cugat*, Himself; *Stephen Andrews*, Robert Stack; *Mrs. Foster*, Selena Royle; *Ogden 'Oogie' Pringle*, Scotty Beckett; *Lucien T. Pringle*, Leon Ames; *Gramps*, George Cleveland; *Pop Scully*, Lloyd Corrigan; *Jameson*, Clinton Sundberg; *Mitzie*, Jean McLaren; *Randolph Foster*, Jerry Hunter; *Jo-Jo Hoffenpepper*, Buddy Howard; *Nightingale*, Lillian Yarbo; *Miss Clarke*, Eula Guy; *Professor Green*, Francis Pierlot; *Olga*, Rena Lenart; *Little Girl in Drugstore*,

Sheila Stein; *Girl*, Alice Kelley; *Elderly Woman*, Polly Bailey; *Miss Sampson*, Fern Eggen; *Headwaiter*, Paul Bradley.
R: Richard Thorpe; **P**: Joe Pasternak; **D**: Dorothy Cooper en Dorothy Kingsley; **C**: Robert Surtees; **AD**: Cedric Gibbons en Paul Groesse; **M**: George Stoll; **Mo**: Harold F. Kress.

Julia Misbehaves

Metro-Goldwyn-Mayer Picture, 1948; **L**: 99 min.
B: *Julia Packett*, Greer Garson; *William Packett*, Walter Pidgeon; *Ritchie*, Peter Lawford; *Fred*, Cesar Romero; *Susan Packett*, Elizabeth Taylor; *Mrs. Packett*, Lucile Watson; *Colonel Willowbrook*, Nigel Bruce; *Mrs. Gennochio*, Mary Boland; *Bennie Hawkins*, Reginald Owen; *Hobson*, Ian Wolfe; *Daisy*, Phyllis Morris; *Jamie*, Edmond Breon; *Pepito*, Fritz Feld; *Gabby*, Marcelle Corday; *Louise*, Veda Ann Borg; *Vicar*, Aubrey Mather; *Lord Pennystone*, Henry Stephenson; *Lady Pennystone*, Winifred Harris; *Woman in Pawn Shop*, Elspeth Dudgeon; *Pawn Shop Clerk*, Stanley Fraser; *Bill Collector*, James Finlayson; *Postman*, Victor Wood; *Piano Player in Pub*, Herbert Wyndham; *Waiter in Pub*, Sid D'Albrook; *Drunk*, Jimmy Aubrey; *French Messenger*, Roland Dupré; *Bellhop*, Alex Goudavich; *Stage Doorman*, André Charlot; *The Head*, Joanee Wayne; *Train Official*, Mitchell Lewis; *Mannequins*, Joi Lansing, Lola Albright; *Commissar*, Torben Meyer.
R: Jack Conway; **P**: Everett Riskin; **D**: William Ludwig, Harry Ruskin, Arthur Wimperis, Gina Kaus en Monckton Hoffe, naar de roman *The Nutmeg Tree* van Margery Sharp; **C**: Joseph Ruttenberg; **AD**: Cedric Gibbons en Daniel B. Cathcart; **M**: Adolph Deutsch; **Mo**: John Dunning; **Song**: 'When You're Playing With Fire' van Jerry Seelen en Hal Borne.

Little Women

Metro-Goldwyn-Mayer Picture, 1949, Technicolor; **L**: 122 min.
B: *Jo March*, June Allyson; *Laurie Laurence*, Peter Lawford; *Beth March*, Margaret O'Brien; *Amy March*, Elizabeth Taylor; *Meg March*, Janet Leigh; *Professor Bhaer*, Rossano Brazzi; *Marmee March*, Mary Astor; *Aunt March*, Lucile Watson; *Mr. Laurence*, Sir C. Aubrey Smith; *Hannah*, Elizabeth Pat-

terson; *Mr. March*, Leon Ames; *Dr. Barnes*, Harry Davenport; *John Brooke*, Richard Stapley; *Mrs. Kirke*, Connie Gilchrist; *Sophie*, Ellen Corby; *Storekeeper*, Will Wright; *Schoolteacher*, Olin Hawlin.
R/P: Mervyn LeRoy; **D**: Andrew Solt, Sarah Y. Mason en Victor Heerman, naar de roman van Louisa May Alcott; **C**: Robert Planck en Charles Schoenbaum; **AD**: Cedric Gibbons en Paul Groesse; **De**: Edwin B. Willis en Jack D. Moore; **M**: Adolph Deutsch; **Mo**: Ralph E. Winters; **Ko**: Walter Plunkett.

Conspirator

Metro-Goldwyn-Mayer Picture, 1950; **L**: 87 min.
B: *Major Michael Curragh*, Robert Taylor; *Melinda Greyton*, Elizabeth Taylor; *Captain Hugh Ladholme*, Robert Flemyng; *Colonel Hammerbrook*, Harold Warrender; *Joyce Penistone*, Honor Blackman; *Aunt Jessica*, Marjorie Fielding; *Broaders*, Thora Hird; *Lord Penistone*, Wilfrid Hyde-White; *Lady Penistone*, Marie Ney; *Henry Raglan*, Jack Allen; *Mrs. Hammerbrook*, Cicely Paget-Bowman; *Mark Radek*, Karl Stepanek; *Alek*, Nicholas Bruce; *Detective Inspector Weldon*, Cyril Smith; *Lady Witherington*, Helen Haye.
R: Victor Saville; **P**: Arthur Hornblow, jr.; **D**: Sally Benson, naar de roman van Humphrey Slater; **C**: F.A. ('Freddie') Young; **AD**: Alfred Junge; **M**: John Wooldridge; **Mo**: Frank Clarke.

The Big Hangover

Metro-Goldwyn-Mayer Picture, 1950; **L**: 82 min.
B: *David Maldon*, Van Johnson; *Mary Belney,* Elizabeth Taylor; *John Belney,* Percy Waram; *Martha Belney,* Fay Holden; *Carl Bellcap,* Leon Ames; *Uncle Fred Mahoney,* Edgar Buchanan; Kate Mahoney, Selena Royle; *Charles Parkford,* Gene Lockhart; *Clare Bellcap,* Rosemary DeCamp; *Dr. Lee,* Phillip Ahn; *Williams,* Gordon Richards; *Mr. Rumlie,* Matt Moore; *Samuel C. Lang,* Pierre Watkin; *Steve Hughes,* Russell Hicks.
R/P/D: Norman Krasna; **C**: George Folsey; **AD**: Cedric Gibbons en Paul Groesse; **De**: Edwin B. Willis en Henry W. Grace; **Sp**: Warren Newcome; **M**: Adolph Deutsch; **Mo**: Frederick Y. Smith; **Ko**: Helen Rose.

Father of the Bride

Metro-Goldwyn-Mayer Picture, 1950; **L**: 93 min.
B: *Stanley T. Banks*, Spencer Tracy; *Kay Banks*, Elizabeth Taylor; *Ellie Banks*, Joan Bennett; *Buckley Dunstan*, Don Taylor; *Doris Dunstan*, Billie Burke; *Mr. Massoula*, Leo G. Carroll; *Herbert Dunstan*, Moroni Olsen; *Mr. Tringle*, Melville Cooper; *Tommy Banks*, Rusty Tamblyn; *Warner*, Taylor Holmes; *The Reverend A.I. Galsworthy*, Paul Harvey; *Joe*, Frank Orth; *Ben Banks*, Tom Irish; *Delilah*, Marietta Canty; *Dixon*, Willard Waterman; *Fliss*, Nancy Valentine; *Effie*, Mary Jane Smith; *Peg*, Jacqueline Duval; *Miss Bellamy*, Fay Baker; *Duffy*, Frank Hyers; *Usher*, Chris Drake; *Organist*, Douglas Spencer; *Fat Man*, Paul Maxey; *Young Man*, Peter Thompson; *Young Man With Coke*, Carleton Carpenter; *Timid Guest*, Frank Cady; *Teacher*, Lillian Bronson; *Stranger*, Thomas Browne Henry; *Movers*, Dewey Robinson, Ed Gargan, Ralph Peters, Dick Wessel, Dick Alexander, Joe Brown, jr., Jim Hayward, Gil Perkins; *Foreman of Movers*, William 'Bill' Phillips.
R: Vincente Minnelli; **P**: Pandro S. Berman; **D**: Frances Goodrich en Albert Hackett, naar de roman van Edward Streeter; **C**: John Alton; **AD**: Cedric Gibbons en Leonid Vasian; **De**: Edwin B. Willis en Keogh Gleason; **M**: Adolph Deutsch; **Mo**: Ferris Webster; **Ko**: Helen Rose en Walter Plunkett.

Father's Little Dividend

Metro-Goldwyn-Mayer Picture, 1951; **L**: 82 min.
B: *Stanley Banks*, Spencer Tracy; *Ellie Banks*, Joan Bennett; *Kay Dunstan*, Elizabeth Taylor; *Buckley Dunstan*, Don Taylor; *Doris Dunstan*, Billie Burke; *Herbert Dunstan*, Moroni Olsen; *Delilah*, Marietta Canty; *Tommy Banks*, Rusty Tamblyn; *Ben Banks*, Tom Irish; *Dr. Andrew Nordell*, Hayden Rorke; *The Reverend Galsworthy*, Paul Harvey; *Police Sergeant*, Richard Rober; *Policeman*, Frank Faylen; *Nurse*, Beverly Thompson; *Taxi Driver*, Dabbs Greer; *Officer*, Robert B. Williams; *Diaper Man*, Frank Sully; *Mike*, James Menzies; *Red*, Thomas Menzies; *Old Man*, Harry Hines; *Bridesmaids*, Nancy Valentine, Wendy Waldron; *Elderly Man in Porch*, Lon Poff; *Gym Instructor*, George Bruggeman; *The Dividend*, Donald Clark.

R: Vincente Minnelli; **P**: Pandro S. Berman; **D**: Frances Goodrich en Albert Hackett; **AD**: Cedric Gibbons en Leonid Vasian; **M**: Albert Sendrey; **Mo**: Ferris Webster; **De**: Edwin Willis en Keogh Gleason; **Ko**: Helen Rose.

A Place in the Sun

Paramount Picture, 1951; **L**: 122 min.
B: *George Eastman*, Montgomery Clift; *Angela Vickers*, Elizabeth Taylor; *Alice Tripp*, Shelley Winters; *Hannah Eastman*, Anne Revere; *Marlowe*, Raymond Burr; *Charles Eastman*, Herbert Heyes; *Earl Eastman*, Keefe Brasselle; *Anthony Vickers*, Shepperd Strudwick; *Mrs. Vickers*, Frieda Inescort; *Dr. Wyeland*, Ian Wolfe; *Marsha Eastman*, Lois Chartrand; *Bellows*, Fred Clark; *Jansen*, Walter Sande; *Boatkeeper*, Douglas Spencer; *Coroner*, John Ridgely; *Mrs. Louise Eastman*, Kathryn Givney; *Judge*, Ted de Corsia; *Kelly*, Charles Dayton; *Reverend Morrison*, Paul Frees; *Mr. Whiting*, William Murphy; *Joe Parker*, John Reed; *Frances Brand*, Marilyn Dialon; *Secretary to Charles Eastman*, Josephine Whittell; *Truck Driver*, Frank Yaconelli; *Policeman*, Ralph A. Dunn; *Eagle Scout*, Bob Anderson; *Maid*, Lisa Golm; *Mrs. Roberts (Landlady)*, Mary Kent; *Warden*, Ken Christy; *Martha*, Kathleen Freeman; *Butler at Eastman House*, Hans Moebus; *Butler*, Eric Wilton; *Motorcycle Officer*, Mike Mahoney; *Bailiff*, Al Ferguson; *Tom Tipton*, James W. Horne; *Miss Harper*, Laura Elliot; *Miss Newton*, Pearl Miller; *Jailer*, Major Philip Kieffer; *Man*, Major Sam Harris.
R/P: George Stevens; **D**: Michael Wilson en Harry Brown, naar de roman *An American Tragedy* van Theodore Dreiser en de toneelbewerking van Patrick Kearney; **C**: William C. Mellor; **AD**: Hans Dreier en Walter Tyler; **M**: Franz Waxman; **Mo**: William Hornbeck; **Ko**: Edith Head.

Callaway Went Thataway

Metro-Goldwyn-Mayer Picture, 1951; **L**: 81 min.
B: *Mike Frye*, Fred MacMurray; *Deborah Patterson*, Dorothy McGuire; *'Smoky' Callaway/'Stretch' Barnes*, Howard Keel; *Georgie Markham*, Jesse White; *Tom Lorrison*, Fay Roope; *Martha Lorrison*, Natalie Schafer; *The Drunk*, Douglas Kennedy; *Marie*, Elisabeth Fraser; *Johnny Terrento*, Johnny In-

drisano; *Marvin*, Stan Freberg; *Director*, Don Haggerty; *Guest Stars*, June Allyson, Clark Gable, Dick Powell, Elizabeth Taylor en Esther Williams.
R/P/D: Norman Panama en Melvin Frank; **C**: Ray June; **AD**: Cedric Gibbons en Eddie Imazu; **M**: Marlin Skiles; **Mo**: Cotton Warburton.

Love Is Better Than Ever

Metro-Goldwyn-Mayer Picture, 1952; **L**: 81 min.
B: *Jud Parker*, Larry Parks; *Anastacia Macaboy*, Elizabeth Taylor; *Mrs. Macaboy*, Josephine Hutchinson; *Mr. Macaboy*, Tom Tully; *Mrs. Levoy*, Ann Doran; *Pattie Marie Levoy*, Elinor Donohue; *Mrs. Kahrney*, Kathleen Freeman; *Albertina Kahrney*, Doreen McCann; *Hamlet*, Alex Gerry; *Smittie*, Dick Wessel.
R: Stanley Donen; **P**: William H. Wright; **D**: Ruth Brooks Flippen; **C**: Harold Rosson; **AD**: Cedric Gibbons en Gabriel Scognamillo; **M**: Lennie Hayton; **Mo**: George Boemler.

Ivanhoe

Metro-Goldwyn-Mayer Picture, 1952, Technicolor; **L**: 106 min.
B: *Ivanhoe*, Robert Taylor; *Rebecca*, Elizabeth Taylor; *Rowena*, Joan Fontaine; *De Bois-Guilbert*, George Sanders; *Wamba*, Emlyn Williams; *Sir Hugh De Bracy*, Robert Douglas; *Cedric*, Finlay Currie; *Isaac*, Felix Aylmer; *Font De Boeuf*, Francis De Wolff; *Prince John*, Guy Rolfe; *King Richard*, Norman Wooland; *Waldemar Fitzurse*, Basil Sydney; *Locksley*, Harold Warrender; *Philip De Malvoisin*, Patrick Holt; *Ralph De Vipont*, Roderick Lovell; *Clerk of Copmanhurst*, Sebastian Cabot; *Hundebert*, John Ruddock; *Baldwin*, Michael Brennan; *Servant to Isaac*, Megs Jenkins; *Norman Guard*, Valentine Dyall; *Roger of Bermondsley*, Lionel Harris; *Austrian Monk*, Carl Jaffe.
R: Richard Thorpe; **P**: Pandro S. Berman; **D**: Noel Langley, naar de roman van Sir Walter Scott; **C**: F.A. (Freddie) Young; **AD**: Alfred Junge; **M**: Miklos Rozsa; **G**: Frank Clarke; **Ko**: Roger Furse.

The Girl Who Had Everything

Metro-Goldwyn-Mayer Picture, 1953; **L**: 69 min.
B: *Jean Latimer*, Elizabeth Taylor; *Victor Ramondi*, Fernando Lamas; *Steve Latimer*, William Powell; *Vance Court*, Gig Young; *Charles 'Chico' Menlow*, James Whitmore; *John Ashmond*, Robert Burton; *Julian*, William Walker.
R: Richard Thorpe; **P**: Armand Deutsch; **D**: Art Cohn, naar de roman *A Free Soul* van Adela Rogers St. Johns en het stuk van Willard Mack; **C**: Paul Vogel; **AD**: Cedric Gibbons en Randall Duell; **M**: André Previn; **Mo**: Ben Lewis; **Ko**: Helen Rose.

Rhapsody

Metro-Goldwyn-Mayer Picture, 1954, Technicolor; **L**: 115 min.
B: *Louise Durant*, Elizabeth Taylor; *Paul Bronte*, Vittorio Gassman; *James Guest*, John Ericson; *Nicholas Durant*, Louis Calhern; *Professor Schuman*, Michael Chekhov; *Effie Cahill*, Barbara Bates; *Bruno Fürst*, Ricard Hageman; *Otto Krafft*, Richard Lupino; *Frau Sigerlist*, Celia Lovsky; *Dove*, Stuart Whitman; *Mrs. Cahill*, Madge Blake; *Edmund Streller*, Jack Raine; *Madeleine*, Birgit Nielsen; *Yvonne*, Jacqueline Duvel; *Student-Pianist*, Norma Nevens.
R: Charles Vidor; **P**: Lawrence Weingarten; **D**: Fay en Michael Kanin, naar de roman *Maurice Guest* van Henry Handel Richardson; **C**: Robert Planck; **AD**: Cedric Gibbons en Paul Groesse; **De**: Edwin B. Willis en Hugh Hunt; **Sp**: A. Arnold Gillespie en Warren Newcombe; **M**: Bronislau Kaper; **Mo**: John Dunning; **Ko**: Helen Rose.

Elephant Walk

Paramount Picture, 1954, Technicolor; **L**: 103 min.
B: *Ruth Wiley*, Elizabeth Taylor; *Dick Carver*, Dana Andrews; *John Wiley*, Peter Finch; *Appuhamy*, Abraham Sofaer; *Dr. Pereira*, Abner Biberman; *Atkinson*, Noel Drayton; *Mrs. Lakin*, Rosalind Ivan; *Strawson*, Barry Bernard; *Ralph*, Philip Tonge; *Gregory*, Edward Ashley; *Chisholm*, Leo Britt; *Rayna*, Mylee Haulani en de Madhyma Lanka Mandala Dancers.

R: William Dieterle; **P**: Irving Asher; **D**: John Lee Mahin, naar de roman van Robert Standish; **C**: Loyal Griggs; **AD**: Hal Pereira en Joseph MacMillan Johnson; **De**: Sam Comer en Grace Gregory; **Sp**: John P. Fulton en Paul Lerpae; **M**: Franz Waxman; **Mo**: George Tomasini; **Ko**: Edith Head.

Beau Brummell

Metro-Goldwyn-Mayer Picture, 1954; **L**: 111 min.
B: *Beau Brummell*, Stewart Granger; *Lady Patricia*, Elizabeth Taylor; *Prince of Wales*, Peter Ustinov; *King George III*, Robert Morley; *Lord Edwin Mercer*, James Donald; *Mortimer*, James Hayter; *Mrs. Fitzherbert*, Rosemary Harris; *William Pitt*, Paul Rogers; *Lord Byron*, Noel Willman; *Midger*, Peter Dyneley; *Sir Geoffrey Baker*, Charles Carson; *Doctor Warren*, Ernest Clark; *Mr. Fox*, Peter Bull; *Mr. Burke*, Mark Dignam; *Colonel*, Desmond Roberts; *Thurlow*, David Horne; *Sir Ralph Sidley*, Ralph Truman; *Mr. Tupp*, Elwyn Brook-Jones; *Doctor Dubois*, George De Warfaz; *Dr. Willis*, Henry Oscar; *Mayor*, Harold Kasket.
R: Curtis Bernhardt; **P**: Sam Zimbalist; **D**: Karl Tunberg, naar het stuk van Clyde Fitch; **C**: Oswald Morris; **AD**: Alfred Junge; **M**: Richard Addinsell; **Mo**: Frank Clarke; **Ko**: Elizabeth Haffenden.

The Last Time I Saw Paris

Metro-Goldwyn-Mayer Picture, 1954, Technicolor; **L**: 116 min.
B: *Helen Ellswirth*, Elizabeth Taylor; *Charles Wills*, Van Johnson; *James Ellswirth*, Walter Pidgeon; *Marion Ellswirth*, Donna Reed; *Lorraine Quarl*, Eva Gabor; *Maurice*, Kurt Kasznar; *Claude Matine*, George Dolenz; *Paul*, Roger Moore; *Vicki*, Sandy Descher; *Mama*, Celia Lovsky; *Barney*, Peter Leeds; *Campbell*, John Doucette; *Singer*, Odette.
R: Richard Brooks; **P**: Jack Cummings; **D**: Julius J. Epstein, Philip G. Epstein en Richard Brooks, naar het korte verhaal *Babylon Revisited* van F. Scott Fitzgerald; **C**: Joseph Ruttenberg; **AD**: Cedric Gibbons en Randall Duell; **De**: Edwin B. Willis en Jack D. Moore. **Sp**: A. Arnold Gillespie; **M**: Conrad Salinger, *Song* 'The Last Time I Saw Paris' van Jerome Kern en Oscar Hammerstein II; **Mo**: John Dunning; **Ko**: Helen Rose.

Giant

Warner Brothers Picture, 1956, Warner Color; **L**: 198 min.
B: *Leslie Lynnton Benedict*, Elizabeth Taylor; *Bick Benedict*, Rock Hudson; *Jett Rink*, James Dean; *Luz Benedict II*, Carroll Baker; *Vashti Snythe*, Jane Withers; *Uncle Bawley*, Chill Wills; *Luz Benedict*, Mercedes McCambridge; *Angel Obregon III*, Sal Mineo; *Jordan Benedict III*, Dennis Hopper; *Mrs. Horace Lynnton*, Judith Evelyn; *Dr. Horace Lynnton*, Paul Fix; *Sir David Karfrey*, Rod Taylor; *Bob Dace*, Earl Holliman; *Pinky Snythe*, Robert Nichols; *Old Polo*, Alexander Scourby; *Judy Benedict*, Fran Bennett; *Whitside*, Charles Watts; *Juana*, Elsa Cardenas; *Lacey Lynnton*, Carolyn Craig; *Bale Clinch*, Monte Hale; *Adarene Clinch*, Mary Ann Edwards; *Gabe Target*, Sheb Wooley; *Angel Obregon I*, Victor Millan; *Sarge*, Mickey Simpson; *Mrs. Obregon*, Pilar del Rey; *Dr. Guerra*, Maurice Jara; *Lorna Lane*, Noreen Nash; *Swazey*, Napoleon Whiting; *Lupe*, Tina Menard; *Watts*, Ray Whitley; *Gomez*, Felipe Turich; *Mexican Priest*, Francisco Villalobos; *Petra*, Ana Maria Majalca; *Harper*, Guy Teague; *Eusebio*, Nativadid Vacio; *Dr. Walker*, Max Terhune; *Dr. Borneholm*, Ray Bennett; *Mary Lou Decker*, Barbara Barrie; *Vern Decker*, George Dunne; *Clay Hodgins*, Slim Talbot; *Clay Hodgins, sr.*, Tex Driscoll; *Essie Lou Hodgins*, Juney Ellis.
R: George Stevens; **P**: George Stevens en Henry Ginsberg; **D**: Fred Guiol en Ivan Moffat, naar de roman van Edna Ferber; **C**: William C. Mellor; **De**: Boris Leven, Ralph Hurst; **M**: Dimitri Tiomkin; **Mo**: William Hornbeck; **Ko**: Marjorie Best en Moss Mabry.

Raintree County

Metro-Goldwyn-Mayer Picture, 1957, Technicolor en Panavision; **L**: 187 min.
B: *John Wickliff Shawnessy*, Montgomery Clift; *Susanna Drake*, Elizabeth Taylor; *Nell Gaither*, Eva Marie Saint; *Professor Jerusalem Webster Stiles*, Nigel Patrick; *Orville 'Flash' Perkins*, Lee Marvin; *Garwood B. Jones*, Rod Taylor; *Ellen Shawnessy*, Agnes Moorehead; *T.D. Shawnessy*, Walter Abel; *Barbara Drake*, Jarma Lewis; *Bobby Drake*, Tom Drake; *Ezra Gray*, Rhys Williams; *Niles Foster*, Russell Collins; *Sou-*

thern Officer, DeForrest Kelley; *Lydia Gray*, Myrna Hansen; *Bartender*, Oliver Blake; *Cousin Sam*, John Eldredge; *Soona*, Isabelle Cooley; *Parthenia*, Ruth Attaway; *Miss Roman*, Eileene Stevens; *Bessie*, Rosalind Hayes; *Tom Conway*, Don Burnett; *Nat Franklin*, Michael Dugan; *Jesse Gardner*, Michael Dante; *Starter*, Phil Chambers; *Man with Gun*, James Griffith; *Granpa Peters*, Burt Mustin; *Madam Gaubert*, Dorothy Granger; *Blind Man*, Owen McGiveney; *Party Guest*, Charles Watts; *Union Lieutenant*, Stacey Harris; *Jim Shawnessy op tweeëneenhalfjarige leeftijd*, Donald Losby; *Jim Shawnessy, vier jaar oud*, Mickey Maga; *Pantomimist in Blackface*, Robert Foulk; *Photographer*, Jack Daly; *Old Negro Man*, Bill Walker; *Bearded Soldier*, Gardner McKay.
R: Edward Dmytryk; **P**: David Lewis; **D**: Millard Kaufman, naar een roman van Ross Lockridge, jr.; **C**: Robert Surtees; **AD**: William A. Horning en Urie McCleary; **De**: Edwin B. Willis en Hugh Hunt; **M**: Johnny Green, *Songs* van Johnny Green en Paul Francis Webster: 'Never Till Now' en 'Song of the Raintree' (gezongen door Nat King Cole): **Mo**: John Dunning; **Ko**: Walter Plunkett.

Cat on a Hot Tin Roof

Avon Production, uitgebracht door Metro-Goldwyn-Mayer Picture, 1958, Metrocolor; **L**: 108 min.
B: *Maggie Pollitt*, Elizabeth Taylor; *Brick Pollitt*, Paul Newman; *Big Daddy Pollitt*, Burl Ives; *Gooper Pollitt*, Jack Carson; *Big Mama Pollitt*, Judith Anderson; *Mae Pollitt*, Madeleine Sherwood; *Dr. Baugh*, Larry Gates; *Deacon Davis*, Vaughn Taylor; *Dixie*, Patty Ann Gerrity; *Sonny*, Rusty Stevens; *Buster*, Hugh Corcoran; *Trixie*, Deborah Miller; *Boy*, Brian Corcoran; *Lacey*, Vince Townsend, jr.; *Brightie*, Zelda Cleaver.
R: Richard Brooks; **P**: Lawrence Weingarten; **D**: Richards Brooks en James Poe, naar het stuk van Tennessee Williams; **C**: William Daniels; **AD**: William A. Horning en Urie McCleary; **De**: Henry Grace en Robert Priestley; **Sp**: Lee LeBlanc; mo: Ferris Webster; **Ko**: Helen Rose.

Suddenly Last Summer

Horizon Production, uitgebracht door Columbia Pictures, 1959; **L**: 114 min.
B: *Catherine Holly*, Elizabeth Taylor; *Mrs. Violet Venable*, Katharine Hepburn; *Dr. Cukrowicz*, Montgomery Clift; *Dr. Hockstader*, Albert Dekker; *Mrs. Holly*, Mercedes McCambridge; *George Holly*, Gary Raymond; *Miss Foxhill*, Mavis Villiers; *Nurse Benson*, Patricia Marmont; *Sister Felicity*, Joan Young; *Lucy*, Maria Britneva; *Hockstader's Secretary*, Sheila Robbins; *Young Blond Intern*, David Cameron; *A Patient*, Roberta Woolley.
R: Joseph L. Mankiewicz; **P**: Sam Spiegel; **D**: Gore Vidal en Tennessee Williams, naar het stuk van Tennessee Williams; **C**: Jack Hildyard; **AD**: William Kellner; **De**: Scot Slimon; **M**: Buxton Orr en Malcolm Arnold; Mo William W. Hornbeck en Thomas G. Stanford; **Ko**: Joan Ellacott.

Scent of Mystery

Michael Todd, jr. Production, 1960, New Todd Color Process en Smell-O-Vision; **L**: 125 min.
B: *Oliver Larker*, Denholm Elliott; *Smiley*, Peter Lorre; *The Decoy Sally*, Beverly Bentley; *Baron Saradin*, Paul Lukas; *Johnny Gin*, Liam Redmond; *Tommy Kennedy*, Leo McKern; *Fleming*, Peter Arne; *Winifred Jordan*, Diana Dors; *Margharita*, Mary Laura Wood; *Miss Leonard*, Judith Furse; *Pepi*, Maurice Marsac; *Englishman*, Michael Trubshawe; *Truck Driver*, Juan Olaguivel; *Constance Walker*, Billie Miller; *Sally Kennedy*, Elizabeth Taylor.
R: Jack Cardiff; **P**: Michael Todd, jr.; **D**: William Roos, naar een verhaal van Kelley Roos; **C**: John Von Kotze; **AD**: Vincent Korda; **Sp**: Cliff Richardson; **M**: Mario Nascimbene, Jordan Ramin en Harold Adamson; **Mo**: James Newcom; **Ko**: Charles Simminger.

Butterfield 8

Metro-Goldwyn-Mayer Picture, 1960, CinemaScope en Metrocolor; **L**: 109 min.
B: *Gloria Wandrous*, Elizabeth Taylor; *Weston Liggett*, Laurence Harvey; *Steve Carpenter*, Eddie Fisher; *Emily Liggett*,

Dina Merrill; *Mrs. Wandrous*, Mildred Dunnock; *Mrs. Fanny Thurber*, Betty Field; *Bingham Smith*, Jeffrey Lynn; *Happy*, Kay Medford; *Norma*, Susan Oliver; *Dr. Tredman*, George Voskovec; *Clerk*, Virginia Downing; *Mrs. Jescott*, Carmen Mathews; *Anderson*, Whitfield Connor; *Elevator Man*, Dan Bergin; *Cabbie*, Vernon Dowling; *Doorman*, Samuel Schwartz; *Tipsy Man*, Robert Pastene; *Second Doorman*, John Armstrong; *Policeman*, Leon B. Stevens; *Bartender*, Tom Ahearne; *Big Man*, Rudy Bond; *Irate Man*, Victor Harrison; *Chauffeur*, Beau Tilden; *Irate Woman*, Marion Leeds; *Gossip*, Helen Stevens; *Photographer*, Don Burns; *Man*, Philip Faversham; *Messenger*, Joseph Boley; *State Trooper*, Richard X. Slattery.
R: Daniel Mann; **P**: Pandro S. Berman; **D**: Charles Schnee en John Michael Hayes, naar de roman van John O'Hara; **C**: Joseph Ruttenberg; **AD**: George W. Davis en Urie McCleary; **De**: Gene Callahan en J.C. Delaney; **M**: Bronislau Kaper; O: Ralph E. Winters; **Ko**: Helen Rose.

Cleopatra

20th Century-Fox, 1963, Todd-AO, Color by De Luxe; **L**: 243 min.
B: *Cleopatra*, Elizabeth Taylor; *Mark Antony*, Richard Burton; *Julius Caesar*, Rex Harrison; *High Priestess*, Pamela Brown; *Flavius*, George Cole; *Sosigenes*, Hume Cronyn; *Apollodorus*, Cesare Danova; *Brutus*, Kenneth Haigh; *Octavian*, Roddy McDowall; *Rufio*, Martin Landau; *Agrippa*, Andrew Keir; *Germanicus*, Robert Stephens; *Eiras*, Francesca Annis; *Pothinos*, Gregoire Aslan; *Ramos*, Martin Benson; *Theodotos*, Herbert Berghof; *Phoebus*, John Cairney; *Lotos*, Jacqui Chan; *Charmian*, Isabelle Cooley; *Achilles*, John Doucette; *Canidius*, Andrew Faulds; *Cimber*, Michael Gwynn; *Cicero*, Michael Hordern; *Cassius*, John Hoyt; *Euphranor*, Marne Maitland; *Casa*, Carroll O'Connor; *Ptolemy*, Richard O'Sullivan; *Calpurnia*, Gwen Watford; *Decismus*, Douglas Wilmer; *Queen at Tarsus*, Marina Berti. *High Priest*, John Karlsen; *Caesarion op vierjarige leeftijd*, Loris Loddi; *Octavia*, Jean Marsh; *Marcellus*, Gin Mart; *Mithridates*, Furio Meniconi; *Caesarion op twaalfjarige leeftijd*, Kenneth Nash; *Caesarion op zevenjarige leeftijd*, Del Russell; *Valvus*, John

Valva; *Archesilaus*, Laurence Naismith; *First Officer*, John Alderton; *Second Officer*, Peter Forster.
R: Joseph L. Mankiewicz; **P**: Walter Wanger; **D**: Joseph L. Mankiewicz, Ranald MacDougall en Sidney Buchman, naar de biografie *The Life en Times of Cleopatra* van C.M. Franzero; **C**: Leon Shamroy; **AD**: Jack Martin Smith, Hilyard Brown, Herman Blumenthal, Elven Webb, Maurice Pelling en Boris Juraga; **De**: Walter M. Scott, Paul S. Fox en Ray Moyer; **M**: Alex North; **Mo**: Dorothy Spencer; **Ko**: Irene Sharaff en Vittorio Nino Novarese; **K**: Vivienne Zavitz.

The V.I.P.s

Metro-Goldwyn-Mayer Picture, 1963, Panavision en Metrocolor; **L**: 119 min.
B: *Frances Andros*, Elizabeth Taylor; *Paul Andros*, Richard Burton; *Marc Champselle*, Louis Jourdan; *Gloria Gritti*, Elsa Martinelli; *The Duchess*, Margaret Rutherford; *Miss Mead*, Maggie Smith; *Les Mangam*, Rod Taylor; *Miriam Marshall*, Linda Christian; *Max Buda*, Orson Welles; *Coburn*, Robert Coote; *Sanders*, Richard Wattis; *Commander Millbank*, Dennis Price; *Joslin*, Ronald Fraser; *Mr. Damer*, Peter Illing; *Airport Director*, Michael Hordern; *Waiter*, Stringer Davis; *Firt Reporter*, Brook Williams; *Second Reporter*, Alan Howard; *Third Reporter*, Lewis Fiander; *Fourth Reporter*, Barry Steele; *Miss Potter*, Joan Benham; *Bar Steward*, Arthur Howard; *Doctor*, Peter Sallis; *Mrs. Damer*, Joyce Carey; *Porter*, Griffith Davis; *Waitress*, Maggie McGrath; *Assistant to Airport Director*, Frank Williams; *Meteorological Man*, Angus Lennie; *Rolls Chauffeur*, Ray Austin; *Airport Announcers*, Rosemary Dorken en Pamela Buckley; *Hotel Receptionist*, Duncan Lewis; *Met. Official*, Richard Briers; *Young Reporter*, David Frost; *Dr. Schwutzbacher*, Martin Miller; *Airport Official*, Lance Percival; *Captain*, Terrence Alexander; *Air Hostess*, Jill Carson; *Hotel Representatives*, Richard Caldicott; *Lady Reporter*, Ann Castle; *Mr. Rivers*, Clifford Mollison; *Official*, Gordon Sterne; *Head Waiter*, Reginald Beckwith; *Barman*, John Blythe; *Visitors*, Virginia Bedard en Cal McCord; *Air Hostess*, Moyra Fraser; *Jamaican Gentleman*, Clifton Jones.
R: Anthony Asquith; **P**: Anatole de Grunwald; **D**: Terence

Rattigan; **C**: Jack Hildyard; **AD**: William Kellner; **De**: Pamela Cornell; **M**: Miklos Rozsa; **Mo**: Frank Clarke; **Ko**: Hubert de Givenchy, Pierre Cardin en Felix Evans; **K**: Vivienne Walker Zavitz.

The Sandpiper

Filmways Picture, uitgebracht door Metro-Goldwyn-Mayer, 1965, Panavision en Metrocolor; **L**: 116 min.
B: *Laura Reynolds*, Elizabeth Taylor; *Dr. Edward Hewitt*, Richard Burton; *Claire Hewitt*, Eva Marie Saint; *Cos Erickson*, Charles Bronson; *Ward Hendricks*, Robert Webber; *Larry Brant*, James Edwards; *Judge Thompson*, Torin Thatcher; *Walter Robinson*, Tom Drake; *Phil Sutcliff*, Doug Henderson; *Danny Reynolds*, Morgan Mason; *Troopers*, Dusty Cadis en John Hart; *Trustee*, Jan Arvan; *Trustee's Wife*, Mary Benoit; *Trustee*, Tom Curtis; *Architect*, Paul Genge; *First Celebrant*, Rex Holman; *Second Celebrant*, Kelton Garwood; *Third Celebrant*, Jimmy Murphy; *Fourth Celebrant*, Mel Gallagher; *Poet Celebrant*, Ron Whelan; *Sixth Celebrant*, Diane Sayer; *Seventh Celebrant*, Joan Connors; *Eighth Celebrant*, Peggy Adams Laird; *Ninth Celebrant*, Shirley Bonne; *Voice*, Peter O'Toole.
R: Vincente Minnelli; **P**: Martin Ransohoff; **D**: Dalton Trumbo en Michael Wilson, naar een idee van Martin Ransohoff; **C**: Milton Krasner; **AD**: George W. Davis en Urie McCleary; **M**: Johnny Mandel, *Song* 'The Shadow of Your Smile' van Johnny Mandel en Paul Francis Webster; **Mo**: Davis Bretherton; **Ko**: Irene Sharaff.

Who's Afraid of Virginia Woolf?

Ernest Lehman Production, uitgebracht door Warner Brothers, 1966; **L**: 130 min.
B: *Martha*, Elizabeth Taylor; *George*, Richard Burton; *Nick*, George Segal; *Honey*, Sandy Dennis.
R: Mike Nichols; **P**: Ernest Lehman; **D**: Ernest Lehman, naar het stuk van Edward Albee; **C**: Haskell Wexler; **De**: George James Hopkins; **M**: Alex North; **Mo**: Sam O'Steen; **Ko**: Irene Sharaff; **Mu**: Gordon Bau en Ronnie Berkeley; **K**: Jean Burt Reilly.

The Taming of the Shrew

Co-Produktie van de Royal Films International en F.A.I. Productions (United States-Italian), uitgebracht door Columbia Pictures, 1967, Panavision en Technicolor; **L**: 122 min.
B: *Katharina*, Elizabeth Taylor; *Petruchio*, Richard Burton; *Grumio*, Cyril Cusack; *Baptista*, Michael Hordern; *Lucentio*, Michael York; *Bianca*, Natasha Pyne; *Hortensio*, Victor Spinetti; *Tranio*, Alfred Lynch; *Gremio*, Alan Webb; *Pedant*, Vernon Dobtcheff; *Biondello*, Roy Holder; *Priest*, Giancarlo Cobelli; *Curtis*, Gianni Magni; *Nathaniel*, Alberto Bonucci; *Gregory*, Lino Capolicchio; *Philip*, Roberto Antonelli; *Vincentio*, Mark Dignam; *Haberdasher*, Anthony Garner; *Tailor*, Ken Parry; *Widow*, Bice Valori.
R: Franco Zeffirelli; **P**: Richard McWhorter, Richard Burton, Elizabeth Taylor en Franco Zeffirelli; **D**: Paul Dehn, Suso Cecchi D'Amico en Franco Zeffirelli, naar het stuk van William Shakespeare; **C**: Oswald Morris en Luciano Trasatti; **AD**: Giuseppe Mariani en Elven Webb; **De**: Dario Simoni en Carlo Gervasi; **Sp**: Augie Lohman; **M**: Nino Rota; **Mo**: Peter Taylor en Carlo Fabianelli; **Ko**: Irene Sharaff en Danilo Donatti.

Doctor Faustus

Oxford University Screen Production en Nassau Films and Venfilms (Rome), uitgebracht door Columbia Pictures, 1967, Technicolor; **L**: 93 min.
B: *Doctor Faustus*, Richard Burton; *Helen of Troy*, Elizabeth Taylor; *Mephistopheles*, Andreas Teuber; *Empress*, Elizabeth O'Donovan; *Emperor*, Ian Marter; *Beelzebub*, Jeremy Eccles; *Lucifer*, David McIntosh; *Valdes*, Ram Chopra; *Cornelius*, Richard Carwardine; *Pope*, Adrian Benjamin; *First Scholar*, Richard Heffer; *Second Scholar*, Hugh Williams; *Third Scholar/Lechery*, Gwydion Thomas; *Cardinal/Pride*, Nicholas Loukes; *Evil Angel/Knight*, Richard Durden-Smith; *Wagner*, Patrick Barwise; *Attendant at Emperor's Court*, Jeremy Chandler; *Rector Magnificus*, Angus McIntosh; *First Professor/Avarice*, Ambrose Coghill; *Second Professor/Envy*, Anthony Kaufmann; *Third Professor*, Julian Wontner; *Fourth Professor*, Richard Harrison; *Fifth Professor*, Nevill Coghill; *Good Angel*, Michael Menaugh; *Boy-Turned-into-Hind*, John Sandbach; *Idiot*, Sebastian Walker; *Wrath*, R. Peverello;

Sloth, Maria Aitken; *Idleness*, Valerie James; *Gluttony*, Bridget Coghill, Petronella Pulsford en Susan Watson; *Dancers*, Jacqueline Harvey, Sheila Dawson en Carolyn Bennitt; *Nun/Court Lady*, Jane Wilford.
R: Richard Burton en Nevill Coghill; **P**: Richard Burton en Richard McWhorter; **D**: Nevill Coghill, naar het stuk *The Tragical History of Doctor Faustus* van Christopher Marlowe; **C**: Gabor Pogany; **AD**: Boris Juraga; **De**: Dario Simoni; **Musical Score**: Mario Nascimbene; **Choreografie**: Jacqueline Harvey; **Mo**: John Shirley; **Ko**: Peter Hall.

Reflections in a Golden Eye

John Huston-Ray Stark Production, uitgebracht door Warner Brothers-Seven Arts, 1967, Panavision en Technicolor; **L**: 109 min.
B: *Leonora Penderton*, Elizabeth Taylor; *Major Weldon Penderton*, Marlon Brando; *Lieutenant Colonel Morris Langdon*, Brian Keith; *Alison Langdon*, Julie Harris; *Anacleto*, Zorro David; *Stables Sergeant*, Gordon Mitchell; *Captain Weincheck*, Irvin Dugan; *Susie*, Fay Sparks; *Private Williams*, Robert Forster.
R: John Huston; **P**: Ray Stark; **D**: Chapman Mortimer en Gladys Hill, naar de roman van Carson McCullers; **C**: Aldo Tonti; **AD**: Bruno Avesani; **De**: William Kiernan; **M**: Toshiro Mayuzumi; **Mo**: Russell Lloyd; **Ko**: Dorothy Jeakins; **K**: Alexandre.

The Comedians

Maximilian Productions (Bermuda) en Trianon Production (Parijs), uitgebracht door Metro-Goldwyn-Mayer, 1967, Panavision en Metrocolor; **L**: 160 min.
B: *Brown*, Richard Burton; *Martha Pineda*, Elizabeth Taylor; *Jones*, Alec Guinness; *Ambassador Pineda*, Peter Ustinov; *Smith*, Paul Ford; *Mrs. Smith*, Lillian Gish; *Concasseur*, Raymond St. Jacques; *Michel*, Zaeks Mokae; *Petit Pierre*, Roscoe Lee Browne; *Joseph*, Douta Seck; *Cesar*, Albia Peters; *Mrs. Philipot*, Gloria Foster; *Angelito*, Robin Langford; *Henry Philipot*, George Stanford Brown; *Dr. Magiot*, James Earl Jones; *Marie-Thérèse*, Cicely Tyson.
R/P: Peter Glenville; **D**: Graham Greene, naar zijn roman; **C**:

Henri Decae; **AD**: François de Lamothe; **De**: Robert Christides; **M**: Laurence Rosenthal; **Mo**: Françoise Javet; **Ko**: Tiziani; **K**: Alexandre.

Boom!

John Heyman Production, uitgebracht door Universal Pictures, 1968, Panavision en Technicolor; **L**: 110 min.
B: *Flora ('Sissy') Goforth*, Elizabeth Taylor; *Chris Flanders*, Richard Burton; *The Witch of Capri*, Noël Coward; *Blackie*, Joanna Shimkus; *Rudy*, Michael Dunn; *Dr. Lullo*, Romolo Valli; *Etti*, Fernando Piazza; *Simonetta*, Veronica Wells; *Manicurist*, Claudye Ettori; *Journalist*, Howard Taylor; *Photographer*, Gens Bloch; *Villager*, Franco Pesce.
R: Joseph Losey; **P**: John Heyman en Norman Priggen; **D**: Tennessee Williams, naar zijn korte verhaal *Man Take This Up Road* en zijn stuk *The Train Doesn't Stop Here Anymore*; **C**: Douglas Slocombe; **De**: Richard MacDonald; **M**: John Barry; **Mo**: Reginald Beck; **Ko**: Tiziani; **K**: Alexandre.

Secret Ceremony

Universal/World Film Services, Ltd./Paul M. Heller Production, uitgebracht door Universal Pictures, 1968, Technicolor; **L**: 109 min.
B: *Leonora*, Elizabeth Taylor; *Cenci*, Mia Farrow; *Albert*, Robert Mitchum; *Aunt Hilda*, Pamela Brown; *Aunt Hanna*, Peggy Ashcroft.
R: Joseph Losey; **P**: John Heyman en Norman Priggen; **D**: George Tabori, naar de roman van Marco Denevi; **C**: Gerald Fisher; **AD**: John Clark; **De**: Jill Oxley; **M**: Richard Rodney Bennett; **Mo**: Reginald Beck; **Ko**: Marc Bohan, Christian Dior en Susan Yelland; **K**: Alexandre.

The Only Game in Town

George Stevens-Fred Kohlmar Production, uitgebracht door 20th Century-Fox, 1970 DeLuxe Color; **L**: 113 min.
B: *Fran Walker*, Elizabeth Taylor; *Joe Grady*, Warren Beatty; *Thomas J. Lockwood*, Charles Braswell; *Tony*, Hank Henry.
R: George Stevens; **P**: Fred Kohlmar; **D**: Frank D. Gilroy; **C**: Henri Decae; **AD**: Hermann Blumenthal en Auguste Capelier; **De**: Walter M. Scott en Jerry Wunderlich; **M**: Maurice Jarre;

Mo: John W. Holmes, William Sands en Pat Shade; **Ko**: Mia Fonssagrives en Vicki Tiel; **K**: Alexandre.

Under Milk Wood

Timon Production, The Rank Organisation, 1971 - Altura Films International, 1973, Technicolor; **L**: 90 min.
B: *First Voice*, Richard Burton; *Rosie Probert*, Elizabeth Taylor; *Captain Catt*, Peter O'Toole; *Myfanwy Price*, Glynis Johns; *Mrs. Pugh*, Vivien Merchant; *Mrs. Ogmore-Pritchard*, Sian Phillips; *Mog Edwards*, Victor Spinetti; *Second Voice*, Ryan Davies; *Gossamer Beynon*, Angharad Rees; *Mr. Waldo*, Ray Smith; *Sinbad Sailors*, Michael Forrest; *Polly Garter*, Ann Beach; *Mr. Cherry Owen*, Glynn Edwards; *Mrs. Cherry Owen*, Bridget Turner; *Mr. Pugh*, Talfryn Thomas; *Mr. Willy Nilly*, Wim Wylton; *Mrs. Willy Nilly*, Bronwen Williams; *Lily Smalls*, Meg Wynn Owen; *Butcher Beynon*, Hubert Rees; *Mrs. Beynon*, Mary Jones; *Rev. Eli Jenkins*, Aubrey Richards; *Evans the Death*, Mark Jones; *Mr. Ogmore*, Dillwyn Owen; *Mr. Pritchard*, Richard Davies; *Nogood Boyo*, David Jason; *Lord Cut Glass*, Davydd Havard; *Utah Watkins*, David Davies; *Mrs. Utah Watkins*, Maudie Edwards; *Ocky Milkman*, Griffith Davies; *Bessie Bighead*, Peggyann Clifford; *Dai Bread*, Dudley Jones; *Mrs. Dai Bread One*, Dorothea Phillips; *Mrs. Dai Bread Two*, Ruth Madoc; *P.C. Attila Rees*, David Harries; *Mary Ann Sailors*, Rachel Thomas; *Waldo Wife One*, Andree Gaydon; *Second Woman/Waldo Wife Two*, Eira Griffiths; *First Neighbor/Waldo Wife Three*, Margaret Courtenay; *First Woman/Waldo Wife Four*, Rhoda Lewis; *Waldo Wife Five*, Pamela Miles; *Jack Black*, John Rees; *Mrs. Rose Cottage*, Jill Britton; *Mae Rose Cottage*, Susan Penhaligon; *Inspector*, Edmond Thomas; *Organ Morgan*, Richard Parry; *Mrs. Organ Morgan*, Dilys Price; *Gwennie*, Olwen Rees; *Mother*, Iris Jones; *First Fisherman*, Gordon Styles; *Second Fisherman*, Brian Osbourne; *First Drowned Sailor*, Shane Shelton; *Second Drowned Sailor*, Paul Grist; *Third Drowned Sailor*, Bryn Jones; *Fourth Drowned Sailor*, John Rainer; *Fitfth Drowned Sailor*, Bryn Williams; *Villagers in 'Sailors Arms'*, Aldwyn Francis, Ifor Owen, Dudley Owen en Gladys Wykeham-Edwards; *Gomer Owen*, Ieuan Rhys Williams; *Old Man*, T.H. Evans; *Second Neighbor*, Gwyneth

Owen; *Third Neighbor*, Lucy Griffith; *Fourth Neighbor*, Angela Brinkworth.
R: Andrew Sinclair; **P**: Hugh French en Jules Buck; **D**: Andrew Sinclair, naar het hoorspel van Dylan Thomas; **C**: Bob Huke; **AD**: Geoffrey Tozer; **M**: Brian Gascoigne **Mo**: Willy Kemplen.

Zee & Co.

Zee Film en Kastner-Ladd-Kanter Production, uitgebracht door Columbia Pictures, 1972, Color; **L**: 110 min.
B: *Zee Blakeley*, Elizabeth Taylor; *Robert Blakeley*, Michael Caine; *Stella*, Susannah York; *Gladys*, Margaret Leighton; *Gordon*, John Standing; *Rita*, Mary Larkin; *Gavin*, Michael Cashman; *Head Waiter*, Gino Melvazzi; *Oscar*, Julian West; *Shaun*, Hilary West.
R: Brian G. Hutton; **P**: Elliot Kastner, Jay Kanter en Alan Ladd, jr.; **D**: Edna O'Brien; **C**: Billy Williams; **AD**: Peter Mullins; **De**: Arthur Taksen; **M Score**: Stanley Myers, *Songs* 'Going in Circles' van Ted Myers en Jaiananda; 'Whirlwind' en 'Coat of Many Colours' van Rick Wakeman en Dave Lambert, gespeeld door Iroko; 'Revolution' en 'Granny's Got a Painted Leg', gespeeld door The Roy Young Band; 'Gladys' Party' van John Mayer; **Mo**: Jim Clark; **Ko**: Beatrice Dawson; **K**: Allen McKeown.

Hammersmith Is Out

A.J. Cornelius Crean Films Inc., Produktie uitgebracht door de Cinerama Releasing Corporation, 1972, Du Art Color; **L**: 108 min.
B: *Jimmy Jean Jackson*, Elizabeth Taylor; *Hammersmith*, Richard Burton; *Billy Breedlove*, Beau Bridges; *Doctor*, Peter Ustinov; *General Sam Pembroke*, Leon Ames; *Dr. Krodt*, Leon Askin; *Henry Joe*, John Schuck; *Guido Scatucci*, George Raft; *Oldham*, Anthony Holland; *Princess*, Marjorie Eaton; *Kiddo*, Lisa Jak; *Miss Quim*, Linda Gaye Scott; *Fat Man*, Mel Berger; *Pete Rutter*, Brook Williams; *Cleopatra*, Carl Donn; *Duke*, Jose Espinoza.
R: Peter Ustinov; **P**: Alex Lucas; **D**: Stanford Whitmore; **C**: Richard H. Kline; **De**: Robert Benton; **M**: Dominic Frontiere, *Songs* 'For Openers', 'Requiem' en 'When Your Dreams

Were Worth Remembering' van Dominic Frontiere en Sally Stevens; **Mo**: David Blewitt; **Ko**: Edith Head; **K**: Alexandre en Claudye Bozzacchi.

Night Watch

Joseph E. Levine en Burt Productions Presentation, uitgebracht door Avco Embassy, 1973, Technicolor; **L**: 99 min.
B: *Ellen Wheeler*, Elizabeth Taylor; *John Wheeler*, Laurence Harvey; *Sarah Cooke*, Billie Whitelaw; *Appleby*, Robert Lang; *Tony*, Tony Britton; *Inspector Walker*, Bill Dean; *Sergeant Norris*, Michael Danvers-Walker; *Dolores*, Rosario Serrano; *Secretary*, Pauline Jameson.
R: Brian H. Hutton; **P**: Martin Poll, George W. George en Barnard S. Straus; **D**: Tony Williamson naar het stuk van Lucille Fletcher; **C**: Billy Williams; **AD**: Peter Murton; **M**: John Cameron, *Titelsong* 'The Night Has Many Eyes' van George Barrie en Sammy Cahn; **Mo**: John Jympson; **Ko**: Valentino; **K**: Michael John en Claudye Bozzacchi.

Ash Wednesday

Sagittarius Production, uitgebracht door Paramount Pictures, 1973, Technicolor; **L**: 99 min.
B: *Barbara Sawyer*, Elizabeth Taylor; *Mark Sawyer*, Henry Fonda; *Erich*, Helmut Berger; *David Carrington*, Keith Baxter; *Doctor Lambert*, Maurice Teynac; *Kate*, Margaret Blye; *German Woman*, Monique Van Vooren; *Bridge Player*, Henning Schlüeter; *Mario*, Dino Mele; *Mandy*, Kathy Van Lypps; *Nurse Ilse*, Dina Sassoli; *Paolo*, Carlo Puri; *Comte D'Arnoud*, Andrea Esterhazy; *Simone*, Jill Pratt; *Silvana del Campo*, Irina Wassilchikoff; *Viet Hartung*, Muki Windisch-Graetz; *Helga*, Nadia Stancioff; *Prince von Essen*, Rodolfo Lodi; *Gregory de Rive*, Raymond Vignale; *Tony Gutierrez*, Jose de Vega; *Samantha*, Samantha Starr.
R: Larry Peerce; **P**: Dominick Dunne; **D**: Jean-Claude Tramont; **C**: Ennio Guarnieri; **AD**: Philip Abramson; **M**: Maurice Jarre; **Mo**: Marion Rothman; **Ko**: Edith Head en Valentino; **M**: Alberto De Rossi; **K**: Giancarlo Novelli en Mirella De Rossi.

That's Entertainment!

Metro-Goldwyn-Mayer, United Artists, 1974, Metrocolor; **L**: 132 min.
Sprekers: Fred Astaire, Bing Crosby, Gene Kelly, Peter Lawford, Liza Minnelli, Donald O'Connor, Debbie Reynolds, Mickey Rooney, Frank Sinatra, James Stewart, Elizabeth Taylor.
R/P/D: Jack Haley, jr.; **C**: Gene Polito, Ernest Laszlo, Russell Metty, Ennio Guarnieri en Allen Green; **Mo**: Bud Friedgen en David E. Blewitt; **M**: Jesse Kaye en Henry Mancini; **G**: Hal Watkins, Aaron Rochin, Lyle Burbridge, Harry W. Tetrick en William L. McCaughcy; **Ra**: Richard Bremerkamp, David Silver en Claude Binyon, jr.

Identikit

Een Rizzoli film, uitgebracht door Avco Embassy Pictures Corp., 1974, Technicolor; **L**: 105 min.
B: *Lise*, Elizabeth Taylor; *Richard*, Ian Bannen; *Carlo*, Guido Mannari; *Mrs. Fiedke*, Mona Washbourne; *Bill*, Maxence Mailfort.
R: Giuseppe Patroni Griffi; **P**: Franco Rossellini; **D**: Raffaele La Capria en Giuseppe Patroni Griffi, naar Muriel Sparks roman *The Driver's Seat*; **C**: Vittorio Storaro; **AD**: Mario Ceroli; **M**: Franco Mannino; **Ko**: Gabriella Pescucci.

The Blue Bird

20th Century-Fox, 1976, De Luxe Color; **L**: 100 min.
B: *Mother/Maternal Love/Witch/Light*, Elizabeth Taylor; *Night*, Jane Fonda: *Luxury*, Ava Gardner; *Cat*, Cicely Tyson; *Father Time*, Robert Morley; *Oak*, Harry Andrews; *Tyltyl*, Todd Lookinland; *Mytyl*, Patsy Kensit; *Grandfather*, Will Geer; *Grandmother*, Mona Washbourne; *Dog*, George Cole; *Bread*, Richard Pearson; *The Blue Bird*, Nadejda Pavlova; *Sugar*, George Vitzin; *Milk*, Margareta Terechova; *Fat Laughter*, Oleg Popov; *Father*, Leonid Nevedomsky; *Water*, Valentina Ganilaee Ganibalova; *Fire*, Yevgeny Scherbakov; *Sick Girl*, Pheona McLellan.
R: George Cukor; **P**: Edward Lewis en Paul Maslansky; **D**: Hugh Whitemore, Alfred Hayes en Alexei Kapler, naar de ro-

man van Maurice Maeterlinck; **C**: Freddie Young en Ionas Gritzus; **AD**: Valery Urkevich; **De**: Yevgeny Starikovitch, Edward Isaev en Tamara Polyanskaya; **M**: Irwin Kostal; **Lyrics**: Tony Harrison; **Balletmuziek**: Andrei Petrov; **Mo**: Ernest Walter, Tatyana Shapiro en Stanford C. Allen.

A Little Night Music

Sascha Wien-Elliott Kastner Production en Roger Corman Presentation, uitgebracht door New World Pictures, 1977, Eastmancolor; **L**: 124 min.
B: *Desiree Armfeldt*, Elizabeth Taylor; *Charlotte Mittelheim*, Diana Rigg; *Frederick Egerman*, Len Cariou; *Anne Egerman*, Lesly-Anne Down; *Mme. Armfeldt*, Hermione Gingold; *Carl-Magnus Mittelheim*, Laurence Guittard; *Erich Egerman*, Christopher Guard; *Fredericka Armfeldt*, Cloe Franks; *Kurt*, Heinz Maracek; *Petra*, Lesley Dunlop; *Conductor*, Jonathan Tunick; *Franz*, Hubert Tscheppe; *Band Conductor*, Rudolf Schrympf; *Mayor*, Franz Schussler; *Mayoress*, Johanna Schussler.
R: Harold Prince; **P**: Heinz Lazek en Elliott Kastner; **D**: Hugh Wheeler, naar de gelijknamige musical van Stephen Sondheim, geïnspireerd door Ingmar Bergmans 'Sommarnattens Leende'; **C**: Arthur Ibbetson; **De**: Laci von Ronay; **AD**: Herta Pischinger en Thomas Riccabona; **M**: Jonathan Tunick; **Ko**: Florence Klotz; **Choreografie**: Patricia Birch; **Mo**: John Jympson.

Winter Kills

Leonard J. Goldberg-Robert Sterling Production, uitgebracht door Embassy Pictures, 1979, Color; **L**: 97 min.
B: *Nick Kegan*, Jeff Bridges; *Pa Kegan*, John Huston; *John Cerruti*, Anthony Perkins; *Z.K. Dawson*, Sterling Hayden; *Joa Diamond*, Eli Wallach; *Emma Kegan*, Dorothy Malone; *Frank Mayo*, Tomas Milian; *Yvette Malone*, Belinda Bauer; *Gameboy Baker*, Ralph Meeker; *Keith*, Toshiro Mifune; *Keifitz*, Richard Boone; *Lola Comante*, Elizabeth Taylor; *Captain*, Donald Moffat; *Miles*, David Spielberg; *Captain Heller*, Brad Dexter; *Doctor*, Peter Brandon; *Ray*, Michael Thoma; *Captain Heller Two*, Ed Madsen; *Irving Mentor*, Irving Selbert; *Jeffreys*, Chris Soldo; *Arthur Fletcher*, Joe Spinell.

R/D: William Richert, naar de roman van Richard Condon; **P**: Leonard J. Goldberg, Robert Sterling en Fred Caruso; **C**: Vilmos Zsigmond; **AD**: Norman Newberry; **De**: Arthur Seph Parker; **M**: Maurice Jarre; **Ko**: Robert De Mora; **Mo**: David Bretherton.

The Mirror Crack'd

EMI Films Presentation, uitgebracht door Associated Film, 1980, Technicolor; **L**: 105 min.
B: *Miss Marple*, Angela Lansbury; *Cherry*, Wendy Morgan; *Mrs. Bantry*, Margaret Courtenay; *Bates the Butler*, Charles Gray; *Heather Babcock*, Maureen Bennett; *Miss Giles*, Carolyn Pickles; *The Major*, Eric Dodson; *Vicar*, Charles Lloyd-Pack; *Dr. Haydock*, Richard Pearson; *Major*, Thick Wilson; *Mayoress*, Pat Nye; *Scoutmaster*, Peter Woodthorpe; *Ella Zielinsky*, Geraldine Chaplin; *Marty N. Fenn*, Tony Curtis; *Inspector Craddock*, Edward Fox; *Jason Rudd*, Rock Hudson; *Lola Brewster*, Kim Novak; *Marina Rudd*, Elizabeth Taylor; *Margot Bence*, Marella Oppenheim; *Sir Derek Ridgeley*, Anthony Steel; *Lady Amanda Ridgeley*, Dinah Sheridan; *Kate Ridgeley*, Oriana Grieve; *Charles Foxwell*, Kenneth Fortescue; *Lady Foxcroft*, Hildegard Neil; *Peter Montrose*, Allan Cuthbertson; *DaSilva*, George Silver; *Barnsby*, John Bennett; *Inspector Gates*, Nigel Stock.
R: Guy Hamilton; **P**: John Brabourne en Richard Goodwin; **D**: Jonathan Hales en Barry Sandler, naar de roman *The Mirror Crack'd From Side tot Side* van Agatha Christie; **C**: Christopher Challis; **De**: Michael Stringer; **AD**: John Roberts; **M**: John Cameron; **Ko**: Phyllis Dalton; **Mo**: Richard Marden.

Genocide

Arnold Schwartzman Production, uitgebracht door het Simon Wiesenthal Center, 1981, L: 90 min.
P/R: Arnold Schwartzman; **D**: Arnold Schwartzman, Martin Gilbert en Rabbi Marvin Hier; **C**: David en Peter Shillingford; **Mo**: Roy Watts, Robert Jenkins en Richard Zukaitis; **M**: Elmer Bernstein; **Historisch adviseur**: Efraim Zuroff; **Sprekers**: Elizabeth Taylor en Orson Welles; **Inleiding**: Simon Wiesenthal.

Il Giovane Toscanini

Carthago Films/Canal Plus/FR3/La Sept/Italian International Pictures/RAI-TV/Channel 1 Coproduktie, 1988; **L**: 120 min.
B: *Arturo Toscanini*, C. Thomas Howell; *Nadina Bulichoff*, Elizabeth Taylor; *Sister Margherita*, Sophie Ward; *Mother Allegri*, Pat Heywood; *Claudio Rossi*, John Rhys-Davies; *Dom Pedro II*, Philippe Noiret; *Claudio Toscanini*, Franco Nero; *Mantelli*, Irma Capece Minutolo, evenals Nicholas Chagrin, Leon Lissek, Carlo Bergonzi, Giovanna Stella La Nocita, Simon Gregor en Elsa Agalbato.
R: Franco Zeffirelli; **P**: Fulvio Lucisano en Tarak Ben Ammar; **D**: William H. Stadiem; **C**: Daniele Nannuzzi; **AD**: Andrea Crisanti, Enrico Fiorentini en Angelo Santucci; **Ko**: Tom Rand; **Mo**: Jim Clark, Brian Oats, Franca Silvi en Amadeo Giomini; **Zangstem van Elizabeth Taylor**: Aprile Millo.

Televisiefilms

Divorce: his/Divorce: hers

Een Coproduktie van de General Continental Productions en Harlech Television voor ABC Television Network, 1973, Color; **L**: 180 min.
B: *Martin Reynolds*, Richard Burton; *Jane Reynolds*, Elizabeth Taylor; *Diana Proctor*, Carrie Nye; *Donald Trenton*, Barry Foster; *Turi Livecchi*, Gabriele Ferzetti; *Franca*, Daniela Surina; *Minister*, Thomas Baptiste; *McIntyre*, Ronald Radd; *Kaduna*, Rudolph Walker; *Tommy*, Mark Colleano; *Peggy*, Rosalyn Landor; *Judith*, Eva Griffith; *Gina*, Marietta Schupp.
R: Waris Hussein; **P**: John Heyman, Terence Baker en Gareth Wigan; **D**: John Hopkins; **C**: Ernst Wild en Gabor Pogany; **De**: Roy Stannard; **M**: Stanley Myers; **Mo**: John Bloom; **Ko**: Edith Head; **K**: Alexandre.

Victory at Entebbe

David L. Wolper Production voor ABC Television Network, 1976, Color; **L**: 152 min.
B: *German Tourist*, Helmut Berger; *Yakov Shlomo*, Theodore Bikel; *Chana Vilnofsky*, Linda Blair; *Hershel Vilnofsky*, Kirk Douglas; *Col. Yonatan 'Yonni' Netanyahu*, Richard Dreyfuss; *Mordecai Gur*, Stefan Gierasch; *Benyamin Wise*, David Groh; *President Idi Amin*, Julius Harris; *Mrs. Wise*, Helen Hayes; *Yitzhak Rabin*, Anthony Hopkins; *Shimon Peres*, Burt Lancaster; *Capt. Dukas*, Christian Marquand; *Edra Vilnofsky*, Elizabeth Taylor; *Nomi Haroun*, Jessica Walter; *Gen. Dan Shomron*, Harris Yulin; *Natan Haroun*, Allen Miller; *German Woman*, Bibi Besch; *Aaron Olav*, David Sheiner; *Moshe Meyer*, Severn Darden.
R: Marvin J. Chomsky; **P**: David L. Wolper en Robert Guenette; **D**: Ernest Kinoy; **C**: James Kilgore; **De**: Edward Stephenson; **M**: Charles Fox; **Mo**: Jim McElroy, Mike Gavaldon en David Saxon.

Return Engagement

The Production Company voor NBC Television Network, 1978, Color; **L**: 74 min.
B: *Dr. Emily Loomis*, Elizabeth Taylor; *Stewart Anderman*, Joseph Bottoms; *Florence*, Allyn Ann McLerie; *George Riley*,

Peter Donat; *Mr. Keith*, James Ray; *Janice*, Susan Buckner; *Audrey*, Alston Ahern; *Victor*, Robin Strand; *First Girl*, Melanie Henderson; *Second Girl*, Jennifer Myers; *Third Girl*, Wendy Sommerstein; *Waiter*, Don Stark.
R: Joseph Hardy; **P**: Franklin R. Levy en Mike Wise; **D**: James Prideaux; **M**: Arthur B. Rubinstein; **Ko**: Edith Head.

Between Friends

HBO Premiere Production voor het Home Box Office cable system, 1983, Color; **L**: 100 min.
B: *Deborah Shapiro*, Elizabeth Taylor; *Mary Catherine Castelli*, Carol Burnett; *Francie Castelli*, Barbara Bush; *Sam Tucker*, Henry Ramer; *Malcolm Hollan*, Bruce Gray; *Dr. Seth Simpson*, Charles Shamata; *Lolly James*, Lally Cadeau; *Essie*, Vera Cudjoe; *Martin*, Stephen Young; *Michael*, Michael J. Reynolds; *Carolyn*, Patricia Idlette; *Limel*, Jim Morris; *Mrs. Ingram*, Jeri Craden; *Heather*, Shelach MacKerd; *Young Customers*, Clare Barclay en Nancy Kerr; *Woman at Party*, Maida Rogerson; *Realty Office Customer*, Jim Bearden; *Man at Party*, David Clement.
R: Lou Antonio; **P**: Robert Cooper en Marian Rees; **D**: Shelley List en Jonathan Estrin naar Shelley Lists roman *Nobody Makes Me Cry*; **C**: Francois Protat; **AD**: Lindsey Goddard; **M**: James Horner; **Mo**: Gary Griffen.

Malice in Wonderland

ITC Production voor CBS Television Network, 1985; **L**: 94 min.
B: *Louella Parsons*, Elizabeth Taylor; *Hedda Hopper*, Jane Alexander; *Louis B. Mayer*, Richard Dysart; *Dema Harshbarger*, Joyce Van Patten; *Dr. Harry 'Docky' Martin*, Jon Cypher; *Harrier Parsons*, Leslie Ackerman; *Ida Koverman*, Bonnie Bartlett; *William Hopper*, Thomas Byrd; *Andy Kenderson*, Joel Colodner; *Iceman*, Rick Lenz; *Dot*, Mary McCusker; *Tommy Gallep*, John Pleshette; *Orson Welles*, Eric Purcell; *Joseph Cotten*, Tim Robbins; *Howard Strickling*, Mark L. Taylor; *Ann*, Nancy Travis; *June*, B.J. Ward; *Sam Goldwyn*, Vernon Weddle; *Joel*, Allen Williams; *Collins*, Theodore Wilson; *Jack Warner*, Jason Wingreen; *Ellen*, Helen Baron; *Hotel Clerk*, Thomas Bellin; *Carole Lombard*,

Denise Crosby; *Heiner*, Robert Darnell; *Betty*, Christine Dickinson; *Young Bill Hopper*, Douglas Emerson; *Mrs. Washburn*, Edith Fields; *Mrs. Clayton*, Lyla Graham; *Dema's Secretary*, Anne Haney; *Starlet*, Mindi Iden; *Elizabeth Arden*, Amelia Laurenson; *Hal*, Galen Thompson; *Mike Romanoff*, Jan Triska; *Albert*, Keith Walker; *Clark Gable*, Gary Wayne; *Journalists*, Noni White en Leigh Kavanaugh.
R: Gus Trikonis; **P**: Judith A. Polone en Jay Benson; **D**: Jacqueline M. Feather en David Seidler naar de biografie *Hedda en Louella* van George Eels; **C**: Philip Lathrop; **AD**: John D. Jeffries; **M**: Charles Bernstein; **Ko**: Nolan Miller en Mina Mittleman; **Mo**: Allan Jacobs en Rebecca Ross.

There Must Be a Pony

R.J. Production in samenwerking met Columbia Pictures Television voor ABC Television Network, 1986; **L**: 100 min.
B: *Marguerite Sydney*, Elizabeth Taylor; *Ben Nichols*, Robert Wagner; *Merwin Trellis*, James Coco; *Lee Hertzig*, William Windom; *David Hollis*, Edward Winter; *Jay Savage*, Ken Olin; *Chief Investigator Roy Clymer*, Dick O'Neill; *Josh Sydney*, Chad Lowe; *Mickey Rooney*, Mickey Rooney; *Detective*, Richard Bright; *Ron Miller*, Richard Minchenberg; *Chris*, Robby Weaver; *Woman at Airport*, Helen J. Siff; *Scott*, Charles Stratton.
R: Joseph Sargent; **P**: Robert Wagner en Howard Jeffrey; **D**: Mart Browley, naar de roman van James Kirkwood; **D**: Gayne Rescher; **De**: James J. Agazzi; **AD**: Ross Bellah; **M**: Billy Goldenberg; **Ko**: Nolan Miller; **Mo**: Jack Harnish.

Poker Alice

Harvey Matofsky Production in samenwerking met New World Television voor CBS Television Network, 1987; **L**: 100 min.
B: *Alice Moffett*, Elizabeth Taylor; *Jeremy Collins*, Tom Skerritt; *Cousin John*, George Hamilton; *Sears*, Richard Mulligan; *Amos*, David Wayne; *Mad Mary*, Susan Tyrrell; *McCarthy*, Pat Corley; *Baker*, Paul Drake; *Miss Tuttwiler*, Annabella Price; *Baby Doe*, Merrya Small; *Gilmore*, Gary Bisig; *Big Irma*, Liz Torres; *Marshall*, Gary Grubbs; *Frank Hartwell*, John Bennett Perry; *Harris*, Ed Adams; *Steward*, Sid Dawson; *Car-*

lyle, Jack Dunlop; *Gray*, Maarten Goslins; *Mason*, William M. Hannah; *Carter*, Henry Max Kendrick; *Pellum*, Stephen Jace Kent; *Saloon Girl*, Gloria Manon; *Man in Street*, John Pearce; *Maggie*, Caroline Reed; *Crocker*, Bob Shelton.
R: Arthur Allan Seidelman; **P**: Harvey Matofsky en Renée Valente; **D**: James Lee Barrett; **C**: Hanania Baer; **AD**: Ninkey Dalton; **M**: Billy Goldenberg; **Ko**: Nolan Miller en Ruby Manis; **Mo**: Millie Moore.

Sweet Bird of Youth

Atlantic/Kushner-Locke Production voor NBC Television Network, 1989; **L**: 120 min.
B: *Alexandra Del Lago/The Princess Kosmonopolis*, Elizabeth Taylor; *Chance Wayne*, Mark Harmon; *Boss Finley*, Rip Torn; *Miss Lucy*, Valerie Perrine; *Heavenly Finley*, Cheryl Paris; *Tom Junior*, Kevin Geer; *Aunt Nonnie*, Ronnie Claire Edwards.
R: Nicholas Roeg; **P**: Donald Kusnher, Peter Locke en Linda Yellen; **D**: Gavin Lambert naar het gelijknamige stuk van Tennessee Williams; **C**: Francis Kenny; **Mo**: Pamela Malouf; **Ko**: Nolan Miller.

Bibliografie

Adler, Bill: *Elizabeth Taylor: Triumphs and Tragedies*, New York, Ace Books, 1982

Agee, James: *Age on Film*, Vol. I en II, New York, Perigee Books, 1983

Alpert, Hollies: *Burton*, New York, G.P. Putnam's Sons, 1986

Althen, Michael: *Robert Mitchum*, München, Wilhelm Heyne Verlag, 1987

Astor, Mary: *A Life on Film*, New York, Delacorte Press, 1977

Bacon, James: *Hollywood is a Four-Letter Town*, Chicago, Henry Regnery Co., 1976

Barlett, Donald L., en Stelle, James B.: *Empire. The Lifelegend and Madness of Howard Hughes*, New York, W.W. Norton & Co., 1979

Behlmer, Rudy: *Memo from David O. Selznick*, New York, Viking Press, 1972

Bosworth, Patricia: *Montgomery Clift*, New York, Harcourt Brace Jovanich, 1978

Bragg, Melvyn: Richard Burton: *A Life*, Boston, Little, Brown & Co., 1989

Brodsky, Jack, en Weiss, Nathan: *The Cleopatra Papers*, New York, Simon and Schuster, 1963

Burton, Philip: *Early Doors: My Life and the Theatre,* New York, Simon and Schuster, 1963

Caport, Truman: *The Muses are Heard*, New York, Random House, 1956

Carey, Gary: *All the Stars in Heaven. The Story of Louis B. Mayer and M-G-M*, London, Robson Books, 1982

Clarens, Carlos: *Cukor*, London, Secker & Warburg, 1976

Cohn, Art: *The Nine Lives of Mike Todd*, New York, Random House, 1958

Dietrich, Noah, en Thomas, Bob: *Howard. The Amazing Mr. Hughes,* Greenwich, Fawcett Publications Inc., 1972

Eells, George: *Hedda and Louella. A dual Biography of Hedda Hopper and Louella Parsons*, New York, G.P. Putnam's Sons, 1972

Fisher, Eddie: *Eddie. My Life, My Loves*, New York, Harper & Row, 1981

French, Philip: *The Movie Moguls*, London, Weidenfeld and Nicolson, 1969

Geist, Kenneth L: *Pictures will talk. The Life & Films of Joseph L. Mankiewicz*, New York, Da Capo Press, Inc., 1978

Head, Edith, en Calisto, Paddy: *Edith Head's Hollywood*, New York, E.P. Dutton, Inc., 1983

Hirsch, Foster: *Elizabeth Taylor*, New York, Galahad Books, 1973

Hopper, Hedda, en Brough, James: *The Whole Truth and Nothing But*, New York, Doubleday, 1963

Hudson, Rock, en Davidson, Sara: *Rock Hudson. His Story*, London, Weidenfeld and Nicolson, 1988

Huston, John: *An Open Book*, New York, Ballantine Books, 1981

Junor, Penny: *Burton. The Man Behind the Myth*, London, Sidgewick & Jackson, 1985

Kael, Pauline: *Kiss Kiss Bang Bang*, Boston, Little, Brown & Co., 1968

Keats, John: *Howard Hughes*, New York, Random House, 1966

Kelley, Kitty: *Elizabeth Taylor. The Last Star*, New York, Simon and Schuster, 1981

–: *Frank Sinatra: Ein erstaunliches Leben*, München, Blanvalet, 1986

Kobal, John: *People Will Talk*, London, Aurum Press, 1986

Korda, Michael: *Charmed Lives*, New York, Random House, 1980

LaGuardia, Robert: *Monty. A Biography of Montgomery Clift*, New York, Arbor House, 1977
Lambert, Gravin: *On Cukor*, New York, G.P. Putnam's Sons, 1972

Maddox, Brenda: *Who's Afraid of Elizabeth Taylor?* New York, M. Evans & Co., 1977
Mathison, Richard: *His Weird and Wanton Ways. The Secret Life of Howard Hughes*, New York, William Morrow & Co., 1977
McDowall, Roddy: *Double Exposure*, New York, Delacorte Press, 1966
Minnelli, Vincente: *I remember it well*, New York, Berkeley Publishing Group, 1974
Morley, Sheridan: *Elizabeth Taylor*, London, Pavilion, 1988

Nickens, Cristopher: *Elizabeth Taylor: A Biography in Photographs*, New York, Doubleday, 1984

Oppenheimer, Jerry, en Vitek, Jack: *Idol. Rock Hudson*, New York, Villards Books, 1986

Phelan, James: *Howard Hughes. The Hidden Years*, New York, Random House, 1976

Reynolds, Debbie, en Columbia, David Patrick: *Debbie, My Life*, London, Sidgewick & Jackson, 1988

Taylor, Elizabeth: *Nibbles and Me*, New York, Duell, Sloan and Pearce, 1946
-: *Elizabeth Taylor*, New York, Harper & Row, 1964
-: *Elizabeth Taylor Takes Off*, New York, G.P. Putnam's Sons, 1987
Tischler, Nancy: *Tennessee Williams, Rebellious Puritan*, Secaucus, N.J. Citadel Press, 1965

Vermilye, Jerry, en Ricci, Mark: *The Films of Elizabeth Taylor*, Secaucus, N.J. Citadel Press, 1976

Walker, Alexander: *Elizabeth*, London, Weidenfeld and Nicolson, 1990
Wilding, Michael: *The Wilding Way*, New York, St. Martin's Press, 1982
Waterbury, Ruth: *Elizabeth Taylor: Her Life, Her Loves, Her Future*, New York, Appleton-Century, 1964

Namenregister